Les clés des épreuves orales du bac en 44 fiches

Français
Première

Les clés des épreuves orales du bac en 44 fiches

BRIGITTE LANCIEN-DESPERT

ellipses

À mon frère Vincent qui vient de nous quitter,
avec mon immense tendresse.

ISBN 9782340-057265
©Ellipses Édition Marketing S.A., 2021
8/10 rue la Quintinie 75015 Paris

www.editions-ellipses.fr

L'ÉPREUVE ET SA MÉTHODOLOGIE

Fiche 1

L'oral de l'EAF: Que disent les textes?

1. L'épreuve

- Accueil du candidat, préparation de sa fiche d'évaluation 10′ (hors temps de préparation et d'épreuve)
- Préparation 30′
- Durée de l'épreuve 20′
- Coefficient 5 pour les séries générales et technologiques.
- Programme de la classe de première défini par l'arrêté du 10 avril 2020
- En grammaire, les notions rencontrées en classe de seconde sont à connaître, elles sont mobilisables.

Objectifs de l'épreuve

Selon la note du 23-7-2020 applicable à compter du 1er septembre 2020.

L'épreuve orale permet d'apprécier :

- la qualité de l'expression orale du candidat,
- sa capacité à développer un propos,
- sa capacité à dialoguer avec l'examinateur lors des deux parties de l'épreuve,
- son appropriation des démarches littéraires, des textes et des problématiques de l'année.

L'épreuve orale permet d'évaluer :

- les connaissances du candidat : savoirs grammaticaux, lexicaux et culturels,
- son aptitude à les mobiliser dans les deux temps successifs de l'épreuve,
- ses compétences de lecture, d'analyse et d'interprétation des textes et des œuvres,
- sa sensibilité et sa culture personnelle.

Attention

L'épreuve laisse une large place :
- aux propositions de l'élève,
- à la pertinence de celui-ci.

Elle évalue son aptitude :
- à présenter, justifier, expliquer ses propositions,
- à mettre en relation la littérature avec les autres champs du savoir et les autres arts.

Elle valorise :
- son investissement personnel.

2. Les œuvres au programme

Qui choisit les œuvres et textes étudiés en classe ?

Le professeur de français de la classe de première a travaillé à partir de quatre objets d'étude :

- **La poésie** du XIXe au XXIe siècle.
- **La littérature d'idées** du XVIe au XVIIIe siècle.
- **Le roman et le récit** du Moyen Âge au XXIe siècle.
- **Le théâtre** du XVIIe au XXIe siècle.

⇨ Chaque objet d'étude propose au moins 5 textes (3 pour le baccalauréat technologique) étudiés en lecture analytique dans l'année :
  - 3 extraits au minimum (2 en technologie) pour chaque œuvre intégrale étudiée,
  - 2 extraits au minimum (1 en technologie) pour le parcours associé avec des prolongements artistiques, culturels, et littéraires.

⇨ Il propose un certain nombre d'œuvres cursives obligatoires. Le candidat en choisit une à présenter dans la deuxième partie de l'épreuve.

⇨ Le récapitulatif des textes est signé par l'enseignant(e) et porte le cachet de l'établissement :
  - Il est communiqué à l'examinateur en amont de l'épreuve.
  - Une copie est donnée à l'examinateur en début de l'épreuve.
  - Le candidat possède les mêmes documents pour préparer et passer l'épreuve.

Fiche 2

Le déroulement de l'épreuve : 1re partie

Les 10 minutes d'accueil

- L'examinateur accueille le candidat
- Il lui indique le texte (ou le passage du texte si celui-ci excède les vingt lignes) à expliquer.
- Une question de grammaire est posée concernant le passage retenu pour l'explication.
- Texte, lecture cursive présentée et question de grammaire sont notés sur la fiche d'évaluation remise à l'élève qui la signe.

Les 30 minutes de préparation

Trente minutes passent très vite, elles doivent permettre au candidat de se recentrer sur l'essentiel. Bien sûr, la préparation réelle s'est faite au préalable :

- Lors du cours de l'année qui demande participation, écoute et attention pour comprendre l'essence même des textes :
  - Faire des liens avec le parcours étudié.
  - Effectuer des rapprochements entre les différents textes vus, les auteurs.
  - Contextualiser en tenant compte de l'époque, des courants littéraires.
- Lors des révisions qui demandent organisation et rigueur :
  - Réviser à plusieurs (il est toujours plus facile de confronter ses connaissances pour consolider ses acquis).
  - Reprendre les fiches effectuées dans l'année et s'appuyer sur elles pour retravailler les textes.
  - Ne pas apprendre par cœur des explications de texte, vous risquez d'effectuer une prestation orale « stéréotypée ».

Conseils

Pendant l'année, sans attendre la période intensive de révisions :
- Faire des fiches (auteurs, époques, mouvements littéraires, œuvres).
- Constituer une frise historique qui permettra de situer chronologiquement les événements, les courants littéraires, les auteurs et leurs œuvres majeures.
- Tenir scrupuleusement son classeur pour comprendre la cohérence des cours et des séquences.

■ Pendant les 30 minutes :

À faire	À ne pas faire
■ Notez les grandes lignes de votre oral. ■ Soyez logique. Qu'avez-vous d'essentiel à dire pour : – l'introduction, – l'unité du texte, – l'importance et la problématique du texte, – le mouvement du texte, – la visée du texte. ■ Surveillez votre montre. ■ En quelques tirets, remettre l'important **préparé chez vous** pour l'œuvre cursive à présenter.	■ Ne pas copier des phrases entières (que vous n'aurez pas le temps de lire) ■ Ne pas trop se disperser. Ne partez pas dans toutes les directions. ■ Ne perdez pas de temps à chercher à vous organiser (il faut y avoir songé avant, lors des révisions). ■ Ne pas avoir de montre ce jour-là (votre téléphone ne sera pas autorisé). ■ Ne préparer que la 1re partie de l'oral et oublier la 2e.

■ 1re partie de l'épreuve : 12 minutes

- Lecture expressive = 2 points
- Explication linéaire = 8 points
- Question de grammaire = 2 points

La lecture expressive

⇨ Vous exposez brièvement l'extrait dans l'œuvre ou le parcours associé.

⇨ Vous proposez une lecture expressive à voix haute du texte retenu. Si l'examinateur ne le précise pas, vous lisez tout le texte. Il peut vous interrompre en cours de lecture s'il estime avoir suffisamment perçu votre implication.

⇨ Cette lecture va donner une première impression de vous-même à l'examinateur. Elle révèle non seulement votre personnalité mais aussi votre connaissance du texte en profondeur. Vous devez :
- Montrer le sens du texte, son rythme, les passages importants.
- Marquer la ponctuation.
- Dévoiler votre plaisir du texte (ne pas être indifférent ou neutre).

Conseils

Pendant l'année, exercez-vous à lire les textes à haute voix :

- Pour ne pas buter sur les mots.
- Pour respecter la ponctuation, les liaisons.
- Préparez les phrases longues et complexes qui demandent plus de compréhension globale pour mettre en relief les mots importants, détachez les groupes essentiels.
- Travaillez avec un crayon noir pour souligner certains mots, marquez par des barres les silences, entourez des groupes à mettre en valeur.
- Et surtout enregistrez-vous pour percevoir les hésitations, les erreurs, les éléments mal mis en valeur : travaillez alors à plusieurs pour avoir le plus possible d'avis éclairés.
- Pour un texte poétique, respectez la métrique, le rythme, les rimes, les enjambements, les « e » muets ou sonores, les césures, les diérèses* et les synérèses*
- Pour un texte théâtral : ne lisez pas le nom des personnages mais montrez, par la voix ou l'attitude, le changement d'interlocuteur. Lisez par contre les didascalies mais discrètement sans donner l'impression qu'elles appartiennent aux répliques.

Exemples

Extrait d'un roman : *La Chartreuse de Parme*, I, 4 de Stendhal (1839)

Fabrice del Dongo, aristocrate italien, participe à la bataille de Waterloo en 1815 aux côtés des Français.

« Il entendit tirer deux coups de feu tout à côté de son arbre ; en même temps il vit un cavalier vêtu de bleu qui passait au galop devant lui, se dirigeant de sa droite à sa gauche. « Il n'est pas à trois pas, se dit-il, mais à cette distance je suis sûr de mon coup », il suivit bien le cavalier du bout de son fusil et enfin pressa la détente ; le cavalier tomba avec son cheval. Notre héros se croyait à la chasse : il courut tout joyeux sur la pièce qu'il venait d'abattre. Il touchait déjà l'homme qui lui semblait mourant, lorsque, avec une rapidité incroyable, deux cavaliers prussiens arrivèrent sur lui pour le sabrer. Fabrice se sauva à toutes jambes vers le bois ; pour mieux courir il jeta son fusil. Les cavaliers prussiens n'étaient plus qu'à trois pas de lui lorsqu'il atteignit une nouvelle plantation de petits chênes gros comme le bras et bien droits qui bordaient le bois. Ces petits chênes arrêtèrent un instant les cavaliers, mais ils passèrent et se remirent à poursuivre Fabrice dans une clairière. De nouveau ils étaient près de l'atteindre, lorsqu'il se glissa entre sept à huit gros arbres. À ce moment, il eut presque la figure brûlée par la flamme de cinq ou six coups de fusil qui partirent en avant de lui. »

« Il entendit tirer **deux coups de feu** tout à côté de son arbre ; ▌***voix posée.***

en même temps / il vit un cavalier vêtu de bleu qui passait au galop devant lui, se dirigeant de sa droite à sa gauche. ▌***ton rapide pour montrer le galop et la direction.***

« Il n'est pas à trois pas, se dit-il, ***le verbe en incise doit être dit de façon neutre*** mais à cette distance je suis **sûr** de mon coup »,

il suivit bien le cavalier du bout de son fusil et **enfin** ↗ pressa la détente ; ▌le cavalier tomba avec son cheval. ↘

Notre héros se croyait à la chasse : → ***ton du constat*** il courut **tout joyeux** sur la pièce qu'il venait d'abattre. Il touchait déjà l'homme qui lui semblait mourant, **lorsque**,/ avec une rapidité incroyable,/ deux cavaliers prussiens arrivèrent sur lui pour le sabrer. ↘ Fabrice se sauva à toutes jambes vers le bois : ▌***rythme rapide pour ce passage***

pour mieux courir ↗ il jeta son fusil. ↘ Les cavaliers prussiens n'étaient plus qu'à trois pas de lui lorsqu'il atteignit une nouvelle plantation de petits chênes gros comme le bras et bien droits qui bordaient le bois. → ***ton du constat***

Ces petits chênes arrêtèrent un instant les cavaliers,/ **mais ils passèrent et se remirent à poursuivre Fabrice dans une clairière.**

De nouveau ils étaient près de l'atteindre, ↗ lorsqu'il se glissa entre sept à huit gros arbres. ↘

A ce moment,/ il eut presque la figure brûlée par la flamme de cinq ou six coups de fusil qui partirent en avant de lui. ↘ »

Extrait d'un poème : *Le Bateau ivre*, Arthur Rimbaud, (1870-71)

J'étais insoucieux de tous les équipages,
Porteur de blés flamands ou de cotons anglais.
Quand avec mes haleurs ont fini ces tapages,
Les Fleuves m'ont laissé descendre où je voulais.

Dans les clapotements furieux des marées,
Moi, l'autre hiver, plus sourd que les cerveaux d'enfants,
Je courus ! Et les Péninsules démarrées
N'ont pas subi tohu-bohus plus triomphants.

[…]

Glaciers, soleils d'argent, flots nacreux, cieux de braises !
Échouages hideux au fond des golfes bruns
Où les serpents géants dévorés des punaises
Choient, des arbres tordus, avec de noirs parfums !

J'étais insouci/eux de tous les équipag(es,) ***diérèse sur « insoucieux »***
Porteur de blés flamands ou de cotons anglais.
Quand avec mes haleurs ont fini ces tapag(es,)
Les Fleuv**es** m'ont laissé descendre où je voulais.

Dans les clapotements furi/eux des marées, ***diérèse sur « furieux »***
Moi, | l'autre hiver, | plus sourd que les cerveaux d'enfants, ***1/3/8***
Je courus ! | Et les Péninsul**es** démarrées ***enjambement***
N'ont pas subi tohu-bohus plus triomphants.

Gla**cie**rs, soleils d'argent, flots nacreux, **cie**ux de brais(es) ! ***deux synérèses***
Échouages hideux au fond des golf**es** bruns
Où les serpents géants dévorés des punais(es)
Choient, | des arbres tordus, | avec de noirs parfums ! ***1/5/6***

Extrait d'un texte théâtral : *L'Avare*, Molière, (1668)

Harpagon, l'avare, se dispute avec La Flèche, le valet de son fils Cléante. Il l'accuse de lui avoir pris de l'argent.

HARPAGON.- Tu fais le raisonneur ; je te baillerai de ce raisonnement-ci par les oreilles. *(Il lève la main pour lui donner un soufflet.)* Sors d'ici encore une fois.
LA FLÈCHE.- Hé bien, je sors.
HARPAGON.- Attends. Ne m'emportes-tu rien ?
LA FLÈCHE.- Que vous emporterais-je ?
HARPAGON.- Viens çà, que je voie. Montre-moi tes mains.
LA FLÈCHE.- Les voilà.
HARPAGON.- Les autres.
LA FLÈCHE.- Les autres ?
HARPAGON.- Oui.
LA FLÈCHE.- Les voilà.
HARPAGON.- N'as-tu rien mis ici dedans ?
LA FLÈCHE.- Voyez vous-même.
HARPAGON. *Il tâte le bas de ses chausses.*- Ces grands hauts-de-chausses sont propres à devenir les receleurs des choses qu'on dérobe ; et je voudrais qu'on en eût fait pendre quelqu'un.
LA FLÈCHE.- Ah ! qu'un homme comme cela, mériterait bien ce qu'il craint ! et que j'aurais de joie à le voler !
HARPAGON.- Euh ?
LA FLÈCHE.- Quoi ?
HARPAGON.- Qu'est-ce que tu parles de voler ?
LA FLÈCHE.- Je dis que vous fouilliez bien partout, pour voir si je vous ai volé.
HARPAGON.- C'est ce que je veux faire.
(Il fouille dans les poches de la Flèche).
LA FLÈCHE.- La peste soit de l'avarice, et des avaricieux.
HARPAGON.- Comment ? que dis-tu ?
LA FLÈCHE.- Ce que je dis ?
HARPAGON.- Oui. Qu'est-ce que tu dis d'avarice, et d'avaricieux ?
LA FLÈCHE.- Je dis que la peste soit de l'avarice, et des avaricieux.

HARPAGON.- Tu fais le raisonneur ; je te baillerai de ce raisonnement-ci par les oreilles. *(Il lève la main pour lui donner un soufflet.)* Sors d'ici encore une fois. ***Paroles sèches correspondant au caractère acariâtre de l'avare.***
LA FLÈCHE.- Hé bien, je sors. ***Désinvolture***
HARPAGON.- Attends. Ne m'emportes-tu rien ? ***Ton suspicieux.***
LA FLÈCHE.- Que vous emporterais-je ? ***Ton étonné***
HARPAGON.- Viens çà, que je voie. Montre-moi tes mains. ***Ton mielleux ou impératif (au choix)***
LA FLÈCHE.- Les voilà.
HARPAGON.- Les autres. ***Rapidité des échanges***
LA FLÈCHE.- Les autres ?
HARPAGON.- Oui.
LA FLÈCHE.- Les voilà.
HARPAGON.- N'as-tu rien mis ici dedans ? ***Toujours rapide***
LA FLÈCHE.- Voyez vous-même.
HARPAGON. *Il tâte le bas de ses chausses*.- Ces grands hauts-de-chausses sont propres à devenir les recéleurs des choses qu'on dérobe ; et je voudrais qu'on en eût fait pendre quelqu'un. ***Mi-haut, mi-bas comme pour lui-même.***
LA FLÈCHE.- Ah ! qu'un homme comme cela, mériterait bien ce qu'il craint ! et que j'aurais de joie à le voler ! ***Aparté***
HARPAGON.- Euh ?
LA FLÈCHE.- Quoi ? ***Retour au dialogue rapide***
HARPAGON.- Qu'est-ce que tu parles de voler ?
LA FLÈCHE.- Je dis que vous fouilliez bien partout, pour voir si je vous ai volé.
HARPAGON.- C'est ce que je veux faire.
(Il fouille dans les poches de la Flèche).
LA FLÈCHE.- La peste soit de l'avarice, et des avaricieux. ***Fausse aparté insolente***
HARPAGON.- Comment ? que dis-tu ?
LA FLÈCHE.- Ce que je dis ? ***Toujours l'insolence face à la suspicion***
HARPAGON.- Oui. Qu'est-ce que tu dis d'avarice, et d'avaricieux ?
LA FLÈCHE.- Je dis que la peste soit de l'avarice, et des avaricieux.

→ Les noms de personnages ne doivent pas être lus. Vous pouvez changer légèrement de voix ou de tempo en respectant le caractère acariâtre d'Harpagon et l'attitude quelque peu désinvolte de La Flèche.

→ Les didascalies sont lues d'une façon neutre pour bien marquer la différence entre elles et les répliques des personnages.

Qu'évalue-t-on ?

- La capacité à faire entendre sa voix.
- La capacité à faire preuve d'une intention de sens.
- La capacité à montrer que la lecture est adressée à quelqu'un (situation de communication établie).

La lecture linéaire

⇨ Le candidat doit avoir la volonté de montrer le lien qui existe entre le **fond** et la **forme**. En effet, les outils de la langue sont au service du sens.

- ⇨ Il doit sans cesse allier « **analyse** » et « **synthèse** ». Ne pas rester dans une explication froide, analytique sans âme, presque « anatomique ». Le sens général du texte doit sans cesse être pris en compte à travers des petites synthèses régulières.
- ⇨ Le texte doit être suivi dans son **mouvement**, étape par étape sans être ligne par ligne (ce qui serait fastidieux et insipide).
- ⇨ Le candidat doit suivre la **structure du texte** : il annonce les différentes parties du texte puis les reprend pour les développer et enfin faire une synthèse de la partie avant de poursuivre.
- ⇨ L'examinateur doit comprendre vers quoi le mène le candidat, qu'il sente **l'évolution du texte.**

Conseils

Pendant l'année, sans attendre la période intensive de révisions :

- Après chaque lecture analytique faite en classe, reprendre le texte et se demander :
  - L'intention de l'auteur (sa visée).
  - Les étapes par lesquelles il passe et l'évolution du texte (mouvement).
  - Pourquoi le texte est important ou intéressant : qu'interroge-t-il ? (problématique)
- Prendre l'habitude de faire des synthèses le plus souvent possible pour apprendre à réunir en quelques phrases l'essentiel d'un passage.
- Ne pas faire de paraphrase : il s'agit d'analyser pas de résumer le texte.

La forme et le fond

Toute forme technique (figure de style, procédés littéraires, usages des temps, des types de phrases, de discours, de registres, construction d'un plan) est **au service du sens.** Il ne suffit donc pas de « relever » ces techniques, il faut les **interpréter**, les mettre en lien avec la visée de l'auteur, une problématique.

Exemple

Lettre de Madame de Sévigné à Monsieur de Coulanges

À Paris, lundi 15 décembre 1670.

Je m'en vais vous mander la chose la plus étonnante, la plus surprenante, la plus merveilleuse, la plus miraculeuse, la plus triomphante, la plus étourdissante, la plus inouïe, la plus singulière, la plus extraordinaire, la plus incroyable, la plus imprévue, la plus grande, la plus petite, la plus rare, la plus commune, la plus éclatante, la plus secrète jusqu'à aujourd'hui, la plus brillante, la plus digne d'envie ; enfin une chose dont on ne trouve qu'un exemple dans les siècles passés : encore cet exemple n'est-il pas juste ; une chose que nous ne saurions croire à Paris, comment la pourrait-on croire à Lyon ? une chose qui fait crier miséricorde à tout le monde ; une chose qui comble de joie madame de Rohan et madame d'Hauterive ; une chose enfin qui se fera dimanche, où ceux qui la verront croiront avoir la berlue ; une chose qui se fera dimanche, et qui ne sera peut-être pas faite lundi. Je ne puis me résoudre à la dire, devinez-la, je vous le donne en trois; jetez-vous votre langue aux chiens? Hé bien! il faut donc vous la dire: M. de Lauzun épouse dimanche au Louvre, devinez qui? Je vous le donne en quatre, je vous le donne en dix, je vous le donne en cent. Madame de Coulanges dit: Voilà qui est bien difficile à deviner! c'est madame de la Vallière. Point du tout, Madame. C'est donc mademoiselle de Retz? Point du tout; vous êtes bien provinciale. Ah! vraiment, nous sommes bien bêtes, dites-vous: c'est mademoiselle Colbert. Encore moins. C'est assurément mademoiselle de Créqui. Vous n'y êtes pas. Il faut donc à la fin vous le dire: il épouse, dimanche, au Louvre, avec la permission du roi, mademoiselle, mademoiselle de mademoiselle, devinez le nom; il épouse Mademoiselle, ma foi! par ma foi! ma foi jurée! Mademoiselle, la grande Mademoiselle, Mademoiselle, fille de feu Monsieur, Mademoiselle, petite-fille de Henri IV, mademoiselle d'Eu, mademoiselle de Dombes, mademoiselle de Montpensier, mademoiselle d'Orléans, Mademoiselle, cousine germaine du roi; Mademoiselle, destinée au trône; Mademoiselle, le seul parti de France qui fût digne de Monsieur.

Quelques exemples de formes techniques observables	Quelques exemples d'interprétations possibles
■ Usage cumulé de 19 **superlatifs relatifs** pour commencer la lettre: « *la plus...* »	■ Il s'agit d'un usage excessif de superlatifs pour qualifier le banal nom de « chose » qui revêt un événement qui dépasse l'entendement: suspense de l'auteur.
■ La « chose » devient un « exemple » avec rupture dans la phrase: **anacoluthe*** : « *... siècles passés: encore cet exemple...* »	■ Apparence d'avancement dans la résolution de l'énigme mais le suspense continue: l'auteur s'amuse de son destinataire.
■ 6 **anaphores*** « d'une chose » suivies de propos décousus presque absurdes: « *une chose qui se fera dimanche mais ne sera peut-être pas faite lundi* ».	■ L'auteur semble perdre la tête en interpellant des dames de la noblesse.
■ Usage de 2 **proverbes détournés**: « *je vous le donne en trois* » et « *Je vous le donne en quatre, je vous le donne en dix, je vous le donne en cent.* » Puis « *jetez-vous votre langue aux chiens?* »	■ Volonté d'embrouiller encore plus les cartes, de montrer son état d'esprit perturbé qui n'a toujours pas admis la nouvelle.
■ **Types de phrases**: – Interrogatives: »*devinez qui?* » – Exclamatives: « *Voilà qui est bien difficile à deviner!* »	■ Vivacité du ton de madame de Sévigné qui s'amuse beaucoup pour annoncer cette nouvelle qu'elle rend énigmatique.
■ **Des interjections**: « *Hé bien* » « *Ah! vraiment* »	■ Style oral de l'auteur qui vit sa nouvelle.
■ **Un dialogue fictif**: « *Ah! vraiment, nous sommes bien bêtes, dites-vous: c'est mademoiselle Colbert. Encore moins. C'est assurément mademoiselle de Créqui. Vous n'y êtes pas. Il faut donc à la fin vous le dire.* »	■ Madame de Sévigné a besoin de communication, elle simule donc un dialogue pour mieux réagir comme elle en a envie.
■ **Une gradation hyperbolique**: « *ma foi! par ma foi! ma foi jurée!* »	■ Elle en vient à jurer pour prouver sa bonne foi.

■ **Enumération-accumulation des titres de la prétendante au mariage de Lauzun :** « *Mademoiselle, la grande Mademoiselle, Mademoiselle, fille de feu Monsieur, Mademoiselle, petite-fille de Henri IV, mademoiselle d'Eu, mademoiselle de Dombes, mademoiselle de Montpensier, mademoiselle d'Orléans, Mademoiselle, cousine germaine du roi ; Mademoiselle, destinée au trône ; Mademoiselle, le seul parti de France qui fût digne de Monsieur* »	■ Pour être sûr que l'on ne se trompe pas de personne, pour convaincre davantage, l'auteur annonce tous les titres. Le doute n'est plus possible. L'énigme est résolue, preuve à l'appui.
Les procédés littéraires montrent la vivacité de l'auteur, son amusement et sa volonté d'informer, de convaincre, de distraire, de se moquer mais surtout rapporter les potins de la cour. Ils sont donc inséparables du fond du texte, on ne peut les relever sans interprétations.	

Qu'évalue-t-on ?

- La qualité de l'expression et le niveau de la langue orale.
- Les qualités de communication, de précision et de clarté dans le propos.
- La mobilisation des savoirs linguistiques et littéraires nécessaires à l'analyse du texte.
- Les références précises du texte étudié.

La question de grammaire

Le candidat répond à la question de grammaire **posée sur le texte** par l'examinateur (notée sur la fiche individuelle signée par le candidat à l'accueil de celui-ci).

La question porte en général sur l'analyse syntaxique d'une courte phrase ou d'une partie de phrase.

Conseils

Pendant l'année, sans attendre la période intensive de révisions :

- Repérez vos lacunes en grammaire et faites des fiches de révision.
- Chaque cours en classe doit faire l'objet de fiches, d'exercices, de travail répété : en effet, seule la reprise d'exemples ou d'exercices permet d'intégrer une notion sur le long terme.
- Ne pas hésiter à demander à votre professeur le rappel d'une notion mal connue.
- Lors de la préparation de la question, mobilisez toutes vos connaissances avec des termes précis.
- Travaillez avec les fiches grammaticales de ce présent ouvrage.

Qu'évalue-t-on ?

- La mobilisation des savoirs linguistiques pertinents pour l'analyse faisant l'objet de la question.
- La capacité à mobiliser un lexique grammatical pertinent.
- La capacité à construire une analyse syntaxique, à réfléchir sur des faits linguistiques.

ENTRAÎNEZ-VOUS !

Exercice 1

1. *Dans cet extrait de Victor Hugo, William Shakespeare III, 1, (1864) :*

- *Marquez d'un trait les pauses courtes.*
- *Marquez de deux traits les pauses longues.*
- *Soulignez les mots qui sont à accentuer.*

« Qu'est-ce que le genre humain depuis l'origine des siècles ? C'est un liseur. Il a longtemps épelé, il épelle encore ; bientôt il lira.

Cet enfant de six mille ans a été d'abord à l'école. Où ? Dans la nature. Au commencement, n'ayant pas d'autre livre, il a épelé l'univers. Il a eu l'enseignement primaire des nuées, du firmament, des météores, des fleurs, des bêtes, des saisons, des phénomènes. [...] Puis sont venus les premiers livres ; sublime progrès. Le livre est plus vaste encore que ce spectacle, le monde ; car au fait il ajoute l'idée. Si quelque chose est plus grand que Dieu vu dans le soleil, c'est Dieu vu dans Homère. L'univers sans le livre, c'est la science qui s'ébauche ; l'univers avec le livre, c'est l'idéal qui apparaît. »

2. *Dans cet extrait de Louis Aragon, Le Roman inachevé (1956) :*

- *Soulignez les « e » sonores et mettez entre parenthèses les « e » muets.*
- *Marquez les liaisons.*
- *Marquez les pauses nécessaires par une barre.*

« La grêle brusquement sur nous s'est abattue
Elle coupe elle hache effiloche égratigne
Fouaille et fouette à la fois les feuilles éperdues
Elle cogne à la vitre elle perce la vigne
Elle frappe la vie en ses tendres surgeons
Elle écorche les troncs coche l'herbe à son signe »

Exercice 2

Dans le poème d'Aragon, ci-dessus, relevez deux procédés de style et expliquez leur rôle pour le sens du texte.

Fiche 3
Le déroulement de l'épreuve: 2e partie

Les 8 minutes d'entretien autour d'une lecture cursive

- Exposé d'une lecture cursive
- Entretien

= 8 points

Objectifs

⇨ Rendre compte de façon personnelle d'une réflexion sur une expérience de lecture.

⇨ Rendre compte de la bonne connaissance de l'œuvre cursive choisie.

⇨ S'impliquer dans un entretien avec l'examinateur, en tenant compte des remarques, questions de celui-ci.

Conseils

- Pendant l'année, sans attendre la période intensive de révisions :
- Vous aurez à choisir l'œuvre cursive parmi toutes celles proposées dans l'année (une au moins par objet d'étude et en plus des œuvres intégrales étudiées) : faites un choix très personnel en fonction de vos goûts. Il est toujours plus facile de travailler un livre que l'on apprécie.
- Attendez d'avancer dans l'année pour avoir un panel plus large à disposition.
- Une seule lecture n'est pas suffisante, il convient de lire le livre au moins deux fois (dont une à proximité de l'oral pour se remettre le texte intégralement en mémoire).
- La lecture ne suffit pas, il faut intérioriser le texte par un travail personnel de recherches : **un carnet de lecture** est souhaitable.
- À partir du carnet de lecture, à plusieurs, interrogez-vous sans complaisance pour vous préparer à toutes les éventualités.

Carnet de lecture

Objectifs

- Lire et apprécier des œuvres en profondeur.
- Se construire une culture littéraire.
- Développer son sens esthétique.
- Faire des liens avec d'autres œuvres, d'œuvres formes artistiques.
- Développer son esprit critique et un jugement personnel.
- Adopter une attitude autonome et responsable.
- Mémoriser et s'approprier les œuvres : en garder la trace.

Sa forme

⇨ Elle sera très personnelle. Chacun peut choisir le support qui lui convient.

⇨ Le seul impératif : la bonne lisibilité des informations.

⇨ La créativité est la bienvenue pour illustrer, compléter, commenter les œuvres.

Comment procéder

- Lire une œuvre avec un crayon (pour annoter le texte) et/ou stylo en main (pour prendre des notes).
- Utiliser des post-it pour marquer un passage qui retient l'attention.
- Prévoir dans le carnet des pages réservées à :
  - L'objet d'étude : le rôle des œuvres dans l'objet d'étude et le parcours associé.
  - L'auteur (biographie et œuvres majeures).
  - Les références et contexte (titre, date de publication, genre littéraire, mouvement littéraire, période historique).
  - La structure de l'œuvre.
  - La problématique.
  - Les thèmes principaux.
  - Les personnages.
  - Les liens avec d'autres œuvres et d'autres supports.
  - **Votre avis, votre analyse personnelle et votre critique argumentée.**

Conseils

Pendant l'année, sans attendre la période intensive de révisions :

- Dans le carnet, vous pouvez choisir de procéder « œuvre par œuvre » mais aussi par objet d'étude, par siècle, par mouvement littéraire afin de faire des liens grâce à un schéma heuristique.
- Vos avis et vos impressions sont essentiels à mettre en valeur lors de l'entretien. Rappelez-vous que le temps imparti est très court et qu'il convient d'être concis(e), précis(e). Donc, pour aller à l'essentiel, au préalable, pour l'œuvre choisie posez-vous des questions essentielles et répondez-y clairement, précisément et de façon concise :

Questions

- *Quelles émotions ce livre a-t-il provoquées en moi ?*
- *Quel personnage m'a touché(e) ? me suis-je identifié(e) à lui ?*
- *Puis-je faire des liens avec des personnages d'autres œuvres (intégrales ou cursives).*
- *J'ai apprécié… j'ai détesté… j'ai découvert… j'ai appris…*
- *J'ai été sensible à…*
- *Quels procédés littéraires m'ont interpellé(e), intéressé(e) ?*
- *Cette œuvre me questionne sur… ?*
- *Pourquoi a-t-elle été proposée en lecture cursive ?*
- *Qu'ai-je appris, grâce à elle, sur l'objet d'étude ? sur le mouvement littéraire de la séquence ?*
- *Qu'apporte l'œuvre à son époque ?*
- *Qu'apporte l'œuvre au mouvement littéraire auquel elle appartient ?*
- *En quoi cette œuvre offre-t-elle encore aujourd'hui des réflexions pour notre vie ?*
- *Suis-je capable de résumer un passage important ?*
- *Suis-je capable de donner la finalité de l'œuvre ?*

⇨ Nuancez vos propos, ne soyez pas catégorique, adoptez une position claire tout en expliquant que c'est votre perception de l'œuvre.

⇨ Restez ouvert(e) aux remarques et suggestions de l'examinateur.

Qu'évalue-t-on ?

- La présentation synthétique de l'œuvre retenue.
- L'expression pertinente, justifiée et convaincantes d'un choix personnel.
- La capacité à défendre une lecture personnelle.
- La capacité à expliquer et à justifier ses choix.
- Une aptitude au dialogue : réagir aux remarques, aux relances pour approfondir sa propre réflexion.
- Une qualité d'expression et niveau de langue orale.
- Des qualités d'analyse et d'argumentation, de communication et de persuasion.

CORRIGÉS DU CHAPITRE 1

Fiche 2. Le déroulement de l'épreuve

Exercice 1

1. « Qu'est-ce que le genre humain depuis l'origine des siècles ?// C'est un liseur.// Il a longtemps épelé, il épelle encore ; /bientôt il lira.//
Cet enfant de six mille ans a été d'abord à l'école.// Où ? // Dans la nature.// Au commencement,/ n'ayant pas d'autre livre,/ il a épelé l'univers.// Il a eu l'enseignement primaire / des nuées,/ du firmament,/ des météores,/ des fleurs,/ des bêtes,/ des saisons,/ des phénomènes.// [...] Puis sont venus les premiers livres ; / sublime progrès.// Le livre est plus vaste encore que ce spectacle, / le monde ;/ car au fait / il ajoute l'idée.// Si quelque chose est plus grand que Dieu vu dans le soleil, / c'est Dieu vu dans Homère.// L'univers sans le livre, / c'est la science qui s'ébauche ; // l'univers avec le livre, / c'est l'idéal qui apparaît. »

Souvent, la fin de la phrase est accentuée en réponse au début de la phrase.

2.

« La grêle brusquement sur nous s'est abattue /

Elle coupe elle hache effiloche égratign(e)

Fouaille et fouette à la fois les feuilles éperdues / — ***enjambement***

Elle cogne à la vitre elle perce la vign(e) /

Elle frappe la vie en ses tendres surgeons /

Elle écorche les troncs / coche l'herbe à son sign(e) »

<u>Remarque</u> : le texte n'a aucune ponctuation et beaucoup de liaisons qui interdisent trop d'interruptions = volonté de montrer le martèlement de la grêle.

Exercice 2

1er procédé : une personnification* de la « grêle » qui coupe, hache, effiloche, égratigne, fouaille, fouette, cogne, frappe, écorche. En utilisant cette personnification, l'auteur **accentue** l'action de la grêle qui détruit la nature comme la main d'un homme sans cœur pourrait le faire. Elle semble sans pitié.

2e procédé : Une **anaphore*** du pronom « elle » qui réintroduit dans ce **substitut pronominal** répété la présence de la grêle ajoutant encore à la gravité de ses gestes, sa totale responsabilité.

LES DIFFÉRENTES ÉPOQUES DU MOYEN ÂGE AU XXIe SIÈCLE

Fiche 4
Rappel de cours : Le Moyen Âge

L'époque

Le latin restera jusqu'au XVIe siècle, la langue de la culture avec beaucoup d'écrits religieux mais aussi savants tel *Historia Regum Britanniae* (1136) de Geoffroy de Monmouth, relatant dans douze livres de prose latine l'histoire des rois bretons, personnages plus légendaires qu'historiques.

Une filiation entre l'épopée et le roman : les chansons de geste

Poèmes épiques qui racontent des aventures situées trois siècles auparavant sous Charlemagne et ses successeurs. La chanson de geste est destinée à être chantée et respecte des règles poétiques (laisses*assonancées en décasyllabe. Les premières chansons de geste sont divisées en laisses de longueur variable, construites sur une même assonance*. Celle-ci donnait une unité pour ceux qui écoutaient la laisse.). Elle est récitée dans les châteaux, sur les places publiques, les foires par les jongleurs (musicien-poète) accompagnés de leur vielle. Le public qui ne savait pas lire goûtait le rythme et l'assonance*.

Des textes épiques

Notre littérature commence par l'épopée. Aux XIe et XIIe siècles, les chansons de geste (« geste » vient de « gesta » = exploits) exaltent les hauts faits des guerriers sous Charlemagne (747-814), le roi des Francs : *La chanson de Roland* relate les aventures héroïques du neveu de Charlemagne, *Le Pèlerinage de Charlemagne*. À l'époque féodale, les prouesses guerrières, le sens de l'honneur et de la loyauté envers le suzerain et envers Dieu se retrouvent dans les récits héroïques de l'antiquité.

Aux XIIIe-XIVe siècles, autour d'un même héros et de ses proches sont réunies toutes leurs aventures dans des cycles. Ex : *La Geste du roi* dont fait partie *La Chanson de Roland*, s'articule autour des aventures de Charlemagne.

Le héros épique est doué de vertus traditionnelles : force surhumaine, courage, vaillance, capacité à endurer toutes les souffrances physiques et morales ; mais aussi la solitude de l'être d'exception qui vit la souffrance comme forme rédemptrice en faveur du suzerain et de Dieu. Il est sublimé et affronte les forces du mal. Le roman médiéval glorifie le chevalier, noble au propre comme au figuré. Le chevalier est en quête de lui-même : courtois, vertueux, chevaleresque, aventurier.

Les textes antiques

Ces romans de geste célèbres, relatent au Moyen Âge des mythes gréco-latins. Ainsi, *Le Roman d'Alexandre* (vers 1150) raconte les aventures d'Alexandre de Macédoine dit Alexandre le grand. *Le Roman de Thèbes* (vers 1150) d'un anonyme est adapté de *la Thébaïde* de Stace qui reprend la légende d'Œdipe. *Le Roman d'Enéas* (1160), d'un anonyme, adapte *l'Enéide* de Virgile. *Le Roman de Troie* (vers 1160-70) de Benoît de Sainte-Maure regroupe 30 000 vers.

Ces textes ne sont pas à l'abri d'anachronismes ni d'interprétations fallacieuses des faits voire de certaines invraisemblances.

Les textes celtiques : le cycle du Graal

Dans les romans celtiques, la « Bretagne » (Cornouailles, Galles, Irlande, Armorique) est le décor propice à l'introduction du « merveilleux ». Se multiplient alors les phénomènes surnaturels inexplicables qui surgissent dans le monde réel, provoquant la peur ou l'admiration, l'émerveillement. Le païen s'introduit dans le merveilleux chrétien. Il se nourrit d'objets magiques (philtre d'amour, anneau…) On relève alors l'histoire d'amour entre *Tristan et Iseut*, de Béroul et Thomas, (vers 1170) puis les *Légendes arthuriennes*, racontant la légende du roi Arthur et de la quête du Graal. Chrétien de Troyes, trouvère à la cour de Marie de Champagne, écrit vers 1176 *Yvain ou le chevalier au lion* en octosyllabes, *Le Chevalier à la Charrette*, entre 1176 et 1181, l'histoire d'amour entre le chevalier Lancelot et la reine Guenièvre, et en 1181, *Perceval ou le conte du Graal*, roman en prose. Puis, au début du XIIIe, de nombreux écrivains poursuivent les aventures des chevaliers Gauvain et Perceval puis évoluent entre thèmes chrétiens et mythes celtiques autour de Lancelot dans *La Quête du Graal, L'Histoire du saint Graal, Merlin, Lancelot.*

Les romans courtois ou la « fin'amor »

Au XIIe siècle, une forte expansion prospère marque la société dans tous les domaines et apparaissent les romans courtois, reflets du raffinement des mœurs et des usages sociaux. Ils tranchent avec la brutalité des mœurs des chansons de geste et célèbrent l'amour réservant une place au merveilleux. Le « service d'amour » est lié aux valeurs chevaleresques, la devise devient pour le chevalier « Dieu et ma dame ».

Cependant, l'aventure reste essentielle. Elle permet de mettre en valeur la hardiesse, le courage, les vertus du chevalier mais aussi son élégance physique et morale qui ravit les dames. L'amour est au centre du roman, respectant les codes de l'amour courtois prétextes à analyser les âmes, les sentiments. Le roman courtois exalte le savoir-vivre à la cour, le raffinement et l'élégance. *Les Lais** de Marie de France sont douze courts récits, d'origine bretonne, glorifiant l'amour courtois.

Un roman allégorique

L'allégorie* personnifie les idées et les choses. Le roman courtois allégorique permet de traiter des thèmes moraux, psychologiques, philosophiques et religieux. Ainsi, *Le Roman de la Rose* (1225-1230) de Guillaume de Loris achevé par Jean de Meung (1268-1282) est un roman didactique montrant une quête amoureuse dans un univers merveilleux et allégorique.

Les romans satiriques

Ils sont de traditions populaires. Ils parodient la chanson de geste et le roman courtois.

Le roman de Renart

Le Roman de Renart (1171-1280) regroupe des nouvelles écrites par des clercs. Les récits sont inspirés de fables antiques et d'œuvres latines issues de chansons de geste. Ils sont destinés à un public lettré. Dans les textes, les animaux vivent des épopées reproduisant les meilleurs épisodes épiques. Leurs caractères sont finement analysés reflétant la société humaine. La satire sociale s'allie à la parodie littéraire.

Les Fabliaux

À la fin du XIIe siècle, ils vont renouveler la littérature par une approche satirique et moralisatrice. Ce sont de courts récits en octosyllabes qui relèvent de la littérature bourgeoise avec le sens du comique, de la réalité brute. Certains prêtent seulement à rire, d'autres à édifier moralement. Leur intrigue est menée en vue d'une moralité. Ils ont alors un rôle didactique pour un public populaire. Les personnages des fabliaux sont associés à des « types » (le paysan rustre, la femme rusée, le prêtre paresseux ou gourmand) et les procédés utilisés s'avèrent plus grossiers voire triviaux. Ils prendront ensuite, au XVe, la forme théâtrale de la farce.

Les procédés

Le romancier a un souci didactique, il accompagne le récit par une présence discrète marquée cependant parfois d'un avis personnel. Le ton est vif, rapide, alliant des registres burlesques (fabliau), lyrique ou pathétique (amour courtois) mais aussi épique (chanson de geste).

Les figures de style sont abondamment représentées allant de l'amplification, l'hyperbole aux métaphores, métonymies et allégories (roman courtois).

Fiche 5
Rappel de cours: Le XVIe siècle

L'époque

Fin du XVe, début du XVIe, les voyages de Christophe Colomb (1451-1506), Vasco de Gama (1469-1524), Magellan (1480-1521) proposent de vastes horizons.

Le XVIe s'ouvre sur un esprit nouveau. La Renaissance (nouvelle naissance) avec l'humanisme, la Réforme et le baroque, vont toucher tous les domaines : social, religieux, intellectuel, artistique, philosophique et éthique. L'imprimerie apparue au XVe (1448) favorise le développement et la diffusion des idées. Les récits des grands voyageurs, la découverte de textes antiques par un plus large public, encouragent le partage et l'échange de la réflexion.

L'astronomie est en pleine évolution avec Nicolas Copernic (1473-1543) qui démontre que la Terre n'est plus à considérer comme le centre de l'univers car elle tourne autour du soleil. Dès lors, l'homme s'interroge sur lui-même et sa place en ce monde. Un de ses fervents défenseurs, Galilée (1564-1642), créera la lunette astronomique et autres techniques mécaniques.

Le chirurgien et anatomiste Ambroise Paré (1509-1590), en raison de ses nombreux outils et techniques médicales sera considéré comme le père de la chirurgie moderne.

L'année 1562, avec les guerres de religions entre les Catholiques et les Protestants (les Huguenots), signe la montée des intolérances. Le 25 août 1572, la nuit du massacre de la Saint-Barthélémy à Paris en est l'apothéose. La liberté de conscience ne sera déclarée qu'en 1598 avec l'Édit de Nantes. Cette période sanglante influencera toute la littérature notamment la poésie (Ronsard, 1524-1585 et Agrippa d'Aubigné 1552-1630) mais aussi les commentaires et discours (Michel de l'Hospital 1506-1573 et La Boétie 1530-1563) ou les essais (Montaigne 1533-1592).

L'humanisme

« Humanitas » en latin signifiant « culture de l'esprit », l'humaniste est un spécialiste des textes anciens. Il lit le latin, le grec, l'hébreu, parfois l'arabe. Il étudie la grammaire et s'intéresse aux faits de civilisations, aux textes sacrés, à la rhétorique. Cependant, le terme « humanisme » n'a été véritablement attribué qu'au XIXe siècle. L'érudit Erasme (1467-1536) dans *Éloge de la folie* où la déesse folie critique notamment le clergé et les courtisans, fut incontestablement un modèle d'humaniste.

L'humanisme est associé à la culture mais aussi à l'élégance morale, la sagesse, une philosophie de vie construite sur la courtoisie, la politesse, la grandeur de l'homme.

Celui-ci trouve une place essentielle au centre de la pensée, place longtemps attribuée à Dieu. Au sortir de l'obscurantisme du Moyen Âge, on commence à croire en l'homme qui pense, réfléchit, progresse.

L'humanisme s'enracine jusqu'à nos jours. Au XXe siècle, Albert Camus ou J.M.G. Le Clézio et bien d'autres peuvent être considérés comme des humanistes.

L'art

La France a découvert à travers ses conquêtes en Italie, la culture du Quattrocento (XVe siècle). L'esprit de la Renaissance italienne imprègne progressivement la création française.

Le roi François 1er (1494-1547) jouera pour la Renaissance française un rôle essentiel en devenant le protecteur et le mécène de nombreux créateurs. Il est aidé par sa sœur, Marguerite de Navarre. Il fit venir en France des Italiens illustres tels le peintre, sculpteur, architecte et savant Léonard de Vinci (1452-1519), l'orfèvre et sculpteur florentin Benvenuto Cellini (1500-1571), le peintre vénitien Le Titien (1488-1576), le peintre et architecte le Primatice (1504-1570). Il favorisa l'architecture avec l'épanouissement des châteaux de la Loire. Il fonde une bibliothèque destinée aux ouvrages gréco-latins, favorise la création d'universités.

Le roman

Le roman se développe, subissant diverses influences. Il se cherche, souffrant toujours d'une réputation discréditée. Marguerite de Navarre (1492-1549), sœur de François 1er, s'inspirant du *Décaméron* de Bocace (XIVe siècle), écrit *Heptaméron* en 1558 mêlant discussions morales et faits de société. Dans la veine des romans satiriques de la fin du Moyen Âge tel *Le Roman de Renart*, avec des personnages qui rejettent les codes de la chevalerie pour duper leurs contemporains et pour provoquer le rire, s'inscrit François Rabelais (1494-1553), protégé de Marguerite de Navarre. Médecin, humaniste et évangéliste, il invente des géants, des guerriers sanguinaires dans *Pantagruel* (1532) et *Gargantua* (1534) suivi du *Tiers Livre* (1546). *Le Quart Livre* (1552) introduit des monstres, puis *Le Cinquième Livre* (1564) achève les aventures de Pantagruel. Il y développe notamment ses thèses sur l'éducation.

Le roman picaresque

Il naît en Espagne et veut montrer l'envers du décor d'un chevalier. Celui-ci n'est plus noble et plein de vertus comme au Moyen Âge. Il devient d'origines plus douteuses (parents voleurs et païens) et se pare de vices : vol, larcins en tous genres, tricherie. Ainsi *La Vie de Lazarillo de Tormes* (1554).

Le plus célèbre à ce jour reste *Don Quichotte* (1605) de Miguel Cervantès (1547-1616). Il s'oppose à l'idée du chevalier avec cet homme de la petite noblesse qui rêve de conquêtes, d'aventures, de lectures pour sauver le monde. En fait, le héros se perd totalement dans cette quête et se ridiculise.

Fiche 6
Rappel de cours: Le XVIIe

L'époque

Le grand siècle s'étend de la mort d'Henri IV en 1610 à la mort de Louis XIV en 1715 en passant par la régence de Marie de Médicis, Louis XIII et son ministre Richelieu, la régence d'Anne d'Autriche et son ministre Mazarin. Au début de son règne, Louis XIV va lutter contre la Fronde (1649-1653), la révolte des seigneurs, et asseoir son autorité. Il prend pour devise « Nec pluribus impar » (supérieur à tous). Pendant son long règne, sous le régime de la monarchie absolue de droit divin, la cour concentre à Versailles une partie importante de la noblesse. La cour régit l'étiquette, les bienséances, la culture, la mode mais engendre aussi des flatteries, des bassesses et des corruptions. La société est fondée sur les trois ordres : la noblesse, le clergé, le tiers état.

Le baroque

Le baroque vient de « barrocco » en portugais et signifie « perle irrégulière ». En ce début de siècle, l'époque est au foisonnement d'idées, de sensibilités et à la volonté d'une liberté créative. L'esthétique baroque est faite de contrastes, de mouvements, de surabondance, de fantaisie et de complexité, d'exubérance. Le style multiplie les variétés de tons, de genres et utilise les figures de style de l'amplification et de l'emphase. Du style baroque se dégage une volonté de liberté, de rejet des contraintes qui traduit l'inconstance – notamment amoureuse – de l'homme, ses folies, ses vanités. Le baroque s'oppose au classicisme.

La préciosité

Au début du XVIIe, phénomène social européen, la préciosité relève du besoin d'échapper à une époque rude et mal dégrossie de la fin des Valois avec Henri IV mais surtout sous Richelieu. Se développent alors **la courtoisie, la politesse, la conversation raffinée et élégante** dans les salons autour des gens de lettres et des Seigneurs. Bientôt, la préciosité prend des formes quelque peu « ridicules » quand certains excès provoquent l'affectation que va dénoncer Molière dans *Les Précieuses ridicules* ou *Les Femmes savantes* (1672) mais aussi les attaques de La Bruyère avec *Les Caractères* (1688) et Boileau avec *Satires sur les femmes* (1694).

La littérature précieuse a pour principal sujet « l'amour », un amour courtois et platonique. La « *carte du tendre* » initiée par mademoiselle de Scudéry dans *Clélie* illustre le parcours amoureux idéal. Cet amour doit être pur et libre.

Le langage devient précieux : l'écriture littéraire utilise bon nombre de néologismes tels que « *débrutaliser* » ou « *soupireur* » aujourd'hui disparus et d'autres adoptés pour toujours tels « *bravoure, féliciter, enthousiasmer* ». Beaucoup d'adjectifs et d'adverbes accentuent le propos précieux : *furieusement, effroyable !* On préfère la périphrase qui atténue plutôt que le propos brut et vulgaire, ainsi le « *fauteuil* » devient-il « *commodités de la conversation* » (*Dictionnaire des précieuses* de Somaize, 1660). La métaphore et la métonymie intriguent plus que le mot précis et l'hyperbole flatte le sens de l'exagération.

L'honnête homme

Il naît en réaction à la pédanterie et la préciosité. Il s'avère cultivé, raffiné dans ses manières, ouvert à la discussion, réfléchi et galant. L'honnête homme allie avec élégance mondanité et moralité. C'est un homme discret qui ne cherche pas attirer les regards. Il est mesuré dans ses réactions et respectueux de l'autre. D'un jugement sûr, il porte sur la société et ses semblables un regard bienveillant mais aiguisé pour déceler le mérite personnel au-delà de la position. Il s'adapte facilement à toutes les situations avec esprit car il possède l'art de la conversation. L'honnête homme – comme les humanistes – s'appuie sur la nature qu'il s'agit d'imiter pour ne pas se laisser pervertir par le superficiel, le factice.

Le classicisme

Le classicisme part de l'homme et de la nature humaine, respectant le réel. Esthétique et éthique sont liées. Louis XIV est ouvert à la littérature et à l'art en général. Lui, le monarque de droit divin, tolère les écrivains même les plus critiques s'il leur reconnaît du talent. Il soutient Boileau, Racine, Bossuet, Molière et même La Fontaine qu'il n'apprécie guère. C'est dans l'architecture qu'il laisse s'épanouir son désir de grandeur avec Versailles mais aussi le Palais du Luxembourg ou la chapelle de la Sorbonne. L'esthétique classique (rigueur et sobriété) applique les notions de pureté, de proportions à l'instar de l'Antiquité. La peinture est servie par Poussin, Le Brun, Mignard et la musique par Lully qui s'impose à la cour, notamment au théâtre dans les comédies ballets.

Le jansénisme

Du nom du théologien hollandais Jansénius (1585-1538), le jansénisme se développe dans la deuxième moitié du siècle. Des auteurs comme La Rochefoucault ou Racine parlent de l'homme esclave de ses passions, celles-ci étant nuisibles à son âme. Le mouvement janséniste s'engouffre dans ce pessimisme : l'âme en état de péché originel est condamnée à la damnation si Dieu ne lui accorde pas sa grâce. Il n'est, dans cette doctrine, reconnu aucun libre-arbitre. Le couvent de Port Royal et des auteurs tel Pascal avec *Les Provinciales* (1656-1657), s'inscrivent dans la querelle contre les Jésuites et proposent le renoncement au monde et à ses tentations. Ce courant austère inquiète l'Église et l'État. En 1653, le pape Innocent X le déclare hérétique et Port Royal est détruit.

Le libertinage

Le libertinage remet en question l'autorité pour s'affranchir des contraintes. Ce mouvement sceptique, quelque peu athée, doute de tout et entretient des querelles avec les Institutions religieuses ou royales préparant ainsi le siècle des Lumières. (ex : *Dom Juan* de Molière).

Les sciences

Les lois de la nature reprennent leurs droits. Copernic et Galilée perturbent le monde scientifique en mettant à mal le système aristotélicien de l'univers centré sur la terre. Descartes impose les lois de la raison mathématiques. Pascal et Newton révolutionnent les théories scientifiques. La médecine reste centrée sur la théorie des quatre humeurs à évacuer coûte que coûte : sang, flegme, bile jaune et bile noire.

La querelle des Anciens et des Modernes

Le siècle est celui de la foi et de la raison autour de Descartes (1596-1650) avec son *Discours de la Méthode* (1637) et de Pascal (1623-1662) avec ses *Pensées* (1670, œuvre posthume) affirmant que l'imagination est « maîtresse d'erreurs ». Tous deux s'opposent aux Anciens dont ils reconnaissent les mérites mais des mérites qu'ils estiment alors dépassés par les progrès de la science. Les esprits s'échauffent jusqu'à l'exagération ridicule. Naît alors une hostilité entre traditionalistes et novateurs.

Vers 1680, les Modernes menés par les frères Perrault, osent beaucoup, critiquent et revendiquent leur indépendance envers les œuvres gréco-latines, prônent la supériorité des progrès de l'intelligence et des progrès scientifiques, artistiques. Ils refusent que la seule référence soit celle des Anciens, certes admirables, mais jugés ennuyeux et manquant de simplicité, admirés sous principe d'autorité du passé. Ils provoquent une réaction virulente des défenseurs des « Anciens ». Boileau s'impose comme leur chef de file, La Fontaine, Racine, Bossuet, s'indignent et répliquent : Homère et Virgile restent leurs « dieux du Parnasse ». C'est Fénelon (1651-1715) qui réconciliera tout le monde en montrant avec mesure les défauts et vertus des uns et des autres. La querelle, un temps apaisé, reprendra vingt ans plus tard.

Cette querelle prépare le XVIIIe siècle où la raison dominera avec les philosophes rejetant plus que jamais les traditions.

Le Roman

Les longs romans, tel le roman pastoral *l'Astrée* (1607-1627) d'Honoré d'Urfé (1567-1625), connaissent un succès considérable pour l'élégance de leur langue. Mais, le roman bien que très apprécié à l'époque de Madame de Lafayette, reste considéré comme un genre mineur. C'est avec la parution de *La Princesse de Clèves* en 1678, que le roman prend un virage novateur qui préfigure les grands romans réalistes du XIXe. Ce roman se distingue par l'habile association **de l'esprit précieux** de l'époque (désordre de la passion, langage, problèmes discutés dans les salons) et **d'une finesse littéraire** (vérité des personnages dans leur analyse) préparant, par sa rigueur et sa précision, l'esprit du classicisme. Ce roman s'avère extrêmement novateur pour l'époque.

Si le roman est historique et fidèle à son époque en étant précieux, l'auteur souhaite offrir un roman moraliste qui joue sur la fidélité, l'éthique, la vertu et l'honneur. Madame de La Fayette s'oppose ainsi à la passion généralisée dans la tragédie. L'intrigue centrale est relativement simple mais sur celle-ci se greffent de nombreux épisodes secondaires parfois peu vraisemblables convergeant vers les troubles de l'amour.

Le Théâtre

Le spectacle est partout, le XVIIe est l'âge d'or du théâtre. On joue dans les rues les champs de foire, sur des tréteaux. Des salles de jeu de paume accueillent des spectacles et le public, en fusion permanente, s'interpelle dans un déluge de lumières. Les spectateurs, jusqu'en 1759, s'installent même sur scène. Les textes sont parfois adaptés pour un public qui ne parle pas toujours le français.

Les théâtres comme l'hôtel de Bourgogne qui réunit la Troupe Royale sont fréquentés par la bourgeoisie. Il deviendra la Comédie Française à partir de 1687 en fusionnant avec la Troupe de Molière. Jusqu'en 1673, Molière s'installe au Palais-Royal dans une rare vraie salle de mille à mille cinq cents places, destinée au théâtre. Ces troupes sont financées par des pensions et subventions royales ou seigneuriales.

L'aristocratie suit les représentations à la cour de Versailles où Louis XIV commande des pièces, des comédies-ballets de Molière sur des musiques de Lully ou des tragédies telle *Iphigénie* de Racine.

À l'époque baroque (1610-1660), le théâtre est conçu avec excès, exubérance et invraisemblance dans des décors surchargés et des abus de masques. Le théâtre hésite entre Tragédie et Farce.

La religion exerce une censure sévère sur le théâtre avec des contrôles rigoureux. Les comédiens sont excommuniés.

La comédie italienne ou Commedia dell'arte

Des troupes itinérantes viennent régulièrement d'Italie, depuis le XVIe siècle. Certaines s'installent en France, invitées par Mazarin vers 1650 au théâtre du Petit Bourbon puis au Palais-Royal, enfin à l'hôtel de Bourgogne. La Commedia all'improvviso ou Commedia dell'arte, grâce à un canevas qui donne une ligne directrice sans rien imposer aux acteurs, propose des personnages caricaturaux, une intrigue légère, une mise en scène simplifiée, une gestuelle stérotypée et excessive. Elle rend familiers les personnages d'Arlequin, Pierrot, Colombine, Scaramouche, Pantalone, Polichinelle. Leur insolence aura raison de la patience du roi qui les fera expulser quand ils s'attaqueront à Madame de Maintenon, en 1697 dans la *Fausse Prude*.

La comédie

Elle s'appuie sur les ressorts du comique et se termine toujours de façon heureuse. Elle met en scène des personnages de la vie quotidienne souvent en trois actes. Les relations familiales sont privilégiées et conflictuelles souvent entre maîtres et valets. Si elle fait rire, la comédie dénonce cependant de nombreux travers sociaux et vices individuels. Dans *l'Avare* ou *Tartuffe* (1664) Molière (1622-1673) montre, pour l'un, l'excès d'un vice qui mène au ridicule et, pour l'autre, la naïveté d'un dévot abusé. La satire est plaisante mais instruit et dénonce en se voulant « miroir social ». La comédie joue avec tous les registres du comique (voir p. 205).

La tragi-comédie, comme la comédie, possède une fin heureuse mais elle intègre des intrigues politiques aux registres comique et tragique (voir p. 67).

La tragédie

Son nom vient de « tragos » en grec qui signifie « bouc sacrifié rituellement ». Elle commence au VIe siècle avant J.-C. à Athènes et représente alors les malheurs de personnages historiques. L'héritage grec et latin inspire les dramaturges du XVIIe. L'action est basée sur le « fatum » soit la fatalité, le destin dictés par des puissances extérieures à l'homme. Le héros est le jouet malheureux de ce destin et évolue entre amour, haine, jalousie et raison. Ses valeurs l'obligent à des choix impossibles que des forces supérieures lui imposent. De condition illustre, il affronte avec dignité et noblesse des dilemmes insolubles dont il peut sortir grandi mais qui le mènent souvent à la mort. Elle triomphe avec Corneille (1606-1684) dans *Le Cid* (1637) mais aussi Racine (1639-1699) avec *Phèdre* (1677) ou *Bérénice* (1670). La tragédie classique est écrite en vers (souvent alexandrins) en cinq actes. Le registre est pathétique puisque la pièce évoque la souffrance et provoque la pitié du spectateur par la violence des sentiments et le dénouement tragique (sorte de catharsis*). Elle suit la règle des trois unités.

Règle des trois unités

Cette règle respecte l'association des unités d'action, de temps et de lieu :

- L'unité d'action : l'action unique évite la dispersion de l'attention dans des intrigues secondaires. L'action peut alors se dérouler chronologiquement respectant une certaine logique.
- L'unité de temps : l'action ne doit pas se dissoudre dans le temps mais au contraire ne pas excéder le récit d'une journée tout en respectant la vraisemblance.
- L'unité de lieu : tout le drame s'effectue dans un seul endroit. Une bataille dans le texte sera relatée par les personnages qui en reviennent (aucune scène choquante ne doit être présentée au public, le recours au récit est donc nécessaire).

Fiche 7

Rappel de cours: Le XVIIIe

L'époque

La monarchie, à la mort de Louis XIV commence à décliner avec le régent, Philippe d'Orléans, un libertin aux mœurs dissolues. Il donne le ton à un relâchement général après l'austérité de la fin du règne de Louis XIV. Chacun veut profiter des plaisirs. Louis XV, ensuite, cumule les maîtresses et sera vite contesté dans le pays. Les guerres se multiplient. Louis XVI essaie des réformes mais en vain. La cour perd son influence au profit des salons, ex : salon de Madame de Lambert (1710-1733), Madame Du Deffand (1740-1780) ou de Mademoiselle de Lespinasse (1764-1776) où se côtoie le monde des intellectuels. Dans les cafés (café de la Régence autour de Diderot ou le café Procope) et les clubs tel le club de l'Entresol (la mode est à l'anglomanie) circulent des idées nouvelles. Dans ces lieux, hors de la cour, l'esprit critique se développe, s'aiguise. Les journaux, les sociétés secrètes se multiplient. Les hommes des Lumières font de la Raison leur guide.

Les États généraux de 1789 signent la fin de l'ancien régime. Le 14 juillet 1789, la prise de la Bastille installe la révolution. En 1792, la République peine à s'imposer dans le régime de terreur voulu par Robespierre. En 1799, après la Convention et le Directoire, le coup d'État de Bonaparte, le 18 Brumaire, ouvre d'autres horizons. Sacré empereur en 1804, Napoléon installe un pouvoir autoritaire jusqu'en 1815 où il est battu à Waterloo. C'est alors la Restauration avec Louis XVIII, frère de Louis XVI.

Le siècle des Lumières

Le siècle des Lumières doit son nom au philosophe allemand Emmanuel Kant qui, en 1784 fait paraître *Qu'est-ce que les Lumières ?* Pour lui, les Lumières s'opposent à l'obscurantisme et rend l'homme raisonnable, libre et rationnel, un homme qui prend son destin en main. Les philosophes de ce siècle se reconnaissent dans cet homme à l'esprit critique qui loue tolérance et liberté d'expression, égalité et justice.

Le siècle se caractérise par la passion des débats d'idées. Les philosophes revisitent les fondements, notamment religieux, de la société en s'appuyant sur l'autorité de la Raison humaine proche des idées de Descartes. Le prestige de la France traverse l'Europe grâce à sa culture et sa langue. Montesquieu se dit « citoyen du monde ». Le siècle se tourne vers le bonheur de chacun et le bonheur social contre un bonheur céleste prôné par l'Église dont le pouvoir est remis en question. Perçus comme raisonnables et sensibles, les philosophes s'opposent à la Raison d'État dans leurs ouvrages polémiques.

Les trois ordres de l'ancien régime restent immuables avec d'abord une noblesse dite « d'épée » (de tradition familiale), une noblesse de « robe » (charge achetée). Celle-ci très ambitieuse, s'impose auprès du roi. Ensuite, le clergé, puissante force religieuse et politique, joue un rôle toujours prépondérant dans la lutte contre les jansénistes. L'ordre des jésuites est particulièrement influent et s'affirme dans l'éducation des jeunes jusqu'à sa dissolution en 1764. Quant au tiers état, dans une France majoritairement rurale, il souffre notamment de la famine et des maladies.

L'économie du pays, jusqu'en 1775, se développe régulièrement et profite à la bourgeoisie. Cette expansion est due en grande partie aux découvertes scientifiques : *l'Encyclopédie* de Diderot et *Histoire naturelle* de Buffon divulguent les diverses techniques et sciences. Mais, lorsque de mauvaises récoltes répétées affligent les paysans, le désastre financier s'annonce malgré le système de Law (monnaie de papier) devenu un modèle dans les relations économiques.

La nature toute puissante et ses sciences interrogent la religion : n'existerait-il pas un Dieu horloger qui régirait l'ordre du monde ? Le philosophe des Lumières est un penseur, un homme d'esprit qui défend les causes perdues. Il aime la société, veut la servir. C'est par la littérature qu'il affirme ses idées mais il doit parfois user de subterfuges littéraires pour révéler ses idées, livrer ses critiques.

L'art de la conversation

La conversation connaît son apogée avec les cafés (créés au XVIIe) et les salons du XVIIIe, lieux de liberté où les esprits et les pensées se rencontrent et s'opposent tout en se respectant. Les artistes, les savants, tout ce qui constitue la « république des lettres » s'y retrouve. Tous les sujets sont abordés : actualité, politique, vie quotidienne, découverte, création artistique, nature, l'homme... Chacun rivalise de bons mots, de maximes et d'anecdotes entre gens d'esprit. On s'écoute et on échange avec beaucoup de civilité et de brio.

Le mythe du « bon sauvage »

La notion de « bon sauvage » vient des voyages en terres lointaines où les conquérants découvrent un homme simple, généreux, proche de la nature et ignorant la corruption. D'abord jugé « sauvage », les philosophes – notamment Jean-Jacques Rousseau (1712-1778)- voient en lui l'homme de l'origine, l'homme primitif. Rousseau, grand amoureux de la nature où il aime vivre solitaire (cf : son autobiographie *Les Rêveries d'un promeneur solitaire* en 1776-1778) estime que la société corrompt l'homme naturellement bon et le rend profondément malheureux. Toute sa vie, il tentera de retrouver l'essentiel dans l'homme d'avant la corruption sociale, l'homme « naturel » et écrira dans les *Confessions* (VIII) : « Insensés qui vous plaignez sans cesse de la nature, apprenez que tous vos maux viennent de vous ». Néanmoins un mythe est une représentation symbolique, pas une réalité : Le mythe du « bon sauvage » symbolise la quête du bonheur simple et naturel.

L'Encyclopédie

L'encyclopédie est une œuvre emblématique du XVIIIe siècle. Diderot (1713-1784) est un homme érudit et curieux, aussi bien critique d'art qu'essayiste, romancier qu'épistolier, dramaturge que philosophe. Il se voit confier la traduction de *Cyclopaedia* de l'anglais Chambers, un dictionnaire « moderne » mais, très vite, avec d'Alembert, il souhaite un ouvrage qui réunisse les connaissances humaines et ouvre l'esprit du grand public. Les deux écrivains veulent un « dictionnaire raisonné des sciences, des arts et techniques ».

D'abord une œuvre au service des arts mécaniques, *l'Encyclopédie* deviendra un moyen pour les philosophes de dispenser les idées des Lumières. En 1750, Diderot fait paraître *Le Prospectus* qui présente l'ambitieux projet et dès 1751 paraît le premier Tome précédé du *Discours préliminaire* de d'Alembert. Suivront 17 volumes (plus de 15 000 pages) organisés alphabétiquement en articles extrêmement documentés avec un rigoureux système de « renvois », véritable toile d'araignée. S'ajoutent à ces volumes, 11 volumes de « planches » qui illustrent les réalités du monde physique par une initiation, en images, aux arts mécaniques. 178 auteurs contribueront à cette gigantesque aventure.

Les Encyclopédistes nourrissent l'idée commune du bonheur par le progrès de la civilisation. Si les philosophes saluent le projet, les jésuites, rejoints là par les jansénistes, s'en inquiètent. L'ouvrage met souvent en doute les religions révélés et sème les doctrines athées fondées sur la raison plus que sur l'existence de Dieu. L'Encyclopédie rencontrera des oppositions violentes jusqu'à la censure et l'interdiction de certains volumes. Madame de Pompadour, favorite de Louis XV, et Malherbes soutiennent le projet et calment un temps les esprits. Cependant les opposants s'acharnent et entretiennent la polémique sur certains articles. Diderot, après 1758, se voit dans l'obligation de poursuivre secrètement le travail. Fin 1765, les tomes XVIII à XVII sont achevés et distribués clandestinement.

L'art

Il devient plus raffiné moins grandiose, **rococo** à l'image des peintures de Watteau (1684-1721), des portraits de La Tour (1704-1788), de Fragonard (1732-1806), de Boucher (1703-1770), de Chardin (1699-1779) puis du **néoclassicisme** des grandes toiles de David (1748-1825) et des sculptures de Houdon (1741-1828). À côté de la poésie et de la tragédie, le roman et le drame* se développent. Les traités philosophiques, appuyés sur la raison et la nature, passionnent.

■ Le roman

Au XVIIIe siècle, le roman va prendre une importance croissante, les lecteurs sont de plus en plus nombreux. Le roman est d'autant plus apprécié qu'il diffuse largement les idées des Lumières car on écrit beaucoup. En effet, le roman prend des formes variées et inattendues souvent pour déjouer la censure : **le roman épistolaire**, ex : *Les Lettres persanes* de Montesquieu (1721) ; *Julie ou la nouvelle Héloïse* (1762) de

Jean-Jacques Rousseau; *Les liaisons dangereuses* (1782) de Choderlos de Laclos; **le conte philosophique**, ex: *Candide* (1759) de Voltaire; **des romans pastoraux**, ex: *Paul et Virginie* (1788) de Bernardin de Saint-Pierre; **des romans mémoires**, ex: *Mémoires et aventures d'un homme de qualité* (1728-1731) de l'Abbé Prévost, *La Vie de Marianne* (1731-1742) de Marivaux; **des romans libertins**, ex: *Justine: les infortunes de la vertu* du marquis de Sade; **des récits à la première personne**, ex: *Manon Lescaut* (1731) de l'Abbé Prévost ou **sous la forme de dialogues**, ex: *La Religieuse* (1780) ou *le Neveu de Rameau* (1761-1782) de Diderot; **des récits imbriqués**, ex: *Jacques le fataliste et son maître* (1765-1784) toujours de Diderot.

Ces romans reflètent l'individu tel qu'il est alors perçu: un être à la psychologie complexe dans un siècle aux idées politiques, religieuses, philosophiques en pleine évolution.

■ Le Théâtre

À la fin du XVIIe, la tragédie reste un genre noble prospère. La comédie se tourne plus vers la satire sociale. Mais le théâtre s'écarte progressivement des canons de la mythologie et de la règle des trois unités de la tragédie pour trouver plus de naturel et d'authenticité afin d'incarner les valeurs des Lumières. Il cherche un peu sa voie entre comédie et tragédie.

De la Comédie au drame bourgeois

Avec **Marivaux** (1688-1763) la comédie s'épanouit. D'héroïque et romanesque, elle devient vite comédie de mœurs puis comédie sentimentale et moralisante. Écrit en prose, le **drame bourgeois**, par la mise en scène de situations familiales et sociales, veut rendre l'homme meilleur. Les personnages sont d'un milieu simple proche de la vie quotidienne. Le ton, sérieux, loue la vertu et son rôle est moralisateur.

Beaumarchais (1732-1799) théorise le drame bourgeois dans *Essai sur le genre dramatique sérieux* en 1767. De nature plutôt sanguine et virulente, il se bat à coups de pamphlets contre ses ennemis jusqu'à être emprisonné pour violence en 1770. Il écrit, en 1775, *Le Barbier de Séville* où son insolence est dénoncée par la censure. Mais, la franche gaieté du ton léger séduit son public. En 1784, la suite, *Le Mariage de Figaro,* dans laquelle se multiplient les attaques contre l'aristocratie et toutes les institutions, menace l'ordre social. Il y cultive l'intrigue, fait rire un public largement conquis par une satire particulièrement osée. La pièce est d'abord interdite par Louis XVI puis à nouveau autorisée. Une suite, *La Mère coupable* en 1792, n'a pas le même succès et Beaumarchais finit sa vie, proscrit.

Avec **Diderot** (1713-1784), le drame bourgeois se veut imitation de la nature comme il l'explique dans *De la poésie dramatique* en 1758 et dans ses pièces *Le Fils naturel* (1757) et *Le Père de famille* (1758). Diderot étudie le théâtre en théoricien pour réfléchir sur l'art de la comédie et partager une émotion et un idéal civique.

Fiche 8

Rappel de cours : Le XIXe

L'époque

Ce siècle se caractérise par la grande diversité de ses mouvements littéraires et ses remous politiques : Consulat, Empire, Restauration, Monarchie de Juillet, Seconde République, Second Empire, Troisième République. Les écrivains n'hésitent pas à s'engager en politique. Lamartine devient député puis chef du gouvernement provisoire, Hugo lutte contre Napoléon III et Zola défend la cause de Dreyfus. La question sociale agite les penseurs jusqu'aux journées de juin 1848 et la Commune de 1871.

Les évolutions

Les travaux de Louis Pasteur, de Pierre et Marie Curie sur le radium, provoquent une avancée extraordinaire dans les sciences qui prennent une importance jamais égalée et influencent les écrivains. La révolution industrielle accentue les problèmes sociaux liés à l'essor du prolétariat urbain. En parallèle, se construisent des fortunes offrant aux écrivains des sujets de réflexion et d'écriture. La France se mobilise aussi dans son expansion coloniale (l'Algérie, 1830).

Les mouvements littéraires

- **Le romantisme** se caractérise par une expression des sentiments, un lyrisme personnel, une exaltation du moi avec pour décor une nature parfois tourmentée, des voyages et l'attrait de l'Orient, loin de toute civilisation. L'art se libère de l'époque classique. L'imagination et la sensibilité l'emportent. La poésie, en vers ou en prose, exprime largement la nostalgie, le temps qui passe et la quête d'un idéal avec Chateaubriand, Hugo, Lamartine, Nerval, Musset, Vigny mais aussi Baudelaire, Flaubert, Stendhal. Le romantique se sent seul, incompris et pleure sur lui-même. En peinture se distinguent Géricault et Delacroix. En musique, Chopin et Berlioz traduisent la mélancolie de l'époque.
- **Le réalisme**, en réaction au romantisme et à ses excès, en lien avec le « scientisme » ambiant, veut une analyse minutieuse de faits réels, des études de comportements en situation mais reste parfois aussi dans l'illusion du réel. Les peintures de mœurs se développent avec Balzac (1799-1850) dans *La Comédie humaine*, Stendhal ou Flaubert. Un peintre, Courbet, illustre ce mouvement.

- **Le naturalisme** s'applique à décrire presque scientifiquement la société et ses travers : la misère, l'ambition, l'alcool, la paresse, l'argent, la prostitution. Émile Zola montre les rouages de l'hérédité dans *les Rougon-Macquart* (1871-1893).
- **Le symbolisme** s'illustre beaucoup en poésie, avec Barbey d'Aurevilly ou Villiers de l'Isle-Adam, Baudelaire mais aussi Mallarmé, Rimbaud et Verlaine. Il établit des correspondances entre le monde sensible et l'expérience du subconscient, la réalité et l'imaginaire. Les peintres Gustave Moreau et Odilon Redon, transposent le réel en valeurs symboliques. Les musiciens Gabriel Fauré et Claude Debussy innovent dans cette veine.

Le Roman

La presse se développant et les lecteurs étant plus éduqués, plus scolarisés, l'importance du roman devient considérable. Il traduit les évolutions et les événements de la vie sociale.

Le roman historique inspire les romantiques. Ainsi découvre-t-on *Les trois Mousquetaires* d'Alexandre Dumas (1802-1870) ou, cédant à la mode médiévale, *Notre-Dame de Paris* de Victor Hugo (1802-1885). L'exaltation du moi romantique est aussi favorable aux romans-confession, des histoires singulières dans un récit fictif : *René* (1802) de Chateaubriand (1768-1848), *La Confession d'un enfant du siècle* (1836) d'Alfred de Musset (1810-1857), *Adolphe* (1816) de Benjamin Constant (1767-1830). **Les romans de mœurs** tels ceux de Balzac ou de Stendhal font fureur. Enfin, le romantisme se tourne vers le religieux et le fantastique : *La Vénus d'Ille* (1837) de Prosper Mérimée (1803-1870).

Bientôt, en réaction, apparaissent des romans qui veulent être plus proches de la réalité et s'appuient sur une solide documentation autour de Flaubert et de Zola (réalisme et naturalisme) mais aussi de Hugo avec *Les Misérables* (1862).

Le symbolisme, lui aussi en réaction au réalisme et au naturalisme, s'illustre dans *Dominique* (1862) d'Eugène Fromentin ou *Les Diaboliques* (1874) de Barbey d'Aurevilly.

Le Théâtre

Après une courte période où le mélodrame romanesque et sentimental comme besoin d'évasion tente une percée mais reste un sous-genre, le théâtre va opérer une réelle ouverture : les règles classiques vont être écartées voire rejetées par les écrivains romantiques. Ceux-ci souhaitent davantage traduire la réalité quotidienne. Il s'agit de mêler le comique, voire le burlesque, au tragique jusqu'au sublime parfois, comme dans la vie.

Le drame romantique

Victor Hugo, dans sa préface de *Cromwell* (1827) révèle un besoin de mêler les registres et les genres dans une certaine liberté d'expression. Son manifeste est plutôt virulent, il revendique « *la liberté de l'art contre le despotisme des systèmes, des codes, des règles* » et rompt avec le drame classique. Il s'agit dès lors de mêler les genres dans une forme souple qui rejettent la « *prétendue règle des deux unités* » écrira-t-il : le temps et le lieu, seule l'unité d'action perdure. Un an après la représentation d'*Henri III et sa Cour* (1829) de Dumas, à la Comédie française, premier événement dramatique romantique, Victor Hugo, dans le même lieu, crée *Hernani* qui provoque de très violentes réactions : la pièce choque par l'audace des vers qui s'affranchissent de l'alexandrin classique. Les conservateurs ne tolèrent pas cette vision personnelle des Grands d'Espagne. Pendant la bataille d'*Hernani*, Hugo est soutenu par Théophile Gauthier (1811-1872), le futur maître d'œuvre du mouvement de « l'art pour l'art » prônant la beauté et seulement la beauté. Suivront bien d'autres pièces telles que *Lorenzaccio* (1834) d'Alfred de Musset (1810-1857) *Ruy Blas* de Victor Hugo (1838) marquant de leur fantaisie et de leur puissance le drame romantique.

La Comédie

Des auteurs comme Musset privilégient toutefois la comédie pour sa légèreté libre et naturelle de la conversation de salon. Dans *Les Caprices de Marianne* (1833) et *On ne badine pas avec l'amour* (1834), se mêlent fantaisie et émotion avec spontanéité jusqu'au badinage, parfois même au tragique. Ses personnages peuvent être simples, coquets et souvent naïfs. Certains s'avèrent grotesques provoquant les rires.

Le Vaudeville

Le vaudeville né au siècle précédent prend de l'ampleur au XIXe. Il est totalement basé sur un quotidien mâtiné de comique sur le thème « le mari, la femme, l'amant dans le placard » fait de quiproquos, de tromperies et d'adultères. Le comique de situation est exploité à outrance dans une succession de rebondissements légers et parfois grivois. Ainsi *Le Voyage de M. Perrichon* (1860) d'Eugène Labiche (1815-1888) ou *Le Dindon* (1896) de Georges Feydeau (1862-1921).

La Poésie

Au XIXe, le rôle du poète va se modifier, il renouvelle sa place en s'engageant politiquement (Victor Hugo avec *Melancholia* in *Les Contemplations* (1856) dénonce le travail des enfants). Il s'interroge sur la force du mot, son sens, son authenticité. Il devient alors un porte-parole de l'homme, il a une mission : guider le peuple tel un prophète, « un phare de l'humanité ». Il garde toutefois cette place privilégiée, hors du commun des mortels, de détenteur d'une sensibilité exacerbée capable de traduire en mots les émotions les plus fortes, il devient un démiurge. La poésie, très féconde au XIXe, suit les mouvements littéraires de son siècle.

Le romantisme

Fondé sur le lyrisme, il s'intéresse à l'expression du « moi » jusqu'à l'exaltation et au « mal du siècle ». Il se tourne vers le rêve, l'amour, la nature sauvage, la fuite du temps en assouplissant l'alexandrin et en inventant le poème en prose. Hugo avec ses *Contemplations* (1856) en est la tête de file. Alphonse de Lamartine (1790-1869) écrit une autobiographie sentimentale où le poète s'épanche sur ses souffrances : *Méditations poétiques* (1820) mais retenons aussi Alfred de Vigny (1797-1863) ou Alfred de Musset (1810-1857) avec *Les Nuits* (1835-1857).

Le Parnasse

Le mouvement tire son nom du mont Parnasse qui, dans l'antiquité, était la montagne des Muses, consacrée à Apollon. Il apparaît en réaction à la « sensiblerie » romantique et à l'excès de lyrisme. Il se voue à une poésie plus formelle et recherche le « beau » à travers la technique du texte en reprenant les formes classiques tel le sonnet. D'aucuns lui reprochent sa froideur. Théophile Gautier (1811-1872) initie le mouvement et revendique « *l'art pour l'art* ». Pour lui, « *l'utile et le beau sont incompatibles* ». La revue *Le Parnasse contemporain* avec trois recueils de vers (1866-1871-1876) regroupe les œuvres de Gautier, de Leconte de Lisle (1818-1894) avec *Poèmes antiques* (1852) et *Poèmes barbares* (1862), Théodore de Banville (1823-1891), José Maria de Heredia (1842-1905).

Le Symbolisme

En réaction au positivisme d'un Auguste Comte (1798-1857) qui prône la connaissance qui naît des faits souvent scientifiques, les poètes symbolistes se passionnent pour la psychanalyse et l'inconscient. Ils veulent libérer la poésie en dépassant le mot, en l'entraînant dans un au-delà du sens, créant de l'inédit. Ils s'appuient sur la force du symbole pour évoquer le mystique, la face cachée des choses. Ils innovent, bouleversent le langage tel *Calligrammes* de Guillaume Apollinaire (1880-1918). Ils traduisent souvent le mal-être du poète : *Les Fleurs du mal* (1857 et 1861) de Charles Baudelaire (1821-1867) ; Gérard de Nerval (1808-1855) ; Le comte de Lautréamont (1846-1870) ; Paul Verlaine (1844-1896) avec les *Poème saturniens* (1866) et Arthur Rimbaud (1854-1891) avec *Illuminations* (1886). Stéphane Mallarmé (1842-1898) recherche la concision, suggère le monde et capte l'essence des choses dans une langue jugée parfois obscure.

Le symbolisme prépare la poésie du XXe siècle en révolutionnant le fonctionnement du langage et l'idée même de poésie.

Fiche 9

Rappel de cours: Le XXe et le XXIe siècle

L'époque

Le siècle peut se « découper » en plusieurs périodes:

- **L'avant-guerre de 1914** où la France traverse différentes crises: l'affaire Dreyfus qui agite le pays; la séparation des Églises et de l'État; des conflits sociaux.
- **La première guerre mondiale, 1914-1918,** qui remet en cause beaucoup d'équilibres notamment la place prise par les femmes dans la vie sociale. Bien que gagnée, la guerre laisse le pays exsangue.
- **L'entre-deux-guerres** voit s'installer des débats idéologiques importants entre divers blocs et forces politiques.
- **La seconde guerre mondiale, 1940-1945,** remet en cause les équilibres politiques et a raison de la IIIe République remplacée par le gouvernement de Vichy en 1940, divisant les Français. Les camps de concentration, les déportations et le génocide juif illustrent la barbarie de l'époque.
- **L'après-guerre**: la IVe République sera balayée en 1958 après les conflits en Indochine et en Algérie. La Ve République naît sous l'égide du général de Gaulle.

Le développement

Le développement des sciences et des technologies s'effectue de façon jamais enregistrée, les progrès s'intensifient: la fission de l'atome et la menace nucléaire marquent les esprits surtout après Hiroshima et Nagasaki en 1945. Einstein travaille (1879-1955) sur la relativité. Freud (1856-1939) bouleverse le monde médical avec la psychanalyse. Après la guerre, la frénésie de consommation transforme l'homme. Commence aussi la course à l'armement et à l'espace (premiers pas sur la Lune en juillet 1969). Le monde subit le premier choc pétrolier en 1973.

L'art

La peinture continue à rayonner avec Picasso, Chagall mais aussi des artistes comme le Russe Kandinsky, le Suisse Paul Klee, l'Américain Calder.

L'art abstrait relève d'un besoin d'interpréter la réalité pour en faire une re-création. En réaction aux impressionnistes, **le fauvisme** rejette les détails et accentue les contours. Ex: Matisse (1869-1954); Dufy (1877-1953); Vlaminck (1876-1958); Derain (1880-1954). **Le Primitivisme ou art naïf offre** la spontanéité. Ex: Rousseau (1844-1910).

L'expressionnisme s'attache plus au tragique. Ex: Rouault (1871-1958), Modigliani (1844-1920). **Le cubisme** adopte des volumes géométriques. Ex: Picasso (1881-1973), Braque (1882-1963) ou Léger (1881-1955).

Le septième art

Grâce à Louis Lumière en 1895 puis Georges Méliès, les premiers films datent de 1897. Avant 1914, quelques grands noms s'imposent: Max Linder, Abel Gance puis, plus tard, René Clair, Buñuel, Dali ou Cocteau. Le cinéma prend vite son essor et de façon exponentielle diversifiant les formes et les techniques.

Le Roman

Il devient au fil du siècle, un fait économique (salons, prix littéraires, émissions, cinéma, télévision...). L'époque est riche et diversifiée. Les influences s'entrecroisent et les écoles se multiplient. Avant 1914, l'influence du XIXe perdure en littérature. L'entre-deux-guerres, après la mort de Marcel Proust en 1922, voit s'affirmer les œuvres de Claudel, Gide et Valéry: la littérature devient réflexion sur elle-même.

Entre introspection et observation, deux écrivains chrétiens interrogent salut et damnation dans des romans psychologiques: Mauriac (1885-1970) et Bernanos (1888-1948). D'autres, cédant à un nouvel humanisme, mêlent l'analyse psychologique des personnages et fresque sociale. Romain Rolland avec *Jean-Christophe* (1904-1912) invente le nom de « **roman-fleuve** ». Dans la même veine, suivent *Les Thibault* (1922-1940) de Roger Martin du Gard et Les *Hommes de bonne volonté* (1932-1946) de Jules Romains. Montherlant, Saint-Exupéry offrent de la grandeur en réfléchissant sur l'homme. André Malraux met en scène la fraternité, le courage, l'idéologie révolutionnaire, l'abnégation notamment dans *La Condition humaine* (1933) ou *L'Espoir* (1937).

Les **romans autobiographiques** ont toujours intéressé pour ce que la singularité apporte à l'universel. Sous forme de mémoires ou de journaux, il est juste de relever *Souvenirs* (1958) de Jules Romains ou les *Mémoires* d'André Maurois (1942), le *Journal* de Julien Green (1919-1940) et le roman d'Hervé Bazin *Vipère au poing* (1948).

Mais aussi, les **romans historiques** avec de grandes productions. Ex: *Voyage au bout de la nuit* (1932) de Céline, *Argiles et Cendres* (1948) de Zoé Oldenbourg, *Les Rois maudits* (1950-1977) de Maurice Druon. **Les romans d'aventure** avec Joseph Kessel, Romain Gary. Des **romans psychologiques**. Ex: *Le Grand Meaulnes* (1913) d'Alain Fournier, *Thérèse Desqueyroux* (1927) de François Mauriac, *Bonjour tristesse* (1954) de Françoise Sagan. Mais aussi *Les Mémoires d'Hadrien* (1951) ou *L'œuvre au noir* (1968) de Marguerite Yourcenar (1903-1987), première femme à l'Académie française en 1981.

Le siècle se termine sur des œuvres à retenir: *Fils* (1977) de Droubrovsky, *Désert* (1980) de J.M.G Le Clézio, *L'Amant* (1884) de Marguerite Duras, *Remise de peine* (1988) de Patrick Modiano, *Les Champs d'Honneur* (1990) de Jean Rouaud, *Les particules élémentaires* (1998) de Michel Houellebecq.

Le mouvement surréaliste (1914-1946)

En opposition à toutes les conventions sociales ou morales voire logiques, ce mouvement est fait de provocations et de productions insolites : l'art est soumis à une destructuration avec la volonté d'en saisir le réel, l'essentiel. Ex : Giraudoux, Anouilh.

L'automatisme est exploré par André Breton et Philippe Soupault, afin de libérer le langage.

L'existentialisme (1935-1955)

Surtout représenté par le théâtre, les romans et essais de Jean-Paul Sartre, il pose au cœur de la réflexion, l'individu, sa subjectivité, sa liberté, ses choix et engagements. Ex : *La Nausée* (1938) de Jean-Paul Sartre ; *Le Procès* (1925) de Kafka. Albert Camus se révolte et se fait le défenseur de l'homme.

Le Nouveau roman (1942-1970)

Nathalie Sarraute (1902-1999) avec *Tropismes* (1939) introduit le Nouveau roman où le contexte, l'intrigue, les personnages parfois anonymés sont seulement prétextes à une investigation de l'écriture. Elle pose la question de l'acte créateur. Elle est suivie par Michel Butor (1926-2016), « *Le roman est le laboratoire du récit* » dit-il. Dans *La Modification* (1957) le personnage est insaisissable. Robbe-Grillet (1922-2008) avec *Pour un nouveau roman* (1963) réfute l'importance de l'intrigue et même du personnage. Il voit dans le roman une fin en soi. L'écriture romanesque, écrit-il, « *est invention, invention du monde et de l'homme, invention constante et perpétuelle remise en question* ». J.M.G Le Clézio dans son premier roman en 1963, *Procès-Verbal,* travaille sur les mots (maux ?) en maître du langage. *La Disparition* (1969) de Georges Perec, prend le pari d'un récit sans la lettre « e ».

Le mouvement sera repris dans les années 60 par l'Oulipo (Ouvroir de littérature potentielle) avec l'idée de renouveler l'acte d'écriture.

Le Théâtre

Le néo-romantisme

Lorsqu'Edmond Rostand (1868-1918) fait jouer *Cyrano de Bergerac* (1897) puis *L'Aiglon* en 1900, le public renoue avec le lyrisme et un certain romantisme quelque peu oubliés. Néanmoins, cet engouement ne sera que très éphémère.

Le théâtre d'idées

Au début du XXe, le contexte social génère un théâtre où s'affirme une réflexion sur la condition humaine et les idées, celles en faveur d'une transformation des mœurs.

Le théâtre de boulevard

La psychologie amoureuse, thème théâtral par excellence, reste privilégiée pour le plaisir facile du public. La passion sous toutes ses formes y est distillée notamment par les pièces d'Henri Bataille (1872-1922) : *La Marche nuptiale* (1905) *La Vierge folle* (1910). Il préfigure le théâtre de boulevard largement illustré à la Comédie des Champs-Elysées et la Comédie Marigny, par Sacha Guitry (1885-1957) avec son humour caustique. Cette forme quelque peu désuète attire pour sa légèreté, ses effets faciles. La mise en scène tourne autour de riches personnages qui se livrent à leurs plaisirs avec des femmes entretenues : une société élégante livrée à l'oisiveté.

Le Vaudeville

Le vaudeville propose une satire du milieu bourgeois et de ses mœurs. Il s'appuie sur la caricature et le comique verbal, les quiproquos et les rebondissements. Après Eugène Labiche (1815-1888), le maître du genre est incontestablement Georges Feydeau (1862-1921) avec 39 pièces dont *Le Dindon* (1896), *La Dame de chez Maxim* (1899) *On purge bébé* (1910). Il se distingue par la maîtrise technique du rythme, de la mise en scène et du comique autour d'un thème central : l'adultère.

Dans la veine comique, Georges Courteline (1858-1927), dans un style direct et satirique, exploite la réalité quotidienne et donne à regarder une nature humaine quelque peu risible. Alfred Jarry (1873-1907) avec le personnage d'Ubu grossit le burlesque jusqu'à l'invraisemblable.

Le théâtre intimiste

En réaction aux pièces trop compliquées, le théâtre intimiste s'évertue à imposer un style plus sobre et des actions brèves, plus naturelles.

Le théâtre de la fantaisie

La fantaisie alliée au beau langage et le comique d'un Jean Giroudoux (1882-1944) offre la nouveauté. Il se pose en « rénovateur de la Tragédie » afin d'échapper à la fatalité, avec des pièces comme *La Guerre de Troie n'aura pas lieu* (1935) ou *Sodome et Gomorrhe* (1943). Depuis les années 20, certains auteurs désacralisent les mythes antiques qu'ils transposent et modernisent, ainsi Jean Cocteau (1889-1963) avec *Œdipe-Roi* (1927) et *La Machine infernale* (1933) ou Jean Anouilh (1910-1987) avec *Antigone* (1944).

La création dramatique s'affirme avec Claudel et *Soulier de satin* (1929) qui fait éclater l'espace et le temps dans une mise en scène inédite mais aussi Henry de Montherlant (1895-1972) avec *La Reine morte* (1942).

Le théâtre engagé

Alors que se développe l'existentialisme littéraire, un théâtre plus philosophique posant la question de la violence en politique s'impose avec les pièces de Jean-Paul Sartre (1905-1980) : *La Nausée* (1938), *Huis-clos* (1944), *Les Mains sales* (1948) mais aussi celles d'Albert Camus (1913-1960) : *L'Étranger* (1942) et *les Justes (1949)*. L'homme est placé face à son désespoir d'être où le sens de sa solitude et de ses souffrances est interrogé.

Le théâtre opère de grandes transformations postguerre avec deux comédiens, metteurs en scène, directeurs de théâtre : Jean-Louis Barrault (1910-1994) et Jean Vilar, également auteur, qui crée le festival d'Avignon en 1947.

Le nouveau théâtre : un théâtre de l'absurde

Eugène Ionesco (1912-1994) parodie jusqu'à l'absurde le théâtre de divertissement dénonçant l'oppression, la communication impossible et utilisant tous les ressorts de la dramaturgie : *La Cantatrice chauve* (1950), *Les Chaises* (1951), *Rhinocéros* (1960). Samuel Beckett (1906-1989) s'inscrit dans « l'anti-théâtre » sans décors ou presque, avec des personnages insignifiants, des répliques pauvres, une action réduite, explorant le néant et la perte de repères : *En attendant Godot* (1948).

Déjà apparaissent de nouvelles formes de langage théâtral annonçant le XXIe siècle : *Le Square* (1955) de Marguerite Duras, *Pour un oui ou pour un non* (1982) de Nathalie Sarraute ou *Art* (1994) de Yasmina Reza.

La poésie

Le monde change et avec lui s'installe un air nouveau, une écriture qui innove. Le vers devient libre, la ponctuation s'émancipe. Il s'agit d'explorer des pistes nouvelles hors du champ classique. Dans la première moitié du siècle, la peinture influence beaucoup l'époque avec des mouvements inattendus. Le symbolisme s'essouffle fin du XIXe avec la mort de Mallarmé en 1898 et se succèdent alors des mouvements comme le « naturisme » ou le « néo-classique » proposant une métrique plus traditionnelle. Il a un second souffle avec Apollinaire (1880-1918) qui, dans une revue, *Les Soirées de Paris*, en 1913, prône l'innovation et plaide en faveur de ses amis cubistes Picasso et Braque. La poésie lyrique continue d'inspirer tout en se libérant des contraintes.

L'unanimisme

En début de siècle, ce mouvement très bref célèbre une époque de vitesse, de progrès techniques et d'automatisme. Il est lancé autour de Jules Romains (1885-1972) et de son recueil *La Vie unanime* (1908) où la vie collective trépidante de l'époque devient un objet d'étude.

Le Surréalisme

Issu du très insurrectionnel mouvement Dada ou dadaïsme (né en 1916 autour de Tristan Tzara 1896-1963) le surréalisme est vécu comme un acte révolutionnaire. Il joue sur l'inconscient, le rêve, les associations d'idées (préfigurées par Baudelaire avec les Correspondances), des images insolites jusqu'à l'étrange. Le mouvement dirigé par André Breton explore le désir, la folie de la passion et ne s'impose vraiment qu'à partir de 1924. La poésie en devient le porte-parole avec les *Manifestes du surréalisme* (1924-1930) d'André Breton (1896-1966), *Les Champs magnétiques* (1920) de Philippe Soupault (1897-1990). L'exploration d'un monde nouveau parfois onirique s'intensifie via le langage. Le poète travaille sur la puissance créatrice s'octroyant le droit à la liberté de forme jusqu'à l'écriture automatique et, après-guerre à l'OuLiPo (Ouvroir de littérature potentielle) qui invente de nouvelles contraintes littéraires avec Georges Pérec (1936-1982) et Raymond Queneau (1903-1976).

La poésie engagée

Pendant la grande guerre, le poète s'invite dans le rapport entre l'homme et le monde puis, lors de la seconde guerre mondiale, il devient militant. La poésie s'engage en résistance contre l'occupant nazi avec Louis Aragon (1897-1982) ; René Char (1907-1988) ; Robert Desnos (1900-1945) mort en camp de concentration à la libération ; Paul Eluard (1895-1952) ; Paul Valéry (1871-1945) qui se prononce sur la pérennité des civilisations. Les combats contre la colonisation favorisent l'affirmation de grands idéaux par les voix d'Aimé Césaire (1913-2008) dans *Cahier d'un retour au pays natal* (1939) ou de Léopold Sédar Senghor (1906-2001) avec *Éthiopiques* (1956)

Après la seconde guerre mondiale, il devient difficile de parler de « mouvements littéraires ». La poésie dite « contemporaine » s'individualise. Ainsi peut-on évoquer Philippe Jaccottet (1925-2021), le libanais Salah Stétié (1929-2020) ou Yves Bonnefoy (1923-2016). Jean-Michel Maulpoix (né en 1952) est proche du « lyrisme critique ».

Le XXIe

Le roman

Déjà bien amorcé au XXe siècle, le développement des romans sentimentaux, policiers, fantastiques et de science-fiction, s'intensifie au XXIe siècle alors que l'image, via des écrans multiples, envahit le quotidien. La polyphonie narrative permet d'explorer la multiplicité de la nature humaine. Trois tendances se dessinent en ce début de siècle.

La redéfinition de la fiction

L'intérêt se porte sur le fait divers, souvent judiciaire, avec une recherche nettement factuelle s'arrêtant sur le cas particulier, le détail voire l'insignifiant. La narration se transforme pour devenir proposition de fragments narratifs afin de permettre la mise en valeur des ressentis, des affects personnels sans, toutefois, la recherche de pathos. L'importance est accordée à la « parole portée sur... ». Le narrateur devient le porte-parole d'une voix sociale qui hésite, s'interroge, joue avec clichés et stéréotypes. La posture de l'écrivain se dilue quelque peu dans une critique sociale loin de l'engagement ou de la discussion politique. Passant du singulier à l'universel, le fait divers permet l'exploration de l'intériorité.

Le post humanisme ou la transposition de l'imaginaire

La science modifie la projection de la condition humaine en envisageant des techniques pour améliorer les capacités physiques et mentales de l'homme fécondant l'imaginaire. La Science-fiction traduit cet imaginaire décuplé – que les neurosciences annoncent – et propose un nouveau système de valeurs entre « évasion créative » et « réalité qui n'est déjà plus virtuelle », sorte « d'après culture » des transhumains. La création par le pouvoir d'évocation impose un nouveau regard de l'homme sur l'homme.

L'art d'écrire ou laboratoire des linguistes

La fonction narrative a perdu de sa force énonciative perturbant la fiction contemporaine. Un travail se poursuit dans un discours critique sur le fond et la forme interrogeant la posture de l'écrivain, ses formes linguistiques, sa quête identitaire.

Le Théâtre

Les nouvelles technologies du XXIe remettent en question le théâtre. Le « spectacle vivant » tend à supplanter la forme « traditionnelle » pour proposer un concept élargi tourné vers une société plus encline à la diversité. Les technologies numériques et l'histoire des arts visuels conditionnent une nouvelle approche.

Le théâtre postdramatique

L'écriture devient plus complexe, les scénographies s'appuient sur les nouvelles technologies pour interroger le « vivre ensemble » quelque peu mis à mal. La logique théâtrale chronologique d'une action et de textes de « rôles » se disloque. Le texte n'a plus la même place « sacrée » dans le théâtre contemporain : l'œuvre réinvestit l'espace scénique à travers un texte juste et canalisé à l'essentiel où l'image, le geste, le son, le visuel doivent faire sens et laisser le spectateur libre de son interprétation.

Les nouvelles technologies offrent à la création un espace insoupçonnable. L'ordinateur, notamment, a transformé le rapport à l'image et au son. Il n'est pas seulement un support pour « illustrer » une pièce, il appartient à la pièce, elle-même. Les interactions en réseaux de plateaux collaboratifs ou par Web ouvrent des perspectives à explorer dans lesquels des techniciens trouvent toute leur place de créateurs.

Le théâtre du XXIe : dramaturgies innovantes

Ce théâtre joignant arts numériques et dramaturgie est un défi de politique culturelle à relever pour rejoindre le spectateur contemporain dans sa quête de sens interrogeant la réalité et le virtuel, l'humanité en transformation, hors des médias traditionnels.

La poésie

Le Printemps des poètes ou le *Marché de la poésie* mais aussi des sites et des blogs révèlent l'intérêt que l'on continue d'accorder à la poésie. En ce début de siècle dynamique et prolifique, déjà se profilent quelques tendances :

- Le retour à un certain lyrisme proche de la réalité du monde, parfois pour la dénoncer.
- L'expérimentation du langage entre liberté et contraintes mais toujours dans la simplicité au service du sens.
- Le haïku, bref poème japonais qui traduit l'éphémérité d'un sentiment ou d'un état.
- Le slam, textes simples scandés et rythmés selon des rimes qui s'appuient sur des assonances.

LE ROMAN ET LE RÉCIT DU MOYEN ÂGE AU XXIE SIÈCLE

Fiche 10
Rappel de cours: Le Roman

Ses origines

Le roman dont le nom vient du latin vulgaire « romanz », signifie la langue parlée par le peuple, en opposition au latin classique. Par extension, le roman deviendra un texte traduit du latin en français. Il prend ses racines dans l'Antiquité grecque et latine avec des œuvres comme *Le Satiricon* supposé de Pétrone (vers 14-66 après J.-C.), un Romain ami de Néron. Ce genre a évolué au fil du temps s'appuyant sur des influences diverses, des situations politiques, des événements, des querelles. « *Le roman est sans règles ni frein, ouvert à tous les possibles, en quelque sorte indéfini de tous côtés* » écrit Marthe Robert dans *Roman des origines et origine du roman* (Grasset).

Il restera jusqu'au XVIIe, un genre jugé mineur, peu noble, mal différencié et plutôt associé à la corruption des mœurs par les histoires qu'il raconte. Aujourd'hui, il est le genre le plus lu et le plus apprécié.

Un récit et une narration

Le récit diégétique

Un récit est d'abord une histoire racontée (ou fiction) et **la narration** concerne les moyens utilisés pour raconter. **La diégèse*** est le fait de narrer dans un univers spatio-temporel, une histoire. Elle s'oppose à la « mimesis », le fait de montrer. La distinction s'effectue ainsi entre le contenu (récit) et le matériel fictif – personnages, lieux, contexte – de la narration, ses mécanismes (diégèse). **Le discours narratif** permet de construire l'imaginaire en racontant, dans un ordre chronologique ou non, des événements situés dans l'espace et le temps. **La narration rétrospective** s'effectue après les faits racontés. De plus, le discours narratif peut décrire, expliquer, argumenter. Il inclut donc d'autres types de discours.

Le dialogue

Dans un roman, **le dialogue** est mimétique car il imite la parole d'une personne. Si celle-ci raconte une histoire, on parle de discours diégétique à l'intérieur d'un discours mimétique.

L'identification du lecteur

La psychologie des personnages agit en interdépendance avec les actions. Le roman avec des formes multiples (historique, fantastique, héroïque, comique, picaresque* etc.) développe la même particularité : raconter une fiction avec tous les codes spatio-temporels de la réalité. Les personnages prennent corps et respectent ces codes. Ils vivent et agissent de façon à provoquer chez le lecteur une identification émotionnelle.

Un lecteur a besoin, à la fois, de suffisamment d'empathie avec le personnage pour s'identifier mais aussi suffisamment de distance pour l'appréhender sereinement mais tous les deux se retrouvent impliqués dans le récit. Cette identification donne du sens au personnage fictif qui devient témoin d'une époque, d'un événement mais aussi le détenteur de valeurs sociales, humaines, historiques. Le roman interroge le lecteur sur sa condition d'Homme. L'imaginaire interfère alors avec la réalité par un acte commun de création entre l'écrivain et le lecteur.

Le rythme d'un récit

Il dépend du temps accordé à l'intrigue et au déroulement du récit lui-même. Il peut être :

- **Linéaire** et donc chronologique même s'il observe des ellipses*.
- **de structure simultanée ou alternée** dans le cas de récits juxtaposés sur la même durée.
- **Un retour en arrière** (analepse*) ou quelques retours sous formes de flash-back.
- **Un récit enchâssé** ou récit dans le récit.
- **Une projection** dans l'avenir (prolepse*).

Si le récit n'est effectué qu'une fois, il est dit « singulatif », s'il est raconté plusieurs fois (par des personnes différentes donc avec des points de vue divers), il devient « répétitif ».

Le personnage

Il évolue au fil du livre. La manière dont il est présenté en dit long sur sa psychologie et sa place dans le récit. Il peut être :

- **Le héros** de l'histoire ou **personnage principal.** De nombreux indices grammaticaux et lexicaux le présenteront pour mieux comprendre son importance.
- **Un personnage secondaire** qui, toutefois, influence le déroulement de l'histoire (adjuvants ou opposants selon le schéma actantiel).
- **Un figurant** ou personnage sans grande importance, traversant le récit.

Beaucoup de personnages ont des places équivoques ou mal définies. Par eux s'entretiennent des figures qui jouent sur les idées, les symboles, les représentations à interpréter.

Le héros et l'anti-héros

Le sens de **héros** demande à être précisé. Il peut s'agir du personnage central d'un roman mais aussi de celui qui fait vivre des histoires extraordinaires en raison de son charisme. Certains personnages, par leur personnalité hors du commun, leur intelligence ou leur courage, leur engagement, forcent l'admiration du lecteur. D'autres, par leurs actes, imposent naturellement le respect.

Face à ces êtres exceptionnels, il est possible de repérer **l'anti-héros** : des individus maléfiques qui instillent au récit l'obscurité, la destruction, le mal-être. Ce sont souvent des personnages qui, malgré leurs défauts, fascinent et attirent car ils ne sont pas toujours antipathiques mais malfaisants. Par ailleurs, certains encore sont considérés comme anti-héros en raison de leur banalité ou leur médiocrité.

Fiche 11
Des outils pour étudier le Roman

Le roman est un genre **polymorphe** qui a évolué au fil des siècles : d'abord considéré comme mineur, il a acquis progressivement ses titres de noblesse. Le roman est composé d'une intrigue dans un univers spatio-temporel avec des personnages. On parle de **fiction** quand ceux-ci sont imaginaires. Elle s'effectue par la **narration** longue et respecte une situation d'énonciation qui donne le contexte d'un message.

Il est parfois bon de s'appuyer sur des schémas afin d'entrer dans un texte plus facilement. Toutefois, ces schémas sont des outils à utiliser à bon escient sans perdre de vue, au-delà de la « technique », les mouvements du texte, sa dynamique toute personnelle, ses subtilités internes et uniques.

Les schémas

Le schéma de l'énonciation

Enonciateur → **Enonce** → **Destinataire**

- **Enonciateur** : *Qui parle ?* (narrateur ou locuteur)
- **Enoncé** : *Comment ?* Un message
  - Contexte spatio-temporel
  - Visée* du texte
  - Genre littéraire
  - Procédés littéraires
  - Outils de la langue
- **Destinataire** : *à qui ?* (récepteur)

Le schéma narratif (ou quinaire)

Le roman s'organise généralement autour d'une intrigue qui suit le déroulement des cinq étapes du **schéma narratif** mettant l'accent sur les actions :

- **Une situation initiale** pour camper un contexte : lieu, temps, personnages, situation, etc.

- **Un événement perturbateur** qui modifie et déstabilise la situation initiale.
- **Les péripéties** qui vont constituer les différentes actions et rebondissements. Ces péripéties sont racontées par **séquences** (passages formant une unité : temps, lieu, action, personnages) et par **scènes** (passage précis narrés comme en temps réel).
- **Un élément de résolution** apportant une ou des solutions aux actions.
- **Une situation finale** qui conclut l'intrigue et termine l'œuvre.

Le schéma actantiel[1]

Ce schéma met l'accent sur les acteurs (appelés actants), les personnages, leurs interactions, les forces entre elles :

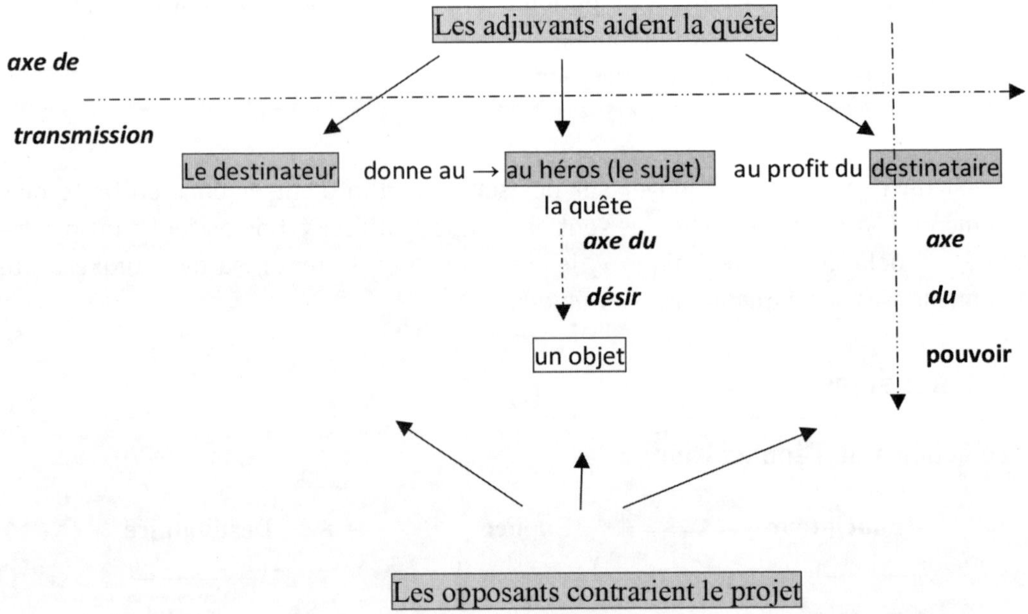

Ce schéma est une approche possible pour comprendre la place des différents personnages au sein des actions mais plusieurs schémas actantiels sont envisageables dans un même récit. En effet, chaque actant peut évoluer, se modifier, disparaître. Parfois même, certains actants ne sont pas présents dès la situation initiale.

Le narrateur: point de vue et focalisation

Le narrateur se charge du récit, ce n'est pas l'auteur de l'histoire sauf dans une autobiographie.

1 Cf : A. J Greimas, *Sémantique structurale*, Larousse, 1966

Le narrateur interne

Il s'exprime à la 1re personne du singulier et fait partie de l'histoire, c'est un des personnages. On connaît ses pensées, ses ressentis, ses sentiments mais pas ceux des autres personnages : **focalisation interne**. Le récit est alors appelé **homo-diégétique** ou auto-diégétique (voir diégèse p. 48) si le narrateur est le héros de l'histoire, dans une autobiographie.

Le narrateur externe

Il utilise la 3e personne du singulier avec ou sans éléments de modalisation. Il ne connaît pas les pensées des personnages, il ne donne pas son avis, il reste neutre. Il raconte de façon factuelle : focalisation externe. Le récit est alors **hétérodiégétique**.

Le narrateur externe à focalisation interne

Il effectue son récit à la 3e personne du singulier. Il va s'effacer derrière un personnage dont il va adopter le point de vue interne comme s'il entrait dans sa tête. Tout est vu à travers la conscience, les pensées, les ressentis du personnage. Le narrateur va alors utiliser des verbes de perception (ou de sensation).

Le narrateur omniscient

Il connaît le passé, le présent du personnage et peut donner le futur. Il peut ainsi approfondir la psychologie d'un personnage en révélant ses secrets, ses doutes, ses ressentis. Avec un don d'ubiquité, il sait ce qui se passe en même temps dans des lieux différents et éloignés. Le lecteur a l'impression de maîtriser toutes les données du récit car il en sait plus que le personnage lui-même : **focalisation zéro**. On parle alors de narrateur **intradiégétique** (pour tout ce qui appartient aux pensées et actions des personnages) ou **extradiégétique** (pour tout ce qui ne concerne pas la fiction).

Un exemple

Point de vue (ou focalisation) externe

« Une jeune femme vient de sortir de sa maison blanche sur la croisette. Elle s'arrête un instant pour regarder les promeneurs, sourit et gagne un banc vide face à la mer. »

Point de vue (ou focalisation) interne avec narrateur externe

« Une jeune femme décide de sortir quelques instants de sa maison blanche qu'elle apprécie pour son aspect coquet. Elle regarde quelques promeneurs qui la font sourire puis elle avise, pour s'asseoir, un banc vide face à la mer. »

Point de vue (ou focalisation) interne avec narrateur interne

« L'envie me prit de sortir quelques instants de ma jolie maison blanche même si je la trouvais agréable et coquette. Je m'arrêtai pour regarder les promeneurs et leur allure cocasse me fit sourire. Je m'assis pour réfléchir sur le banc vide face à la mer. »

Point de vue omniscient (ou focalisation zéro)

« Une jeune femme de trente ans, fatiguée par des épreuves récentes, sort prendre l'air. Elle s'arrête, intriguée par ces drôles de promeneurs et sourit malgré son chagrin puis, pour réfléchir à l'avenir, elle s'assoit sur un banc face à la mer. Elle ignore qu'au même moment, dans un pays lointain, son amant s'abandonne à d'autres bras. Dans moins de dix ans, elle sera à nouveau heureuse. »

La modalisation

Lorsque l'énoncé possède des indices sur la **présence de l'énonciateur**, sa **subjectivité**, son **point de vue**, on parle de **modalisation** du discours.

Les **modalisateurs** sont les indices qui traduisent cette subjectivité. L'énonciateur peut s'engager ou se désengager dans son discours. La modalisation traduit :

- La certitude plus ou moins forte du locuteur.
- Un jugement positif ou négatif (le locuteur donne ses sentiments ou un avis).
- Des doutes, des probabilités.
- Une mise à distance : entre guillemets par exemple.

Les outils de la modalisation

Les modalisateurs	Incertitude, précaution	Certitude, assurance
Auxiliaires modaux	Vouloir, il est possible…	Devoir, pouvoir, il est certain…
Verbes d'état Verbes d'opinion	Sembler, paraître. Croire, espérer, penser…	Être. Affirmer, certifier, être persuadé…
Adverbes	Apparemment, hélas, peut-être, probablement.	Vraiment, réellement, franchement, Absolument.
Adjectifs	Douteux, incertains, probable.	Evident, clair, sûr, inévitable.

Les expressions	Expressions de jugements	Expressions de sentiments
Neutres	Selon lui, à mon avis, sans doute, à coup sûr, sans aucun doute, il est certain.	Aimer que, trouver que, regretter que.
Expressions mélioratives	Par chance, heureusement, tant mieux, bien, bon, c'est juste, c'est nécessaire, c'est normal.	C'est beau, merveilleux, passionnant, remarquable. Il est agréable, sympathique. Je suis content de…
Expressions péjoratives	Malheureusement, il est incapable, tant pis, c'est malhonnête, il est inutile, intolérable.	C'est décevant, laid, triste, désolant. Il est pénible de… je déplore, je regrette…

Il utilise aussi pour exprimer le doute, l'incertitude, l'hypothèse, le souhait, le **conditionnel** ou le **subjonctif**, des figures de style, des signes typographiques.

Un exemple

Dans *Zadig ou la destinée* (1759) de Voltaire

- La certitude plus ou moins forte du locuteur.

  Ex. : Zadig, avec de ***grandes*** *richesses et* ***par conséquent*** *avec des amis...*

  Un jugement positif ou négatif (le locuteur donne ses sentiments ou un avis)

  Ex. : Un esprit ***juste et modéré*** *(parlant de Zadig).*

- Il peut émettre des doutes, des probabilités.

  Ex. : ***Il n'avait aucune*** *des grâces* ***ni*** *des vertus de Zadig (parlant d'Orcan).*

Les niveaux de langue

Ils varient en fonction des situations de communication et des interlocuteurs selon le niveau d'éducation, la culture, le degré d'intimité avec le locuteur ou les rapports hiérarchiques. Le registre courant à une époque peut devenir soutenu à une autre époque. De même, d'une région ou d'un pays à un autre, le lexique peut être perçu différemment.

Le niveau familier

- Utilisé entre amis ou familiers, collègues sans rapport de pouvoir mais aussi en cas de colère, parfois.
- Utilisé essentiellement à l'oral avec une variante populaire voire argotique ou vulgaire.
  - mots simples (de la vie quotidienne) employés parfois incorrectement.
  - vocabulaire et articulation relâchés non conformes à l'usage (mais souvent très expressif et imagé).
  - phrases segmentées.
  - présence d'éléments phatiques : *hein, tu penses !*
  - emploi de jargon (abréviations ou verlan), parfois de grossièretés.
  - phrases simples avec des tournures incorrectes souvent juxtaposées, parfois sans verbe et sans double négation.
  - pas de concordance des temps.
  - emploi d'hyperboles, de périphrases.

Le niveau courant

- Utilisé avec des personnes que l'on connaît peu ou pas (relations sociales, professionnelles, scolaires). Langage « standard »
- Utilisé à l'écrit dans les textes officiels, les rapports ou comptes rendus.

- vocabulaire simple, usuel à l'oral et à l'écrit, compris par tous.
- pas de termes spécialisés ou recherchés, le mot juste.
- phrases simples ou complexes (coordonnées, subordonnées) qui s'enchaînent correctement.
- présence de la double négation.
- temps bien employés avec une concordance correcte.
- effets de style limités.

Le niveau soutenu

- Utilisé pour une personne ou un échange important, dans une situation de communication avec contraintes.
- Utilisé essentiellement à l'écrit avec une variante littéraire ou dans des discours (registre oratoire).
    - bonne connaissance de la langue.
    - articulation soignée.
    - références culturelles ou littéraires.
    - lexique recherché, précis et rare qui a une valeur évocatrice.
    - phrases complexes et longues maîtrisées, aux tournures grammaticales assimilées et recherchées. Ex : [...] ***et la manière dont on les joue a beau être visible, les plus fins toujours sont de grandes dupes du côté de la flatterie*** [...] (Valère dans *L'Avare* de Molière)
    - concordances des temps rigoureuses.
    - phrases métaphoriques, figures de style avec effets recherchés.

Un exemple

Niveau familier : *Il a pété les plombs !*

- Vocabulaire imagée (métaphore*).
- Procédé à n'utiliser que dans certaines circonstances familières.

Niveau courant : *Il a perdu la tête !*

- Vocabulaire usuel, compris par tous.
- Emploi d'une métonymie* « perdre la tête »

Niveau soutenu : *Il a perdu l'esprit !*

- Vocabulaire soigné : « l'esprit » signifie « un principe de la pensée ; une activité intellectuelle, l'intelligence »
- Choix – pour un constat extrêmement basique – d'une élévation du propos.

Le récit enchâssé

Deux niveaux narratifs différents

Un récit enchâssant (ou récit premier) sert de cadre à un récit enchâssé (ou récit second) avec une narration métadiégétique*. **Le récit enchâssé** va alors prendre le pas sur le récit-cadre et s'imposer. Il en existe de deux sortes :

⇨ **Le récit encadré** : le récit second occupe une place prépondérante et conséquente.

⇨ **Les récits intercalaires** (ou digressions) : plusieurs petits récits s'insèrent dans le récit premier qui reste prépondérant. Ils ont une fonction explicative ponctuelle ou une fonction d'analogie quand des liens sont effectués avec des situations proches.

Le récit-cadre a une fonction **phatique** (selon Jakobson) soit la fonction d'entretenir un lien entre l'énonciateur et son destinataire, le lecteur.

Les visées

- Proposer des récits complexes.
- Maintenir un suspense (le récit-cadre étant interrompu pour un récit enchâssé).
- Satisfaire la curiosité du lecteur sur une situation préparée par le récit-cadre.

Les narrateurs

- Les narrateurs des deux récits peuvent être indifféremment **hétéro-diégétique** (externe) ou **homo-diégétique** (interne).
- Parfois, le narrateur du récit-cadre n'ayant pas une épaisseur suffisante, introduit un récit enchâssé pour enrichir le personnage, lui donner plus de relief = tension narrative due à un narrataire **métadiégétique***.

La narration

Elle peut être **antérieure** quand elle raconte le passé. Il s'agit alors d'un récit rétrospectif. Elle marque un espace temporel entre l'écriture et les faits. On parle d'**analepse***. Les temps sont l'imparfait et le passé simple ou composés. Le récit premier ou le récit second sont concernés.

Elle peut être **simultanée** au moment de l'écriture. Le temps est le présent de l'énonciation, le plus souvent pour le récit-cadre. Pour le récit second, le présent deviendra alors un présent de narration ou de vérité générale.

Elle peut être **ultérieure** (**prolepse***) : écrits prédictifs (anticipation, projet, prophétie) pour relancer l'intérêt, elle est d'utilisation plus rare.

Les procédés

- Niveau **métadiégétique*** : le narrateur du récit-cadre s'efface devant le personnage qui raconte dans le récit enchâssé.

- Modification des temps selon le type de narration adopté.
- Parfois, si nécessaire, variation des registres ou de niveaux de langue entre le récit premier et le récit second.

Un exemple

Le joueur d'échecs (paru en 1944) Stefan Zweig (1881-1942) (traduction : B. Vergne-Cain et G. Rudent) Sur un paquebot entre New York et Buenos Aires, deux amis reconnaissent le champion du monde d'échecs.

« Je m'entretenais avec un ami, sur le pont promenade, lorsque deux ou trois éclairs jaillirent tout près de nous [...]. Mon compagnon regarda dans cette direction et sourit : « Vous avez à bord un oiseau rare : Czentovic. » [...] « Mirko Czentovic, le champion mondial des échecs. » [...]. Depuis qu'en 1922, le jeune prodige de sept ans, s'était distingué au tournoi de New York. [...] Car les facultés intellectuelles de Czentovic n'eussent permis en aucune façon de lui prédire un brillant avenir [...] L'enfant [...] fut recueilli par le charitable curé de son village [qui] s'efforça honnêtement de faire répéter à ce garçon au large front, apathique et taciturne, les leçons qu'il n'arrivait pas à retenir à l'école. [...] Le soir, le curé [...] faisait avec le maréchal des logis ses trois parties d'échecs quotidiennes. [...] « Eh bien ! Veux-tu la finir ? » dit en plaisantant [le maréchal des logis] [...] En quatorze coups, voilà le maréchal des logis battu [...]. **« Mais comment un si prompt succès n'eût-il pas grisé une cervelle aussi vide ? » conclut mon ami, après m'avoir conté quelques traits caractéristiques de la puérile suffisance de Czentovic. »**

- Un récit enchâssant (en gras) qui explique la situation réelle.
- Un récit encadré (caractère normal) : le récit second qui a une place prépondérante.
- Fonction phatique du récit cadre qui prépare le récit second en mobilisant la curiosité de l'interlocuteur et du lecteur.
- Le narrateur homo-diégétique du récit cadre est devenu narrateur métadiégétique* dans le récit enchâssé.
- Récit antérieur qui nécessite l'analepse*. Temps du passé : plus-que-parfait, passé antérieur, passé simple, imparfait. Dans le récit cadre, à l'imparfait et au passé simple, présent d'énonciation dans les paroles directes.

ENTRAÎNEZ-VOUS !

Exercice 1

Objet d'étude : le Roman et le récit du Moyen Âge au XXIe siècle

Sujet :

1. *Développez le schéma de l'énonciation.*
2. *Faites le schéma actantiel.*
3. *Étudiez les différents types de discours (direct/indirect/indirect libre)*
4. *Expliquez les registres de langue.*

En approchant de son usine, le père Sorel appela Julien de sa voix de stentor ; personne ne répondit. Il ne vit que ses fils aînés, espèces de géants qui, armés de lourdes haches, équarrissaient les troncs de sapin, qu'ils allaient porter à la scie. Tout occupés à suivre exactement la marque noire tracée sur la pièce de bois, chaque coup de leur hache en séparait des copeaux énormes. Ils n'entendirent pas la voix de leur père. Celui-ci se dirigea vers le hangar ; en y entrant, il chercha vainement Julien à la place qu'il aurait dû occuper, à côté de la scie. Il l'aperçut à cinq ou six pieds plus haut, à cheval sur l'une des pièces de la toiture. Au lieu de surveiller attentivement l'action de tout le mécanisme, Julien lisait. Rien n'était plus antipathique au vieux Sorel ; il eût peut-être pardonné à Julien sa taille mince, peu propre aux travaux de force, et si différente de celle de ses aînés ; mais cette manie de lecture lui était odieuse, il ne savait pas lire lui-même.

Ce fut en vain qu'il appela Julien deux ou trois fois. L'attention que le jeune homme donnait à son livre, bien plus que le bruit de la scie, l'empêcha d'entendre la terrible voix de son père. Enfin, malgré son âge, celui-ci sauta lestement sur l'arbre soumis à l'action de la scie, et de là sur la poutre transversale qui soutenait le toit. Un coup violent fit voler dans le ruisseau le livre que tenait Julien ; un second coup aussi violent, donné sur la tête, en forme de calotte, lui fit perdre l'équilibre. Il allait tomber à douze ou quinze pieds plus bas, au milieu des leviers de la machine en action, qui l'eussent brisé, mais son père le retint de la main gauche, comme il tombait :

– Eh bien, paresseux ! tu liras donc toujours tes maudits livres, pendant que tu es de garde à la scie ? Lis-les le soir, quand tu vas perdre ton temps chez le curé, à la bonne heure.

Julien, quoique étourdi par la force du coup, et tout sanglant, se rapprocha de son poste officiel, à côté de la scie. Il avait les larmes aux yeux, moins à cause de la douleur physique que pour la perte de son livre qu'il adorait.

- Descends, animal, que je te parle.

Le bruit de la machine empêcha encore Julien d'entendre cet ordre. Son père, qui était descendu, ne voulant pas se donner la peine de remonter sur le mécanisme, alla chercher une longue perche pour abattre des noix, et l'en frappa sur l'épaule. À peine Julien fut-il à terre, que le vieux Sorel, le chassant rudement devant lui, le poussa vers la maison. Dieu sait ce qu'il va me faire ! se disait le jeune homme. En passant, il regarda tristement le ruisseau où était tombé son livre ; c'était celui de tous qu'il affectionnait le plus, le Mémorial de Sainte-Hélène.

STENDHAL, *Le Rouge et le noir,* Chapitre IV *Un père et un fils,* 1830

Fiche 12
Un exemple de lecture linéaire (Moyen Âge)

La Chanson de Roland: La mort de Roland CLXXIV-CLXXV-CLXXVI

L'œuvre

La chanson de Roland est un poème épique de 4 000 vers dans sa version la plus ancienne, datant du XIe antérieur à 1080, faisant revivre la France féodale et chrétienne, dans le manuscrit d'Oxford (manuscrit anglo-normand datant de 1 100). Il appartient au cycle carolingien (la légende de Charlemagne). Le texte est attribué à Turold, en raison du dernier vers dans lequel son nom est cité, sans certitude cependant. Toutefois, l'auteur est un homme probablement simple mais qui a lu la Bible. Il écrit en dialecte anglo-normand. Cette chanson de geste est d'une construction solide utilisant tous les ressorts d'un drame.

Le récit est inspiré de faits véridiques mentionnés par Eginhard (770-840), biographe de Charlemagne dans les Annales royales carolingiennes: Le 15 août 778, de retour d'Espagne, après une croisade contre les Musulmans, l'arrière-garde des Francs est attaquée dans les gorges des Pyrénées.

Le résumé

En croisade en Espagne depuis sept ans, au côté de son ami Olivier, Roland – neveu de Charlemagne – se heurte violemment à son beau-père Ganelon. Alors que Saragosse résiste, son roi, Marsile, un Sarrasin, veut tromper Charles en lui envoyant un émissaire, Blancardin. Celui-ci est porteur d'un message assurant Charles de sa conversion. Roland ne croit pas en sa sincérité et s'oppose à Ganelon plus conciliant. Blancardin va jouer sur cette querelle et attiser la haine de Ganelon jusqu'à préparer avec lui la perte de Roland.
Marsile rencontre Ganelon qui, encore fidèle à Charles, lui demande de choisir la foi chrétienne. Marsile refuse mais comble d'honneurs Ganelon qu'il pousse à la trahison : il s'agit d'offrir à Charles vingt otages en gage de sa bonne volonté en faveur de la

paix pour que celui-ci rentre, apaisé, en France laissant juste derrière lui une arrière-garde facile à éliminer.
Malgré des rêves prémonitoires, Charlemagne, rassuré par Ganelon, prend le chemin du retour vers la France et toujours sur les conseils de Ganelon, laisse Roland à la tête de l'arrière-garde. Lorsque celle-ci est attaquée dans les Pyrénées, dans le défilé de Roncevaux, le sage Olivier demande à Roland de sonner son olifant pour alerter son oncle. Roland, orgueilleux, refuse par trois fois et quand il se décidera, il sera trop tard.
Lorsque Charles entend l'olifant, il comprend le piège, fait demi-tour. Les Francs mettent les Sarrasins en fuite. Marsile, la main tranchée, rentre à Saragosse. Roland et Olivier sont morts ainsi que toute l'arrière-garde soit douze pairs de France et vingt mille hommes attaqués par cent mille sarrasins. Quand la belle Aude, sœur d'Olivier, la fiancée de Roland, apprend la nouvelle, elle tombe morte de chagrin. Charles découvre la trahison de Granelon et le soumet au jugement de Dieu : Thierry qui a démontré la félonie de Ganelon doit se battre avec Pinabel de Sorence, un parent de Ganelon qui veut défendre l'honneur de celui-ci. Thierry tue Pinabel, c'est le jugement de Dieu. Ganelon sera écartelé.

Les personnages

Charlemagne (747-814)

Charles est roi depuis 768, fils de Pépin le Bref (715-768) à l'origine de la dynastie carolingienne et petit-fils de Charles Martel (688-741). Aidé par la papauté, il se fait un devoir de conquérir les territoires pour y implanter le christianisme. Pour ce faire, il entreprend de vrais combats au nom de foi contre les infidèles. Ses conquêtes seront multiples : à l'est et au nord, en Bavière, en Saxe et en Espagne. Il incarne l'Occident menacé par l'Islam. Il sera couronné empereur d'Occident en 800 par le pape Léon III et réorganisera dès lors le royaume franc (en opposition au désordre mérovingien) en créant notamment une administration centralisée.

Roland

Comte de la Marche de Bretagne, il est le neveu de Charlemagne, fils de sa sœur Berthe, remariée à Ganelon. Il correspond au modèle même du preux et noble chevalier chrétien qui tombe sous le coup des infidèles au nom de sa foi. Son héroïsme est complètement mis au service de Dieu. Pour lui, il s'agit de lutter contre le paganisme. Il fait alors preuve de courage, d'obstination jusqu'à l'inconscience par orgueil. Il entre dans l'inconscient collectif comme étant LE chevalier idéal, il devient le héros épique par excellence. Accompagné de sa fidèle épée Durandal (héritage de la culture germanique, on lui prête une âme et un nom) et de son fidèle cheval, Veillantif, il apparaît dans de nombreuses chansons de geste.

La « vraie » histoire

Les Arabes durablement installés en Espagne depuis 711 (ils y resteront 750 ans) attaquent le 15 août 778 les armées de Charlemagne qui cherchent à les déloger sans succès. L'échec est cuisant pour Charles rentrant de Cordoue. Roland dont le narrateur amplifie le rôle et l'importance dans le récit, (était-il d'ailleurs le neveu de Charles ?) est tué par des Basques révoltés qui attaquent l'arrière-garde (ils deviendront des musulmans dans *la Chanson de Roland*). L'auteur a ensuite transformé cette défaite en épopée glorieuse : ce qui n'a été qu'une escarmouche devient une bataille sanglante.

Le texte

La mort de Roland in *La Chanson de Roland*, traduction Joseph Bédier

CLXXIV

Roland sent que la mort le prend tout : de sa tête elle descend vers son cœur. Jusque sous un pin il va courant ; il s'est couché sur l'herbe verte, face contre terre. Sous lui il met son épée et l'olifant. Il a tourné sa tête du côté de la gent païenne : il a fait ainsi, voulant que Charles dise, et tous les siens, qu'il est mort en vainqueur, le gentil comte. À faibles coups et souvent, il bat sa coulpe. Pour ses péchés il tend vers Dieu son gant.

CLXXV

Roland sent que son temps est fini. Il est couché sur un tertre escarpé, le visage tourné vers l'Espagne. De l'une de ses mains il frappe sa poitrine : « Dieu, par ta grâce, mea culpa, pour mes péchés, les grands et les menus, que j'ai faits depuis l'heure où je naquis jusqu'à ce jour où me voici abattu ! » Il a tendu vers Dieu son gant droit. Les anges du ciel descendent à lui.

CLXXVI

Le comte Roland est couché sous un pin. Vers l'Espagne il a tourné son visage. De maintes choses il lui vient souvenance : de tant de terres qu'il a conquises, le vaillant, de douce France, des hommes de son lignage, de Charlemagne, son seigneur, qui l'a nourri. Il en pleure et soupire, il ne peut s'en empêcher. Mais il ne veut pas se mettre lui-même en oubli ; il bat sa coulpe et demande à Dieu merci : « Vrai Père, qui jamais ne mentis, toi qui rappelas saint Lazare d'entre les morts, toi qui sauvas Daniel des lions, sauve mon âme de tous périls, pour les péchés que j'ai faits dans ma vie ! » Il a offert à Dieu son gant droit : saint Gabriel l'a pris de sa main. Sur son bras il a laissé retomber sa tête ; il est allé, les mains jointes, à sa fin. Dieu lui envoie son ange Chérubin et saint Michel du Péril ; avec eux y vint saint Gabriel. Ils portent l'âme du comte en paradis.

Analyse linéaire du texte

Introduction

Roland vient d'assister à la mort d'Olivier, son ami, presque frère. Il s'en sent responsable puisqu'il n'a pas sonné, par orgueil, l'olifant assez tôt. Il accepte la mort qu'il attend en expiation. Il tente de casser son épée Durandal (objet sacré qui contient des reliques saintes) pour qu'elle ne tombe pas en mains impies ; mais, seule la roche qu'il frappe se brise.

Unité du texte

Après la mort de ses pairs, Roland fait face – en solitaire – à la mort avec une grande humilité et simplicité. Il révèle alors la profondeur de son âme. Le registre est tragique : l'instant fatal et irrémédiable est accepté par Roland écrasé par la force de la mort qui arrive. Il se tourne alors vers Dieu et lui tend symboliquement son gant (geste d'hommage du vassal à son Suzerain). Mais le registre est aussi pathétique : le lecteur comprend la douleur de Roland à l'agonie.

Importance du texte et problématique

La mort de Roland montre toute la noblesse du sacrifice du chevalier au nom de sa foi. Il révèle l'héroïsme jusqu'à la mort du chevalier idéal. Il s'inscrit dans le parcours « Le personnage de roman, esthétiques et valeurs ». La problématique est la suivante (ou projet de lecture) : ***En quoi l'idéal féodal de Roland rejoint-il le merveilleux chrétien ?***

Mouvement du texte

- CLXXIV : Roland, le chevalier, se prépare physiquement à la mort.
- CLXXV : La mort approche : vie intérieure et spirituelle de Roland.
- CLXXVI : La mort emporte Roland : Le merveilleux chrétien.

Lecture linéaire : Reprises anaphoriques

Enchaînement de laisses (mouvement linéaire) avec reprises anaphoriques (figures d'amplification) renforçant les instants importants. La chanson de geste étant chantée, la répétition s'impose pour imprimer un rythme lyrique au texte. Chaque reprise du même événement complète la précédente par un élément d'approfondissement pour renforcer l'explication et le pathétique : juxtaposition de variantes d'un thème central.

CLXXIV	CLXXV	CLXXVI
Roland sent que la mort le prend tout : de sa tête elle descend vers le cœur.	**Roland sent que** son temps est fini.	
Il s'est couché sur l'herbe verte,	**Il est couché** sur un tertre escarpé,	Le comte Roland **est couché** sous un pin
Face contre terre [...] **il a tourné** sa tête du côté de la gent païenne :	Le visage **tourné** vers l'Espagne.	Vers l'Espagne, **il a tourné** son visage.
À faibles coups et souvent, **il bat sa coulpe.**	De l'une de ses mains, il frappe sa poitrine : « Dieu, par ta grâce, **mea culpa**... »	**Il bat sa coulpe** et demande à Dieu merci.
Pour ses péchés **il tend vers Dieu son gant.**	**Il a tendu vers Dieu son gant** droit.	Il a offert à Dieu son gant droit.
	Les anges du ciel descendent vers lui.	**Saint Gabriel** l'a pris de sa main. [...] Dieu lui envoie son **ange Chérubin et Saint Michel du Péril.**

- **Roland se prépare physiquement à la mort et la met en scène (gestes préparatoires et paroles nobles) : il reste un chevalier soucieux de sa loyauté, de sa fidélité à son roi et à son Dieu. Présentation au présent et au passé composé pour rendre plus fort le récit d'une action vécue en « direct ».**

CLXXIV	
Roland sent que la mort le prend tout : **de sa tête elle descend vers son cœur.**	**La mort envahit Roland qui a compris (tête) son arrivée avant de la ressentir (cœur).**
Jusque sous un pin il va courant ; il s'est couché sur l'herbe verte, face contre terre.	Décor minimaliste en apparence, sobriété de la description sur ce champ de bataille : dépouillement commencé. En fait, Roland est dans un lieu grandiose : un cirque, sur un tertre, entre deux arbres.
Sous lui il met son épée et l'olifant. Il a tourné sa tête du côté de la gent païenne :	**Deux objets symboliques** : l'épée (rappel de la bravoure du chevalier et objet saint avec ses reliques) et l'olifant (rappel de l'appel tardif qui a provoqué le désastre). L'épée doit être cachée sous le corps de Roland pour échapper à l'ennemi qu'il regarde en face (la gent païenne).
il a fait ainsi, voulant que Charles dise, et tous les siens, qu'il est mort en vainqueur, le gentil comte.	Roland a respecté les codes de l'honneur de loyauté et de fidélité.
À faibles coups et souvent, il bat sa coulpe. Pour ses péchés il tend vers Dieu son gant.	**Il peut maintenant se tourner vers Dieu, son avenir. Le gant montre le geste du vassal à son Seigneur.**

- **Roland se prépare spirituellement à la mort. Le passé composé montre qu'il est physiquement prêt, le moment est venu d'affronter son Dieu. Il commence par demander pardon (paroles directes).**

CLXXV	
Roland sent que son temps est fini. Il est couché sur un tertre escarpé, le visage tourné vers l'Espagne. De l'une de ses mains il frappe sa poitrine : « **Dieu, par ta grâce, mea culpa, pour mes péchés, les grands et les menus, que j'ai faits depuis l'heure où je naquis jusqu'à ce jour où me voici abattu !** »	Roland est « installé » pour sa mort, face à l'ennemi, montrant ostensiblement qu'il n'a pas renoncé à la lutte. **Mea culpa = c'est ma faute. Le chevalier assume ses erreurs, il se reconnaît pécheur = honnêté. Les paroles à Dieu sont rapportées directement à valeur d'exemple (la foi nourrit la chevalerie) = humilité et piété.**
Il a tendu vers Dieu son gant droit. Les anges du ciel descendent à lui.	Dieu reconnaît la valeur de son sacrifice. Roland obtient immédiatement le pardon.

- **Roland meurt en homme, en chevalier, en chrétien : le merveilleux chrétien le rejoint au moment du trépas. Sa mort est exemplaire et pleine d'humilité.**

CLXXVI Le comte Roland est couché sous un pin. Vers l'Espagne il a tourné son visage. **De maintes choses il lui vient souvenance : de tant de terres qu'il a conquises, le vaillant, de douce France, des hommes de son lignage, de Charlemagne, son seigneur, qui l'a nourri.** Il en pleure et soupire, il ne peut s'en empêcher. Mais il ne veut pas se mettre lui-même en oubli ; il bat sa coulpe et demande à Dieu merci : « Vrai Père, qui jamais ne mentis, **toi qui rappelas saint Lazare d'entre les morts, toi qui sauvas Daniel des lions**, sauve mon âme de tous périls, pour les péchés que j'ai faits dans ma vie ! » Il a offert à Dieu son gant droit : **saint Gabriel l'a pris de sa main.** Sur son bras il a laissé retomber sa tête ; il est allé, les mains jointes, à sa fin. Dieu lui envoie son ange Chérubin et saint Michel du Péril ; avec eux y vint saint Gabriel. **Ils portent l'âme du comte en paradis.**	**Le héros reste humain : il se souvient, il s'attendrit. Rappel de ses valeurs nationales (terres conquises, douce France) familiales (son lignage) féodales (son seigneur qui l'a nourri : le jeune noble était nourri par le chevalier qui lui apprenait les armes et l'armait ensuite chevalier).** Il s'interroge sur lui-même à cet instant crucial : sentiments chrétiens du mourant qui fait un bilan (le service de Dieu est le prolongement du service féodal) **Lazare fut ressuscité par le Christ. Le prophète Daniel fut jeté dans la fosse des lions par Nabuchodonosor mais il fut épargné par les lions. L'ange Gabriel est l'intermédiaire habituel entre Dieu et les hommes.** Roland rend son âme à Dieu et lui offre sa mort, lui tend les mains. L'ange Chérubin est saint Raphaël. Saint Michel du Péril est le saint honoré au Mont Saint Michel. **Le merveilleux s'est introduit dans le texte par la présence d'éléments surnaturels en ces apparitions de saints qui viennent chercher Roland.**

Conclusion

- **Évolution du texte :** Cet extrait montre tout l'héroïsme de Roland au service de Dieu jusqu'à la mort. Si Roland est mort, sa fin est triomphale, elle ne signe pas une défaite mais la dernière victoire d'un homme exemplaire avec une mort profondément chrétienne : l'apothéose héroïque de Roland.
- **Projet de lecture :** Ce texte signe aussi l'apothéose religieuse du héros avec la mort de Roland au moment où le merveilleux chrétien rejoint l'idéal féodal du chevalier. Le merveilleux a été subtilement préparé dans toute la Chanson de Roland, notamment par les songes de Charlemagne. L'humain et le sacré se rejoignent. *La Chanson de Roland* est une geste à la fois politique, épique et religieuse. Elle fut lue et bien accueillie par toute la chrétienté en Occident.

ENTRAÎNEZ-VOUS !

Exercice 1

Objet d'étude : le Roman et le récit du Moyen Âge au XXIe siècle.

Tristan et Iseut, Béroul et Thomas (XIIe), traduction Joseph Bédier

Sujet : Faire la lecture linéaire de l'extrait suivant.

Il était venu, lui, le ravisseur, lui, le meurtrier du Morholt ; il l'avait arrachée par ses ruses à sa mère et à son pays ; il n'avait pas daigné la garder pour lui-même, et voici qu'il l'emportait, comme sa proie, sur les flots, vers la terre ennemie ! « Chétive ! disait-elle, maudite soit la mer qui me porte ! Mieux aimerais-je mourir sur la terre où je suis née que vivre là-bas ! « Un jour, les vents tombèrent, et les voiles pendaient dégonflées le long du mât. Tristan fit atterrir dans une île, et, lassés de la mer, les cent chevaliers de Cornouailles et les mariniers descendirent au rivage. Seule, Iseut était demeurée sur la nef, et une petite servante. Tristan vint vers la reine et tâchait de calmer son cœur. Comme le soleil brûlait et qu'ils avaient soif, ils demandèrent à boire. L'enfant chercha quelque breuvage, tant qu'elle découvrit le coutret confié à Brangien par la mère d'Iseut. « J'ai trouvé du vin ! » leur cria-t-elle. Non, ce n'était pas du vin : c'était la passion, c'était l'âpre joie et l'angoisse sans fin, et la mort. L'enfant remplit un hanap et le présenta à sa maîtresse. Elle but à longs traits, puis le tendit à Tristan, qui le vida. À cet instant, Brangien entra et les vit qui se regardaient en silence, comme égarés et comme ravis. Elle vit devant eux le vase presque vide et le hanap. Elle prit le vase, courut à la poupe, le lança dans les vagues et gémit : « Malheureuse ! maudit soit le jour où je suis née et maudit soit le jour où je suis montée sur cette nef ! Iseut, amie, et vous, Tristan, c'est votre mort que vous avez bue ! [...] Brangien les observait avec angoisse, plus cruellement tourmentée encore, car seule elle savait quel mal elle avait causé. Deux jours elle les épia, les vit repousser toute nourriture, tout breuvage et tout réconfort, se chercher comme des aveugles qui marchent à tâtons l'un vers l'autre, malheureux quand ils languissaient séparés, plus malheureux encore quand, réunis, ils tremblaient devant l'horreur du premier aveu.

Aides

Le roman de *Tristan et Iseut*

Considéré comme le premier roman français, il date de la deuxième moitié du XIIe siècle. Il est de tradition celtique. Deux récits nous sont parvenus : l'un entre 1150 et 1190 de Béroul, trouvère normand, auteur quelque peu frustre s'adressant à un public populaire ; l'autre, vers 1170, de Thomas d'Angleterre, un homme cultivé, raffiné qui a vécu à la cour d'Henri II Plantagenêt et Aliénor. Le récit de Thomas est conçu de façon dramatique dans un registre pathétique. Il propose une forte analyse psychologique des personnages. Son public était incontestablement plus aristocratique. La version de Béroul est dite « commune », celle de Thomas est dite « courtoise ». Plusieurs autres versions existent dont il ne reste que des bribes.

Résumé du roman (naissance d'un mythe)

Tristan de Loonois, neveu du roi Marc de Cornouailles est un chevalier qui a tué le Morholt, un géant sanguinaire. Toutefois blessé, proche de la mort, il part en barque vers son destin. Le bateau accoste en Irlande où Iseut la Blonde (nièce du Morholt ignorant son acte) le soigne et le guérit. Il rentre alors à Tintagel, à la cour du roi Marc. Celui-ci renvoie Tristan chercher celle qu'il veut épouser, celle à laquelle appartient le cheveu d'or apporté par deux hirondelles. Tristant repart en Irlande et délivre le royaume d'un dragon qui tue les jeunes filles. Iseut étant promise au vainqueur du dragon, Tristan obtient sa main pour le roi Marc et embarque avec elle pour Tintagel. Sur le bateau, par erreur, ils boivent ensemble un philtre d'amour prévu pour le roi : ils sont désormais unis dans la vie et la mort. Tristan, par fidélité, lutte contre cette passion alors qu'Iseut est devenue reine mais l'amour les rattrape tous deux et les torture. Pour s'éloigner, Tristan épouse Iseut aux blanches mains mais quand, blessé par une arme empoisonnée, il est sur le point de mourir, il réclame Iseut la Blonde. Son beau-frère Kaherdin part la chercher tandis que Tristan couché devant sa fenêtre attend le navire qui la ramènera. Si la voile est blanche, Iseut sera à bord, sinon la voile sera noire. Une tempête déchire la voile blanche, la voile dressée est donc noire. Tristan expire en l'apercevant. Quand Iseut débarque, elle découvre son amant mort, s'allonge près de lui et rend l'âme à ses côtés. Enterrés l'un près de l'autre, une ronce sortit de la tombe de Tristan et rejoignit celle d'Iseut. Le roi Marc décida de ne plus la faire couper acceptant que l'amour soit plus fort que la mort.

Le registre (tonalité) tragique

Le registre ou tonalité tragique vise à inspirer l'horreur, l'effroi et, en même temps, la compassion pour des êtres d'exception marqués par une malédiction et qui affrontent leur destin avec héroïsme. Leur fin funeste est inéluctable. Ce sont des héros victimes marqués par le malheur, le destin, la fatalité, la mort. Ces forces les dépassent, ils ne peuvent y résister. Ils sont piégés, impuissants et révoltés.

La tragédie est un genre théâtral antique qui présente les malheurs des héros mythiques. Le tragique peut être teinté de lyrisme, de pathétique et d'épique.

Les procédés

- Explicitation de la fatalité qui pèse sur le personnage, (une passion impossible, des événements historiques, le châtiment du Ciel).
- Champs lexicaux du malheur, de la mort, des passions, du désespoir, de la menace, du châtiment.
- Construction de phrases interrogatives ou exclamatives pour exprimer la détresse.
- Lamentation et apostrophe pour prendre à témoin.
- Figures de style d'opposition : antithèse, oxymore, métaphore, comparaison.
- Souvent un narrateur externe à focalisation interne. Parfois, une forte modalisation.

- Substituts pronominaux ou nominaux pour accélérer la narration sans se répéter.
- Forces des images évocatrices à valeur métaphorique.

Un exemple

La Religieuse (commencé en 1760) Denis Diderot (1713-1784)

Suzanne Simonin, la narratrice, enfermée contre son gré à l'abbaye de Longchamp, raconte son noviciat au Marquis de Croismare. Elle décrit la fuite d'une religieuse.

« Il arriva un jour qu'il s'en échappa une de ces dernières de la cellule où on la tenait renfermée. Je la vis. [...] Je n'ai jamais rien vu de si hideux. Elle était échevelée et presque sans vêtement ; elle traînait des chaînes de fer ; ses yeux étaient égarés ; elle s'arrachait les cheveux ; elle se frappait la poitrine avec les poings, elle courait, elle hurlait ; elle se chargeait elle-même et les autres, des plus terribles imprécations ; elle cherchait une fenêtre pour se précipiter. La frayeur me saisit, je tremblai de tous mes membres, je vis mon sort dans celui de cette infortunée, et sur-le-champ, il fut décidé dans mon cœur, que je mourrais mille fois plutôt que de m'y exposer. »

- La narratrice-personnage (focalisation interne, partie prenante de l'histoire), par son récit, inspire l'effroi et la compassion. Elle a un destin qui la dépasse puisqu'elle est enfermée contre son gré et sans vocation. Elle est piégée, impuissante et révoltée. Elle n'envisage pas son avenir. Elle espère l'aide du marquis.
- Champs lexicaux du malheur et de la folie.
- Des verbes d'horreur.
- Substituts pronominaux qui accélèrent la description au même rythme que les marques de la folie galopante.
- Forces des images évocatrices, valeur métaphorique de cette description tragique : l'enfermement rend fou.

Fiche 13

Question de grammaire: la voix passive

Objet d'étude: le Roman et le récit du Moyen Âge au XXIe siècle

La Chanson de Roland: La mort de Roland CLXXIV-CLXXV-CLXXVI

Question

Transformez cette phrase à la voix active en voix passive et expliquez votre démarche.

« Dieu lui envoie son ange Chérubin et Saint Michel du Péril; avec eux y vint saint Gabriel. Ils portent l'âme du comte en paradis ».

Préparation de la phrase

1. Recherche des sujets qui deviendront Compléments d'agents:
   - Dieu (envoie).
   - Ils (portent).
2. Recherche des Compléments d'objet direct qui deviendront sujets:
   - son ange Chérubin et Saint Michel du Péril.
   - l'âme du comte.
3. Recherche du temps de l'actif:
   - présent de l'indicatif (envoyer).
   - passé simple (venir).
   - présent de l'indicatif (porter).

Transformation

« L'ange Chérubin et Saint Michel du Péril sont envoyés par Dieu à Roland; avec eux y vint saint Gabriel. L'âme du comte est portée par eux en paradis. »

Explications

1. « L'ange Chérubin et Saint Michel du Péril sont envoyés par Dieu à Roland »

- Le temps de l'actif passe sur l'auxiliaire « être » (utilisé obligatoirement à la voix passive) + le participe passé du verbe.
- « *L'ange Chérubin et Saint Michel du Péril* » deviennent sujet du verbe « être « = *sont envoyés* (le participe passé avec « être » s'accorde avec le sujet, d'où « *envoyés* ».)
- Le sujet actif devient Complément d'Agent ici introduit par la préposition « par » : *par Dieu.*
- Le Complément d'objet second « *lui* » devient « à Roland » pour plus de précision.

2. « avec eux y vint saint Gabriel. »

Aucune transformation n'est possible ici car il manque un COD.

3. « L'âme du comte est portée par eux en paradis. »

- « *L'âme du comte* » devient sujet du verbe « être » = *est portée*
- Le participe passé du verbe employé avec « être » s'accorde avec le sujet : « *portée* »
- Le sujet actif devient Complément d'Agent ici introduit par la préposition « par » : par eux (transformation du pronom sujet pluriel « *ils* » en pronom complément pluriel « *eux* »).

Rappel de cours

Pour effectuer une transformation de la voix active à la voix passive, il est indispensable d'avoir à l'actif : Sujet + verbe + COD

- Le sujet actif devient Complément d'agent au passif (introduit avec ou sans prépositions « de » ou « par »).
- Le COD devient sujet passif.
- Le temps du verbe actif passe sur l'auxiliaire « être » + participe passé du verbe actif.
- Le verbe étant employé avec l'auxiliaire « être », il convient de respecter l'accord du participe passé avec le sujet.

Un exemple

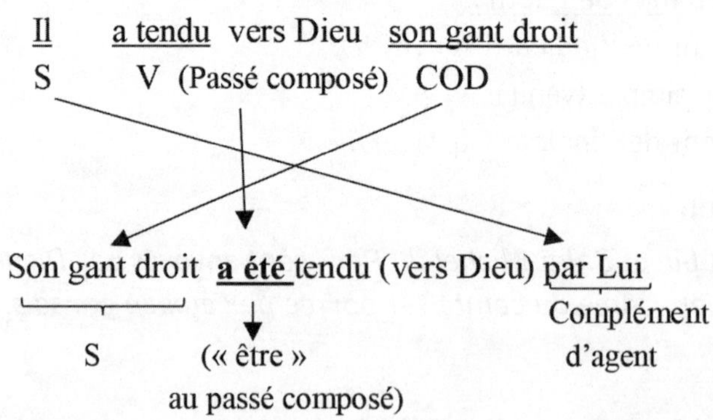

ENTRAÎNEZ-VOUS !

Exercice 1

Objet d'étude : le Roman et le récit du Moyen Âge au XXIe siècle.

Extraits de *Tristan et Iseut*, Béroul et Thomas (XIIe)

Question de grammaire : *Transformez à la voix passive, le passage suivant « Il l'avait arrachée par ses ruses à sa mère et à son pays ; [...] et voici qu'il l'emportait, comme sa proie, sur les flots, vers la terre ennemie ».*

Exercice 2

Question de grammaire : *Transformez à la voix passive, le passage suivant « L'enfant chercha quelque breuvage [...] elle découvrit le coutret confié à Brangien par la mère d'Iseut. [...] L'enfant remplit un hanap et le présenta à sa maîtresse ».*

Fiche 14

Un exemple de lecture linéaire (XVIe)

Objet d'étude : le Roman et le récit du Moyen Âge au XXIe siècle.

Pantagruel (1532) chap. III de Rabelais : La naissance de Pantagruel

(*Translation en français moderne réalisée par nos soins d'après Lagarde et Michard*)

L'auteur

François Rabelais (1494 ?-1553) est un conteur unique, un érudit, admirateur d'Erasme. Il cumule les statuts : moine cordelier franciscain puis dominicain avant d'être libéré de ses vœux, brillant médecin, juriste, intellectuel et humaniste et bon vivant. Ses œuvres témoignent de la puissance de son imagination et de la richesse de sa langue. Rabelais, mêlé de près à des discussions religieuses notamment à propos de la Réforme, s'avère virulent contre l'Église, les dogmes et tout ce qu'il appelle « superstitions ». Sans doute restait-il toutefois attaché à la vérité des Écritures qu'il estimait mal interprétées. L'homme est un travailleur infatigable et insatiable, sa culture est considérable : il connaît les Latins et les Grecs. Il accorde de l'importance à un corps sain et à la nature.

Ses œuvres

Au nombre de cinq, elles furent toutes condamnées par les autorités ecclésiastiques et la Sorbonne pour obscénités. Le tout premier ouvrage, *Pantagruel,* raconte la vie et l'éducation du fils de Gargantua, tous deux des géants. Son éducation est livrée à des sophistes soit des « beaux parleurs » qui raisonnent mal. Tous deux sont des géants.

Dans *Gargantua,* Rabelais aborde les méthodes de la scolastique, un enseignement désuet du Moyen Âge où n'intervient pas la réflexion. Gargantua reçoit donc une éducation désastreuse. Il entreprend des guerres ridicules voire burlesques contre le roi Picrochole et fonde l'abbaye de Thélème où chacun « fai[t] ce que voudra ».

Le *Tiers livre* raconte la fin de Pantagruel, le *Quart* puis le *Cinquième livre* (posthume) relate la navigation de Panurge pour consulter l'oracle de la « Dive » (divine) bouteille qui lui conseille : « trinch » (buvez !)

Son art

Les œuvres de Rabelais sont dans les plus riches et les plus complexes de son époque en raison de tous les contrastes utilisés. L'auteur, par son épopée volontairement grotesque raille les romans de chevalerie. Il passe de la trivialité, la farce lourde voire grossière du Moyen Âge à la subtilité la plus fine et aux traits d'esprit. Tous les degrés du comique sont présents. Il manie avec maestria le détail porteur de sens garant de la réalité, la richesse du vocabulaire (empruntés à tous les corps de métier), les néologismes, les énumérations, le style oral, les jeux de mots, les calembours et surtout le « grossissement » symbolique, l'amplification jusqu'à l'invraisemblance.

Mais, au-delà d'un style personnel, on lui doit aussi « la substantifique moelle », « science sans conscience n'est que ruine de l'âme », « le rire est le propre de l'homme », enfin « soyez vous-même » !

Il utilise les procédés du fabliau et de la littérature populaire. Cependant, sous ces procédés apparemment légers, il livre sa pensée sur l'éducation, la guerre, la religion, la justice et joue sur les fausses apparences.

Le résumé

Pantagruel a été édité sous le titre complet : *Les horribles et épouvantables faits et prouesses du très renommé Pantagruel, Roi des Dipsodes, fils du grand géant Gargantua.*

Le fils du géant Gargantua naît par un jour de grande sécheresse. Il prend le nom de Pantagruel, de « panta » en grec, « tout » et de « gruel » en arabe, « assoiffé ». Son père lui prophétisait-il un destin de « dominateur des assoiffés » ? s'interroge Maître Alcofribas Nasier (anagramme de François Rabelais), le narrateur.

Le jeune Pantagruel reçoit une éducation d'humaniste et devient juriste. Il vit de nombreuses aventures au cours de ses voyages et découvre un monde fait d'iniquités, de supertitions et de tromperie. Bientôt, entraîné par son père, dans la guerre contre des Dipsodes (les assoiffés) sur les terres Utopie (Utopie est depuis 1516 le « lieu qui est nulle part » cf. Thomas More et son livre *Utopia*), il attaque 300 géants commandés par Loup-Garou, conquiert le pays des Dipsodes et en devient le chef, il peut s'adonner à la boisson et à l'ivresse.

Pendant cette guerre, il rencontre Panurge dont le nom grec signifie « rusé » et « apte à tout faire ». Celui-ci jouera auprès de Pantagruel le rôle de mystificateur*. Les attaques et satires de *Pantagruel* visent la justice de l'époque (civile et ecclésiastique).

Aides

Le registre (ou tonalité) polémique

Vient de « polemos » en grec (guerre). Le registre polémique s'adresse à la raison, impliquant le destinataire (comme témoin et arbitre entre le narrateur et sa cible) dans un combat pour dénoncer des personnes ou des situations. Il a la volonté de condamner une cible. L'auditoire est à convaincre en attaquant, parfois en ridiculisant. Il s'agit de montrer les faiblesses, les contradictions d'une personne jusqu'à mettre en doute son honnêteté, son intelligence ou ses compétences et même, à l'humilier.

Ses procédés

- Une cible clairement visée.
- Lexique violent, dévalorisant, péjoratif.
- Question rhétorique avec apostrophe parfois agressive.
- Reprise parodique de termes utilisés par l'adversaire.
- Figures d'exagération : hyperbole, antithèse, oxymore, comparaison négative, antiphrase, anaphore, accumulation, répétition.
- Exagération ironique.
- Affirmation caricaturale.
- Ponctuation : guillemets, points d'interrogation, d'exclamation.

Voir le registre comique p. 206

Le texte

Quand Pantagruel fut né, qui fut bien ébahi et perplexe ? Ce fut Gargantua son père. Voyant d'un côté sa femme Badebec morte, et de l'autre son fils Pantagruel né, si beau et si grand, ne savait que dire ni que faire, et le doute qui troublait son entendement était à savoir s'il devait pleurer pour le deuil de sa femme, ou rire pour la naissance de son fils. D'un côté et d'autre, il avait arguments sophistiques qui le suffoquaient car il les faisait très bien in modo et figura, mais il ne les pouvait résoudre, et par ce moyen, demeurait empêtré comme la souris empeignée, ou un milan pris au lacet. « Pleurerai-je ? disait-il. Oui, car pourquoi ? Ma si bonne femme est morte, qui était la plus ceci, la plus cela. Jamais je ne la reverrai, jamais je n'en retrouverai une pareille : ce m'est une perte inestimable. O mon Dieu que t'avais-je fait pour ainsi me punir ? Que n'envoyas-tu la mort à moi avant elle ? car vivre sans elle ne m'est que languir. Ha ! Badebec, ma mignonne, m'amie ma tendrette, ma braguette, ma savate, ma pantoufle, jamais je ne te reverrai. Ha ! pauvre Pantagruel, tu as perdu ta bonne mère, ta douce nourrice, ta dame très aimée ! Ha, fausse mort, tant tu m'es malveillante, tant tu m'es outrageuse, de me ravir celle à laquelle immortalité appartenait de droit ! » Et, ce disant, pleurait comme une vache ; mais tout soudain riait comme un veau, quand Pantagruel lui venait en mémoire. « Ho, mon petit fils, disait-il, mon couillon, mon peton, que tu es joli et je suis si reconnaissant à Dieu de ce qu'il m'a donné un si beau fils, tant joyeux, tant riant tant joli. Ho, ho, ho, ho ! que je suis aise ! Buvons, ho ! laissons toute mélancolie ! Apporte du meilleur vin, rince les verres, boute la nappe, chasse ces chiens, souffle ce feu, allume la chandelle, ferme cette porte, taille ces soupes, envoie ces pauvres, baille-leur ce qu'ils demandent ! Tiens ma robe, que je me mette en pourpoint pour mieux festoyer les commères. »

Analyse linéaire du texte

Introduction

Cet extrait se trouve au chapitre III de *Pantagruel*, après un prologue et quelques chapitres où Maître Alcofribas Nasier (anagramme de François Rabelais) expose la généalogie de Pantagruel et de sa famille de géants, parodiant ainsi la Bible. Cet extrait raconte la naissance de Pantagruel alors que sa mère Badebec est morte en couche : Gargantua est en plein dilemme : faut-il pleurer pour la mort de sa femme ou rire pour la naissance de son fils.

Unité du texte

Excès et effets comiques sont réunis dans ce texte. Excès des sentiments de Gargantua mis en valeur dès le début par le narrateur : « *Le doute troublait son entendement* ». Puissants effets comiques par l'exagération entre douleur extrême et explosion de gaieté.

Importance du texte et problématique

Ce texte réunit ce qui, à la Renaissance, constitue une opposition capitale : légitimité et ambivalence du rire et des larmes, sorte de réhabilitation de l'un et de l'autre. Depuis l'antiquité, les pleurs étaient dépréciés et vécus – selon Platon que Rabelais admirait – comme une « sensiblerie » des faibles (les femmes, les vieillards, les enfants). Il s'agit alors d'explorer le cœur humain dans toutes ses variations. Nous proposons la problématique suivante : ***En quoi le dilemme et sa résolution par Gargantua sont-ils représentatifs de l'esprit de la Renaissance***? Elle s'inscrit dans le parcours « Individu, moral et société »

Mouvement du texte

- Les causes du dilemme : raison ou sentiments ? Morale ou bon sens naturel ?
- Monologue délibératif : lamentation, apitoiement.
- Pouvoir libérateur du rire : contre la peur et les limites de l'Homme.

Analyse linéaire

- **Les causes du dilemme : Un narrateur omniscient, sorte de conscience de Gargantua, révèle l'ambiguïté des sentiments du jeune père. Sa position est paradoxale : « *[il] ne savait que dire ni que faire* » entre la légitimité du rire et la légitimité des larmes. Le discours est indirect libre.**

Quand Pantagruel fut né, qui fut bien ébahi et perplexe ? Ce fut Gargantua son père.	Dès le début, deux adjectifs donnent l'état d'esprit de Gargantua doublé d'une question rhétorique*.
Voyant **d'un côté** *sa femme Badebec* morte, et **de l'autre** *son fils Pantagruel* né, **si beau** et **si grand**, ne savait **que dire** ni **que faire**, et le doute qui troublait son entendement était à savoir s'il devait **pleurer pour le deuil de sa femme**, ou **rire pour la naissance de son fils.**	**Structure symétrique de l'ordre syntaxique. Il se retrouve entre deux alternatives antithétiques* : rire ou pleurer.**
D'un côté et d'autre, il avait arguments sophistiques qui le suffoquaient car il les	Le sophisme proposait des arguments qui n'étaient logiques qu'en apparence avec l'intention de provoquer l'erreur.
faisait très bien in modo et figura, mais il ne les pouvait résoudre,	Modo et figura = modes et figures selon les logiciens. résoudre : donc la logique ne lui suffit pas.
et par ce moyen, demeurait empêtré **comme la souris empeignée, ou un milan pris au lacet.**	**Comparaison avec la souris prise dans la poix et le milan piégé. Gargantua est piégé par ses émotions.**

- **Monologue délibératif. Gargantua s'apitoie sur Badebec. Le narrateur s'efface au profit d'un discours direct plus évocateur. Gargantua travestit de façon grotesque ce qui est triste et, au lieu de faire pleurer, il fait rire.**

« **Pleurerai-je ? disait-il. Oui, car pourquoi ?** Ma si bonne femme est morte,	**Questions rhétorique pour mettre en valeur la douleur et l'incompréhension de Gargantua, avec interpellation de Dieu.**
qui était la plus ceci, la plus cela. **Jamais** je ne la **reverrai, jamais** je n'en retrouverai une pareille : ce m'est une perte inestimable. **O mon Dieu que t'avais-je fait pour ainsi me punir ? Que n'envoyas-tu la mort à moi avant elle ?** car vivre sans elle ne m'est que languir.	Vacuité des arguments remplacés par « ceci » « cela » mais valorisés par des superlatifs hyperboliques « la plus » et une répétition « jamais ». Suit un apitoiement sur soi-même avec une hyperbole « perte inestimable ». Répétition de « jamais »
Ha ! Badebec, ma mignonne, m'amie ma tendrette, ma braguette, ma savate, ma pantoufle, jamais je ne te verrai. Ha ! pauvre Pantagruel, tu as perdu ta bonne mère, ta douce nourrice, ta dame très aimée ! Ha,	**Suffixe « ette » connotation tendre mais aussi sexuelle humoristique et répétition du déterminant possessif. Tonalité burlesque : la mort (thème majeur) est traitée sur un mode mineur.** Interjection répétée montrant l'état d'exhaltation de Gargantua
fausse mort, tant tu m'es malveillante, tant tu m'es outrageuse, de me ravir **celle à laquelle immortalité appartenait de droit !** »	***Prosopopée*** : Gargantua s'adresse directement à la mort et lui fait des reproches.* **Hyperbole*.**

- **Pouvoir libérateur du rire pour lutter contre ses peurs ou ses faiblesses humaines. Extase et consolation de Gargantua devant son fil nouveau-né. Le bon sens du géant l'emporte. Le rire guérit de tout, il est « le propre de l'homme » et ramène à la vie. Rabelais est, en cela, en opposition avec les humanistes qui pensent que « la parole est le propre de l'homme ».**

Et, ce disant, **pleurait comme une vache ; mais tout soudain riait comme un veau,** quand Pantagruel lui venait en mémoire.	Changement brutal et rapide, simultanéité, **comparaison triviale et rapprochement vache/ femme veau/fils.**
« Ho, mon petit fils, disait-il, mon couillon, mon peton, que tu es joli et je suis si reconnaissant à Dieu de ce qu'il m'a donné *un si beau fils, tant joyeux, tant riant tant joli.*	**Répétition du déterminant possessif à mettre en parallèle avec la partie précédente. De même, une allusion sexuelle.** *Hyperbole avec répétition des adverbes d'intensité « si » et « tant »* Peton à mettre en relation avec savate
Ho, ho, ho, ho ! que je suis aise ! Buvons, ho ! laissons toute mélancolie ! Apporte du meilleur vin, rince les verres, boute la nappe, chasse ces chiens, souffle ce feu, allume la chandelle, ferme cette porte, taille ces soupes, envoie ces pauvres, baille-leur ce qu'ils demandent !	Interjections en parallèle avec les Ha Suite d'impératifs **puis, avec « que je suis aise » = la décision de vivre et de rire est prise. Le vin est la solution : « buvons ». Il rejoint ici l'épicurisme* et appelle à l'hédonisme, doctrine philosophique basée sur le plaisir comme but de la vie.** La vie reprend ses droits dans toutes ses dimensions.
Tiens ma robe, que je me mette en pourpoint *pour mieux festoyer les commères.* »	*Allusion grivoise.*

Conclusion

- **Évolution du texte** : Le dilemme est posé dès le début par un narrateur omniscient dans une certaine distance qui pose les termes de la contradiction. Ensuite, les deux positions sont examinées par Gargantua lui-même mais celui-ci transforme les pleurs en rire pour le lecteur avec sa façon de présenter la situation. Enfin, il trouve une solution conforme à l'oracle de la Dive bouteille dans le *Cinquième livre* : « trinch », buvez ! Avec bon sens, il résout son dilemme : la nature l'emporte.
- **Projet de lecture** : Rabelais tourne en dérision le style rhétorique trop pompeux de la Sorbonne en adoptant un rire débridé, sans complexe, incontrôlé (comme dans l'ivresse de l'alcool). Victor Hugo disait « son éclat de rire est un gouffre de l'esprit ». Il effectue une satire de la scolastique* qui prône des arguments sophistiques*. Il s'agit de dénoncer par une critique moqueuse les défauts, les vices, les comportements d'une catégorie de personnes en se moquant. La satire est ici associée à l'humour et même au burlesque. Gargantua réagit en humaniste, amoureux de la nature et de l'épanouissement physique et moral et ce, contre l'ascétisme* qui brime l'homme. En cela, le texte s'inscrit complètement dans l'esprit de la Renaissance.

ENTRAÎNEZ-VOUS !

Exercice

Objet d'étude : le Roman et le récit du Moyen Âge au XXIe siècle

***Gargantua* (1532) chap. 23 de François Rabelais**

(Translation en français moderne réalisée par nos soins d'après Lagarde et Michard)

Sujet : Faire la lecture linéaire de l'extrait suivant :

S'éveillait donc Gargantua environ quatre heures du matin. Cependant qu'on le frottait, lui était lue quelque pagine de la divine Ecriture hautement et clairement, avec prononciation adaptée à la matière, et à ce était adjugé un jeune page, Anagnostes, natif de Basché. Selon le propos et argument de la leçon, souventes fois il s'adonnait à vénérer, adorer, prier et supplier le bon Dieu dont la lecture montrait la majesté et jugements merveilleux. Puis allait aux lieux secrets faire excrétion des digestions naturelles. Là son précepteur reprenait et expliquait la lecture précédemment effectuée. [...] Puis, il était habillé peigné, testonné, accoutré et parfumé, pendant qu'on lui répétait les leçons du jour d'avant. Lui-même les disait par cœur et y glissait quelques cas pratiques concernant l'état humain, lesquels ils étendaient aucune foi jusque deux ou trois heures, mais ordinairement cessaient lorsqu'il était habillé. Puis pendant trois bonnes heures lui était fait lecture. Ce fait, sortaient toujours conférant des propos de la lecture, et se déportaient en Bracque ou ès prés et jouaient à la balle à la paume, à la pile trigone, exerçant les corps comme ils avaient les âmes auparavant exercé. [...] Adonc étaient très bien essuyés et frottés, changeaient de chemise, et, doucement se promenant, allaient voir si le dîner était prêt. Tout en attendant récitaient quelques sentences retenues de la leçon. Cependant Monsieur l'Appétit venait, et par bonne opportunité s'asseyaient à table. Était lue alors quelque histoire plaisante des anciennes prouesses, jusques à ce qu'il eût pris son vin. Si bon semblait, on continuait la lecture, ou commençait à deviser joyeusement ensemble, parlant, pour les premiers mois, de la vertu propriété, efficace et nature de tout ce que leur était servi à table. [...] Ce que faisant, il apprit en peu de temps tous les passages à ce compétents en Pline, Athénée, Dioscorides, [...] et autres. De ces propos tenus, faisant souvent, pour être plus assurés, apporter les livres susdits à table. Et, de fait, retint en sa mémoire les choses dites, que, pour lors, n'était que médecin qui en sût la moitié.

Aides

Le livre : *Gargantua* (1535)

Le prologue avertit que Rabelais s'adresse à des lecteurs « buveurs » et « vérolés », donnant déjà le ton du récit. Il veut écrire une œuvre comique : « *mieux est de ris que de larmes écrire pour ce que rire est le propre de l'homme* », puis il nous invite à « *rompre l'os et sugcerla substantifique moelle* » montrant ainsi qu'il convient d'aller plus loin que les apparences. Le livre a été très contesté et même censuré, notamment par l'Église en raison de toutes ses critiques sur les institutions, en opposition à l'éducation médiévale.

Cet univers de géants incarnant la grandeur de l'homme dans toutes ses dimensions, avec une immense soif d'apprendre et de connaître, s'inscrit dans l'esprit de la Renaissance.

Le registre (ou tonalité) satirique

Il s'agit de dénoncer par une critique virulente et moqueuse les défauts, les vices, les comportements d'une personne ou d'une catégorie de personnes en se moquant. La satire peut rejoindre la parodie, l'absurde mais aussi le blâme à travers la raillerie, le sarcasme (attaque directe). Elle peut encore être associée à l'humour (mise à distance par l'ironie).

Résumé du roman

La naissance du géant Gargantua est déjà en soi un moment unique. En effet, l'enfant, après avoir été porté par Gargamelle pendant onze mois, est remonté des entrailles de sa mère pour sortir par l'oreille de sa mère, comme la déesse Athéna, sortie de la tête de Zeus. Son premier cri réclame « à boire » et son nom est alors tout trouvé par son père, Grandgousier, s'exclamant « Quel grand (gosier) tu as ». Son éducation est d'abord confié à un précepteur sophiste qui le rend « tant fat, niais, ignorant » selon son père qu'il décide de le confier à Ponocrates dont le nom signifie « laborieux » ou « bourreau de travail », un humaniste. Quand Picrochole déclare la guerre à Grandgousier, Gargantua devenu adulte part en guerre. Un moine, frère Jean des Entommeurs, aide Gargantua dans sa conquête. Après la victoire, frère Jean fonde l'abbaye de Thélème sur le modèle des châteaux de la Renaissance. Le récit de cette guerre donne à Rabelais l'occasion de développer son avis sur la guerre et la politique.

Fiche 15

Question de grammaire: Les pronoms

Objet d'étude: le Roman et le récit du Moyen Âge au XXIe siècle

Pantagruel (1532) chap. III de Rabelais: La naissance de Pantagruel

Question

Dans ces deux phrases:

« *O mon Dieu que t'avais-je fait pour ainsi me punir? Que n'envoyas-tu la mort à moi avant elle?* [...] *Ha, fausse mort, tant tu m'es malveillante, tant tu m'es outrageuse, de me ravir celle à laquelle immortalité appartenait de droit.* »

Classez et analysez les pronoms

Classification et analyse

<table>
<tr><th colspan="3">Pronoms personnels</th></tr>
<tr><th colspan="2">Pronoms personnels sujet</th><th>Pronoms personnels compléments</th></tr>
<tr><td>1re pers. sing.</td><td>2e pers. sing.</td><td rowspan="2">t'(avais fait) = COS
me (punir) = COD
(à) moi = COS de « envoyer »
m'(es malveillante; es outrageuse) = COI
me (ravir) = COS</td></tr>
<tr><td>(avais) – je</td><td>(envoyas) – tu
tu (es malveillante)
tu (es outrageuse)</td></tr>
<tr><th colspan="2">Pronom démonstratif</th><th>Pronom relatif</th></tr>
<tr><td colspan="2">(me ravir) celle = COD</td><td>à laquelle = COI de « appartenir »</td></tr>
</table>

Rappel de cours

Le pronom remplace un nom, un groupe nominal, un groupe prépositionnel ou une proposition entière. Il n'a pas de signification en soi mais en regard du mot ou groupe auquel il renvoie (son référent).

Il a la même fonction qu'aurait son référent dans la phrase. Pour la retrouver, il faut donc replacer le référent dans la phrase.

Ex : *à laquelle* immortalité appartenait de droit = immortalité appartenait de droit à qui ? à celle (à la mère) = COI de « appartenir »

Le pronom personnel

Il renvoie à une personne, un animal, un objet, un concept, une action etc. Il varie en personne (1re, 2e, 3e personne, singulier ou pluriel avec variation de genre à la 3e personne uniquement).

Je, tu, il, elle, nous, vous, ils, elles ; me, te, se ; moi, toi, soi ; lui, leur, eux.

À repérer :

- « on » = pronom personnel indéfini.
- « me, te, se, nous, vous » = pronoms personnels réfléchis (forme pronominale).
- « en » et « y » = pronoms personnels adverbiaux.

Le pronom démonstratif

Il désigne l'entité qu'il montre et prend son genre et son nombre.

Ex : (me ravir) *celle* = Badebec, sa femme, la mère de Pantagruel = féminin singulier.

Celui, celle, ceux, celles

À repérer :

- Les pronoms renforcés par la particule déictique -ci ou -là

  Celui-ci, celui-là ; celle-ci, celle-là ; ceux-ci, ceux-là, celles-là, celles-ci.
- Un pronom de genre neutre

  Ceci, cela, ça (à l'oral), ce

Le pronom possessif

Il désigne l'entité possédée par une ou des personnes. Il varie en genre et en nombre selon l'objet possédé et selon le possesseur :

Singulier					
1re personne		2e personne		3e personne	
Singulier	Pluriel	Singulier	Pluriel	Singulier	Pluriel
Le mien La mienne	Les miens Les miennes	Le tien La tienne	Les tiens Les tiennes	Le sien La sienne	Les siens Les siennes
Pluriel					
1re personne		2e personne		3e personne	
Singulier	Pluriel	Singulier	Pluriel	Singulier	Pluriel
Le nôtre La nôtre	Les nôtres	Le vôtre La vôtre	Les vôtres	Le leur La leur	Les leurs

Le pronom indéfini

Il renvoie à un référent vague, indéterminé quant au nombre et à l'identité.

Quelqu'un, quelque chose, quelques-uns, quelques-unes, plusieurs, certains, certaines, n'importe qui, chacun, chacune, tout, toute, tous, toutes, nul, nulle, aucun, aucune, (le, la, les) même(s), l'un... l'autre, personne, rien etc.

Le pronom interrogatif

Il renvoie à un référent inconnu sur lequel repose l'interrogation.

Qui, que, quoi, lequel, laquelle, auquel, duquel, de laquelle etc.

Le pronom relatif

Il introduit une proposition subordonnée relative. Son référent est l'antécédent dont il prend le plus souvent le genre et le nombre.

Pronoms relatifs simples : ***Qui, que, quoi, dont, où***

Pronoms relatifs composés :

le, la, les + quel = ***lequel, laquelle, lesquels, lesquelles***

à + le, la, les + quel = ***auquel, à laquelle, auxquels, auxquelles***

de + le, la, les + quel = ***duquel, de laquelle, desquels, desquelles***

ENTRAÎNEZ-VOUS !

Objet d'étude : le Roman et le récit du Moyen Âge au XXIe siècle.

Pantagruel (1532) chap. III de Rabelais :
La naissance de Pantagruel

Exercice 1

Question de grammaire : *Mettre au pluriel la phrase « « O mon Dieu que t'avais-je fait pour ainsi me punir ? Que n'envoyas-tu la mort à moi avant elle ? car vivre sans elle ne m'est que languir. »*

Exercice 2

Question de grammaire : *Dans ces phrases, quelles sont les natures complètes et fonctions des pronoms « Quand Pantagruel fut né, qui fut bien ébahi et perplexe ? Ce fut Gargantua son père. [...] il avait arguments sophistiques qui le suffoquaient car il les faisait très bien in modo et figura... »*

Fiche 16

Un exemple de lecture linéaire (XVIIe)

Objet d'étude : le Roman et le récit du Moyen Âge au XXIe siècle

La Princesse de Clèves (1678) Madame de La Fayette

L'auteur

Madame de Lafayette (1634-1693) est une femme du monde, lettrée. Cultivée sans pédanterie ni préciosité excessive, elle est l'amie et la confidente d'Henriette d'Angleterre, de Madame de Sévigné et de la Rochefoucauld.

Elle fréquente l'hôtel de Rambouillet, un salon littéraire où s'organisent des jeux, des conversations, des lectures, des bals sous l'égide de Voiture et de Madame de Rambouillet. S'y pressent de grands écrivains et seigneurs du siècle. Les salons vont initier l'idéal de « l'honnête homme ». On lui doit également *Mémoires de la cour de France pour les années 1688-1689* et *La comtesse de Tende* (1724), œuvre posthume.

L'époque de l'œuvre

L'époque visée dans l'œuvre est la fin du règne d'Henri II (1519-1559) 2e fils de François 1er et le début du règne de François II (1544-1560), fils de Henri II et de Catherine de Médicis. Quelques personnages historiques apparaissent dans l'œuvre tels Henri II, Catherine de Médicis, Diane de Poitiers, Marie Stuart.

Le résumé

Mademoiselle de Chartres, quinze ans, fait sa première apparition à la cour où sa beauté et sa noblesse sont remarquées. Prévenue par sa mère des dangers de l'amour, elle est vertueuse. Le prince de Clèves la rencontre par hasard chez un joaillier et tombe immédiatement amoureux d'elle. Il obtient sa main mais comprend très vite que sa femme n'a pour lui que de « l'estime » et de « la reconnaissance » sans « l'inclination », ces trois « tendres » qui, réunis, fondent la passion. Lors d'un bal à la cour, le duc de Nemours – sur le point d'épouser la reine d'Angleterre – ressent pour elle un coup de foudre immédiat. Le sentiment est réciproque même si la princesse de Clèves ne veut pas se l'avouer. Mais, la jalousie qu'elle ressent lors d'une lettre d'amour qu'elle croit destinée au duc et un portrait dérobé par Nemours lui révèlent sa passion. Elle demande à s'éloigner de la cour pour résister à la tentation et décide de tout révéler à son époux sauf le nom de l'aimé. Le prince, effondré, pense sa femme infidèle et meurt de chagrin. Le duc de Nemours, quelque temps plus tard, déclare sa flamme à la princesse qui lui avoue son amour en retour mais lui annonce qu'elle n'y cédera jamais en mémoire de son mari. Bientôt elle renonce au monde en se cloîtrant tour à tour chez elle puis dans une maison religieuse.

Le texte

Il parut alors une beauté à la cour, qui attira les yeux de tout le monde, et l'on doit croire que c'était une beauté parfaite, puisqu'elle donna de l'admiration dans un lieu où l'on était si accoutumé à voir de belles personnes. Elle était de la même maison que le vidame de Chartres, et une des plus grandes héritières de France. Son père était mort jeune, et l'avait laissée sous la conduite de madame de Chartres, sa femme, dont le bien, la vertu et le mérite étaient extraordinaires. Après avoir perdu son mari, elle avait passé plusieurs années sans revenir à la cour. Pendant cette absence, elle avait donné ses soins à l'éducation de sa fille ; mais elle ne travailla pas seulement à cultiver son esprit et sa beauté ; elle songea aussi à lui donner de la vertu et à la lui rendre aimable. La plupart des mères s'imaginent qu'il suffit de ne parler jamais de galanterie devant les jeunes personnes pour les en éloigner. Madame de Chartres avait une opinion opposée ; elle faisait souvent à sa fille des peintures de l'amour ; elle lui montrait ce qu'il a d'agréable pour la persuader plus aisément sur ce qu'elle lui en apprenait de dangereux ; elle lui contait le peu de sincérité des hommes, leurs tromperies et leur infidélité, les malheurs domestiques où plongent les engagements ; et elle lui faisait voir, d'un autre côté, quelle tranquillité suivait la vie d'une honnête femme, et combien la vertu donnait d'éclat et d'élévation à une personne qui avait de la beauté et de la naissance. Mais elle lui faisait voir aussi combien il était difficile de conserver cette vertu, que par une extrême défiance de soi-même, et par un grand soin de s'attacher à ce qui seul peut faire le bonheur d'une femme, qui est d'aimer son mari et d'en être aimée.

Cette héritière était alors un des grands partis qu'il y eût en France ; et quoiqu'elle fût dans une extrême jeunesse, l'on avait déjà proposé plusieurs mariages. Madame de Chartres, qui était extrêmement glorieuse, ne trouvait presque rien digne de sa fille ; la voyant dans sa seizième année, elle voulut la mener à la cour. Lorsqu'elle arriva, le vidame alla au-devant d'elle ; il fut surpris de la grande beauté de mademoiselle de Chartres, et il en fut surpris avec raison. La blancheur de son teint et ses cheveux blonds lui donnaient un éclat que l'on n'a jamais vu qu'à elle ; tous ses traits étaient réguliers, et son visage et sa personne étaient pleins de grâce et de charmes.

Introduction

Incipit de l'ouvrage qui relève de la chronique historique. Première apparition de Mademoiselle de Chartres à la cour du roi Henri II (XVIe), cour dominée par les apparences. La jeune fille épousera plus tard le Prince de Clèves mais nourrira une passion pour le Duc de Nemours.

Unité du texte

Le lecteur suit cette présentation (et non une description) de Mademoiselle de Chartres comme la perçoivent les courtisans. Elle semble épiée et, par l'admiration que suscite sa perfection, elle est quasi déifiée l'isolant dans une aura hors du temps et de la réalité.

Importance du texte et problématique

Cet extrait est fondateur pour tout le roman. Il permet de comprendre la lutte, le déchirement de la Princesse de Clèves entre le sens de l'honneur d'une « honnête femme » inculqué par sa mère et son amour irrépressible pour le Duc de Nemours. Ce texte possède déjà la substance de l'héroïne tragique. Il s'inscrit donc dans le parcours « individu, morale et société » dont nous avons retenu la problématique suivante (ou projet de lecture) : ***Qu'est-ce que l'auteur nous apprend de la nature humaine à travers son approche de l'amour au XVIIe siècle ?***

Mouvement du texte

- Arrivée de la « beauté parfaite ».
- Analepse pour expliquer l'éducation reçue par la jeune fille : personnalité de la jeune fille expliquée par l'éducation reçue.
- L'archétype de la beauté classique.

Analyse littéraire

- Théâtralisation de l'entrée en scène de la jeune fille, qui pour l'instant, n'a pas d'autre identité que sa « beauté parfaite ». Présentation à l'imparfait, au passé simple pour « rendre compte » de l'admiration incontestée presque désincarnée qu'elle suscite.

Il parut alors une beauté à la cour, qui attira les yeux de tout le monde, et *l'on doit croire* que c'était une beauté parfaite, puisqu'elle donna de l'admiration da ns un lieu où l'on était si accoutumé à voir de belles personnes.	Forme impersonnelle qui a des accents de conte de fée, relevant du « il était d'une fois » *présent de vérité générale qui a valeur d'injonction indiscutable* Un article indéfini montrant une identité mystérieuse puisque Mademoiselle de Chartres n'est pas nommée d'emblée suivie d'une métonymie* « une beauté » = la présentation commence par ce procédé qui exprime l'effet par la cause. Puis métonymie associé à un adjectif hyperbolique « une beauté », répétée 2 fois provoque l'admiration des courtisans : idéalisation propre au roman héroïque.
Elle était de la même maison que le vidame de Chartres, et une des plus grandes héritières de France. Son père était mort jeune, et l'avait laissée sous la conduite de madame de Chartres, sa femme, dont le bien, la vertu et le mérite étaient extraordinaires.	*Découverte progressive de son identité et de son statut social : « de la maison de… » « , fille de… »* Femme notée comme méritante, hors du commun.

- **Analepse*** : l'éducation reçue. L'amour conjugal est la seule réponse possible, le seul aboutissement envisageable. Vision pessimiste de l'amour qui s'attarde sur les souffrances de la **passion,** les vices, le monde cruel et qui se réfugie dans un amour « conjugal » rassurant plutôt que passionnel. Jansénisme de Madame de Lafayette? avec des accents de Racine, Molière, La Fontaine.

Après avoir perdu son mari, elle avait passé plusieurs années sans revenir à la cour. Pendant cette absence, elle avait donné ses soins à l'éducation de sa fille; mais elle ne travailla pas seulement à cultiver son esprit et sa beauté; elle songea aussi à lui donner de la vertu et à la lui rendre aimable La plupart des mères s'imaginent qu'il suffit de ne parler jamais de galanterie devant les jeunes personnes pour les en éloigner. **Madame de Chartres avait une opinion opposée**; elle faisait souvent à sa fille des peintures de l'amour; elle lui montrait ce qu'il a d'agréable pour la persuader plus aisément sur ce **qu'elle lui en apprenait** de dangereux; elle lui contait le peu de sincérité des hommes, leurs tromperies et leur infidélité, les malheurs domestiques où plongent les engagements; et elle lui faisait voir, d'un autre côté, quelle tranquillité suivait la vie d'une honnête femme, et combien la vertu donnait d'éclat et d'élévation à une personne qui avait de la beauté et de la naissance. Mais elle lui faisait voir aussi combien il était difficile de conserver cette vertu, que par une extrême défiance de soi-même, et par un grand soin de s'attacher à ce qui seul peut faire le bonheur d'une femme, qui est d'aimer son mari et d'en être aimée.	*analepse* : retour sur l'enfance de Mademoiselle de Chartres, qui va éclairer sa personnalité (entrée dans l'aspect psychologique). La mère est une femme qui se sacrifie à l'éducation de sa fille et en opposition à son époque, se retire de la cour et des apparences pour sa fille. La fille noble, à cette époque, était éduquée dans un couvent ou par un précepteur.* Verbes actifs montrant la volonté maternelle. **Position progressiste pour l'époque.** **Femme qui se veut lucide, franche qui veut persuader sans convaincre.** Anaphore* de « elle lui » qui montre la volonté d'agir sur sa fille. **Suite d'imparfaits d'habitude qui montre une pratique récurrente de la mère auprès de sa fille et donc sa grande influence.** **Les valeurs de l'honnête femme sont de trois ordres : l'hérédité, le physique parfait, la moralité incontestable. Elles s'opposent à l'attitude masculine d'infidélité, de tromperie, de séducteur** Regard tragique sur l'être humain fragile qui doit sans cesse se contrôler.

- **Archétype de la beauté classique** : description réduite qui relève plus de l'idéalisation selon les canons classiques que de l'approche réaliste.

Cette héritière était alors un des grands partis qu'il y eût en France; et quoiqu'elle fût dans une extrême jeunesse l'on avait déjà proposé plusieurs mariages. Madame de Chartres, qui était extrêmement glorieuse, ne trouvait presque rien digne de sa fille; *la voyant dans sa seizième année, elle voulut la mener à la cour.* Lorsqu'elle arriva, le vidame alla au-devant d'elle; il fut surpris de la grande beauté de mademoiselle de Chartres, et	**Un destin déjà tracé : le mariage prestigieux.** *L'approche de la question du mariage est envisagée par la mère, la fille n'a pas de point de vue personnel.* 3e fois que la beauté est rappelée de façon hyperbolique* : « beauté » « beauté parfaite » « grande beauté » qui devient l'identité même de la jeune fille.

il en fut surpris avec raison. La blancheur de son teint et ses cheveux blonds lui donnaient un éclat que l'on n'a jamais vu qu'à elle ; tous ses traits étaient réguliers, et son visage et sa personne étaient pleins de grâce et de charmes	Focalisation interne, narrateur externe : description faite par le Vidame de Chartres. Accentuation de la sonorité [a].

Conclusion

- **Évolution du texte** : Ce texte prépare l'œuvre dans son ensemble : présentation de cette beauté unique, idéalisée, éduquée selon une idée bien précise sur le rôle de l'homme et celui de la femme, préparée à un type de vie particulier déjà écrit par sa mère, elle ne peut déroger à ces lois. La jeune fille porte un poids incommensurable de principes et de modèles. En réponse à notre problématique, Madame de Lafayette propose un amour impossible. Le destin de la Princesse de Clèves s'inscrit dans son éducation jusqu'au renoncement expiatoire final qu'elle s'impose. La peur de la souffrance entraîne une forme de fuite.
- **Projet de lecture** : Mademoiselle de Chartres est un mélange d'innocence et de fragilité, proie facile de l'amour. Son « extrême jeunesse » la rend vulnérable et prépare à la tragédie qui suivra : elle luttera, tout au long du roman, contre ses propres sentiments. Elle sera déchirée entre son sens indéfectible de l'honneur et l'amour impossible pour le Duc de Nemours. Elle s'inscrit dans les héroïnes au destin tragique.

ENTRAÎNEZ-VOUS !

Exercice

Objet d'étude : le Roman et le récit du Moyen-Âge au XXIe siècle

La Princesse de Clèves (1678) Madame de La Fayette

Sujet : Faire la lecture linéaire de l'extrait suivant

– Ayez pitié de moi vous-même, madame, lui dit-il, j'en suis digne ; et pardonnez si, dans les premiers moments d'une affliction aussi violente qu'est la mienne, je ne réponds pas comme je dois à un procédé comme le vôtre. Vous me paraissez plus digne d'estime et d'admiration que tout ce qu'il y a jamais eu de femme au monde ; mais aussi je me trouve le plus malheureux homme qui ait jamais été. Vous m'avez donné de la passion dès le premier moment que je vous ai vue ; vos rigueurs et votre possession n'ont pu l'éteindre : elle dure encore ; je n'ai pu vous donner de l'amour, et je vois que vous craignez d'en avoir pour un autre. Et qui est-il, madame, cet homme heureux qui vous donne cette crainte ? Depuis quand vous plaît-il ? Qu'a-t-il fait pour vous plaire ? Quel chemin a-t-il trouvé pour aller à votre cœur ? Je m'étais consolé en quelque sorte de ne l'avoir pas touché par la pensée qu'il était incapable de l'être. Cependant un autre fait ce que je n'ai pu faire. J'ai tout ensemble la jalousie d'un mari et celle d'un amant ; mais il est impossible d'avoir celle d'un mari après un procédé comme le vôtre. Il est trop noble pour ne pas me donner une sûreté entière ; il me console même comme votre amant. La confiance et la sincérité que vous avez pour moi sont d'un prix infini ; vous m'estimez assez pour croire que je n'abuserai pas de cet aveu. Vous avez raison, madame, je n'en abuserai pas et je ne vous en aimerai pas moins. Vous me rendez malheureux par la plus grande marque de fidélité que jamais une femme ait donnée à son mari. Mais, madame, achevez et apprenez-moi qui est celui que vous voulez éviter ; – Je vous supplie de ne point me le demander, répondit-elle ; je suis résolue de ne point vous le dire et je crois que la prudence ne veut pas que je vous le nomme. – Ne craignez point, madame, reprit M. de Clèves, je connais trop le monde pour ignorer que la considération d'un mari n'empêche pas que l'on ne soit amoureux de sa femme. On doit haïr ceux qui le sont et non pas s'en plaindre ; et encore une fois, madame, je vous conjure de m'apprendre ce que j'ai envie de savoir.

Fiche 17

Question de grammaire : analyse syntaxique de la phrase

Objet d'étude : le Roman et le récit du Moyen Âge au XXIe siècle

La Princesse de Clèves (1678) Madame de La Fayette

Question

Analyse syntaxique de la phrase : « *Elle lui contait le peu de sincérité des hommes, leurs tromperies et leur infidélité, les malheurs domestiques où plongent les engagements ; et elle lui faisait voir, d'un autre côté, quelle tranquillité suivait la vie d'une honnête femme, et combien la vertu donnait d'éclat et d'élévation à une personne qui avait de la beauté et de la naissance.* »

Préparation de la phrase

Elle lui contait le peu de sincérité des hommes, leurs tromperies et leur infidélité, les malheurs domestiques [où plongent les engagements] ; et elle lui faisait voir, d'un autre côté, [quelle tranquillité suivait la vie d'une honnête femme,] et [combien la vertu donnait d'éclat et d'élévation à une personne] [qui avait de la beauté et de la naissance.]

6 verbes soulignés = 6 propositions.

Pas de verbe à l'infinitif ; pas de participes.

2 subordonnants relatifs : « où » « qui »

2 conjonctions de coordination pertinentes (entre propositions) : « et »

Un adjectif interrogatif : « quelle »

Un adverbe interrogatif : « combien »

Analyse

Elle lui contait le peu de sincérité des hommes, leurs tromperies et leur infidélité, les malheurs domestiques :

Proposition principale

où plongent les engagements :

Proposition subordonnée relative

Introduite par le pronom relatif « où »

Complément de l'antécédent « malheurs domestiques »

elle lui faisait voir, d'un autre côté :

Proposition principale

Coordonnée à la principale précédente par la conjonction de coordination « et ».

(*Une conjonction de coordination unit des propositions de même nature*)

quelle tranquillité suivait la vie d'une honnête femme,

Proposition subordonnée interrogative indirecte

Introduite par l'adjectif interrogatif « quelle »

COD du verbe « voir »

(*une interrogative indirecte peut parfois être de type déclaratif, ce qui est le cas ici*)

combien la vertu donnait d'éclat et d'élévation à une personne

Proposition subordonnée interrogative indirecte

Introduite par l'adverbe interrogatif « combien »

COD du verbe « voir »

Coordonnée à la précédente par la conjonction de coordination « et »

qui avait de la beauté et de la naissance.

Proposition subordonnée relative

Introduite par le pronom relatif « qui »

Complément de l'antécédent « personne »

Phrase très longue d'un discours narrativisé de Madame de Chartres à sa fille.

Rappel de cours

Les subordonnants relatifs

Les pronoms relatifs se caractérisent par la reprise d'un antécédent (un nom qu'il remplace) dans une proposition précédente. Ils introduisent les propositions subordonnées relatives.

Pronoms relatifs simples : qui – que – quoi – dont – où
Pronoms relatifs composés : – le, la, les + quel = lequel, laquelle, lesquels, lesquelles – à + le, la, les + quel = auquel, à laquelle, auxquels, auxquelles – de + le, la, les + quel = duquel, de laquelle, desquels, desquelles
Pronoms relatifs surcomposés : les pronoms relatifs composés associés à des prépositions, ex : dans lequel, pour laquelle, avec lesquels, sur lesquelles, etc.

Les subordonnants conjonctifs

Ce sont les conjonctions de subordination (un mot) ou locutions conjonctives (plusieurs mots associés). Ils introduisent les propositions subordonnées conjonctives. Leur choix définit le plus souvent la fonction de la conjonctive, toujours compléments circonstanciels de...

Conjonction de subordination ou locution conjonctive	Complément circonstanciel de...
Lorsque, quand, après que, avant que, pendant que.	Complément circonstanciel de temps
Parce que, puisque, comme, dès lors que, sous prétexte que.	Complément circonstanciel de cause
Si bien que, de (telle) sorte que, au point que, si (+ adjectif) que, tellement que, tant que, trop (+ adjectif) que.	Complément circonstanciel de conséquence
Afin que, pour que, de peur que, de crainte que.	Complément circonstanciel de but
Alors que, bien que, même si, quoique.	Complément circonstanciel de concession ou d'opposition
Si, pourvu que, à supposer que.	Complément circonstanciel de condition
Comme, de même que, aussi que, tel (+ adjectif) que, aussi (+ adjectif) que.	Complément circonstanciel de comparaison

Attention

- « Que » introduit une proposition subordonnée conjonctive complétive, COD.
- « Que » peut aussi être un pronom relatif, introduisant une subordonnée relative.
- Dans une phrase, on peut utiliser « que » dans une subordonnée pour reprendre une locution conjonctive précédente. Ex : *Après que j'ai marché sur la plage et que j'ai ramassé des coquillages, je rentre chez moi.*

Remarque : la locution conjonctive « après que » impose l'indicatif ensuite.

Les subordonnants interrogatifs

Ils servent à poser une question indirectement par l'intermédiaire d'un verbe de parole. Ils introduisent une proposition subordonnée interrogative indirecte, COD.

Les adverbes interrogatifs	Si (s'), pourquoi, comment, de quelle manière, par quel moyen, où
Les adjectifs interrogatifs	Quel, quelle, quels, quelles
Les pronoms interrogatifs	Qui, lequel, laquelle, lesquels, lesquelles

ENTRAÎNEZ-VOUS

Objet d'étude: le Roman et le récit du Moyen Âge au XXIᵉ siècle.

La Princesse de Clèves (1678) Madame de La Fayette

Exercice 1

Question de grammaire : *Dans ces phrases, relevez tous les subordonnants et classez-les.*

« Cette héritière était alors un des grands partis qu'il y eût en France ; et quoiqu'elle fût dans une extrême jeunesse, l'on avait déjà proposé plusieurs mariages. Madame de Chartres, qui était extrêmement glorieuse, ne trouvait presque rien digne de sa fille. Lorsque [sa fille] arriva (à la cour), le vidame alla au-devant d'elle. [...] il fut surpris de la grande beauté de mademoiselle de Chartres. [...] La blancheur de son teint et ses cheveux blonds lui donnaient un éclat que l'on n'a jamais vu qu'à elle ; »

Exercice 2

Question de grammaire : *Faites l'analyse syntaxique de cette phrase.*

« Il parut alors une beauté à la cour, qui attira les yeux de tout le monde, et l'on doit croire que c'était une beauté parfaite, puisqu'elle donna de l'admiration dans un lieu où l'on était si accoutumé à voir de belles personnes. »

Fiche 18
Un exemple de lecture linéaire (XVIIIe)

Objet d'étude: le Roman et le récit du Moyen Âge au XXIe siècle

Candide de Voltaire, chapitre III, 1759

L'auteur

Voltaire (1694-1778) de son vrai nom François-Marie Arouet reçoit une éducation très classique, humaniste. Il étudie le droit et doit très vite s'exiler en province à plusieurs reprises pour ses écrits satiriques à l'encontre du Régent. Il est même embastillé à deux reprises. Célèbre très jeune, fortuné et mondain, il fréquente les salons. Après avoir affronté un gentilhomme, il s'exile en Angleterre (1726) dont il admire le régime constitutionnel. Il est très bien accueilli par les intellectuels. Là, il observe la société et les institutions et écrit les *Lettres philosophiques (ou Lettres anglaises)* en 1734 où il attaque l'ancien régime.

Il doit à nouveau s'exiler en Lorraine, cette fois, au château de Cirey chez madame du Chatelet. Rappelé à Versailles en 1744, il retrouve la vie mondaine mais ses textes provoquent vite des jalousies. Il repart à Cirey mais voyagera beaucoup notamment en Prusse (1750). Il y découvre le despotisme éclairé de Frédéric II mais revient déçu. Il s'installe à proximité de Genève, à Ferney, pour pouvoir fuir rapidement en cas de menace. Il se bat contre l'intolérance (affaire Calas) et l'injustice. Il multiplie les tragédies, les pièces de théâtre, les pamphlets, les dialogues où il attaque les philosophes, les parlementaires, les jésuites, les intellectuels. Il écrit alors *Candide* (1759) un conte philosophique. Il revient triomphalement en 1778 à Paris où il meurt en pleine gloire.

Ses idées

Voltaire est un polémiste, un libre-penseur qui croit résolument dans le progrès. Il a le doute pour principe. La religion occupe une grande part de sa réflexion. Il y voit une imposture et la juge un besoin purement humain proche de la superstition. Il redoute le fanatisme et l'intolérance et pense que la religion maintient l'homme dans l'angoisse et la crainte. Il développe ses théories dans les *Dialogues philosophiques*, le *Traité de la tolérance* ou le *Dictionnaire philosophique*. Toutefois, pour lui, même si Dieu est un mal nécessaire, un « horloger » un « géomètre » un « architecte », les philosophes peuvent s'en passer en s'appuyant sur la raison pure, la morale, la conscience, la tolérance. Pour lui, le grand ennemi de la civilisation est la guerre, l'esclavage et la pauvreté engendrés par les politiques, les religieux.

Le résumé

Candide vivait heureux en Westphalie chez le baron de Thunder-ten-Tronckh où Pangloss, un précepteur, enseigne « un optimisme béat » dans « le meilleur des mondes possibles ». Candide et Mademoiselle Cunégonde, la fille du baron, étaient amoureux mais le père de la jeune fille chasse Candide quand il apprend leurs amours. Dès lors, la vie du jeune change complètement : enrôlé de force dans l'armée, il assiste à une terrible bataille qui le pousse à déserter en Hollande. Là, il apprend par Pangloss, retrouvé très malade, la destruction du château et le massacre de ses occupants. Tous deux poursuivent leur errance et se retrouvent à Lisbonne lors du grand tremblement de terre. Arrêtés par l'inquisition pour une parole malheureuse, Pangloss est pendu et Candide supplicié. Sauvé par Cunégonde, échappée du massacre des siens, Candide fuit encore en Amérique, seul. Après maintes aventures plus terribles les unes que les autres, il y fait fortune et revient à Constantinople. Là, il libère Pangloss miraculeusement sauvé de la pendaison et retrouve Cunégonde, enlaidie par les malheurs. Il l'épouse et tous vivent désormais dans une métairie, à l'abri dorénavant de toutes discussions philosophiques !

Aides

Le registre (ou tonalité) épique

Il vient de l'épopée, un genre littéraire qui raconte les exploits guerriers des héros de la mythologie. Actions héroïques présentées sous le mode merveilleux. Il s'agit de récits d'exploits guerriers voire de légende, de forces colossales dans un univers démesuré. Ces récits peuvent provoquer l'admiration, l'étonnement ou l'effroi (exaltation des vertus héroïques).

Ses procédés

- Un personnage d'exception parfois surhumain représentant les valeurs à défendre d'une communauté.
- Atmosphère de violence, de brutalité : champs lexicaux de la guerre, du combat.
- Parfois, présence du merveilleux ou de forces surnaturelles : champs lexicaux de la religion ou du surnaturel.

- Procédés d'amplification : hyperboles, superlatifs, gradation, comparaisons, métaphores, répétitions, anaphores, personnification.
- Lutte du « bien » contre le « mal » (antithèses).
- Langue soutenue, ampleur des phrases complexes.
  - Registre ironique page 207
  - Registre satirique page 79

Le texte

Rien n'était si beau, si leste, si brillant, si bien ordonné que les deux armées. Les trompettes, les fifres, les hautbois, les tambours, les canons, formaient une harmonie telle qu'il n'y en eut jamais en enfer. Les canons renversèrent d'abord à peu près six mille hommes de chaque côté ; ensuite la mousqueterie ôta du meilleur des mondes environ neuf à dix mille coquins qui en infectaient la surface. La baïonnette fut aussi la raison suffisante de la mort de quelques milliers d'hommes. Le tout pouvait bien se monter à une trentaine de mille âmes. Candide, qui tremblait comme un philosophe, se cacha du mieux qu'il put pendant cette boucherie héroïque.

Enfin, tandis que les deux rois faisaient chanter des *Te Deum* chacun dans son camp, il prit le parti d'aller raisonner ailleurs des effets et des causes. Il passa par-dessus des tas de morts et de mourants, et gagna d'abord un village voisin ; il était en cendres : c'était un village abare que les Bulgares avaient brûlé, selon les lois du droit public. Ici des vieillards criblés de coups regardaient mourir leurs femmes égorgées, qui tenaient leurs enfants à leurs mamelles sanglantes ; là des filles éventrées après avoir assouvi les besoins naturels de quelques héros rendaient les derniers soupirs ; d'autres, à demi brûlées, criaient qu'on achevât de leur donner la mort. Des cervelles étaient répandues sur la terre à côté de bras et de jambes coupés.

Candide s'enfuit au plus vite dans un autre village : il appartenait à des Bulgares, et des héros abares l'avaient traité de même. Candide, toujours marchant sur des membres palpitants ou à travers des ruines, arriva enfin hors du théâtre de la guerre, portant quelques petites provisions dans son bissac, et n'oubliant jamais Mlle Cunégonde. Ses provisions lui manquèrent quand il fut en Hollande ; mais ayant entendu dire que tout le monde était riche dans ce pays-là, et qu'on y était chrétien, il ne douta pas qu'on ne le traitât aussi bien qu'il l'avait été dans le château de monsieur le baron avant qu'il en eût été chassé pour les beaux yeux de Mlle Cunégonde.

Analyse littéraire du texte

Introduction

Candide vient de quitter le château de Thunder-ten-tronckh en Westphalie, chassé par le baron, père de Cunégonde qui refuse leurs amours. D'une vie paisible et heureuse, nourrie de l'optimisme de Pangloss, le précepteur, il est enrôlé de force dans l'armée alors que la guerre fait rage. Voltaire vise la guerre de sept ans, conflit majeur du XVIIIe sur de nombreux fronts, entre la France et la Prusse puis l'Angleterre et la Prusse.

Unité du texte

Le ton ironique de Voltaire banalise la guerre et ses atrocités. Ce ton détaché voire léger parfois est donc en décalage total avec les propos tenus.

Importance du texte et problématique

Par cette satire de l'optimisme des philosophes dont il démontre les limites, Voltaire dénonce notamment la théorie de Leibniz, reprise par Pangloss, pour résoudre le problème du mal : un monde choisi (« *le meilleur des mondes possibles* ») et créé par Dieu où le mal est nécessaire (« *des effets et des causes* ») pour faire surgir le meilleur (« *la raison suffisante* »). Dans le parcours « Le personnage de roman, esthétique et valeurs », nous proposons la problématique suivante : ***Comment Voltaire à travers Candide, anti-héros, parvient-il à dénoncer l'optimisme des philosophes ?***

Mouvement du texte

- La « boucherie héroïque » : mise en scène de la guerre.
- L'hyperréalisme rattrape l'héroïsme.
- Illusion ou réalité : conséquence, la désertion.

Analyse linéaire

- **La « boucherie héroïque » ou la mise en scène de la guerre.** Vue d'ensemble et plutôt spectaculaire, grandiose de la scène avec une apparence esthétique de la guerre. Le narrateur est externe, le ton ironique laisse transparaître Voltaire avec l'apparente neutralité de Candide. Le registre est épique (p. 94). L'imparfait est descriptif et le passé simple, action de premier plan, présente des actions importantes qui font avancer le récit.

Rien n'était *si beau, si leste, si brillant, si bien ordonné* que les deux armées.	*Adverbe d'intensité « si »* pour des comparatifs : situation parfaite.
Les trompettes, les fifres, les hautbois, les tambours, les canons, formaient une harmonie telle qu'il n'y en eut jamais en enfer.	**Enumération des instruments : notion de concert confirmée par « harmonie ». Usage du pluriel pour montrer l'abondance. Point d'orgue, les canons, pour rappeler la réalité. Antithèse : harmonie/enfer**
Les canons renversèrent d'abord à peu près six mille hommes de chaque côté ; ensuite la mousqueterie **[ôta du meilleur des mondes]** environ neuf à dix mille coquins qui en infectaient la surface.	D'abord une vue d'ensemble des « deux » armées puis gradation hyperbolique avec l'abondance de chiffres qui déshumanise les morts (des soldats de plomb ?). « dix mille coquins qui en infectaient la surface » = antiphrase* (« coquins » justification morale des morts) **[« ôta » = euphémisme* pour « tuer ». La mousqueterie a raison de ce « meilleur des mondes » = désacralisation de la théorie de Leibniz.**
La baïonnette fut aussi **[la raison suffisante]** de la mort de quelques milliers d'hommes. Le tout pouvait bien se monter à une trentaine de mille âmes.	**« La raison suffisante » semble la justification logique et philosophique de l'horreur.]**

Candide, **qui tremblait** comme **un philosophe, se cacha du mieux qu'il put** pendant cette **boucherie héroïque.**	Seuls les canons, la mousqueterie, la baïonnette tuent : ce ne sont pas des hommes qui tuent d'autres hommes. **Satire de la lâcheté, comparaison à valeur d'antiphrase* (les philosophes, peureux, raisonnent à l'abri, bien protégé). Candide est un anti héros « boucherie héroïque » = oxymore* mise en valeur du substantif « boucherie » : utilisé pour les animaux = vision péjorative mais réaliste de la guerre. L'adjectif « héroïque » donne une vision magnifiée, épique de la guerre.**

- **L'hyperréalisme rattrape l'héroïsme.** L'horreur du terrain est montrée par un rapprochement de l'œil sur le terrain avec le souci du détail réaliste. Le narrateur reste externe avec focalisation interne. Les registres sont pathétique et tragique.

Enfin, tandis que *les deux rois faisaient chanter des Te Deum* chacun dans son camp, **il prit le parti d'aller raisonner ailleurs des effets et des causes.**	Connecteurs qui scandent le temps. *Le même Dieu et les mêmes pratiques pour les deux côtés = justification religieuse pour les deux rois. Te deum = Te deum laudamus (nous te louons, Seigneur). Voltaire allie volontiers la satire religieuse à la satire de la guerre.* **Effets et causes : Candide déserte (anti-héros).**
Il passa par-dessus des tas de morts et de mourants, et gagna d'abord un village voisin ; il était en cendres : c'était un village abare que les Bulgares avaient brûlé, selon **les lois du droit public.**	Les ennemis ont des noms très proches et tous deux proches de « barbares » **Justification des actes par la loi = paradoxe***
Ici des **vieillards** criblés de coups regardaient mourir leurs **femmes** égorgées, qui tenaient leurs **enfants** à leurs mamelles sanglantes ; là des **filles** éventrées après avoir assouvi les besoins naturels de quelques héros rendaient les derniers soupirs ; d'autres, à demi brûlées, criaient qu'on achevât de leur donner la mort. *Des cervelles* étaient répandues sur la terre à côté *de bras et de jambes coupés.*	Focalisation sur des scènes morbides : beaucoup de participes passés passifs qui montrent le statut de victimes. Mort de civils et des plus faibles : **vieillards, femmes, enfants, filles** = généralisation (négation totale de l'être humain) « mamelles sanglantes »= oxymore* (vie/mort) « après avoir assouvi les besoins naturels « = euphémisme* pour le viol. « quelques héros » = euphémisme* ironique pour parler de violeurs. **Critique de la justification légale des actes.** *Les détails sont de plus en plus précis (grossissement qui accentuent la morbidité)*

- **Illusion ou réalité.** Malgré sa fuite de la réalité, Candide n'a toutefois pas perdu ses illusions, il continue à croire en l'optimisme. Le narrateur est externe et garde la focalisation interne.

Candide s'enfuit au plus vite dans un autre village : *il appartenait à des Bulgares, et des héros abares l'avaient traité de même.* Candide, toujours marchant sur des membres palpitants ou à travers des ruines, arriva enfin hors du **théâtre de la guerre,**	*Réciprocité de l'horreur.* **Rappel la mise en scène de la guerre au début du texte.**
portant quelques petites provisions dans son bissac (besace), et n'oubliant jamais Mlle Cunégonde. Ses provisions lui manquèrent quand il fut en Hollande ; mais ayant entendu dire que tout le monde était riche dans ce pays-là, et **qu'on y était chrétien, il ne douta pas qu'on ne le traitât aussi bien qu'il l'avait été dans le château de monsieur le baron avant qu'il en eût été chassé pour les beaux yeux de Mlle Cunégonde.**	Distanciation/décalage : dans l'horreur, Candide pense à manger et à son amour. **Rien ne le fait changer d'avis : aveuglement de l'optimiste. Candide reste naïf. Il a été chassé du château. = anti-héros.**

Conclusion

- **Évolution du texte :** Le texte passe de la justification morale (ce sont des « *coquins qui infectaient la surface* », à la justification morale et philosophique (« *raison suffisante* » « *héros* » « *héroïque* ») puis à la justification religieuse (le « *te deum* ») ou la justification légale (« *selon les lois du droit public* »). L'attitude de Candide démontre l'inanité de ces justifications : « *il prit le parti d'aller raisonner ailleurs des effets et des causes* ». Cependant, très vite, son optimisme revient et il se ridiculise = modèle du anti-héros.
- **Projet de lecture :** Les Lumières brandissent leurs combats : religion, guerre, liberté, superstition, esclavage. Voltaire dénonce abondamment l'optimisme, la guerre qui n'a rien d'esthétique et qui est contre nature, la lâcheté. La philosophie ne peut pas justifier la guerre. Par son arme favorite, l'ironie, il critique la philosophie, la religion, la politique, les lois. Candide évolue au sein du mal et de la folie humaine sans véritable prise de conscience.

ENTRAÎNEZ-VOUS !

Objet d'étude: le Roman et le récit du Moyen Âge au XXIe siècle

Les Lettres persanes (1721) Lettres XXIV de Montesquieu (1689-1755)

Sujet : Faire la lecture linéaire de l'extrait suivant :

Rica à Ibben, à Smyrne

Ne crois pas que je puisse, quant à présent, te parler à fond des mœurs et des coutumes européennes : je n'en ai moi-même qu'une légère idée, et je n'ai eu à peine que le temps de m'étonner.

Le roi de France est le plus puissant prince de l'Europe. Il n'a point de mines d'or comme le roi d'Espagne son voisin ; mais il a plus de richesses que lui, parce qu'il les tire de la vanité de ses sujets, plus inépuisable que les mines. On lui a vu entreprendre ou soutenir de grandes guerres, n'ayant d'autres fonds que des titres d'honneur à vendre ; et, par un prodige de l'orgueil humain, ses troupes se trouvaient payées, ses places munies, et ses flottes équipées.

D'ailleurs ce roi est un grand magicien : il exerce son empire sur l'esprit même de ses sujets ; il les fait penser comme il veut. S'il n'a qu'un million d'écus dans son trésor, et qu'il en ait besoin de deux, il n'a qu'à leur persuader qu'un écu en vaut deux, et ils le croient. S'il a une guerre difficile à soutenir, et qu'il n'ait point d'argent, il n'a qu'à leur mettre dans la tête qu'un morceau de papier est de l'argent, et ils en sont aussitôt convaincus. Il va même jusqu'à leur faire croire qu'il les guérit de toutes sortes de maux en les touchant, tant est grande la force et la puissance qu'il a sur les esprits.

Ce que je te dis de ce prince ne doit pas t'étonner : il y a un autre magicien plus fort que lui, qui n'est pas moins maître de son esprit qu'il l'est lui-même de celui des autres. Ce magicien s'appelle le pape : tantôt il lui fait croire que trois ne sont qu'un ; que le pain qu'on mange n'est pas du pain, ou que le vin qu'on boit n'est pas du vin, et mille autres choses de cette espèce.

Les Lettres persanes

Roman épistolaire, entre deux Persans, Usbeck et Rica qui visitent la France pendant plusieurs années. Ils échangent une correspondance fictive entre eux et avec des amis restés en Perse. Usbeck reçoit aussi des nouvelles de son Sérail à Ispahan où l'attendent cinq femmes dont Roxane, sa favorite.

L'Orient est à la mode en France à cette période. Son roman sera d'abord publié sous un pseudonyme car l'exotisme auquel cède Montesquieu est surtout un prétexte pour critiquer le système monarchique, les institutions et la société.

Fiche 19

Question de grammaire: la négation

Objet d'étude: le Roman et le récit du Moyen Âge au XXIe siècle

Candide de Voltaire, chapitre III, 1759

Question

Analysez les négations dans ces deux passages :

** « Rien n'était si beau, si leste, si brillant, si bien ordonné que les deux armées ».*

** « Il ne douta pas qu'on ne le traitât aussi bien qu'il l'avait été dans le château de monsieur le baron [...] »*

Analyse

Rien n'était <u>si</u> beau, <u>si</u> leste, <u>si</u> brillant, <u>si</u> bien ordonné <u>que</u> les deux armées.

- **Rien** = pronom indéfini en début de phrase avant le « ne ». Sa position antéposée marque l'insistance sur le pronom. L'insistance va s'accentuer avec l'adverbe d'intensité « si » préparant la comparaison.

Il ne douta pas qu'on ne le traitât aussi bien qu'il l'avait été dans le château de monsieur le baron [...]

- Il **ne** douta **pas** : négation <u>totale</u> « ne... pas » entoure le verbe.
- qu'on **ne** le traitât aussi bien que... : « ne » est ici <u>explétif</u>.
  - Le verbe de la principale exprime le doute : douta.
  - Une seule partie de la négation « ne ».
  - Il ne s'agit pas d'une vraie négation puisque la phrase exprime, en fait, une affirmation (il sera bien traité, il n'en doute pas).

Rappel de cours

La négation porte sur le verbe de la phrase. Elle s'applique à tous les types de phrase (déclarative, injonctive, interrogative ou exclamative). Elle se construit généralement avec l'adverbe de négation « ne » et d'un autre adverbe : pas, jamais, point, nullement, aucunement, guère...

On distingue deux types de négation :

La négation totale	La négation partielle
■ Elle se place de part et d'autre du verbe conjugué. Ex : Il **ne** parle **pas** ■ Dans les temps composés, la négation encadre l'auxiliaire. Ex : Il **n'**a **pas** parlé. ■ Dans les formes surcomposées, quand l'auxiliaire est lui-même composé, il encadre le premier auxiliaire. Ex : Cette langue **n'**a **pas** été parlée depuis des siècles. ■ Quand le verbe est à l'infinitif, la négation entière se trouve devant l'infinitif. Ex : **Ne pas** parler.	Elle ne porte et n'insiste que sur un élément ou une circonstance de la phrase avec : ■ des adverbes : jamais, nulle part, plus, guère, pas encore... ■ des pronoms ou déterminants indéfinis : aucun, nul, personne, rien... Ex : **Aucun** argument **ne** pourra me convaincre – Aucun = déterminant dans le GN sujet de « pouvoir » – « ne » occupe sa place normale devant le verbe. Ex : **Jamais** infortune **ne** fut aussi mal vécue
Lorsque « ne » n'exprime pas une négation, il est **explétif**, notamment dans les subordonnées complétives liées à l'idée de crainte, de doute ou l'idée d'interdit dans le verbe de la principale. Ex : Je crains qu'il **n'**ait parlé.	

Quelques remarques

- Lorsque le pronom sujet est inversé, le deuxième élément de la négation se place après le verbe et le sujet. Ex : **Ne** parle-t-il **pas** ?
- Quand un seul groupe coordonné par « ni » suit le verbe, on utilise la négation entière auparavant. Ex : Il **ne** parle **pas** cette langue **ni** une autre.
- Quand plusieurs groupes coordonnés par « ni » suivent le verbe, on n'utilise que la première partie de la négation. Ex : Il **ne** parle **ni** cette langue, **ni** une autre, **ni** un quelconque dialecte (effet d'insistance).
- Quand le groupe coordonné par « ni » précède le verbe, la négation se réduit à « ne ». Ex : **Ni** le créole, **ni** le dialecte, **ni** la langue du pays **ne** lui sont connus.
- Pour marquer une insistance, il est possible de doubler l'adverbe. Ex : **Jamais personne ne** parle !
- À la forme injonctive négative, le pronom complément passe devant le verbe. Ex : **Ne** lui parle **pas** !

Attention

Les adverbes utilisés apportent des nuances de sens :

- Il ne parle jamais (mutité complète).
- Il ne parle pas souvent (mais il parle parfois).
- Il ne parle guère (avec parcimonie).
- Il ne parle plus (mais il a parlé).
- Il ne parle pas beaucoup (peu).
- Il ne parle que français (restriction).

ENTRAÎNEZ-VOUS !

Objet d'étude : le Roman et le récit du Moyen Âge au XXIe siècle

Lettres persanes (1721) Lettres XXIV de Montesquieu

Exercice 1

***Question de grammaire** : Dans cette phrase, relevez les négations et expliquez-les :*

« Ne crois pas que je puisse, quant à présent, te parler à fond des mœurs et des coutumes européennes : je n'en ai moi-même qu'une légère idée, et je n'ai eu à peine que le temps de m'étonner. »

Exercice 2 :

***Question de grammaire** : Dans cette phrase, relevez les négations et expliquez-les :*

« S'il n'a qu'un million d'écus dans son trésor, et qu'il en ait besoin de deux, il n'a qu'à leur persuader qu'un écu en vaut deux, et ils le croient. »

Fiche 20
Un exemple de lecture linéaire (XIXe)

Objet d'étude : le Roman et le récit du Moyen Âge au XXIe siècle

Le Rouge et le noir, chronique de 1830 de Stendhal, Chap. 6

■ Le texte

Avec la vivacité et la grâce qui lui étaient naturelles quand elle était loin des regards des hommes, Mme de Rênal sortait par la porte-fenêtre du salon qui donnait sur le jardin, quand elle aperçut près de la porte d'entrée la figure d'un jeune paysan presque encore enfant, extrêmement pâle et qui venait de pleurer. Il était en chemise bien blanche, et avait sous le bras une veste fort propre de ratine violette.

Le teint de ce petit paysan était si blanc, ses yeux si doux, que l'esprit un peu romanesque de Mme de Rênal eut d'abord l'idée que ce pouvait être une jeune fille déguisée, qui venait demander quelque grâce à M. le maire. Elle eut pitié de cette pauvre créature, arrêtée à la porte d'entrée, et qui évidemment n'osait pas lever la main jusqu'à la sonnette. Mme de Rênal s'approcha, distraite un instant de l'amer chagrin que lui donnait l'arrivée du précepteur. Julien tourné vers la porte, ne la voyait pas s'avancer. Il tressaillit quand une voix douce lui dit tout près de l'oreille : – Que voulez-vous ici, mon enfant ? Julien se tourna vivement, et frappé du regard si rempli de grâce de Mme de Rênal, il oublia une partie de sa timidité. Bientôt, étonné de sa beauté, il oublia tout, même ce qu'il venait faire. Mme de Rénal avait répété sa question.

– Je viens pour être précepteur, madame, lui dit-il enfin, tout honteux de ses larmes qu'il essuyait de son mieux.

Mme de Rênal resta interdite ; ils étaient fort près l'un de l'autre à se regarder. Julien n'avait jamais vu un être aussi bien vêtu et surtout une femme avec un teint si éblouissant, lui parler d'un air doux. Mme de Rênal regardait les grosses larmes, qui s'étaient arrêtées sur les joues si pâles d'abord et maintenant si roses de ce jeune paysan. Bientôt elle se mit à rire, avec toute la gaieté folle d'une jeune fille ; elle se moquait d'elle-même et ne pouvait se figurer tout son bonheur. Quoi, c'était là ce précepteur qu'elle s'était figuré comme un prêtre sale et mal vêtu, qui viendrait gronder et fouetter ses enfants !

– Quoi, monsieur, lui dit-elle enfin, vous savez le latin ?

Aides

L'auteur

Henri Bayle dit Stendhal (1783-1842) vit une enfance difficile qui le pousse à rejeter toutes formes de tyrannie. Il se prépare à la vie militaire qui le fera voyager : Italie, Allemagne, Autriche, Russie, Saxe. À la chute de l'Empire, il s'installe à Milan dans cette Italie qui l'a séduit très tôt. Il doit cependant quitter Milan pour des raisons politiques laissant celle qu'il aime, Métilde Dembowska. À Paris, il publie ses réflexions sur l'amour, la passion : *De l'Amour* (1822), *Promenades dans Rome* (1829), *Le Rouge et le noir* (1830). Devenu consul à Civitiavecchia puis Trieste où ses idées libérales le rendent suspect, il écrit *Lucien Leuwen* (1834, inachevé). De retour à Paris, *La Chartreuse de Parme* paraît en 1839. À sa mort, il laisse plusieurs ouvrages inachevés.

Le résumé : *Le Rouge et le noir*

Monsieur de Rênal, maire d'une petite ville de Franche Comté, sous la Restauration, engage un précepteur pour ses enfants. Julien Sorel, fils de charpentier qui se destine à l'Église, arrive chez le maire où l'accueille Mme de Rênal. Une attirance réciproque deviendra vite passion. Julien, devant les rumeurs, doit partir à Besançon puis à Paris où il prend la place de secrétaire du marquis de La Mole. La fille de celui-ci, Mathilde, est vite séduite par ce jeune homme original qui l'ignore. Bientôt, une étrange relation faite d'amour et de dédain naît entre eux. Le marquis consent au mariage et envisage de titrer son futur gendre. Cependant, jalouse, Mme de Rênal donne par lettre, des renseignements accablants sur Julien. Celui-ci quitte Mathilde et revient se venger. En pleine messe, il tire sur Mme de Rênal qui, blessée, cherche à le protéger. Julien est condamné à mort mais dans sa prison, il réalise la sincérité de sa passion pour son premier amour. Mme de Rênal meurt de chagrin trois jours après Julien.

Des faits réels

Stendhal reprend la véritable histoire d'un condamné à mort, Antoine Berthet, exécuté en 1828 pour tentative de meurtre sur Madame Michoud chez qui il avait été précepteur. Il s'inspire également d'un autre meurtrier de sa maîtresse, Adrien Lafargue.

L'art de Stendhal

Stendhal cherche l'écriture « droite, vraie, directe » qui s'apparente aux réalistes et aux naturalistes. Si son style est dépouillé parfois cynique ou ironique, il reste cependant très sensible et lyrique. Il cherche le bonheur et aime les passions. Julien et ses rêves lui ressemblent quelque peu. Pour Stendhal, l'amour comporte plusieurs phases dont la cristallisation est la plus importante. Pendant cette phase, tout concourt à s'éprendre d'une personne, l'être aimé est paré de toutes les vertus, qualités. Il écrit dans *De l'amour* (1822) : « *La première cristallisation commence. On se plaît à orner de mille perfections une femme de l'amour de laquelle on est sûr ; on se détaille tout son bonheur avec une complaisance infinie.* [...] *Ce que j'appelle cristallisation, c'est l'opération de l'esprit, qui tire de tout ce qui se présente la découverte que l'objet aimé a de nouvelles perfections.* » Il s'agit donc d'imagination, d'auto-illusion, de mystification.

■ Analyse linéaire du texte

Introduction

Début du chapitre 6. Julien a été choisi pour devenir le précepteur de deux enfants. Cela correspond à ses ambitions pour échapper à son père et à ses frères qu'ils jugent mal dégrossis. Cet extrait montre la rencontre de deux personnages-clés du roman, il s'agit d'un double portrait.

Unité du texte

Le texte se caractérise par un rythme binaire :

- Deux quiproquos : Mme de Rênal attend un précepteur austère, triste, mystique et Julien s'attend à rencontrer une notable, une mère de famille intimidante.
- Tous deux sont tristes en début de texte et soulagés en fin de texte.
- Deux focalisations internes s'entrecroisent : le point de vue de Mme de Rênal et le point de vue de Julien.

Mais aussi deux situations sociales opposées : elle, noble et notable. Lui, jeune paysan.

Importance du texte et problématique

Ces portraits montrent deux héros apparentés à des « types littéraires » : Julien, le héros romantique représentatif du mal du siècle, Mme de Rênal, la femme idéale mais rêveuse. L'amour semble inéluctable. Cette rencontre annonce donc l'histoire d'amour qui va suivre. Cependant, la différence sociale prépare aussi les obstacles qui vont naître. Ce texte s'inscrit dans le parcours « Le personnage de roman, esthétiques et valeurs ». La problématique suivante peut être envisagée : ***En quoi cette scène romanesque préfigure-t-elle la trame psychologique et dramatique du roman ?***

Mouvement du texte

- Mme de Rênal : quiproquo sur l'arrivée de ce « jeune paysan ».
- Julien : découverte inattendue, la femme idéale.
- La pitié devient admiration, prémices de l'amour.

Analyse linéaire

- **Mme de Rênal : quiproquo sur l'arrivée de ce « jeune paysan ».** Narrateur d'abord omniscient puis très vite focalisation interne : point de vue de Mme de Rênal. L'image et les préjugés tombent : le précepteur est propre, doux, jeune. Le lecteur en sait plus que les personnages eux-mêmes. Les temps sont ceux du récit : imparfait pour la description de la situation et le portrait, passé simple pour les actions de premier plan.

Avec la vivacité et la grâce qui lui étaient naturelles quand elle était loin des regards des hommes, Mme de Rênal sortait par la porte-fenêtre du salon qui donnait sur le jardin, quand elle aperçut près de la porte d'entrée la figure d'un jeune paysan *presque* encore **enfant**, *extrêmement* pâle **et qui venait de pleurer**. Il était en chemise *bien* blanche, et avait sous le bras une veste *fort* propre de ratine (coton grossier) violette.	Très longue phrase complexe : figure d'amplification avec 3 compléments circonstanciels de lieu, 1 complément circonstanciel de manière, 2 subordonnées dont une coordonnée, 4 compléments de nom = présentation du cadre de l'action au passé (narration ultérieure aux faits qui renforce le réel.) Périphrase reprise par les substituts nominaux pour ne pas nommer Julien. *Adverbes d'intensité à valeur hyperbolique.*
Le teint de **ce petit paysan** était si blanc, ses yeux *si* doux, que l'esprit un peu romanesque de Mme de Rênal eut d'abord l'idée que ce pouvait être une **jeune fille** deguisée, qui venait demander quelque grâce à M. le maire. Elle eut pitié de **cette pauvre créature**, arrêtée à la porte d'entrée, et qui évidemment *n'osait pas lever la main* jusqu'à la sonnette. Mme de Rênal s'approcha, distraite un instant de **l'amer chagrin que lui donnait l'arrivée du précepteur**.	**Substituts nominaux anaphoriques (« enfant » et « créature » semblent asexués et androgynes et rappellent l'idée de « jeune fille déguisée »). Le déguisement = procédé de comédie. « jeune » « petit » « pauvre » = valeur hypocoristique* en raison de la pitié ressentie par Mme de Rênal.** *Timidité* **Tous deux sont dans le même état d'esprit : triste. « Précepteur » précède le nom de Julien (le lecteur a plus d'indices que Mme de Rênal)**

- **Julien :** découverte inattendue. Il s'attendait à une femme plus âgée, austère, très consciente de sa noblesse et de sa place de notable. Ses attendus tombent : Mme de Rênal est belle, douce, maternelle, la femme idéale. Focalisation interne : point de vue de Julien sur Mme de Rênal. Jeux de regards croisés. Introduction du discours direct.

Julien tourné vers la porte, ne la voyait pas s'avancer. Il tressaillit quand **une voix** douce **lui dit tout près de l'oreille :**	Julien est nommé. Il ne la voit pas = forme négative. **La première rencontre est sonore : rappel de** doux **qui le caractérisait aussi. La voix devient femme.** Les verbes traduisent l'émotion.
– Que voulez-vous ici, mon enfant ? Julien se tourna vivement, et [*frappé*] du regard si rempli de **grâce** de Mme de Rênal, *il oublia une partie de sa timidité.* Bientôt, étonné de sa **beauté**, *il oublia tout,* même ce qu'il venait faire. Mme de Rênal avait répété sa question.	Discours direct : propos très maternels. [*Fascination du héros.*] *Rappel de « il n'osait pas » plus haut. Gradation : il oublia une partie, il oublia tout.*

– Je viens pour être précepteur, madame, lui dit-il enfin, tout honteux de ses larmes qu'il essuyait de son mieux.	Plus que parfait et verbe « répéter » montrent une ellipse dans le discours direct : temps de « l'absence » de Julien, fasciné. L'atmosphère change : après la tristesse, vient le temps de sécher ses larmes.

- **La pitié devient admiration.** Les premiers moteurs étaient la compassion, l'attendrissement tout maternel puis naissent l'étonnement et l'admiration pour ce jeune précepteur : prémices de l'amour (entrée dans la topique* romantique). Le narrateur redevient omniscient.

Mme de Rênal resta interdite ; ils étaient fort près l'un de l'autre à se regarder. Julien n'avait jamais vu un être aussi bien vêtu et surtout une femme avec **un teint si éblouissant**, lui parler **d'un air doux**. Mme de Rênal regardait les grosses larmes, qui s'étaient arrêtées sur les joues *si* pâles d'abord et maintenant *si* roses de ce jeune paysan. Bientôt elle se mit à rire, avec **toute la gaieté folle** d'une jeune fille ; elle se moquait d'elle-même et ne pouvait se figurer tout son bonheur. [Quoi, c'était là ce précepteur qu'elle s'était figuré comme un prêtre sale et mal vêtu, qui viendrait gronder et fouetter ses enfants !]	Fait écho à « il tressaillit » (choc au passé simple : action de 1er plan) Forme négative qui fait écho à celle précédente : « il ne la voit pas » puis « il n'avait jamais vu un être… = il voit » **Prémices de cristallisation (isotopie* de l'amour)** Usage de verbes pronominaux : action ramenée à soi-même car prise de conscience du regard et de la présence de l'autre : « se regarder ». Changement total de comportement : passage d'un extrême à l'autre. [Discours indirect libre.]
– Quoi, monsieur, lui dit-elle enfin, vous savez le latin ?	Rythme entrecoupé : marque l'admiration avec l'interjection « Quoi »

Conclusion

- **Évolution du texte** : Julien est d'abord plongé dans un monde où il se sent étranger. Madame de Rênal est dans une attente qui la rend triste. Les deux protagonistes, sans se connaître, ont projeté l'un sur l'autre des attentes négatives. La surprise est d'autant plus importante, la réaction d'autant plus intense. La scène d'une grande précision est extrêmement réaliste et multiplie les points de vue. Au réalisme se mêle également beaucoup de romantisme.
- **Projet de lecture** : Ce texte appartient à un roman d'apprentissage. La précision de la scène annonce la psychologie des personnages et préfigure leur évolution psychologique dans la suite du roman. Elle pose la question, notamment, de l'évolution sociale par l'amour et ses obstacles. Par son innocence évidente dans le texte, Julien jettera ensuite un regard naïf sur les institutions. *Le Rouge et le Noir* propose une satire sociale de l'époque, son réalisme est critique : Julien, devant le tribunal qui va le condamner, offre un réquisitoire contre l'injustice sociale. La sensibilité romantique de Stendhal (à « romantisme » l'auteur préfère le terme de « romanticisme ») lui impose la révolte, le rejet de l'hypocrisie.

ENTRAÎNEZ-VOUS !

Objet d'étude : le Roman et le récit du Moyen Âge au XXIe siècle

Madame Bovary (1856) de Gustave Flaubert (1821-1880)

Sujet : Faire la lecture linéaire de l'extrait suivant

« La journée fut longue, le lendemain [...] Comme le bal déjà lui semblait loin ! Qui donc écartait, à tant de distance, le bal d'avant-hier et le soir d'aujourd'hui ? Son voyage à la Vaubyessard avait fait un trou dans sa vie, à la manière de ces grandes crevasses qu'un orage, en une seule nuit, creuse quelquefois dans les montagnes. Elle se résigna pourtant ; elle serra pieusement dans la commode sa belle toilette et jusqu'à ses souliers de satin, dont la semelle s'était jaunie à la cire glissante du parquet. Son cœur était comme eux : au frottement de la richesse, il s'était placé dessus quelque chose qui ne s'effacerait pas [...]

Au fond de son âme, cependant, elle attendait un événement. Comme les matelots en détresse, elle promenait sur la solitude de sa vie des yeux désespérés, cherchant au loin quelque voile blanche dans les brumes de l'horizon. Elle ne savait pas quel serait ce hasard, le vent qui le pousserait jusqu'à elle, vers quel rivage il la mènerait, s'il était chaloupe ou vaisseau trois ponts, chargé d'angoisses ou plein de félicités jusqu'aux sabords. Mais, chaque matin, à son réveil, elle l'espérait pour la journée, et elle écoutait tous les bruits, se levait en sursaut, s'étonnait qu'il ne vînt pas, puis, au coucher du soleil, toujours plus triste, désirait être au lendemain. [...]

Dès le commencement de juillet, elle compta sur ses doigts combien de semaines lui restaient pour arriver au mois d'octobre, pensant que le marquis d'Andervilliers, peut-être, donnerait encore un bal à la Vaubyessard. Mais tout septembre s'écoula sans lettres ni visites.

Après l'ennui de cette déception, son cœur de nouveau resta vide, et alors la série des mêmes journées recommença. Elles allaient donc maintenant se suivre à la file, toujours pareilles, innombrables, et n'apportant rien ! Les autres existences, si plates qu'elles fussent, avaient du moins la chance d'un événement. Une aventure amenait parfois des péripéties à l'infini, et le décor changeait. Mais, pour elle, rien n'arrivait. Dieu l'avait voulu ! »

Aides

L'auteur

De son enfance à Rouen, Le jeune Gustave Flaubert (1821-1880), garde une certaine mélancolie romantique empreinte de tristesse. Il regarde le monde et développe un sens de l'observation presque scientifique. Même touché par une maladie nerveuse, l'homme voyage et écrit. *Madame Bovary* (1857) le rend célèbre après un procès retentissant dont il sort acquitté. Il fallut cinq ans à Flaubert pour écrire ce « pensum » dira-t-il. Puis, s'enchaînent *Salammbô* en 1862, *L'Éducation sentimentale* (1869) né de sa passion pour Elisa Schlésinger, *la Tentation de Saint Antoine* (1874), *Trois Contes* (1877), *Bouvard et Pécuchet*, inachevé, parut à titre posthume en 1881, le « roman de la bêtise humaine ». Si Flaubert garde un fond romantique de sa jeunesse, son besoin de réalisme préparé par le milieu scientifique dans lequel il est né, lui offre l'opportunité d'enquêter, d'analyser par souci d'exactitude documentaire. Son œil est celui d'un expert de l'âme humaine mais, dira-t-il « *le beau avant tout* ». Travaillant scrupuleusement son style et ses phrases, il les soumet ensuite à son « gueuloir » pour entendre rythme et sonorité.

Résumé : *Madame Bovary*

Emma Rouault, fille d'un riche agriculteur, épouse Charles Bovary, médecin en Normandie. Emma est romanesque et rêve de passion, de grandes chevauchées et d'ivresse. Son mari lui offre une vie qu'elle juge médiocre, elle s'ennuie. Pour Emma qui s'étiole, Charles décide de s'installer à Yonville-l'Abbaye où ils font connaissance de Monsieur Homais, le pharmacien et de Léon, clerc de notaire. Emma met au monde une petite fille mais surtout, partage avec Léon les mêmes rêves, les mêmes envies romantiques dans une idylle platonique. Quand Léon part à Paris, elle tombe passionnément amoureuse de Rodolphe Boulanger, un riche propriétaire. Ce séducteur reste peu sensible aux exaltations romantiques d'Emma et l'abandonne. Le désespoir la guette malgré les retrouvailles beaucoup moins platoniques avec Léon dont elle se lasse vite. Menacée par des dettes et profondément malheureuse, Emma s'empoisonne à l'Arsenic et meurt dans de terribles souffrances. Son mari apprend ses mensonges mais il lui pardonne et meurt peu après elle.

Le registre lyrique

À l'origine le lyrisme était un chant accompagné d'une Lyre, attribut d'Apollon (dieu grec de la poésie). Il s'agit de faire partager des émotions intimes, des sentiments personnels (heureux ou malheureux), de traduire l'être intérieur d'un personnage en proie à la fragilité, à un sentiment de néant. Le personnage exprime ses états d'âme, souvent en « je » et sa présence est très forte.

Ses procédés

- Thèmes lyriques : amour, nostalgie, souvenirs, exaltation, nature inspirante, fuite du temps, religion.
- Champs lexicaux des sentiments et des émotions, de la souffrance.
- Phrases exclamatives (invocation, apostrophe) et interrogatives avec ponctuation forte et significative.
- Figures d'insistance : anaphore, hyperbole, gradation hyperbolique.

Fiche 21

Question de grammaire : la proposition subordonnée conjonctive circonstancielle

Objet d'étude : le Roman et le récit du Moyen Âge au XXIe siècle

Le Rouge et le noir, chronique de 1830 de Stendhal, Chap. 6.

Question

1. ***Dans cette phrase, relevez et analysez les propositions subordonnées conjonctives :***

« Avec la vivacité et la grâce qui lui étaient naturelles quand elle était loin des regards des hommes, Mme de Rênal sortait par la porte-fenêtre du salon qui donnait sur le jardin, quand elle aperçut près de la porte d'entrée la figure d'un jeune paysan presque encore enfant, extrêmement pâle et qui venait de pleurer. »

2. ***Récrivez la phrase en commutant les subordonnées conjonctives avec des structures sémantiquement équivalentes.***

Analyse

Quand elle était loin des regards des hommes :

- Proposition subordonnée conjonctive.
- Introduite par la conjonction de subordination « quand ».
- Complément circonstanciel de temps de « être ».

Quand elle aperçut près de la porte d'entrée la figure d'un jeune paysan presque encore enfant, extrêmement pâle :

- Proposition subordonnée conjonctive.
- Introduite par la conjonction de subordination « quand ».
- Complément circonstanciel de temps de « sortir ».

Réécriture

« Avec la vivacité et la grâce qui lui étaient naturelles loin du regard des hommes, Mme de Rênal **sortant** par la porte-fenêtre du salon qui donnait sur le jardin aperçut **alors** près de la porte d'entrée la figure d'un jeune paysan presque encore enfant, extrêmement pâle et qui venait de pleurer. »

- Locution prépositionnelle « loin du » pour remplacer la première conjonctive.
- Pour la deuxième conjonctive, le verbe à l'imparfait « sortait » devient un participe présent pour montrer la simultanéité d'action. Le sujet « elle » disparaît pour Mme de Rênal. L'adverbe « alors » renforce la simultanéité des deux actions : « sortir » et « apercevoir ».

Rappel de cours

Les différentes propositions subordonnées conjonctives circonstancielles fonctionnent comme des adverbes. Elles peuvent être supprimées ou, souvent, déplacées. Elles usent de subordonnants pour les introduire et permettre leur construction :

Conjonctives circonstancielles de...	Conjonctions de subordination ou locutions conjonctives
Temps	■ Quand, lorsque, pendant que, tandis que, aussitôt que, dès que (simultanéité et antériorité). ■ Toutes les fois que, chaque fois que (répétition). ■ Après que, depuis que, une fois que (antériorité). ■ Avant que, jusqu'à ce que, en attendant que (postériorité)
But	■ Pour que, afin que, de peur que, de crainte que + subjonctif.
Cause	■ Parce que, puisque, comme, du moment que, étant donné que, vu que, sous prétexte que, dès lors que, attendu que.
Conséquence	■ Si bien que, au point que, de (telle) sorte que, de (telle) façon que, de (telle) manière que. ■ + indicatif (pour un résultat réel). ■ + subjonctif (pour un résultat espéré).
Comparaison	■ Comme, ainsi que, de même que, tel... que, aussi... que, autant... que, d'autant plus... que. ■ Comme si (comparaison et hypothèse).
Opposition	■ Alors que, tandis que, cependant que.
Concession	■ Bien que, quoique, sans que + subjonctif.

Remarques

- « But » et « conséquence » sont parfois très proches : Le « but » montre la volonté d'une personne alors que la « conséquence » est factuelle.
- Opposition et concession sont aussi très proches : La « concession » existe quand le lien cause/conséquence n'est pas respecté. Ex : *Il mange ce légume bien qu'il ne l'aime pas.* L'« opposition » est dans les autres cas.

ENTRAÎNEZ-VOUS !

Objet d'étude : le Roman et le récit du Moyen Âge au XXIe siècle.

***Le Rouge et le noir, chronique de 1830* de Stendhal, 2e partie**

Exercice 1

***Question de grammaire** : Dans ces phrases, relevez les subordonnées conjonctives circonstancielles et analysez-les :*

- *« La vue de cette femme qui l'avait tant aimé fit trembler le bras de Julien d'une telle façon qu'il ne peut d'abord exécuter son dessein. »*
- *« Quand il revint un peu à lui, il aperçut tous les fidèles qui s'enfuyaient de l'église ; »*
- *« Il se sentait la tête comme si elle eût été serrée avec violence ».*

Exercice 2

***Question de grammaire** : Récrivez les phrases en commutant les subordonnées conjonctives avec d'autres structures sémantiques équivalentes.*

Fiche 22
Un exemple de lecture linéaire (XXe)

Objet d'étude : le Roman et le récit du Moyen Âge au XXIe siècle.

Mémoires d'Hadrien (1951) de Marguerite Yourcenar (chap. 1)

Le texte

Peu à peu, cette lettre commencée pour t'informer des progrès de mon mal est devenue le délassement d'un homme qui n'a plus l'énergie nécessaire pour s'appliquer longuement aux affaires d'État, la méditation écrite d'un malade qui donne audience à ses souvenirs. Je me propose maintenant davantage : j'ai formé le projet de te raconter ma vie.[...] J'y ai menti le moins possible. L'intérêt public et la décence m'ont forcé néanmoins à réarranger certains faits. [...] La vérité que j'entends exposer ici n'est pas particulièrement scandaleuse. [...]
Comme tout le monde, je n'ai à mon service que trois moyens d'évaluer l'existence humaine : l'étude de soi, la plus difficile et la plus dangereuse, mais aussi la plus féconde des méthodes ; l'observation des hommes, qui s'arrangent le plus souvent pour nous cacher leurs secrets ou pour nous faire croire qu'ils en ont ; les livres, avec les erreurs particulières de perspective qui naissent entre leurs lignes.[...] La lettre écrite m'a enseigné à écouter la voix humaine, tout comme les grandes attitudes immobiles des statues m'ont appris à apprécier les gestes. Par contre, et dans la suite, la vie m'a éclairci les livres.

Aides

L'auteur

Marguerite de Crayencour (1903-1987) devenue Marguerite Yourcenar (son anagramme*), a reçu une solide formation classique et humaniste. Grande voyageuse, elle s'installe néanmoins, après la guerre, aux États-Unis, sur la côte nord-est, dans l'île de Mount Desert. Romancière, poète, nouvelliste, traductrice, essayiste et critique, elle écrit notamment *Alexis ou le traité du vain combat* (1929), *Nouvelles orientales* (1938), *Le coup de grâce* (1939), *Mémoires d'Hadrien* (1951), *L'œuvre au noir* (1968), *Souvenirs pieux* (1974. Elle sera la première femme à entrer à l'Académie française en 1980.

Le résumé : *Mémoires d'Hadrien*

L'empereur Hadrien, sur le point de mourir d'hydropisie du cœur, écrit une lettre à son petit-fils adoptif, Marc-Aurèle. Sa lettre devient vite une autobiographie dans laquelle nous trouvons six parties :

- Animula Vagula Blandula (petite âme vagabonde et câline) où Hadrien fait le bilan de sa vie et de sa connaissance de soi.
- Varius Multiplex Multiformis (varié, multiple, changeant). Hadrien parfait sa formation militaire auprès de son cousin l'empereur Trajan auquel il succédera. Il est choqué par les violences des guerres et développe la volonté de paix.
- Tellus Stabilita (la terre s'équilibre). Devenu empereur, Hadrien place son règle sous les signes de la paix et de la diversité culturelle.
- Sæculum Aureum (l'âge d'or). Hadrien est passionnément amoureux d'Antinoüs, un adolescent froid et distant qui meurt prématurément. Hadrien est désespéré.
- Disciplina Augusta (discipline auguste). Hadrien poursuit sa vie politique dans l'empire, parle de la montée du christianisme et de la révolte des Juifs. Il prépare sa succession et adopte Antonin qui adopte Marc-Aurèle.
- Patientia (patience). Hadrien pense au suicide puis il y renonce, décidé à entrer « dans la mort les yeux ouverts »

Le stoïcisme

Le stoïcisme est une école philosophie grecque créée au IVe siècle avant J.-C. par Zénon de Kition. Elle est aussi appelée école du portique (Stoa Poikilê = adeptes du portique) puisque Kition enseignait sous un portique de l'Agora d'Athènes. Elle se poursuit jusqu'au IIIe siècle après J.-C. grâce notamment à Sénèque, Épictète (Ier siècle après J.-C.) et Marc-Aurèle (IIe siècle après J.-C). Ce courant est basé sur l'effort et le bien voulu par l'homme dans une totale attitude de sagesse et de courage. L'acquisition de la vertu, de la perfection et de l'éthique est essentielle. Elle rend l'homme libre et heureux. Le monde est conçu comme intelligence, unité et raison, un organisme parfait qui régit le destin (fatum) tout en laissant à l'homme son libre-arbitre ; seul échappe à celui-ci ce qui appartient au corps, aux biens matériels, à la réputation. L'étude de la Nature et de Dieu prédomine dans un panthéisme* parfait.

Analyse linéaire du texte

Introduction

Ce texte s'inscrit dans la première partie (animula Vagula Blandula) alors que l'empereur Hadrien (de 117 à 138), très malade, écrit à son petit-fils adoptif Marc-Aurèle (empereur de 161 à 180). Cette parole privée, liée au statut de l'épistolaire, devient récit de vie, témoignage, confidence et même message testamentaire ouvrant l'épistolaire à d'autres formes littéraires.

Unité du texte

Cet extrait signe un pacte de sincérité entre Hadrien et Marc-Aurèle. L'empereur annonce son intention de modifier son projet premier pour raconter sa vie puis, par souci d'honnêteté et de clarté, il en précise les moyens.

Importance du texte et problématique

Le projet initial d'Hadrien s'est totalement modifié sous sa plume : d'une « simple » lettre sur sa maladie, l'hydropisie du cœur, il entreprend de parcourir sa vie, de se raconter. Alors qu'il souffre physiquement, son récit devient « méditation », regard empreint de lucidité et d'objectivité sur son existence loin de la thaumaturgie* qu'on lui attribue en raison de son statut. Cet extrait s'inscrit dans le parcours « soi-même comme un autre ». Nous proposons cette problématique : ***Comment un récit singulier de vie peut-il prendre des formes plurielles à des fins d'édification pour son (ses) destinataire(s)*** ?

Mouvement du texte

- Projet autobiographique.
- Comment évaluer l'existence humaine : les moyens.

Analyse linéaire

- **Projet autobiographique** où **se répondent « méditation »** (se soumettre à un examen de conscience) **et « souvenirs »** (rapporter des faits liés à un moment donné), l'une étant liée aux autres et réciproquement. Ces deux mouvements s'entrecroiseront tout au long du récit.

Peu à peu, cette lettre commencée pour t'informer des progrès de mon mal est devenue le délassement d'un homme qui n'a plus l'énergie nécessaire pour s'appliquer longuement aux affaires d'État, la méditation écrite d'un malade qui donne audience à ses souvenirs. Je me propose maintenant davantage : j'ai formé le projet de te raconter ma vie.	Le projet autobiographique s'est dessiné à l'insu d'Hadrien, malade (période d'affaiblissement). La proximité de la mort provoque ce besoin de confidence, il propose « davantage ». Projet autobiographique annoncé contrairement au dessein premier. Il s'agit de mêler réflexion et faits. La vérité n'est pas « scandaleuse » = banalité d'une vie même impériale.
J'y ai menti le moins possible. L'intérêt public et la décence m'ont forcé néanmoins à réarranger certains faits. La vérité que j'entends exposer ici n'est pas particulièrement scandaleuse.	***Statut et pouvoir d'un empereur : aveu d'arrangement avec la vérité (l'aveu renforce le pacte de sincérité qu'il effectue ici).*** Utilisation de pronoms à la 1re et la 2e personne du singulier, rappelant l'épistolaire. Répétition de « moi-même » qui répond à un « toi-même ». « Un seul homme qui est moi-même » = distanciation.

- **Comment évaluer l'existence humaine à l'aune des études, des observations, de la lecture et de la vie.** Pour rendre son pacte autobiographique plus fort, Hadrien n'hésite pas à expliquer les moyens qu'il explorera pour y parvenir. Il accentue ainsi sa volonté de vérité et d'honnêteté.

Comme tout le monde, je n'ai à mon service que trois moyens d'évaluer l'existence humaine : **l'étude de soi**, la plus difficile et la plus dangereuse, mais aussi la plus féconde des méthodes ; **l'observation des hommes**, qui **s'arrangent le plus** souvent pour nous ***cacher*** leurs ***secrets*** ou pour nous ***faire croire*** qu'ils en ont ; les livres, avec les *erreurs particulières de perspective* qui **naissent** entre leurs lignes. La lettre écrite *m'a enseigné* à écouter ***la voix humaine***, tout comme les grandes attitudes immobiles des statues *m'ont appris* à **apprécier les gestes**. Par contre, et dans la suite, **la vie** *m'a éclairci* les livres.	Rappel de sa condition d'homme ordinaire, au-delà de son statut d'empereur. **Hadrien passe en revue les trois moyens énoncés auxquel il ajoute les apprentissages de la vie : notamment de « soi-même » avec des superlatifs répétés « la plus difficile, la plus dangereuse, la plus féconde ». Superlatif repris juste après « le plus souvent »** ***Champ lexical du mensonge.*** **Présent de vérité générale pour dénoncer les travers incontournables de l'homme.** *Passé composé pour s'appuyer sur l'expérience personnelle incontestable.*

Conclusion

- **Évolution du texte** : Hadrien glisse progressivement, « peu à peu » dit-il, de la lettre au récit. Il semble comprendre que pour l'édification de Marc-Aurèle, il est nécessaire d'aller au-delà des précepteurs, des historiens, des poètes ou des conteurs pour atteindre la vérité. Il est nécessaire d'avoir « davantage » et propose le retour sur une vie, la sienne, non par orgueil mais au contraire par humilité. Comment un homme singulier par son statut peut-il porter un regard simplement humain et rétrospectif sur soi-même et les autres pour tirer un enseignement de son expérience et de sa vie pour lui-même et les autres, avant de mourir.
- **Projet de lecture** : Marguerite Yourcenar, passe du singulier à l'universel en opérant ici un effet de mimèsis* qu'elle appelle « la magie sympathique ». En effet, elle effectue la rencontre entre ce personnage singulier épris de paix et une réflexion intemporelle sur l'homme, le pouvoir et la mort. L'introspection d'Hadrien se mêle à la confession, au message testamentaire, au récit historique, à l'essai philosophique. Son besoin de pacifier son esprit le mène à la sagesse, à la lucidité et au stoïcisme dont profitera Marc-Aurèle. Ce texte illustre l'interdépendance entre soi-même et l'autre.

ENTRAÎNEZ-VOUS !

Objet d'étude : le Roman et le récit du Moyen Âge au XXIe siècle

Enfance (1983) de Nathalie Sarraute (1900-1999) – incipit

Sujet : Faire la lecture linéaire du texte suivant

– Alors, tu vas vraiment faire ça ? « Évoquer tes souvenirs d'enfance »... Comme ces mots te gênent, tu ne les aimes pas. Mais reconnais que ce sont les seuls mots qui conviennent. Tu veux « évoquer tes souvenirs »... il n'y a pas à tortiller, c'est bien ça.
– Oui, je n'y peux rien, ça me tente, je ne sais pas pourquoi...
– C'est peut-être... [...] c'est peut-être que tes forces déclinent...
– Non, je ne crois pas... du moins je ne le sens pas...
— Et pourtant ce que tu veux faire... « évoquer tes souvenirs »...[...] est-ce que ce ne serait pas prendre ta retraite ? te ranger ? quitter ton élément, où jusqu'ici, tant bien que mal...
– Oui, comme tu dis, tant bien que mal. [...]
– Tu n'as vraiment pas oublié comment c'était là-bas ? comme là-bas tout fluctue, se transforme, s'échappe... tu avances à tâtons, toujours cherchant, te tendant... vers quoi ? qu'est-ce que c'est ? ça ne ressemble à rien... personne n'en parle... ça se dérobe, tu l'agrippes comme tu peux, tu le pousses...

Aides

L'auteur

Natacha Tcherniak (1900-1999) d'origine russe, est élevée dans une famille bourgeoise cultivée entre Paris, Genève et Saint-Pétersbourg puis définitivement à Paris avec son père et sa belle-mère, émigrés. D'abord avocate puis juriste internationale, elle épouse Raymond Sarraute. Lors de la seconde guerre mondiale, elle est radiée du barreau lors des lois antijuives en France et elle s'adonne alors à l'écriture. Son éducation cosmopolite et ses lectures, très jeune, de Proust, Joyce et Virginia Woolf la préparent à l'écriture. *Tropismes* est édité en 1939, salué par Sartre et Jacob. La notoriété n'arrive qu'avec *Martereau* en 1953, *L'ère du soupçon* (1956) et *Planétarium* (1959). Elle écrira également pour le théâtre et le cinéma. Elle devient avec Robbe-Grillet (*Pour le Nouveau roman,* 1963) et Michel Butor (*Essai sur le Roman,* 1969), une figure du Nouveau roman.

Le résumé

L'auteur raconte les onze premières années de sa vie (le récit s'arrête à l'entrée en sixième de l'enfant). La particularité de cette œuvre réside dans un dialogue entre deux voix qui représentent chacune une posture différente de l'auteur au regard de ses souvenirs. L'une raconte son enfance tandis que l'autre porte un regard critique sur le récit lui-même explorant les méthodes d'investigation. Pour Nathalie Sarraute, le langage fait de conventions sociales ou de stéréotypes, piège les paroles d'autrui et les rapports humains empreints de violence, d'angoisse, d'affects puissants. Par ce livre, l'auteur cherche à éviter les pièges de l'autobiographie traditionnelle : les clichés, les embellissements trompeurs, les reconstructions dues à la transmission familiale notamment.

Le genre autobiographique

Il a la volonté de raconter rétrospectivement sa vie (enfance, vocation, famille, rencontres, expériences) ; de raconter et d'analyser alternativement en prenant le recul du narrateur qui n'est plus la personne d'autrefois ; de laisser une trace de sa vie, de lutter contre l'oubli ; de donner un sens à sa vie : la justifier, l'expliquer. Ex : ***Les Confessions***, **Jean-Jacques Rousseau.**

L'auteur, le narrateur et le personnage ne font qu'un mais avec deux situations d'énonciation :

- Le temps de l'écriture : l'auteur/narrateur écrit ici et maintenant. Le discours est ancré dans la situation d'énonciation. Il utilise le présent d'énonciation.
- Le temps du souvenir : coupé de la situation d'énonciation. Le « je » raconte le personnage du passé. Il emploie les temps du passé.
- Double destinataire : soi-même et le lecteur qui devient témoin, juge parfois confident.

Les procédés

- Le pacte autobiographique est un contrat explicite entre l'auteur et le lecteur, un contrat d'authenticité et de sincérité mais, inconsciemment ou non, le narrateur peut transformer, déformer voire manipuler ses souvenirs.
- Usage de la 1re personne du singulier.
- Point de vue interne (subjectif) où les émotions sont perceptibles.
- Risques de complaisance narrative ou d'étalage prétentieux et narcissique.

Fiche 23

Question de grammaire : les propositions relatives

Objet d'étude : le Roman et le récit du Moyen Âge au XXIe siècle

Mémoires d'Hadrien (1951) de Marguerite Yourcenar (chap. 1)

Question

1. ***Dans ces extraits du texte, relevez les propositions subordonnées relatives et donnez l'antécédent, puis donnez la fonction des pronoms relatifs :***

« Peu à peu, cette lettre commencée pour t'informer des progrès de mon mal est devenue le délassement d'un homme qui n'a plus l'énergie nécessaire pour s'appliquer longuement aux affaires d'État, la méditation écrite d'un malade qui donne audience à ses souvenirs. [...] *La vérité que j'entends exposer ici n'est pas particulièrement scandaleuse. »*

2. ***Dites pour chacune de ces propositions si elles sont déterminatives ou explicatives.***

Analyse

1. ***Les subordonnées relatives, antécédents et fonctions des pronoms relatifs sont :***

- [**qui** n'a plus l'énergie nécessaire pour s'appliquer longuement aux affaires d'État]
  Antécédent = un homme
  qui = sujet de « avoir »
- [**qui** donne audience à ses souvenirs.]
  Antécédent = un malade
  qui = sujet de « donner »
- [**que** j'entends exposer ici]
  Antécédent = la vérité
  que = COD de « entendre »

2. *Propositions déclaratives ou explicatives ?*

- un homme **[qui n'a plus l'énergie nécessaire pour s'appliquer longuement aux affaires d'État]** :

  Proposition relative déclarative : Si on la supprime, la portée référentielle de l'Antécédent (un homme) devient imprécise dans le contexte. Il s'agit ici d'un homme quelconque or, ici, il s'agit d'un empereur qui n'a plus la force de gouverner.

- un malade **[qui donne audience à ses souvenirs]** :

  Proposition relative déclarative : Si on la supprime, la portée référentielle de l'Antécédent (malade) devient imprécise dans le contexte. Il s'agit ici d'un malade qui s'abandonne à ses souvenirs lors de méditation. Il ne s'agit pas d'un « malade » ordinaire uniquement « occupé » par sa maladie.

- La vérité **[que j'entends exposer ici]** :

  Proposition relative déclarative : Si on la supprime, la portée référentielle de l'Antécédent (la vérité) devient imprécise dans le contexte. Il s'agit ici d'une vérité particulière (la sienne) par de « la vérité » en général.

Rappel de cours

- **La proposition subordonnée relative** est une expansion d'un nom ou d'un groupe nominal qu'elle développe. Ce nom ou ce GN est un **antécédent**. La proposition, dans cette situation a donc la fonction de **Complément de l'antécédent**.
- **Le pronom relatif** introduit la proposition subordonnée relative (il s'agit donc d'un mot **subordonnant coréférentiel**). Il représente l'antécédent dont il prend le nombre et le genre pour certaines formes. Il possède une fonction propre à l'intérieur de la subordonnée : il a la fonction qu'aurait l'antécédent s'il était répété dans la phrase.

  Ex : La vérité [que j'entends exposer ici] n'est pas particulièrement scandaleuse.

  La vérité n'est pas particulièrement scandaleuse. J'entends exposer ici la vérité.

  J'entends exposer quoi ? ***COD***

  que j'entends exposer ici : proposition subordonnée relative

  que : COD de « entendre exposer »

- Voir page 90 les différents types de pronoms relatifs.
- **Deux types sémantiques de propositions relatives :**

⇨ La proposition subordonnée relative déclarative : son rôle est important car il précise l'antécédent, le définit plus précisément et donne donc une information capitale pour la suite de la compréhension. Elle ne peut donc pas être éliminée.

  Ex : Cette lettre est devenue le délassement d'un homme [qui n'a plus l'énergie nécessaire pour s'appliquer longuement aux affaires d'État]

Explication : La subordonnée ici précise « l'homme » en question par une périphrase : il ne s'agit pas de n'importe quel homme mais d'un homme de pouvoir, un empereur. La lettre et la méditation qui suit auront un impact différent.

⇨ La proposition subordonnée relative explicative : la précision apportée sur l'antécédent est incidente, ne le modifie pas dans son sens. La proposition peut être supprimée sans faire perdre à l'antécédent sa précision. Elles sont parfois considérées comme des appositions, détachées de l'antécédent, entre virgules souvent. Remplaçables quelquefois par des adjectifs qualificatifs, on les appelle adjectives.

Ex : Tes camarades [que par ailleurs j'apprécie beaucoup,] t'ont donné là un mauvais conseil.

Explication : La subordonnée ici apporte une information incidente qui ne modifie pas le sens de « camarades ». Elle peut être supprimée sans dommage pour l'antécédent. Entre virgule, elle peut être remplacée par un adjectif : « aimables » ou « agréables ». Elle est donc adjective selon certaines grammaires et apposée à « précepteurs ».

ENTRAÎNEZ-VOUS !

Objet d'étude : le Roman et le récit du Moyen Âge au XXIe siècle

***Mémoires d'Hadrien* (1951) de Marguerite Yourcenar (incipit)**

Exercice 1

Question de grammaire : *Dans ces phrases, relevez les subordonnées relatives, donnez leur antécédent et la fonction des pronoms relatifs :*

- *« Je suis descendu ce matin chez mon médecin Hermogène, qui vient de rentrer à la Villa après un assez long voyage en Asie. »*
- *« Mais je ne compte plus, comme Hermogène prétend encore le faire, sur les vertus merveilleuses des plantes, le dosage exact de sels minéraux qu'il est allé chercher en Orient. »*
- *« À l'intérieur des limites infranchissables dont je parlais tout à l'heure, je puis défendre ma position pied à pied, et même regagner quelques pouces du terrain perdu ».*

Exercice 2

Question de grammaire : *Expliquez si ces propositions subordonnées relatives sont déclaratives ou explicatives.*

Fiche 11. Les outils pour étudier le roman

1. Le schéma de l'énonciation

L'énonciateur

Narrateur omniscient, focalisation 0. Le récit est à la 3e personne du singulier. Il sait tout sur tout. Ex : il donne le titre de l'ouvrage lu par Julien et tombé dans l'eau de la rivière. Le lecteur en sait donc plus que les personnages eux-mêmes.

Il connaît les pensées, les émotions des personnages :

Le père : « *Rien n'était plus antipathique au vieux Sorel* », « *Cette manie de lecture lui était odieuse, il ne savait pas lire lui-même* ».

Le fils : « *Il avait les larmes aux yeux moins à cause de la douleur physique que pour la perte de son livre qu'il adorait* ».

Cette approche permet d'approfondir la psychologie des **personnages** :

Le « père Sorel » appelé encore le « *vieux Sorel* », autoritaire et frustre, analphabète à la voix de « stentor » est le propriétaire de l'usine. Encore vaillant et fort physiquement « *Malgré son âge* [il] *sauta lestement sur l'arbre* » il ne supporte pas son fils. Il allie violence et brutalité « *Un second coup aussi violent donné sur la tête* », « *alla chercher une longue perche* [...] *et l'en frappa sur l'épaule* ». Il associe la lecture à la paresse et à la faiblesse « *tes maudits livres* » mais surtout, le mépris envers son fils transparaît très vite.

Le portrait de Julien est en action : physiquement fluet « *sa taille mince peu propre aux travaux de force* », il craint son père « *Dieu sait ce qu'il va me faire !* » Il contraste avec ses frères battis pour les travaux de force « *espèces de géants* [...] *armés de lourdes haches* ». Sensible, « *il avait les larmes aux yeux* ». Intellectuel, il est passionné de lecture, activité jugée subversive. Il aime la solitude, s'avère peu concerné par l'affaire familiale « *au lieu de surveiller attentivement l'action de tout le mécanisme, Julien lisait* » et peu adapté au travail manuel. Le dernier regard qu'il porte sur son livre *Le Mémorial de Sainte-Hélène* (écrit par Emmanuel de Las Cases en 1823, relatant l'exil de Napoléon) suggère déjà la force morale interne de Julien. En effet, il est plus accablé par la perte de son livre préféré qui exalte l'héroïsme que par la convocation paternelle.

L'énoncé

Il appartient au genre du **roman**. Il donne le **lieu** de l'action : la scierie paternelle dans laquelle Julien est, symboliquement, installé en hauteur. Il donne les **personnages** : deux principaux (le père Sorel et Julien) et, dans l'extrait deux figurants : les autres fils. Il révèle le contexte : bruit considérable qui ne trouble pas Julien qui n'entend pas son père, au propre comme au figuré.

Deux **champs lexicaux** s'opposent :

- La force : « *voix de stentor* » « *espèces de géants* » « *armés* » « *lourdes haches* » « *chaque coup* » « *terrible voix* » « *sauta lestement* » « *coup violent* » « *second coup aussi violent* » « *brisé* » « *cet ordre* » « *en frappa sur l'épaule* » « *chassant rudement* » « *le poussa* ».

– La faiblesse (selon le père) : « *taille mince* » « étourdi » « *tout sanglant* » « *larmes aux yeux* » « *livre qu'il adorait* » « *va me faire* » « *affectionnait* » renforcée par l'isotopie* de la haine : « *rien n'était plus antipathique* » « *manie de lecture odieuse* » « *animal* ».

La visée du texte

Découverte de deux personnages importants, révélation de leur personnalité et de leur profonde opposition, laissant présager la suite. Mise en place du contraste, du décalage entre le héros du livre (Julien) et son monde.

Interaction agonistique* clé du roman.

Le destinataire

Le lecteur fait connaissance avec les protagonistes et surtout avec le contexte dans lequel le sensible Julien évolue depuis toujours. Il comprend le décalage entre son monde intérieur et sa réalité quotidienne. Lui-même cultivé, il va se sentir plus en empathie avec Julien qu'avec son père.

2. Le Schéma actantiel

– Axe de transmission : **Le destinateur** est le père à la voix de stentor (dans la mythologie, crieur des armées grecques) donc personnage dont la voix puissante porte loin. Ce destinateur donne au **héros** (Julien) une **mission** (« *surveiller attentivement l'action de tout le mécanisme* ») au profit du destinataire (l'entreprise familiale valorisée par un réalisme fort : « *lourdes haches* » « *leviers de la machine en action* ».)

– Axe du désir : Le héros néglige sa mission et nuit donc au destinataire.

– Axe du pouvoir : les opposants sont nombreux au héros. Tout d'abord, le héros lui-même qui ne se reconnaît pas dans la tâche, sa passion pour la lecture (jugée faiblesse et paresse), l'opposition père/fils, l'opposition raffinement/brutalité, les frères « *espèces de géants* » (Titans* ?)

Aucun adjuvant !

3. Les différents types de discours

– **Discours indirect libre** : « *Le père Sorel appela Julien de sa voix de Stentor* » et « *Ce fut en vain qu'il appela Julien deux ou trois fois* ». Le narrateur utilise la 3e personne du singulier. Même verbe de parole « appeler ». Le narrateur prend de la distance avec son personnage pour nuancer sa brutalité. Celle-ci va révéler toute sa puissance dans l'action puis dans le discours direct.

– **Discours direct** : utilisé pour montrer la violence verbale (envisagée dans l'appel) doublée d'un parler familier. Une attaque directe : « *Eh bien, paresseux !* » avec tiret, ponctuation et apostrophe.

Puis « *tu liras donc toujours tes maudits livres, pendant que tu es de garde à la scie ?* » : question de rhétorique qui fait écho au polyptote* du texte « *lisait* (mis en postposition dans la phrase pour être valorisé)/*lecture/lire/livre/liras/lis-les* ».

Enfin « *Lis-les le soir, quand tu vas perdre ton temps chez le curé* », une injonction doublée d'une accusation.

Nouvelle injonction « *Descends, animal, que je te parle.* »

4. Les registres de langue

- Le narrateur adopte **un registre courant**. Le vocabulaire est juste, adapté. Il emploie les termes propres à une profession mais compréhensibles par tous « *haches* » « équarrissage » « *troncs* » « *scie* » « *copeaux* » « *leviers* » « *mécanismes* ». Phrases simples et complexes qui s'enchaînent correctement. Ex : « *Il ne vit que ses fils aînés, espèces de géants qui, armés de lourdes haches, équarrissaient les troncs de sapins, qu'ils allaient porter à la scie* ».
  - Une principale et 2 relatives.
  - Une double négation « *il **ne** voyait **que*** ».
  - Deux appositions « *ses fils, espèces de géants* » « *qui, armés de lourdes haches* ».
  - Concordance des temps respectée : « *il ne **vit** que* » (passé simple action ponctuelle de premier plan) et « équarrissaient/allaient » (imparfait, action longue de second plan).
- **Registre familier** dans les paroles rapportées en discours direct :
  - Apostrophe « *eh bien !* ».
  - Propos désobligeants « *Quand tu vas perdre ton temps chez le curé* » « *animal* ».
  - Un élément phatique* « *À la bonne heure* ».
  - « *que je te parle.* » construction abrégée (complétive sans principale).

Une touche de **registre soutenu** quand le narrateur revient, en fin de texte, sur Julien : « *Dieu sait ce qu'il va me faire* » (en opposition à « *animal* ») et un verbe fort « *affectionnait* ».

Fiche 12. Lecture linéaire d'un extrait de *Tristan et Iseut*

Introduction

Sur ordre du roi Marc, Tristan le vainqueur du Morholt, est revenu chercher Iseut la Blonde qui l'a autrefois sauvé. Il a reconnu en elle celle dont deux hirondelles avaient apporté un cheveu d'or à Tintagel, la cour du roi Marc. Arrivé en Irlande, il vainc un dragon puis ramène Iseut (promise au vainqueur du dragon) en Cornouaille pour son suzerain devant lequel il s'efface.

Unité du texte

La narration est très simple, dépouillée. Les faits s'enchaînent logiquement, de façon rapide sans transition particulière.

Importance du texte et problématique

La scène décrite est essentielle, centrale dans l'œuvre. La passion que le philtre déchaîne va entraîner un désordre social car Tristan rompt avec les règles de la chevalerie (respect, obéissance et loyauté) mais aussi avec les règles morales puisque les deux amants vivent un adultère. Ils bafouent l'autorité du roi et les lois du mariage. Toutefois, leur amour ne sera que souffrance. La problématique suivante s'impose donc : « ***Entre fatalité et magie, comment une passion amoureuse devient-elle tragique ?*** » Elle s'inscrit dans le parcours « individu, morale et société ».

Mouvement du texte

- Un ennemi aimé et honni.
- La soif ou le désir inavoué : le breuvage scelle un destin.
- La tragédie ou quand la passion s'appelle malheur et mort.

Lecture linéaire

- **Un ennemi aimé et honni.** Le narrateur est externe à focalisation interne (pensées d'Iseut) renforcée par les paroles directes d'Iseut. Iseut vit la distance de Tristan comme un rejet qu'elle ne comprend pas, elle en nourrit une certaine rancœur.

Il était venu, **lui, le ravisseur, lui, le meurtrier** du Morholt ; il l'avait arrachée par ses ruses à sa mère et à son pays ;	**Substituts nominaux et pronominaux d'un prénom non donné et résumé par un pronom personnel « il ».**
il n'avait pas daigné la garder pour **lui-même**, et voici **qu'il l'emportait, comme sa proie,** *sur les flots,* vers la terre ennemie !	Rancœur d'Iseut qui montre l'attirance préexistante pour Tristan. **Comparaison*** avec un prédateur. Parole directe d'Iseut montrant simplement son désarroi : *une mer qui submerge, engloutit (double sens).*
« Chétive ! disait-elle, *maudite soit la mer qui me porte* ! **Mieux aimerais-je mourir sur la terre où je suis née que vivre là-bas !** »	**Antithèse* construite sur un comparatif : mourir/vivre ; la terre où je suis née/là-bas (la terre ennemie).**

- **La soif ou le désir inavoué : le breuvage scelle un destin.** Tristan et Yseut étaient déjà très attirés l'un par l'autre mais le chevalier, par loyauté envers Marc, n'aurait jamais tenté de séduire la jeune femme. Le philtre concocté par la mère d'Yseut avait pour but de forcer la nature et de provoquer un amour conjugal réciproque.

« Un jour, les vents tombèrent, et les voiles pendaient dégonflées le long du mât. Tristan fit atterrir dans une île, et, lassés de la mer, les cent chevaliers de Cornouailles et les mariniers descendirent au rivage. Seule, Iseut était demeurée sur la nef, et une petite servante.	Banalité du jour et lexique de la lassitude. Tout se met en place pour que le destin suive son cours. Iseut n'est pas encore « reine » mais Tristan la traite comme la reine qu'elle sera.
Tristan vint vers la reine et tâchait de calmer son cœur. Comme le soleil brûlait et qu'ils avaient soif, ils demandèrent à boire. L'enfant chercha quelque breuvage, tant qu'elle découvrit le coutret confié à Brangien par la mère d'Iseut. « J'ai trouvé du vin ! » leur cria-t-elle. **Non, ce n'était pas du vin : c'était la passion, c'était l'âpre joie et l'angoisse sans fin, et la mort.** L'enfant remplit un hanap et le présenta à sa maîtresse.	**Attraction évidente des deux personnages unis par la même soif : métaphore* du désir, du feu qui les consume déjà.** C'est par l'innocence d'une enfant que s'accomplit le geste qui scelle le destin. **Narrateur omniscient qui révèle au lecteur – avant les personnages eux-mêmes – ce que ce vin herbé (le philtre d'amour destiné à Marc) va provoquer dans leur vie : annihilation de la raison et du libre arbitre.**
Elle but à longs traits, puis le tendit à Tristan, qui le vida.	*Iseut, la tentatrice, boit la première, elle offre son destin à Tristan, l'ignorait-elle ? Tous deux boivent avidement : puissance des forces supérieures.*

– **La tragédie ou quand la passion s'appelle malheur et mort.** Va s'imposer petit à petit la réalité que Brangien a comprise en premier : le philtre retire toute liberté, les amoureux subissent l'amour. Ils ne sont pas coupables, ils ne peuvent lutter contre des forces qui les dépassent. Surprise et incompréhension les envahissent.

À cet instant, Brangien entra et les vit qui se regardaient en silence, **comme égarés et comme ravis.** Elle vit devant eux le vase presque vide et le hanap. Elle prit le vase, courut à la poupe, le lança dans les vagues et gémit :	Le philtre devient un catalyseur immédiat, instantané d'un amour naissant. Brangien, la servante d'Iseut qui connaît l'effet du philtre comprend tout de suite avant les protagonistes. **Tristan et Iseut sont dans l'incompréhension devant l'inattendu.**
« Malheureuse ! maudit soit le jour où je suis née et maudit soit le jour où je suis montée sur cette nef ! Iseut, amie, et vous, Tristan, **c'est votre mort que vous avez bue !** [...] Brangien les observait avec angoisse, plus cruellement tourmentée encore, car seule elle savait quel mal elle avait causé.	Parole directe de Brangien pour montrer son désespoir violent. **Terrible métonymie* = boire la mort** Champ lexical des émotions, sentiments d'autant plus violent qu'elle est « seule » à comprendre la situation. Elle se sent responsable. Brangien devient témoin de la fatalité.
Deux jours elle les épia, les vit repousser **toute nourriture, tout breuvage et tout réconfort,** se chercher [comme des aveugles qui marchent à tâtons l'un vers l'autre], malheureux quand ils languissaient séparés, plus malheureux encore quand, réunis, ils tremblaient devant **l'horreur du premier aveu.**	**Répétition de « tout » figure d'accumulation** [comparaison dont le point de comparaison est la cécité face à la situation.] Lexique du malheur **Oxymore* : l'horreur du premier aveu (amoureux)**

Conclusion

Évolution du texte : Le contraste est très fort entre ce moment en apparence banal et l'événement qui vient de se produire et décide de toute l'œuvre ensuite. Par sa singularité, cet amour inattendu sera un amour de la démesure fait de souffrance, où raison et sentiments se déchirent jusqu'à la mort. Si Tristan et Iseut ne sont pas responsables de leurs sentiments, c'est en toute acceptation qu'ils vivront l'adultère et deviendront donc coupables. C'est ensemble qu'ils renonceront à ce qui constituait leur vie : honneur, loyauté, fidélité, foi.

Projet de lecture : Cet amour est véritablement tragique car il est soumis à des forces qui dépassent les protagonistes. Ils ne peuvent résister humainement à cette malédiction. Cet amour qui aurait pu simplement être possible et beau, a été contrarié puis devient malédiction par la force d'un breuvage magique. Il s'avère totalement destructeur pour les amants et leur entourage. Il sortira toutefois vainqueur, purifié par la souffrance et trouvera sa consécration dans la mort.

Fiche 13. Question de Grammaire : le passif

Exercice 1

« Il l'avait arrachée par ses ruses à sa mère et à son pays ; [...] et voici qu'il l'emportait, comme sa proie, sur les flots, vers la terre ennemie ».

Transformation passive :

« Elle avait été (plus que parfait) arrachée par Tristan et ses ruses, à sa mère et à son pays ; et voici qu'elle était (imparfait) emportée, comme sa proie, sur les flots, vers la terre ennemie »

Exercice 2 :

« L'enfant chercha quelque breuvage [...] elle découvrit le coutret confié à Brangien par la mère d'Iseut. [...] L'enfant remplit un hanap et le présenta à sa maîtresse ».

Transformation passive :

« Quelque breuvage fut (passé simple) cherché par l'enfant ; le coutret confié à Brangien par la mère d'Iseut fut (passé simple) découvert par elle [...] Un hanap fut (passé simple) rempli et présenté à sa maîtresse par l'enfant.

Fiche 14. Lecture linéaire d'un extrait de *Gargantua*

Introduction

Le géant Gargantua vient de subir entre ses trois et cinq ans, l'éducation permissive des sophistes qu'il trouvait néanmoins à son goût puisqu'elle flattait sa paresse naturelle. Ponocrates dont le nom grec signifie « laborieux » « travailleur » le prend en main pour lui offrir une éducation pleinement humaniste. Il décide au préalable de « laver » « purger » Gargantua de toute altération de son cerveau due au sophisme.

Unité du texte

Le texte possède déjà une unité de temps puisqu'il déroule chronologiquement une matinée jusqu'au « dîner » (le repas principal de la journée, équivalent du déjeuner). Ensuite, il veut montrer la volonté d'une formation d'un juste équilibre entre le corps et l'esprit. Le corps est exercé, soigné, nourri ; l'esprit est enrichi de lectures édifiantes.

Importance du texte et problématique

Ce texte projette sur le géant Gargantua la volonté de développer, dans l'éducation, la curiosité, la culture et les préoccupations humanistes pour lesquelles Rabelais lutte à travers son œuvre. Il utilise l'appétit et la soif d'un géant pour montrer métaphoriquement les insatiables besoins et les qualités de l'Homme. Ce texte s'inscrit dans le parcours « Individu, morale et société » et la problématique peut être : ***Comment le programme éducatif de Gargantua traduit-il la volonté humaniste de Rabelais ?***

Mouvement du texte

- Un narrateur témoin : Soins du corps et premières lectures.
- Recherche de l'éducation parfaite pour un homme complet.
- Un esprit sain dans un corps sain.

Lecture linéaire

- **Un narrateur témoin qui adopte un point de vue interne en racontant ce que vit Gargantua :** la journée commence par des soins du corps et, simultanément, des soins de l'esprit avec la lecture. Le texte est à l'imparfait d'habitude car les journées sont identiques.

S'éveillait donc Gargantua environ **quatre heures du matin.**	Les actions (actives et passives) à l'imparfait montrent qu'elles sont routinières. **Quatre heures est l'heure solaire, on se levait tôt (pour profiter de la journée) et on se couchait en respectant le soleil. Les sophistes se levaient beaucoup plus tard.**
Cependant qu'on le frottait, lui était lue quelque pagine de la divine Ecriture hautement et clairement, avec prononciation adaptée à la matière, et à ce était adjugé un jeune page, Anagnostes, natif de Basché. Selon le propos et argument de la leçon, **souventes fois** s'adonnait avénérer, adorer, prier et supplier le bon Dieu dont la lecture montrait la majesté et jugements merveilleux. Puis allait aux lieux secrets faire excrétion des digestions *naturelles.*	Quelque pagine : légèreté du terme avec le déterminant « quelque » = une quelconque petite page. « Respect de la « divine Ecriture » = place importante de la religion qui doit être accessible à tous et essentielle dans la vie pour acquérir le jugement. Toutefois, absence de rites institutionnels religieux. Un « jeune » page montre un éducateur moderne qui possède un nom grec, signifiant « lecteur », garantie de connaissances. « hautement » et « clairement » montrent sa volonté de servir le texte, pas de l'interpréter. Basché est dans les environs de Chinon, patrie de Rabelais. *« naturelles » insiste sur le respect des désirs du corps.*
Là son précepteur reprenait et expliquait la lecture précédemment effectuée lui exposant les points plus obscurs et difficiles	**La répétition appartient à l'apprentissage comme la lecture.**

- **Recherche de l'éducation parfaite pour un homme complet.** L'apprentissage s'effectue par de larges plages de lecture, par l'observation, par la mémorisation, la remise en question, la discussion, les exercices : la connaissance doit être une recherche active et complète faisant naître réflexion et raisonnement.

Puis il était habillé peigné, testonné, accoutré et parfumé, pendant qu'**on lui répétait les leçons du jour d'avant. Lui-même les disait par cœur et y glissait quelques cas pratiques et concernant l'état humain**, lesquels ils étendaient aucune foi jusque deux ou trois heures, mais ordinairement	L'imparfait poursuit son travail d'habitude. L'imparfait passif montre la passivité de Gargantua qui peut continuer à travailler pendant qu'on s'occupe de lui. **A nouveau, répétition et mémorisation auxquelles s'ajoute l'observation.**

cessaient lorsqu'il était habillé. **Puis pendant trois bonnes heures** lui était fait lecture. Ce fait, sortaient, toujours conférant des propos de la lecture, et se déportaient en **Bracque** ou ès prés et jouaient à la balle **à la paume, à la pile trigone, exerçant les corps comme ils avaient les âmes auparavant exercé.** [...] Adonc étaient très bien essuyés et frottés, changeaient de chemise, et, doucement se promenant, allaient voir si le dîner était prêt. **Tout en attendant, récitaient quelques sentences retenues de la leçon.**	**Des indicateurs de temps pour ponctuer la matinée et montrer le rythme des activités.** **Bracque = salle de jeu de paume à Paris. Pile trigone = jeu de balle à trois.** **Les activités intérieures et extérieures sont aussi importantes.** Les soins du corps reprennent au passif. **Sentences =Maximes, proverbes avec une morale.**

- **Un esprit sain dans un corps sain.** Si l'hygiène est importante, l'alimentation l'est tout autant. Il s'agit d'acquérir un équilibre alimentaire tout en respectant les besoins et désirs naturels du corps. Rabelais parle en médecin.

Cependant **Monsieur l'Appétit** venait, et par bonne opportunité s'asseyaient à table. Etait lue alors quelque histoire plaisante des *anciennes prouesses*, jusques à ce qu'il eût **pris son vin.** Si bon semblait, on continuait la lecture, ou commençaient à deviser (discuter) joyeusement ensemble, parlant, pour les premiers mois, **de la vertu propriété, efficace et nature de tout ce que leur était servi à table [...].**	Monsieur = titre accordé à un Seigneur (noblesse de ce besoin naturel). *Anciennes prouesses = romans de chevalerie.* **Rôle de la « dive bouteille » chez Rabelais.** **Respect de l'équilibre alimentaire.** Toujours imparfait actif et passif mais aussi apparition d'autres temps et modes : • imparfaits du subjonctif = qu'il y eût (nécessité, besoin), sût (éventualité) • infinitifs = deviser, apporter • participes présents = parlant, faisant (2 X) • passé simple = apprit, retint (actions achevées, sûres)
Ce que faisant, apprit en peu de temps tous les passages à ce compétents en Pline, Athénée, Dioscorides, [...] et autres. De ces propos tenus, faisant souvent, pour être plus assurés, apporter les livres susdits à table. Et de fait, retint en sa mémoire les choses dites, que, pour lors, n'était que médecin qui en sût la moitié.	ces temps montrent l'efficacité sur Gargantua de ce travail récurrent qu'il assimile « naturellement » Retour aux auteurs grecs, modèles de sagesse, lectures intellectuelles commentées et « digérées » (mémorisation)

Conclusion

Évolution du texte : L'éducation de Gargantua ne doit pas être passive mais au contraire, provoquer des activités, de la réflexion, du raisonnement. C'est un « apprentissage » pas un « enseignement ». Rabelais milite pour imposer ses visions humanistes afin de développer les qualités de l'homme. Dans l'excès (le gigantisme, l'exagération, les leçons interminables, les lectures multiples) il démontre l'importance de la culture dans la formation humaine : sa réflexion pédagogique est résolument moderne. L'homme de la Renaissance a un appétit et une soif gargantuesque pour une formation complète et équilibrée du corps et de l'esprit.

Projet de lecture : Les aspirations de Rabelais, dans ce texte, sont liées à l'humanisme et la nature au service de l'éducation. Il s'agit de reprendre à son compte l'expression du poète latin Juvénal « Mens sana in corpore sano » soit « un esprit sain dans un corps sain ». Dans l'idéal humaniste, il est indispensable de ne pas séparer le corps et l'esprit pour un juste équilibre de l'Homme.

Fiche 15. Question de Grammaire : les pronoms

Exercice 1

« O mon Dieu que t'avais-je fait pour ainsi me punir ? Que n'envoyas-tu la mort à moi avant elle ? car vivre sans elle ne m'est que languir. »

Phrase au pluriel

« O mon Dieu que t'avions-nous fait pour ainsi nous punir ? Que n'envoyas-tu la mort à nous avant elles ? car vivre sans elles ne nous est que languir. »

Exercice 2

*« Quand Pantagruel fut né, **qui** fut bien ébahi et perplexe ? **Ce** fut Gargantua son père. [...] **il** avait arguments sophistiques **qui le** suffoquaient car **il les** faisait très bien in modo et figura... »*

Natures et fonctions des pronoms

qui = pronom interrogatif, sujet de « être »

ce = pronom démonstratif, sujet de « être »

il = pronom personnel, sujet de « avoir »

qui = pronom relatif, sujet de « suffoquer »

le = pronom personnel, COD de « suffoquer »

il = pronom personnel, sujet de « faire »

les = pronom personnel, COD de « faire »

Fiche 16. Lecture linéaire d'un extrait de *La Princesse de Clèves*

Introduction

La scène se passe à Coulommiers où la princesse de Clèves s'est retirée pour échapper à la cour et au duc de Nemours. Contrainte par son mari de s'expliquer, elle vient de lui faire « un aveu que l'on a jamais fait à un mari », celui de sa passion pour un autre homme dont elle ne veut pas révéler le nom. Cet aveu est effectué au nom de la vertu conjugale prônée par sa mère jusque sur son lit de mort. Le duc de Nemours, caché, entend l'aveu de la princesse à son mari (scène controversée à son époque). Le prince est à la fois atterré et admiratif pour le courage de sa femme.

Unité du texte

Tirade théâtrale centrée sur le prince. L'amant est caché ce qui s'avère essentiel pour la suite. Le style est direct avec des accents pathétiques.

Importance du texte et problématique

Le texte est fondamental car, à partir de cet aveu la relation tendue entre la princesse et son mari passe au premier plan pour la fin de l'œuvre. L'aveu prépare la suite : la confidence par le duc de Nemours au Vidame de Chartres qui répand l'histoire ; les soupçons de trahison et de mensonge dont le prince croit sa femme responsable ; la souffrance morale et la mort de chagrin du prince. **Problématique** : ***En quoi cette scène est-elle pathétique* ?*** dans le parcours « Individu, morale et soiété ».

Mouvement du texte

- Souffrance du prince : appel à la compassion.
- La jalousie de l'honnête homme.
- Le doute est la pire des souffrances : quel est le bienheureux ?

Lecture linéaire

- **Le prince appelle son épouse à la compassion.** Il s'excuse même de la violence de sa réaction et tente de la justifier par sa passion pour elle.

– Ayez pitié de moi vous-même, madame lui dit-il, j'en suis digne ; et pardonnez si, dans les premiers moments d'une affliction aussi violente qu' est la mienne, **je ne réponds pas comme je dois à un procédé comme le vôtre** Vous me paraissez **plus digne d'estime et d'admiration que** tout ce qu'il y a *jamais* eu de femme au monde ; *mais aussi* je me trouve **le plus malheureux homme** qui ait jamais été. Vous m'avez donné de la passion dès le premier moment que je vous ai vue ; vos rigueurs (froideur) et votre possession n'ont pu l'éteindre : elle dure encore ; je n'ai pu vous donner (inspirer) de l'amour, et je vois que vous craignez d'en avoir pour un autre.	Réponse à la princesse : appel à la compassion. **Comparatif d'égalité.** **Le prince, sous le choc, ne peut faire preuve de compassion.** **Comparatif de supériorité.** « *Jamais* » : adverbe qui renforce la formule hyperbolique*. « *Mais aussi* » = *opposition* **Superlatif relatif de supériorité, trois formules hyperboliques*.** Deux négations autour du verbe « pouvoir » pour montrer la défaillance dont il s'accuse.

- Le prince s'avère ici profondément humain par la jalousie qui le ronge. Il est aussi profondément sincère dans l'exposition de ses sentiments sans artifices et se montre l'**honnête homme** qu'il est.

Et qui est-il, madame, cet homme heureux qui vous donne cette crainte ? Depuis quand vous plaît-il ? Qu'a-t-il fait pour vous plaire ? Quel chemin a-t-il trouvé pour aller à votre cœur ? Je m'étais consolé en quelque sorte de ne l'avoir	*Suite de quatre questions pressantes qui illustrent la jalousie de l'homme.*

pas touché par la pensée qu'il était incapable de l'être Cependant un autre fait ce que je n'ai pu faire J'ai tout ensemble *la jalousie d'un mari et celle d'un amant;* **mais il est impossible d'avoir celle d'un mari après un procédé comme le vôtre.** Il est **trop noble** pour ne pas me donner une sûreté entière; il me console même comme votre amant. La confiance et la sincérité que vous avez pour moi sont d'un prix infini; vous m'estimez assez pour croire que je n'abuserai pas de cet aveu. Vous avez raison, madame, je n'en abuserai pas et je ne vous en aimerai pas moins Vous me rendez [malheureux] par **la plus grande** marque de fidélité **que jamais** une femme ait donnée à son mari	A nouveau, négation autour de « pouvoir » montrant sa part acceptée de responsabilité **Le mari se rassure : son épouse lui restera fidèle,** **l'amant se console : le rival ne sera pas comblé.** **Superlatif absolu.** Présence de négations répétées Litote* qui accentue la noblesse de cet honnête homme. [« Malheureux » répond à l'homme heureux, plus haut.] **Paradoxe* appuyé par un comparatif de supériorité renforcé par l'adverbe « jamais » : reconnaissance hyperbolique*.**

– Le prince a besoin de connaître l'identité de son rival, il s'en veut de n'avoir pu le deviner lui-même par manque de perspicacité ou simplement par confiance totale en sa femme.

Mais, madame, **achevez** et **apprenez**-moi qui est celui que vous voulez éviter; – *Je vous supplie de ne point me le demander, répondit-elle; je suis résolue de ne point vous le dire et je crois que la prudence ne veut pas que je vous le nomme.* – Ne **craignez** point, madame, reprit M. de Clèves, je connais trop le monde pour ignorer que la considération d'un mari n'empêche pas que **l'on** ne soit amoureux de sa femme. **On** doit haïr ceux qui le sont et non pas s'en plaindre; et encore une fois, madame, je vous conjure de m'apprendre ce que j'ai envie de savoir.	**Trois impératifs pressants.** *La princesse se dérobe accentuant la souffrance de son mari.* L'honnête homme **Un « on » plein d'humilité pour parler de soi-même. Il ne se reconnaît pas plus de qualité qu'un autre mari.** La résistance de la princesse engendre la tension qui va suivre et ne plus quitter le prince.

Conclusion

Évolution du texte : Les sentiments se bousculent. L'honnête homme se révèle en plénitude à travers le naturel de l'expression de sa souffrance : celle-ci pousse le prince à demander de la compassion mais très vite, la jalousie – sentiment profondément humain – l'emporte mâtinée d'admiration pour son épouse et du désir de savoir. Cet extrait est un tournant dans le roman. Cette scène déterminera la mort du prince et la vie de la princesse.

Projet de lecture : La scène est pathétique en raison de la souffrance des deux personnages (en présence, ignorée, du duc). Elle relève, par le discours direct, de la tirade théâtrale qui révèle l'aspect dramatique de la situation. Par son comportement, le prince de Clèves s'avère un modèle d'honnête homme c'est-à-dire un homme capable de s'effacer par ouverture d'esprit et respect de la personnalité de l'autre, il n'est pas pédant mais naturel, ne cherche pas à masquer ce qu'il est authentiquement. Ces dispositions le rendent d'autant plus vulnérable à la souffrance.

Fiche 17. Question de Grammaire : les subordonnants et analyse syntaxique

Exercice 1

Pronoms relatifs	Conjonctions de subordination
qu'(il y eût) antécédent = partis **qui** (était) antécédent = Madame de Chartres **que** (l'on n'avait jamais) antécédent = éclat	**quoiqu'**(elle fût) = conjonction de subordination introduisant un CC de concession. **lorsque** = conjonction de subordination introduisant un CC de temps. *Attention avec « qu'à elle » = ne ...que est une négation, pas une conjonction.*

Exercice 2

« Il parut alors une beauté à la cour, qui attira les yeux de tout le monde, et l'on doit croire que c'était une beauté parfaite, puisqu'elle donna de l'admiration dans un lieu où l'on était si accoutumé à voir de belles personnes. »

Analyse

- Il parut alors une beauté à la cour :
  - Proposition principale
- qui attira les yeux de tout le monde :
  - Proposition subordonnée relative
  - Introduite par le pronom relatif « qui »
  - Complément de l'antécédent « beauté »
- l'on doit croire :
  - Proposition principale
  - Coordonnée à la précédente principale par la conjonction de coordination « et »
- que c'était une beauté parfaite :
  - Proposition subordonnée conjonctive complétive
  - Introduite par la conjonction de subordination « que »
  - COD de « croire »
- puisqu'elle donna de l'admiration dans un lieu :
  - Proposition subordonnée conjonctive
  - Introduite par la conjonction de subordination « puisqu' »
  - Complément circonstanciel de cause de « être »
- où l'on était si accoutumé à voir de belles personnes :
  - Proposition subordonnée relative
  - Introduite par le pronom relatif « où »
  - Complément de l'antécédent « lieu »

Fiche 18. Lecture linéaire d'un extrait de *Lettres Persanes*, Montesquieu

Introduction

Premières impressions de Rica, envoyées depuis Paris, à Ibben resté à Smyrne. Usbeck et Rica sont deux Persans en France qui portent un regard étonné parfois amusé sur les us et coutumes des Français. Ce procédé de distanciation permet à Montesquieu d'échapper à la censure. Il publie d'ailleurs son livre d'abord à Amsterdam de façon anonyme.

Unité du texte

Tonalité humoristique au service de la satire avec un effet pyramidal : la ville (début de la lettre), le roi, le pape.

Importance du texte et problématique

Cette lettre, dans les premières du roman épistolaire, pose d'emblée les différents thèmes abordés au fil de la correspondance et essentiels au siècle des Lumières : la lutte contre l'obscurantisme, la liberté de croire, de penser, la tolérance. Le regard de l'auteur est celui d'un sociologue doublé d'un penseur sur un ton impertinent. Avant cet extrait, il commence par parler de Paris et de ses encombrements, de ses maisons très hautes, des Français puis il aborde progressivement le gouvernement et la religion. Cet extrait s'inscrit dans le parcours « Individu, morale et société ». La problématique peut être « ***En quoi le procédé ironique de l'étonnement utilisé par Montesquieu permet-il d'éclairer voire de réveiller les consciences ?*** »

Mouvement du texte

- Un regard neuf et externe.
- Le roi et ses sujets.
- Le pouvoir royal : le roi illusionniste.
- Le pouvoir papal.

Lecture linéaire

- Le narrateur interne pose toutefois un regard qu'il avoue externe et neuf à une situation nouvelle pour lui. Il prend des précautions oratoires et s'adresse à son interlocuteur avec une apparente innocence.

Rica à Ibben, à Smyrne **Ne crois pas que je puisse,** quant à présent, te parler à fond des mœurs et des coutumes européennes : **je n'en ai moi-même qu'**une légère idée, et **je n'ai eu à peine que** le temps de m'étonner.	*Références à l'Orient : prénoms, lieu (apparences de la réalité : attrait de l'Orient au XVIIIe).* **Fausse modestie et fausse humilité posées par les négations. Introduction du regard neuf qui prépare la suite : le ridicule de la situation (mœurs et coutumes).** Étonnement : procédé fréquemment utilisé au siècle des Lumières pour jouer la naïveté.

– **Le roi et ses sujets.** Commence la critique du roi (Louis XIV) et de l'orgueil, la vanité des Français. Le narrateur toujours interne s'efface toutefois pour un constat apparemment innocent. Le temps est un présent de vérité générale.

Le roi de France est le plus puissant prince de l'Europe.	Superlatif doublé d'une allitération en « p ». Toutefois, le terme de « prince » venu du latin « princeps » (le chef) attenue avec discrétion mais efficacité l'aspect « monarque de droit divin » du roi.
Il n'a point de mines d'or comme le roi d'Espagne son voisin; mais il a plus de richesses que lui, parce qu'il les tire de la vanité de ses sujets, plus inépuisable que les mines.	**Comparaison explicite du roi de France avec le roi d'Espagne mais surtout comparaison implicite entre les mines au Pérou du roi d'Espagne et les sujets français (mis sur le même plan). Deux comparatifs de supériorité pour associer richesses/ vanité inépuisable : connotation péjorative.**
On lui a vu entreprendre ou soutenir de grandes guerres, *n'ayant d'autres fonds que des titres d'honneur à vendre*; et, *par un prodige de l'orgueil humain*, ses troupes se trouvaient **payées**, ses places **munies**, et ses flottes **équipées**.	*Renforcement de la vanité. Privilèges et charges qui se vendent pour renflouer le trésor public.* **Trois participes passés passif pour montrer une opération rentable sans effort grâce à la vanité bien utilisée.**

– **Le pouvoir royal : le roi est un illusionniste, un magicien.** Termes dévalorisants pour un monarque « de droit divin » réduit à des tours de passe-passe. Le présent reste de vérité générale et présente donc la situation comme inéluctable.

D'ailleurs ce roi est un grand *magicien* : **il** exerce son empire sur l'esprit même de ses sujets ; *il les fait penser comme **il** veut.* **S'il n'a qu'**un million d'écus dans son trésor, **et qu'il** en ait besoin de deux, **il n'a qu'à** leur **persuader qu'un écu en vaut deux**, **et ils** le croient. **S'il** a une guerre difficile à soutenir, **et qu'il n'ait** point d'argent, **il n'a qu'à** leur mettre dans la tête **qu'un morceau de papier** est de l'argent, **et ils** en sont aussitôt **convaincus**. ***Il** va même jusqu'à leur faire croire* **[qu'il les guérit de toutes sortes de maux en les touchant]**, *tant est grande la force et la* **puissance** *qu'il a sur les* **esprits**.	*Connotation orientale. Le roi est un manipulateur qui utilise la magie : critique de l'absolutisme (fausse admiration).* **Parallélisme syntaxique marquant des hypothèses (fausses puisqu'elles valent affirmation). Insistance sur le « il ». Critique de la crédulité des Français.** **Inflation et monnaie fiduciaire (papier)** Vocabulaire du pouvoir et de la persuasion. **[Guérison par le roi des écrouelles (maladie de peau) par l'imposition des mains le jour de son sacre = miracle (manipulation déjà dénoncée= magie).]**

- **Le pouvoir papal.** Aspect pyramidal de la démonstration : les Français, le roi d'Espagne, le roi de France, le pape. Retour à l'interpellation de l'interlocuteur. Le présent est toujours de vérité générale.

Ce que je te dis de ce prince ne doit pas t'étonner : **il y a un autre magicien plus fort que lui, qui n'est pas moins maître de son esprit qu'il l'est lui-même de celui des autres.** Ce magicien s'appelle le pape : tantôt il lui fait croire que trois ne sont qu'un ; que le pain qu'on mange n'est pas du pain, ou que le vin qu'on boit n'est pas du vin, **et mille autres choses de cette espèce.**	*Fonction phatique selon Jakobson pour maintenir l'intérêt de l'interlocuteur.* **Comparatif de supériorité (hiérarchie dans la manipulation). La place du roi de « droit divin » est rabaissée.** Trinité et Eucharistie : Montesquieu, déiste, dénonce les rites de l'Église pour démontrer que le pouvoir du pape n'a rien de divin = peuple dans l'obscurantisme. **Connotation dépréciative « choses » « espèce ». Désacralisation.**

Conclusion

Évolution du texte : Sous couvert de naïveté, de découverte, Rica fait perdre à tous les acteurs leur légitimité. Les Français ne sont que vanité, orgueil ; ils sont incapables de réfléchir par eux-mêmes. Le roi « de droit divin » se voit voler ses pouvoirs par le pape plus « magicien » que lui. Les rites religieux sont critiqués. Montesquieu croit en Dieu mais pas dans les religions.

Projet de lecture : Critique des systèmes monarchique et religieux. La distanciation effectuée grâce à des observations faites par des étrangers (relativisme culturel) offre une satire mordante et impose la réflexion sur la liberté de penser, d'agir, de croire. L'obscurantisme est dénoncé. Il s'agit aussi de relativiser la place de l'Occident qui se pense LA référence : introduction de la notion de tolérance. Se retrouvent, dans cet extrait, les trois procédés utilisés par Montesquieu dans les Lettres persanes : étonnement feint, orientalisme, critique de la société du XVIIIe. Texte à portée subversive (un roi manipulateur qui conduit à la catastrophe), ses idées sont contraires à l'ordre établi.

Fiche 19. Question de Grammaire : la négation

Exercice 1

*« **Ne** crois **pas** que je puisse, quant à présent, te parler à fond des mœurs et des coutumes européennes : je **n'**en ai moi-même **qu'**une légère idée, et je **n'**ai eu à peine que le temps de m'étonner. »*

Analyse

- « **Ne** crois **pas** » : négation totale « ne… que » entoure le verbe dans une proposition injonctive.
- « je **n'**en ai moi-même **qu'**une légère idée » : « ne… que » marque la restriction.

– « je **n'**ai eu à peine **que** le temps de m'étonner » : « ne… que » marque la restriction avec insistance due à la présence de la locution adverbiale « à peine » (presque pas).

Exercice 2

*« S'il **n'a qu'**un million d'écus dans son trésor, et qu'il en ait besoin de deux, il **n'a qu'**à leur persuader qu'un écu en vaut deux, et ils le croient. »*

Analyse

– « s'il **n'a qu'**un million » = dans une subordonnée de condition, « ne » explétif car valeur affirmative (quand il a un million et trouve cela insuffisant)

« il **n'a qu'**à leur persuader qu'un écu en vaut deux » = dans la principale, « ne » explétif car valeur affirmative (alors il les persuade…).

Toutes les deux ont les apparences de la négation mais sont des affirmations. Forme de litote* : dire moins pour dire plus (ici Montesquieu dénonce l'inflation sous la forme d'une innocente hypothèse)

Fiche 20. Lecture linéaire d'un extrait de *Madame Bovary*, Flaubert

Introduction

Le couple Bovary, à Yonville, a été invité à une réception chez le marquis de Vaubyessard qui éblouit la petite-bourgeoise Emma. Une valse avec un vicomte la transporte. Après la fête, le retour à la triste réalité quotidienne met Emma face à son ennui de façon plus violente que d'habitude.

Unité du texte

L'ennui, l'ennui toujours recommencé est le thème de cet extrait. La tonalité lyrique liée aux fantasmes d'Emma, traduit le monde d'illusions dans lequel elle vit.

Importance du texte et problématique

Cet extrait est un passage représentatif des nombreuses pages écrites par Flaubert pour traduire la vie intérieure de son héroïne sur fond de mœurs provinciales. Cet ennui et ces illusions mèneront Emma à sa perte et à son suicide. Réalisme et romantisme traversent le roman par l'analyse psychologique d'Emma. Flaubert, à travers son héroïne, crée un type universel d'insatisfaite : le « bovarysme » est né. Cet extrait s'inscrit dans le parcours « Le personnage de roman, esthétiques et valeurs ». Sa problématique : ***Entre réalisme et romantique, en quoi une héroïne tourmentée révèle-t-elle une époque ?***

Mouvement du texte

- Nostalgie : souvenir d'une soirée particulière.
- Attente, dans la soif, d'un événement.
- Entre espoir et résignation : le drame d'Emma.

Lecture linéaire

- **Nostalgie :** souvenir d'une soirée particulière. Le temps est comme transformé, à la fois immobilisé et interminable. Narrateur omniscient qui analyse pour l'héroïne, ses ressentis. Des temps du passé, notamment l'imparfait qui module le temps entre intériorité et objectivité de l'auteur. Le passé simple est plus factuel.

« La journée fut longue, le lendemain [...] Comme le bal déjà lui semblait loin ! Qui donc écartait, à tant de distance, le bal d'avant-hier et le soir d'aujourd'hui ?	Le temps paraît interminable et distendu. Et en même temps, il s'est immobilisé jusqu'à disparaître. Discours indirect libre.
Son voyage à la Vaubyessard avait fait un trou dans sa vie, à la manière de ces grandes crevasses qu'un orage, en une seule nuit, creuse quelquefois dans les montagnes.	*Métaphore.* Comparaison bâtie sur une image forte de nature indomptable.
Elle se résigna pourtant ; elle serra pieusement dans la commode sa belle toilette et jusqu'à ses souliers de satin, ***dont la semelle s'était jaunie à la cire glissante du parquet.***	Vraie ou fausse résignation ? ***Précision réaliste du détail : rappel subtil de la soirée.***
Son cœur était comme eux : au frottement de la richesse, il s'était placé dessus quelque chose *qui ne s'effacerait pas* [...]	Retour au discours indirect libre. Autre comparaison filée en métaphore expliquée par les deux points : du réalisme au détail s'accroche la marque intérieure (le mot « frottement » prend tout son sens : sensuel (danse) et social (réception). *Intervention de Flaubert* ?

- **Attente, dans la soif, d'un événement.** Présence de nombreux conditionnels qui montrent des attentes soumises à des éventualités fantasmées. Narrateur omniscient qui en sait plus sur l'héroïne qu'elle-même.

Au fond de son âme, cependant, elle attendait un événement.	Imparfait duratif montrant la profondeur de l'attente (au fond de son âme).
Comme les matelots en détresse, elle promenait sur la solitude de sa vie des yeux désespérés, cherchant au loin quelque voile blanche dans les brumes de l'horizon. Elle ne savait pas quel serait ce hasard, le vent qui le pousserait jusqu'à elle, vers quel rivage il la mènerait, s'il était chaloupe ou vaisseau trois ponts, chargé d'angoisses ou plein de félicités jusqu'aux sabords.	**Comparaison** filée : image de la mer et du naufragé aux yeux désespérés qui espère des secours (champ lexical de la mer), incertitude du vent et espoir du rivage (de l'aventure). Le « **mais** » s'oppose au sauvetage. Intertextualité : rappel de la fin de *Tristan et Iseut (p 67)*
Mais, chaque matin, à son réveil, elle l'espérait pour la journée, et elle écoutait tous les bruits, se levait en sursaut, s'étonnait qu'il ne vînt pas, puis, au coucher du soleil, toujours plus triste, désirait être au lendemain. [...]	La journée est résumée dans ces termes relatifs au temps qui passe, coupes rapides et incisives (après une longue phrase). Imparfait duratif.

– **Entre espoir et résignation : le drame d'Emma.** Un narrateur omniscient puis une focalisation interne montrent à quel point Emma subit la vie.

Dès le commencement de juillet, elle compta sur ses doigts **combien de semaines lui restaient** pour arriver au mois d'octobre, pensant que le marquis d'Andervilliers, peut-être, donnerait encore un bal à la Vaubyessard. Mais tout septembre s'écoula sans lettres ni visites.	La date d'anniversaire du bal approche mais nouvelle déception = plus d'échéance à attendre.
Après l'ennui de cette déception, son cœur de nouveau resta vide, et alors **la série des mêmes journées recommença.** Elles allaient **donc maintenant** se **suivre à la file, toujours pareilles, innombrables, et n'apportant rien** !	Le temps passe, monotone : le « donc » montre le constat de la monotonie sans espoir. Le « maintenant » révèle sa condamnation désormais.
[*Les autres existences, si plates qu'elles fussent, avaient du moins la chance d'un* événement. Une aventure amenait parfois des péripéties à l'infini, et le décor changeait.	*Jalousie ? Victimisation personnelle ? Révolte ?* [discours indirect libre + imparfait suggérant la présence de l'auteur + exclamation]
Mais, pour elle, rien n'arrivait. Dieu l'avait voulu !]	**Anacoluthe* : rupture entre la conséquence et la cause. Son ennui prend un sens métaphysique, existentiel et donc irrémédiable. Point d'orgue du texte : fatalité divine réservée à elle seule.**

Conclusion

Évolution du texte : Emma est une victime romantique, persuadée d'être maudite, plus malheureuse que les autres (Flaubert, lui-même, a vécu ce sentiment d'ennui lors de certains paysages, en voyage). Elle vit dans l'attente permanente, elle a une conscience aiguë du temps qui passe monotone. De la nostalgie, elle passe à l'attente, l'espoir puis la résignation victimaire. Son état d'esprit nous prépare à son destin tragique.

Projet de lecture : Cet extrait est un « arrêt sur image » de l'ennui dans toute sa banalité. Si Flaubert s'exclama « Madame Bovary, c'est moi ! » il n'en pensait pas moins que l'écrivain devait rester extérieur au récit et établir avec lui un lien mystique à travers le langage. Ce texte montre l'art de Flaubert : peindre la vie psychologique dans tout son concret mais rester une présence extérieure discrète sans modalisation excessive, travailler le lyrisme de l'image. Il aime décrire avec la minutie d'un scientifique mais son écriture traduit le mal du siècle romantique.

Fiche 21. Question de Grammaire : la proposition subordonnée conjonctive circonstancielle

Exercice 1

- d'une telle façon qu'il ne put d'abord exécuter son dessein :
  - Proposition subordonnée conjonctive
  - Introduite par la locution conjonctive « de telle façon que »
  - Complément circonstanciel de conséquence de « faire trembler ».
- Quand il revint un peu à lui, :
  - Proposition subordonnée conjonctive
  - Introduite par la conjonction de subordination « quand »
  - Complément circonstanciel de temps de « apercevoir ».
- comme si elle eût été serrée avec violence :
  - Proposition subordonnée conjonctive
  - Introduite par la locution conjonctive « comme si »
  - Complément circonstanciel de comparaison de « se sentir » (nuance d'hypothèse).

Exercice 2

- « La vue de cette femme qui l'avait tant aimé fit trembler le bras de Julien **alors**, il ne peut d'abord exécuter son dessein. » = adverbe de conséquence.
- « Revenant un peu à lui, il aperçut tous les fidèles qui s'enfuyaient de l'église » = participe présent montrant la simultanéité.

  « Revenu un peu à lui, il aperçut tous les fidèles qui s'enfuyaient de l'église » = participe passé montrant la simultanéité.
- « Il se sentait la tête violemment serrée » = usage d'un adverbe.

Fiche 22. Lecture linéaire d'un extrait de *Enfance*, Nathalie Sarraute

Introduction

Enfance est écrit en 1983 alors que l'auteur a 83 ans. Cet incipit met en scène deux interlocuteurs en pleine conversation (incipit *in medias res* = au milieu d'une action). Une des voix s'apparente à l'écrivain et l'autre à son double qui connaît l'esthétique littéraire de l'auteur, l'interroge, le pousse dans ses retranchements quant à ses motivations. Cet incipit a de quoi surprendre par sa forme peu traditionnelle pour une autobiographie.

Unité du texte

Le dialogue montre la complicité et l'intimité entretenues depuis longtemps entre la narratrice et son double.

Importance du texte et problématique

En début du livre, son double permet à l'auteur de préciser son projet littéraire et de lui accorder une certaine distance pour ne pas se laisser prendre par les émotions. Contrairement aux autobiographiques « classiques », le lecteur n'apprend rien sur la vie de l'auteur mais découvre ses questions, ses doutes, ses désirs. L'incipit situe immédiatement le texte sur le plan de l'introspection plus que sur un plan factuel ou chronologique. Il s'inscrit dans le parcours « Récit et connaissance de soi » et pose la problématique suivante : ***En quoi un dialogue entre deux voix intérieures peut-il devenir recherche de soi et faire émerger des sensations pour cueillir des souvenirs ?***

Mouvement du texte

– Un projet autobiographique à définir.
– Incertitude de l'écriture.

Analyse linéaire du texte

– **Un projet autobiographique à définir : Forme théâtrale faite de questions/réponses où le projet est annoncé. Les interrogations répétées permettent de cerner les motivations de l'écrivain. Le double lui fait préciser la forme : le tropisme* de l'écriture. Le dédoublement garantit le pacte d'authenticité et de sincérité.**

– ***Alors***, tu vas ***vraiment*** faire ça ? « Évoquer tes souvenirs d'enfance »…	***Les deux adverbes montrent que la conversation était déjà commencée : méfiance exprimée devant un projet déjà avancé antérieurement.***
Comme ces mots **te** gênent, **tu** ne les aimes pas. Mais **reconnais** que ce sont les seuls mots qui conviennent. **Tu** veux « **évoquer tes souvenirs** »… il n'y a pas à tortiller, c'est bien ça. – Oui, **je** n'y peux rien, ça me tente, **je** ne sais pas pourquoi… – C'est peut-être… c'est peut-être que tes forces déclinent… - Non, **je** ne crois pas… du moins **je** ne le sens pas…	« Evoquer » n'est pas « raconter » : volonté de rester flou et de ne pas céder à l'exaustivité. Danger de tomber dans la banalité (un genre stéréotypé). Expression répétée trois fois et préparer par les verbes « tu vas » « tu veux ». ça = pronom démonstratif péjoratif **1re et 2e personne du singulier : le tutoiement montre une grande intimité et familiarité, les deux voix se connaissent bien. Mais surtout le « tu » remplace le lecteur dans un pacte autobiographique : par ses questions, il est la garantie de sincérité, d'authenticité. (pacte fait avec elle-même ?)**
– Et pourtant ce que **tu** veux faire… « **évoquer tes souvenirs** »…	Le double connaît bien le narrateur principal et connaît l'esthétique littéraire de l'écrivain. « Reconnais » **(impératif).** Les pointillés dans le texte montrent l'incertitude, le dialogue réflexif (difficulté de l'exercice), la difficulté à aller au fond de la réflexion.

est-ce que ce ne serait pas prendre **ta** retraite? **te** ranger? quitter **ton** élément, où jusqu'ici, tant bien que mal... - Oui, comme **tu** dis, tant bien que mal.	Le double se moque de la narratrice et la renvoie à ses écrits précédents. Nouveau danger: celui de renoncer à ce que l'on est, infidélité? mais aussi affaiblissement: « tes forces déclinent » = manque d'inspiration.

– **Incertitude de l'écriture. Le double met en exergue les interrogations de l'écrivain qui refuse les pièges de l'autobiographie notamment les « raccords », dont parle Nathalie Sarraute, pour compenser les défauts de la mémoire.**

– Tu n'as vraiment pas oublié comment c'était ***là-bas***? comme ***là-bas*** tout **fluctue**, se **transforme**, **s'échappe**... tu avances à tâtons, toujours **cherchant**, te **tendant**... **vers quoi**? qu'est-ce que c'est? ça **ne ressemble à rien**... personne n'en parle... ça se **dérobe**, tu l'agrippes comme tu peux, tu le pousses... où? n'importe où, pourvu que ça trouve un milieu propice où ça se développe, où ça parvienne peut-être à vivre...	Multiples interrogations rappelant les incertitudes d'écriture auxquelles l'écrivain a déjà eu affaire. ***Là-bas*: *adverbe de lieu pour montrer un moment, celui des écrits passés comme un pays à explorer. Notion de lieu reprise avec: tu avances à tâtons, vers... où? n'importe où...*** **Le double anticipe tous les dangers de l'autobiographie, il se méfie des incertitudes qui pourraient devenir clichés, réécriture, déformation. Termes montrant des contours incertains. Retour du ça dépréciatif et incertain.**

Conclusion

Évolution du texte: Le pacte autobiographique ne s'effectue pas avec le lecteur mais entre l'écrivain et son double. Celui-ci interroge l'écrivain sur ses motivations réelles: son envie d'« évoquer » ses souvenirs est-elle liée à un désir réel ou à un « besoin » de s'arrêter, de prendre sa retraite? Ne risque-t-elle pas de se renier ou de trahir ses précédents écrits? Ces questions taraudent l'auteur qui, par souci d'honnêteté les fait poser par son double, garant de son pacte de sincérité. Ses incertitudes montrent toute son inquiétude sourde.

Projet de lecture: L'auteur, par la forme de l'incipit, marque sa volonté d'éviter les pièges de l'autobiographie traditionnelle: les clichés, les souvenirs reconstruits par la tradition familiale, les embellissements, les « raccords », toutes sortes d'accommodements qui ne correspondraient pas à son « moi » réel. L'auteur veut « capter » ce qui n'a pas été dit et garder de ses souvenirs quelque chose « encore informe » dira-t-elle plus loin. Pour elle, il ne s'agit pas de « fixer » son passé mais de dire ses émotions, faire renaître ses sensations.

Fiche 23. Question de grammaire: la proposition subordonnée relative

Exercice 1

- qui vient de rentrer à la Villa après un assez long voyage en Asie.
  – Antécédent: Mon médecin Hermogène

- **qui** = sujet de « venir de rentrer »

- **qu'il est allé chercher en Orient.**
  - Antécédent : des plantes
  - qu' = COD de « aller chercher »
- **dont je parlais tout à l'heure.**
  - Antécédent : des limites infranchissables
  - **dont** : COI de « parler »

Exercice 2

- « Je suis descendu ce matin chez mon médecin Hermogène, *qui vient de rentrer à la Villa après un assez long voyage en Asie*. »

  Cette proposition subordonnée relative est **explicative** car elle n'apporte pas une information essentielle pour la compréhension de l'antécédent (le médecin Hermogène), elle n'apporte rien à son identité.
- *« Mais je ne compte plus, comme Hermogène prétend encore le faire, sur les vertus merveilleuses des plantes, le dosage exact de sels minéraux qu'il est allé chercher en Orient ».*

  Cette proposition subordonnée relative est **déclarative** car elle apporte une information essentielle pour la compréhension de l'antécédent (plantes). Celles-ci, en raison de leur provenance, peuvent avoir des vertus particulières, selon le médecin.
- *« À l'intérieur des limites infranchissables dont je parlais tout à l'heure, je puis défendre ma position pied à pied, et même regagner quelques pouces du terrain perdu ».*

  Cette proposition subordonnée relative est **explicative** car elle n'apporte pas une information essentielle pour la compréhension de l'antécédent (les limites).

La littérature d'idées du XVIe au XVIIIe siècle

Fiche 24

Rappel de cours: outils pour étudier La littérature d'idées

Objet d'étude: la littérature d'idées du XVIe siècle au XVIIIe siècle

L'argumentation

Le discours argumentatif est utilisé **dans les genres littéraires** (roman, théâtre, lettre, essai, fable, conte philosophique, pamphlets) ou **dans les genres non littéraires** (publicité, débat, enquête, discours).

Il a pour **visées**:

- Délibérer pour prendre une décision.
- Débattre pour chercher à convaincre ou persuader.
- Défendre ou accuser (souvenir ou contester une opinion).
- Prononcer un éloge ou un blâme.

Les faits ou opinions

- **Les faits sont présentés dans le cadre d'une explication.**

  Ex: « Ensuite, qui laboure le sol? Les animaux. Qui le féconde? Leur fumier! Enfin, tous les maux de la vie sont dus à l'Homme: sans lui, les animaux bénéficieraient du produit de leur travail. »

Il s'agit ici d'effectuer un constat des faits.

- **Les opinions** portent un jugement soutenu par un raisonnement à partir des faits.

Il s'agit alors d'argumentation.

Ex: « Qui laboure le sol? Nous! Qui le féconde? Notre fumier! Et pourtant pas un parmi nous qui n'ait que sa peau pour tout bien. […] Camarades, est-ce que ce n'est pas clair comme de l'eau de roche? Tous les maux de notre vie sont dus à l'Homme, notre tyran. Débarrassons-nous de l'Homme, et nôtre sera le produit de notre travail. » (La Ferme des animaux *(1945) George Orwell)*

À partir des faits, s'imposent des opinions.

Le thème et la thèse

- **Le thème est le sujet abordé, ce dont on parle (le propos = ce que l'on en dit)**
- **La thèse** est l'opinion adoptée sur le sujet. Elle peut être exposée directement ou bien de façon implicite. Il est possible de développer une thèse sans envisager la contradiction. Elle peut être exposée dès le début de l'argumentation mais aussi après quelques concessions voire à la fin, en conclusion.
- **La thèse opposée ou réfutée** choisit une opinion différente voire en contradiction totale avec la thèse proposée. Elle peut être explicite ou implicite.

Dans *La Ferme des animaux* (1945) de George Orwell

Le **thème** s'avère le travail des animaux.

La **thèse** est une exploitation par l'homme.

La **thèse opposée** pourrait être : L'homme esclave des animaux (implicite).

> *Ex : « Mais puisque telle est la triste réalité, pourquoi en sommes-nous toujours à végéter dans un état pitoyable ? Parce que tout le produit de notre travail ou presque, est volé par les humains. Camarades, là se trouve la réponse à nos problèmes. Tout tient en un mot : l'Homme. Car l'Homme est notre seul véritable ennemi. Qu'on le supprime, et voici extirpée la racine du mal. Plus à trimer sans relâche ! Plus de meurt-la-faim ! »*

L'argument et l'exemple

- **L'argument est la raison donnée, la preuve, les éléments apportés pour défendre la thèse.**

> *Ex : « L'homme est la seule créature qui consomme sans produire. » (op. cité)*

L'argument, selon un vocabulaire péjoratif ou mélioratif renvoient à la thèse choisie. Les arguments peuvent être :

- logiques : ils montrent la cause, le but ou la conséquence.
- empiriques : ils sont alors fondés sur la vie quotidienne, le bon sens, le constat. (*exemple ci-dessus*).
- d'autorité : ils imposent l'autorité d'une référence (personne ou doctrine).
- de valeur (axiologique) : ils traitent des valeurs morales, esthétiques, intellectuelles ou pratiques.
- ad hominem : ils s'appuient sur le discrédit jeté sur une personne dont la thèse ne peut donc être admise.
- analogiques : ils rapprochent deux éléments, l'un abstrait, l'autre concret.
- affectifs : ils font appel à l'éthos* de l'auteur qui doit inspirer confiance. Ils peuvent aussi renvoyer au pathos* pour provoquer des émotions.

- **L'exemple** illustre le propos tenu pour marquer les esprits. Ex : « *Il ne donne pas de lait, il ne pond pas d'œufs, il est trop débile pour pousser la charrue, bien trop lent pour attraper un lapin.* » (op. cité).

Certains exemples peuvent être **illustratifs** comme ci-dessus mais aussi plus **argumentatifs, historiques ou littéraires** s'ils reprennent des situations représentatives d'événements ou de personnages connus. Ils peuvent encore être **anecdotiques, personnels** ou s'appuyer sur des **données statistiques ou économiques.**

La subjectivité

Une opinion peut être présentée comme :

- **personnelle** par l'implication de l'énonciateur qui adopte les pronoms « je » et « nous » (1re personne).
- **impersonnelle** quand l'énonciateur choisit la 3e personne et parfois des tournures impersonnelles. Ex : *il faut, il est nécessaire, on doit dire que...*, le pronom « on » mais aussi un présent de vérité générale.

Les procédés

- **Des figures de style mélioratives ou péjoratives** : métaphore*, périphrase*, gradation*, hyperbole* ou antiphrase* pour dire avec ironie l'inverse de ce que l'on pense, les énumérations et les accumulations pour insister sur les idées proposées.
- **Les questions rhétoriques (ou oratoires)** : questions qui n'attendent pas de réponse : elles interpellent l'interlocuteur pour l'impliquer dans le débat.
- **Les types de phrases** : Interrogatives dans des questions rhétorique (fausses interrogations) pour exprimer à nouveau le doute ou injonctives pour interpeller. Exclamatives pour montrer l'indignation ou l'étonnement.
- **La ponctuation** : Les guillemets pour souligner une information pas encore vérifiée. Les pointillés pour suggérer le pire.
- **Les mots et expressions pour réguler l'argumentation** : Pour introduire un exemple (*Ainsi, par exemple, comme la situation l'indique, comme le montre*) ; pour mettre en valeur (*rappelons que, à plus forte raison, d'autant plus que*) ; pour récapituler (*en résumé, donc, en définitive*) ; pour impliquer le destinataire (*vous n'ignorez pas, vous serez d'accord que*).
- **La modalisation** (voir page 54). Les verbes ou les adverbes nuancent l'expression de l'opinion en l'atténuant ou en la renforçant. Ils marquent parfois la certitude ou le doute. Le doute peut aussi être exprimé par le conditionnel.

Les connecteurs

Ce sont des mots de liaison qui établissent des relations entre les faits, les idées, les événements. Ils aident à la cohérence d'un texte. Ils sont utilisés pour :

- montrer la progression de l'argumentation et l'enchaînement des faits et développer le raisonnement ;

- montrer aussi :
  - **la cause,** (*car, en effet, étant donné, à cause de, par suite, en raison de, parce que, puisque, sous prétexte que, dans la mesure où).*
  - **la conséquence** (*alors, donc, par conséquent, ainsi, c'est pourquoi, par suite, de là, d'où, dès lors, de sorte que, si bien que, assez/trop... pour, au point de, si bien que, tant... que, tellement... que,).*
  - **l'opposition** (*pourtant, mais, au contraire, par contre, pour autant, quand même, encore que, cependant, or, en revanche, tandis que, alors que, néanmoins, toutefois, même si, quand bien même).*
  - **la succession** (*aussi, et, de plus, en outre, par ailleurs, surtout, d'abord, ensuite, enfin, d'une part, d'autre part, non seulement, mais encore,).*
  - **la comparaison** (*de même, de la même manière, ainsi que, comme).*
  - **la concession** (*certes, malgré, sans doute, bien entendu, en dépit de, bien que, quoique).*
  - Registre polémique page 74
  - Registre satirique page 79

Définir une stratégie

Lorsque le sujet (thème) est défini, en fonction des visées de l'œuvre, un **type de discours** est arrêté :

Thème	Discours argumentatif	Pour dénoncer : **Réquisitoire**
		Pour défendre : **Plaidoyer**
	Discours informatif	Pour expliquer, décrire, démontrer
	Discours épidictique (ou démonstratif)	Pour commémorer : **Éloge, blâme**

La rhétorique

À l'origine, la rhétorique (du grec rheô = je dis) permettait aux citoyens romains de parler au forum pour défendre leurs intérêts juridiques. Elle avait donc la volonté de mobiliser le public pour le pousser à l'action. Le risque, souligné par bon nombre de ses détracteurs, est de faire de la parole l'objet de la rhétorique au détriment du message. Elle détiendrait alors un pouvoir qui, en l'absence d'éthique solide, deviendrait une arme redoutable. Le philosophe grec Aristote (384-322 av. J.-C.), fondateur de la logique formelle a ouvert le chemin de l'éloquence dans son traité fondateur *La Rhétorique.*

Dans cet ouvrage, Aristote démontre un **plan** (ou **dispositio**) en quatre points précédés de **l'invention** (**inventio**). Cette **invention** est la recherche pertinente et la plus exhaustive possible d'arguments :

- **L'exorde** qui ouvre le discours, aujourd'hui, l'accroche.
- **L'exposé de l'opinion** qui doit être le plus factuel possible sans ethos* (style de l'orateur, image qu'il donne ou veut donner de lui-même) ni pathos* (charge émotionnelle du discours pour atteindre le public) mais aussi le plus clair et le plus bref possible, aujourd'hui la thèse exposée.
- **L'argumentation,** aujourd'hui, développement.
- **La péroraison** ou fin du discours, aujourd'hui synthèse ou conclusion.

Les types de raisonnement

Il suit un enchaînement d'arguments :

- **Le raisonnement déductif** : les arguments généraux amènent progressivement vers des exemples particuliers.
- **Le raisonnement inductif** : il part d'observations ou d'exemples particuliers pour rejoindre une loi générale.
- **Le raisonnement par syllogisme** : de deux propositions générales (une majeure et une mineure) naît une conclusion.
- **Le raisonnement par analogie (et comparaison)** : Il s'agit de rapprocher des situations pour en faire découler un constat.
- **Le raisonnement par ellipses** : les faits sont présentés et le lecteur en tire lui-même les conclusions.
- **Le raisonnement perverti** : l'argument de départ est faux, les conclusions deviennent floues, insuffisantes et les généralisations faciles avec quelques sophismes*
- **Le raisonnement par concession** : les arguments adverses sont exposés avec l'apparence d'une acceptation (Ex : *certes, il est vrai que, effectivement...)* mais pour mieux en démontrer les faiblesses, les réfuter et renforcer les arguments de la thèse adoptée.
- **Le raisonnement par réfutation** : chaque argument est contredit point par point.
- **Le raisonnement dialectique** : Il s'agit de reprendre chaque argument de la thèse et de la thèse rejetée pour les opposer.
- **Le raisonnement par l'absurde** : la thèse adverse est refutée voire ridiculisée pour montrer l'incohérence des conséquences. Ce raisonnement est polémique.

ENTRAÎNEZ-VOUS !

Objet d'étude : la littérature d'idées du XVIe siècle au XXIe siècle

Supplément au Voyage de Bougainville (1796)
Denis Diderot (1713-1784)

Sujet :

1. *Trouvez le thème, la thèse et éventuellement la thèse réfutée de ce texte.*
2. *Dans un tableau, exposez les arguments et les exemples du texte.*
3. *Quelle stratégie de discours est utilisée ici ?*
4. *Quels procédés sont utilisés ?*
5. *À la lumière de ces informations, quelle est la visée de Diderot ?*

Un vieillard tahitien (symbole de la sagesse tahitienne) s'adresse à Bougainville alors que celui-ci s'apprête à repartir pur l'Europe.

Nous sommes libres ; et voilà que tu as enfoui dans notre terre le titre de notre futur esclavage. Tu n'es ni un dieu, ni un démon : qui es-tu donc, pour faire des esclaves ? 0rou (l'interprète tahitien) ! toi qui entends la langue de ces hommes-là, dis-nous à tous, comme tu me l'as dit à moi-même, ce qu'ils ont écrit sur cette lame de métal : Ce pays est à nous. Ce pays est à toi ! et pourquoi ? parce que tu y as mis le pied ? Si un Tahitien débarquait un jour sur vos côtes, et qu'il gravât sur une de vos pierres ou sur l'écorce d'un de vos arbres : Ce pays est aux habitants de Tahiti, qu'en penserais-tu ? Tu es le plus fort ! Et qu'est-ce que cela fait ? [...] Tu n'es pas esclave : tu souffrirais plutôt la mort que de l'être, et tu veux nous asservir ! Tu crois donc que le Tahitien ne sait pas défendre sa liberté et mourir ? Celui dont tu veux t'emparer comme de la brute, le Tahitien est ton frère. Vous êtes deux enfants de la nature ; quel droit as-tu sur lui qu'il n'ait pas sur toi ? Tu es venu ; nous sommes-nous jetés sur ta personne ? avons-nous pillé ton vaisseau ? t'avons-nous saisi et exposé aux flèches de nos ennemis ? t'avons-nous associé dans nos champs au travail de nos animaux ? Nous avons respecté notre image en toi.

Laisse-nous nos mœurs ; elles sont plus sages et plus honnêtes que les tiennes ; nous ne voulons point troquer ce que tu appelles notre ignorance, contre tes inutiles lumières. Tout ce qui nous est nécessaire et bon, nous le possédons. Sommes-nous dignes de mépris, parce que nous n'avons pas su nous faire des besoins superflus ? Lorsque nous avons faim, nous avons de quoi manger ; lorsque nous avons froid, nous avons de quoi nous vêtir. Tu es entré dans nos cabanes, qu'y manque-t-il, à ton avis ? Poursuis jusqu'où tu voudras ce que tu appelles commodités de la vie ; mais permets à des êtres sensés de s'arrêter, lorsqu'ils n'auraient à obtenir, de la continuité de leurs pénibles efforts, titre des biens imaginaires. Si tu nous persuades de franchir l'étroite limite du besoin, quand finirons-nous de travailler ? Quand jouirons-nous ? Nous avons rendu la somme de nos fatigues annuelles et journalières la moindre qu'il était possible, parce que rien ne nous paraît préférable au repos. Va dans ta contrée t'agiter, te tourmenter tant que tu voudras ; laisse-nous reposer : ne nous entête là de tes besoins factices, ni de tes vertus chimériques.

Fiche 25
Un exemple de lecture linéaire (XVIe)

Objet d'étude: la littérature d'idées du XVIe siècle au XXIe siècle

Essais «Des Cannibales» (1580), I, 31 de Montaigne

(Translation en français moderne réalisée par nos soins d'après Lagarde et Michard)

Le texte

Or je trouve, pour revenir à mon propos, qu'il n'y a rien de barbare et de sauvage en cette nation, à ce qu'on m'en a dit, sinon que chacun appelle barbarie ce qui n'est pas de son usage; comme de vrai, il semble que nous n'avons d'autre critère de la vérité et de la raison que l'exemple et idée des opinions et usages du pays où nous sommes. Là est toujours la parfaite religion, la parfaite police, parfait et accompli usage de toutes choses. Ils sont sauvages, de même que nous appelons sauvages les fruits que la nature, de son progrès ordinaire, a produits: là où, à la vérité, ce sont ceux que nous avons pervertis par nos pratiques fausses et détournés de l'ordre commun, que nous devrions appeler plutôt sauvages. En ceux-là sont vives et vigoureuses les vraies et plus utiles et naturelles vertus et propriétés, lesquelles nous avons dégénérées en ceux-ci, et les avons seulement accommodées au plaisir de notre goût corrompu. Et si pourtant, la saveur même et délicatesse se trouve à notre goût excellente, à l'envi des nôtres, en divers fruits de ces contrées sans culture. Ce n'est pas raison que l'art gagne un point d'honneur sur notre grande et puissante mère Nature. Nous avons tant chargé la beauté et richesse de ses ouvrages par nos inventions que nous l'avons du tout étouffée. […]

Nous les pouvons donc bien appeler barbares, eu égard aux règles de la raison, mais non pas eu égard à nous, qui les surpassons en toute sorte de barbarie. Leur guerre est toute noble et généreuse, et a autant d'excuse et de beauté que la maladie humaine en peut recevoir; elle n'a autre raison parmi eux, que la seule jalousie de la vertu. Ils ne sont pas en débat de la conquête de nouvelles terres, car ils jouissent encore de cette liberté naturelle, qui les fournit sans travail et sans peine, de toutes choses nécessaires, en telle abondance qu'ils n'ont que faire de conquérir. Ils sont encore en cet heureux point, de ne désirer qu'autant que leurs nécessités naturelles leur ordonnent; tout ce qui est au-delà est superflu pour eux. Ils s'entr'appellent généralement ceux de même âge, frères; enfants, ceux qui sont au-dessous; et les vieillards sont pères de tous les autres. Ceux-ci laissent à leurs héritiers en commun, cette pleine possession de biens sans division, sans autre titre que celui tout pur que nature donne à ses créatures.

Les aides

L'auteur

Michel Eyquem de Montaigne (1533-1592), d'une riche famille du Bordelais, reçoit une éducation totalement humaniste. Familier des auteurs antiques, il parle couramment le latin et le grec. Il entreprend des études de droit à Toulouse et devient, à vingt et un ans, conseiller au Parlement de Bordeaux. Avec son ami Étienne de la Boétie, il découvre le stoïcisme. Très tôt, il manifeste un goût pour la lecture et l'écriture. Sa bibliothèque, sa « librairie », compte plus de mille ouvrages ce qui, pour l'époque, est exceptionnel. Alors qu'il est très malade, il entreprend un tour d'Europe des cures thermales aux vertus desquelles il croit. En 1571, il entreprend l'écriture des *Essais*. Ses doutes engendrent un regard critique et un certain scepticisme envers l'Homme. Deux premiers libres paraîtront en 1780. Devenu Maire de Bordeaux, il doit faire face aux remous des guerres de religion. Toute sa vie, il consacre beaucoup de temps à retravailler ses *Essais* ajoutant de nombreux chapitres. L'exemplaire de la Bibliothèque municipale de Bordeaux, annoté par Montaigne, fait aujourd'hui autorité.

Les *Essais*

Dans ses *Essais* (1580-1595), qu'il dit « *ondoyants* » et « *divers* », Montaigne aborde beaucoup de domaines mêlant sa vie personnelle, ses expériences et ses observations sur ses contemporains. Le terme « essai » qui au XVIe signifie « exercice » deviendra avec lui un genre littéraire particulier. Montaigne en fait le journal d'un homme cherchant la sagesse. Il expérimente autant sa pensée que son écriture. « *C'est un livre de bonne foi, lecteur* » annonce-t-il avant de continuer « *Je veux qu'on m'y voie en ma façon simple, naturelle et ordinaire, sans contention et artifice : car c'est moi que je peins* [...] *Ainsi, lecteur, je suis moi-même la matière de mon livre.* » Toutefois, au-delà de lui-même, il s'interroge sur les conditions du bonheur alors même que la souffrance, la peur et la mort le préoccupent, les pédagogies humanistes, l'anthropologie, les différentes sortes d'attachement mais aussi, il ne se cache pas les vices, les cruautés, les barbaries, les méfaits de la colonisation, l'anthropocentrisme. En cela, il préfigure l'idéal de l'honnête homme (page 28) qui, avec franchise et sincérité, souvent beaucoup d'humour partage son histoire et rejette l'affectation ou l'éloquence. Il convoque le doute comme seule attitude possible en théologie s'appuyant sur la diversité des opinions. Au nom de « Dieu », il préfère le mot « nature ». Pour lui, la seule vérité est instable et relative et la vertu « parée de mille séductions ». Du stoïcisme de son ami La Boétie à certaines crises de scepticisme (sa devise n'est-elle pas, sa vie durant, « *Que sais-je ?* »), Montaigne possède aussi des accents épicuriens*. Le premier livre des *Essais*, composé de 57 chapitres, est celui des expériences personnelles et de l'introspection. Pour l'auteur, « *Chaque homme porte la forme entière de l'humaine condition* ». Le ton est celui d'un long monologue où se mêlent différents sujets et bon nombre de digressions.

Analyse linéaire du texte

Introduction

Montaigne se passionne pour la découverte des Amériques, la vie des colons et des missionnaires et parle du peuple amérindien, plus précisément ici des indigènes du Brésil, dont il a étudié les mœurs et les habitudes en refusant les préjugés hâtifs des Européens. Il ne semble toutefois pas prendre en compte leur anthropophagie (non pour se nourrir mais pour « *représenter une extrême vengeance* » dit-il). Il a d'ailleurs pu rencontrer trois Brésiliens présentés, en octobre 1562, au roi Charles IX, à Rouen.

Unité du texte

Ce texte est totalement construit sur l'antithèse : nature/culture ; qui sont les « sauvages » ? Le titre « Des Cannibales » est en soi antiphrastique*.

Importance du texte et problématique

L'extrait invite l'homme à s'interroger sur la civilisation. Montaigne amorce le mythe du bon sauvage qui sera repris plus tard par Jean-Jacques Rousseau. Son texte a une véritable portée humaniste qui interroge car, il s'inscrit tout de même à la marge : son retour à la simplicité et au naturel dénonce les progrès de l'Homme. Sa vision s'avère totalement originale. Ce passage s'inscrit dans le parcours « Notre monde vient d'en trouver un autre » et la problématique pourrait être : ***En quoi la vision singulière de Montaigne sur la notion de « sauvage » interroge-t-elle cultures et civilisations ?***

Mouvement du texte

- Stratégie argumentative : « Sauvage » ne veut-il pas dire naturel ?
- Éloge des sauvages.

Lecture linéaire

- **Stratégie argumentative : « Sauvage » ne veut-il pas dire naturel ?** Remise en cause de la vision ethnocentrique. Montaigne relativise les termes de « sauvage » et de « barbares » contre les préjugés de ses contemporains. Il veut amener ses contemporains à repenser la notion de « barbarie ». Présent de vérité générale.

Or je trouve, pour revenir à mon propos, qu'il n'y a rien de barbare et de sauvage en cette nation, à ce qu'on m'en a dit, sinon que chacun appelle barbarie ce qui n'est pas de son usage ; comme de vrai, il semble que nous n'avons d'autre critère de la vérité et de la raison que l'exemple et idée des opinions et usages du pays où nous sommes. *Là est toujours la parfaite religion, la parfaite police, parfait et accompli usage de toutes choses.*	L'auteur annonce ici sa thèse et sa démarche argumentative. Appui sur le vocabulaire : dénonciation de l'ethnocentrisme (voir le monde à travers les filtres de sa communauté d'origine sans se remettre en cause). Relativité des jugements à l'aune de sa propre perception. *Touche ironique de l'auteur (autodérision) : chacun se pense meilleur à l'autre (dénonciation des préjugés).*

[Ils sont sauvages, de même que nous appelons sauvages les fruits que la nature, de son progrès ordinaire, a produits : là où, à la vérité, ce sont ceux que nous avons pervertis par nos pratiques fausses et détournés de l'ordre commun, que nous devrions appeler plutôt sauvages].	[Hyperbate* Montaigne utilise cette figure pour relancer la phrase en développant davantage sa pensée, son argumentation : polysémie du mot « sauvage » = naturel. Comparaison (« de même que ») avec les fruits que la nature produit sans l'aide de l'homme. Renversement du terme « sauvage » = n'est-ce pas le fruit cultivé ? celui que l'homme a perverti ? Qui est sauvage ?]
En ceux-là sont vives et vigoureuses *les vraies et plus utiles et naturelles vertus et propriétés, lesquelles nous avons dégénérées* en ceux-ci, en les accommodant au plaisir de notre *goût corrompu*. Et si pourtant, la saveur même et délicatesse se trouve à notre goût excellente, à l'envi des nôtres, en divers fruits de ces contrées sans culture. Ce n'est pas raison que l'art gagne un point d'honneur sur notre grande et puissante **mère Nature.** Nous avons tant rechargé ***la beauté et richesse*** de ses ouvrages par nos inventions que nous l'avons du tout ***étouffée***.	**Antithèses** : ceux-là ***(fruits naturels) « vertus et propriétés » « beauté et richesse ».*** ceux-ci ***(fruits cultivés = progrès) : « dégénérées » « goût corrompu » « étouffé »*** **Analogie : Raisonnement par analogie car en supposant que « les vertus » des peuples sauvages sont intactes, celles des populations civilisées sont dégénérées par éloignement des vertus naturelles.** **Personnification de la nature.** : perfection, supériorité sur « l'art » « inventions » (pratiques fausses et sophistication)

- **Éloge des sauvages**. Travail par analogie : valorisation de la nature qui conserve intactes les vertus sauvages et, par contraste, critique du progrès jugé « contre nature ». La civilisation se dégrade en s'éloignant des vertus naturelles. Discours épidictique*.

Nous les pouvons donc bien appeler barbares, eu égard aux règles de la raison, mais non pas eu égard à nous, qui les surpassons en toute sorte de barbarie. 1. Leur guerre est toute *noble* et *généreuse*, et a autant d'excuse et de *beauté* que la maladie humaine en peut recevoir ; elle n'a autre raison parmi eux, que la seule jalousie de la vertu. 2. Ils ne sont pas en débat (en querelle) de la conquête de nouvelles terres, car ils jouissent encore de cette liberté naturelle, qui les fournit sans travail et sans peine, de toutes choses nécessaires, en telle abondance qu'ils n'ont que faire de conquérir. 3. Ils sont encore en cet heureux point, de ne désirer **qu'autant que** leurs nécessités naturelles leur ordonnent ; **tout ce qui est au-delà est superflu** pour eux. 4. Ils *s'entr'appellent* généralement ceux de même âge, frères ; enfants, ceux qui sont au-dessous ;	**Dénonciation de la supposée supériorité de l'Europe civilisée et du progrès. Montaigne s'assimile aux Européens : « nous ».** Arguments : 1. Guerre justifiée « *noble* » « *généreuse* » « excuse » « *beauté* » : vocabulaire mélioratif. 2. Pas de volonté de conquête : l'abondance naturelle leur suffit. Négation. 3. Pas de besoins artificiels : ils se contentent de ce que donne la nature. **Comparatif « autant… que » montrant le manque d'excès : juste utilisation. S'oppose à « tout ce qui est au-delà est superflu ».** 4. *Solidarité entre les hommes : tout appartient à tous.*

et les vieillards sont *pères de tous les autres.* Ceux-ci laissent à leurs héritiers *en commun,* cette *pleine possession de bien sans division,* sans autre titre que celui tout pur que nature donne à ses créatures.	Par ces arguments, Montaigne en filigrane, appelle à la tolérance en démontrant la force des lois naturelles. Il valorise l'homme à l'état de nature.

Conclusion

- **Évolution du texte :** Partant de la remise en question des termes utilisés « sauvage » « barbares » ou « cannibales », Montaigne les oppose aux effets pervertis de l'ethnocentrisme. Il déstabilise les certitudes et ébranle les préjugés. Ensuite, il renforce son propos par l'éloge de la nature sauvage et de ses vertus, vertus perdues par les civilisations qui, de ce fait, deviennent « barbares ».
- **Projet de lecture :** Montaigne remet en question la notion même de civilisation en comparant celle des Européens à celle des indigènes. Il s'autorise une satire sociale mordante. Il dénonce la prétendue supériorité de l'Europe civilisée et interroge la notion de « progrès ». Il l'oppose à une nature supérieure parce que pure. Pour lui, l'âge d'or de l'homme se trouve avant la civilisation. *Des Cannibales* annonce le Huron de Voltaire dans *L'Ingénu* (1767) et défend « l'état de nature » et le « mythe du bon sauvage » largement repris au XVIIIe siècle. Montaigne dans un élan humaniste invite à la tolérance dans le respect des lois naturelles et prône le retour à la simplicité.

Voir aussi *Discours sur l'origine et les fondements l'inégalité parmi les hommes* (1755) dans lequel Jean-Jacques Rousseau expose que l'état de nature (originel) conduit au bonheur et à la vertu.

ENTRAÎNEZ-VOUS !

Objet d'étude : la littérature d'idées du XVIe siècle au XXIe siècle

Essais* « Des Coches », *III, 6 de Montaigne

Sujet : Faire la lecture linéaire de l'extrait suivant. (Translation en français moderne réalisée par nos soins d'après P. Villey et V.L. Saulnier)

Notre monde vient d'en trouver un autre (qui nous dit que c'est le dernier de ses frères, puisque les Démons, les Sibylles et nous, avons ignoré celui-ci jusqu'à maintenant ?) non moins grand, plein et fourni de membres que lui, toutefois si nouveau et si enfant qu'on lui apprend encore son a, b, c ; il n'y a pas cinquante ans qu'il ne savait ni lettre, ni poids, ni mesure, ni vêtements, ni céréales, ni vignes. Il était encore tout nu dans le giron de sa mère nourricière. Si nous concluons bien, nous sommes à la fin de notre monde, et si ce poète fait de même au sujet de la jeunesse de son siècle, cet autre monde ne fera qu'entrer dans la lumière quand le nôtre en sortira. L'univers s'immobilisera ; l'un des membres sera perclus, l'autre en pleine vigueur. Je crains que nous n'ayons alors très fortement hâté son déclin et sa ruine par notre contagion et nous lui aurons fait payer bien cher nos idées et nos pratiques. C'était un monde enfant ; si nous ne l'avons pas fouetté et soumis à notre enseignement en nous servant de l'avantage de notre valeur et de nos forces naturelles, nous ne l'avons pas non plus séduit par notre justice et notre bonté, ni subjugué par notre magnanimité. La plupart de leurs réponses et des négociations faites avec eux témoignent qu'ils ne nous doivent rien en clarté d'esprit naturelle et pertinence. La grande magnificence des villes de Cuzco et de Mexico, et, entre plusieurs choses pareilles, le jardin de ce roi, où tous les arbres, les fruits et toutes les herbes, selon l'ordre et grandeur qu'ils ont en un jardin, étaient excellemment façonnés en or, comme, dans son cabinet, tous les animaux qui naissaient dans son État et dans ses mers ; et la beauté de leurs ouvrages en pierreries, en plume, en coton, en peinture, montrent qu'ils ne nous étaient pas non plus inférieurs en habileté. Mais, quant l'héritage, l'observance des lois, la bonté, la libéralité, la loyauté, la franchise, il nous a bien servi de n'en avoir pas autant qu'eux ; ils se sont perdus par cet avantage, et vendus et trahis eux-mêmes. [...] Au contraire, nous nous sommes servis de leur ignorance et de leur inexpérience pour les plier plus facilement à la trahison, luxure, cupidité et vers toute sorte d'inhumanité et de cruauté, à l'exemple et sur le modèle de nos mœurs. Qui mit jamais à tel prix le service du commerce et du trafic ? Tant de villes rasées, tant de nations exterminées, tant de millions de peuples passés au fil de l'épée, et la plus riche et la plus belle partie du monde bouleversée pour la négociation des perles et du poivre ! Mécaniques victoires ! Jamais l'ambition, jamais les inimités publiques ne poussèrent les hommes les uns contre les autres à d'aussi horribles hostilités et à d'aussi misérables calamités.

Fiche 26

Question de grammaire : le groupe nominal

Objet d'étude : la littérature d'idées du XVIe siècle au XXIe siècle

Essais « Des Cannibales » (1580), I, 31 de Montaigne

Question

1. ***Étudiez les groupes nominaux dans ces deux passages : Noyaux ? Nature des mots les composant, fonction syntaxique dans la phrase.***

A. *« comme de vrai, il semble que nous n'avons autre critère de la vérité et de la raison que l'exemple et idée des opinions et usages du pays où nous sommes. »*

B. *« Ils ne sont pas en débat de la conquête de nouvelles terres, car ils jouissent encore de cette liberté naturelle, qui les fournit sans travail et sans peine, de toutes choses nécessaires, en telle abondance qu'ils n'ont que faire de conquérir »*

2. ***Quelle importance ont les groupes nominaux dans l'argumentation de Montaigne.***

Analyse

1.

- Soulignez le noyau (le nom).
- Encadrez les groupes nominaux.
- Classez la nature des mots qui les composent.
- Donnez sa fonction syntaxique dans la phrase.

A. ***« comme de vrai, il semble que nous n'avons autre critère de la vérité et de la raison que l'exemple et idée des opinions et usages du pays où nous sommes. »***

Fonctions syntaxiques :

1. autre critère de la vérité et de la raison : COD de « avoir ».
2. l'exemple et idée des opinions : attribut de l'objet direct « autre critère de la vérité et de la raison ».

3. usages du pays où nous sommes : attribut de l'objet direct « autre critère de la vérité et de la raison » coordonnée au précédent GN par la conjonction de coordination « et ».

Natures :

	Déterminants	Noms communs	Prépositions	Conjonctions de coordination
1	**Autre** : adjectif indéfini **La** : article défini (fém., sing.)	(autre) **critère** (fém.sing.) (la) **vérité** (fém.sing.) (la) **raison** (fém. sing.) *Tous noms abstraits et inanimés.*	de	et
2	**L'** : article défini élidé (masc. sing.) **Des** : article indéfini (fém. plu.)	(l') **exemple** (masc.sing.) (des) **opinions** (fém.plu.) *Tous noms abstraits et inanimés.*		et
3 4	**Du** : article défini contracté « de + le », (masc.sing.)	(du) **pays** (masc.sing.) *Nom indénombrable (désignant un ensemble)*	**Surbonnée relative** *Où nous sommes* : expansion de « pays. « où » = pronom relatif.	

B. *« Ils ne sont pas en débat de la conquête de nouvelles terres, car ils jouissent encore de cette liberté naturelle, qui les fournit sans travail et sans peine, de toutes choses nécessaires, || en telle abondance qu'ils n'ont que faire de conquérir »*

1. en débat de la conquête de nouvelles terres : complément circonstanciel de manière de « être ».
2. de cette liberté naturelle : COI de « jouir ».
3. de toutes choses nécessaires : COI de « fournir ».
4. en telle abondance : complément circonstanciel de manière (nuance de quantité) de « jouir ».

	Déterminants	Noms communs	Adjectifs	Prépositions
1	**La** : article défini (fém. sing.)	(en) **débat** (masc.sing.) (la) **conquête** : (fém.sing.) *Noms inanimés et abstraits*	**nouvelles** (épithète de « terres » féminin-pluriel.)	en – de
2	**Cette** : adjectif démonstratif (fém. sing.)	(cette) **liberté** (fém.sing.) *Nom inanimé et abstrait.*	**naturelle** (épithète de « chose » (fém.sing.)	de
Subordonnée relative : *qui les fournit sans travail et sans peine de toutes choses nécessaires* (expansion du nom « liberté ». « qui » = pronom relatif.)				
3	**Toutes** : adjectif indéfini (fém. plu.)	(toutes) **choses** : (fém.plu.). *Nom indénombrable (ensemble)*	**nécessaires** (épithète de « choses », fém. plu.)	de
4	**Telle** : adjectif indéfini (fém.sing.)	(telle) **abondance** (fém.sing.) *Nom inanimé et abstrait.*		en

2. Dans l'argumentation de Montaigne, ces phrases emploient neuf noms inanimés et abstraits plaçant le propos sur un plan intellectuel plutôt que factuel.

- Le lexique nominal employé relève de **l'argumentation** : « *critère* » « *exemple* » « *opinions* » (employés, phrase A, avec une négation restrictive « ne... que » révélant la limite de nos repères) « *débat* » mais aussi de **vertus** : « *vérité* » « *raison* » (même restriction que précédemment) « *liberté* » « *abondance* » (articulés par les verbes « jouir » et « fournir »).
- Quelques termes indénombrables montrent **l'aspect universel de la situation** : « *pays* » « *choses* », renforcés par les adjectifs indéfinis.
- Peu d'adjectifs qualificatifs : (choses) « *nouvelles* » (liberté) « *naturelles* » (choses) « *nécessaires* » pour rappeler (phrase B) la nouveauté de la situation, la nature, les justes nécessités. Il s'agit de pointer le retour à l'essentiel.
- Des déterminants possessifs et démonstratifs pour appuyer et incarner les noms : les noms utilisés sont attribués à des personnes uniquement signifiées par : « *nous* » (les conquérants) phrase A et « *ils* » (les Indiens) phrase B.

Rappel de cours

Le groupe nominal

Le groupe nominal (GN) est au moins constitué d'un nom (le noyau) accompagné d'un déterminant, ex : *Un chat, ce chat, quelques chats.* Il peut aussi être accompagné d'un ou plusieurs adjectifs qualificatifs, ex : *des grands chats noirs*; des adverbes, ex : des chats extraordinaires malins ; des compléments de nom, ex : *des chats de gouttière*; des propositions subordonnées relatives, ex : *des chats qui envahissent la maison.*

Un GN peut être lui-même, inclut dans un autre GN. Ex : Une magnifique présentation de chats de race. Le GN, »*chats de race* » appartient au GN, « *Une magnifique présentation de chats de race* ».

Le déterminant

L'article

Défini	Indéfini	Partitif	Contracté
Il détermine un nom déjà connu et facilement identifiable.	Il introduit un nom que l'on ne connaît pas ou un nom général.	Il détermine le nom comme une partie d'un tout.	Il est défini mais contracté avec la préposion « à » ou la préposition « de »
le-la les	un-une-des	Du, de la, de l'	de+le = **du** de + les = **des** à + le = **au** à + les = **aux**
Ex : **la** directrice (connue de tous)	Ex : **une** directrice (indéterminée)	Ex : **du** beurre	Ex : il parle **du** jardin

L'adjectif

Possessif	Démonstratif	Indéfini	Numéral cardinal	Interrogatif et exclamatif
Il exprime la relation à un possesseur	Il a une valeur déictique : montre l'action	Il donne au nom une quantité ou qualité imprécise.	Ce sont les nombres et les chiffres qui servent à compter.	Il sert à poser une question ou offrir une exclamation
Mon ton son Ma ta sa Mes tes ses Notre votre leur Nos vos leurs	Ce, cet, cette, ces Parfois avec particule déictique : « ci » et « là ».	Quelque(s), tout(e), tous, toutes, plusieurs, certains, (autres), le-la-les même(s), nul(le)s	Vingt, mille, etc.	Quel, quelle, quels, quelles
Ex : *vos parents et leurs enfants*	Ex : *ce garçon-ci, cette fille-là*	Ex : *plusieurs personnes, toutes les personnes.*	Ex : *trente mille personnes*	Ex : *quelle histoire ! Quel élève ?*

- ### L'adjectif qualificatif

Il accompagne un nom et lui donne une précision de qualité, une propriété ou une caractéristique : *grand/petit/sage/joli/méchant/pesant* **etc.**

Il peut aussi être appelé « **adjectif relationnel** » lorsqu'il reprend un nom dont il est le dérivé : « *estival* » (dérivé de « été ») ; « *ministériel* » (dérivé de « *ministère* ») ; « *citadin* » (dérivé de « *cité* »).

Un participe passé qui se rapporte à un nom (s'accorde avec lui en genre et en nombre) est employé comme adjectif qualificatif : « *Ils ont rencontré des personnes* ***engagées*** » ; « ***intéressés****, les garçons posent de nombreuses questions* ».

Un participe présent peut aussi être considéré comme **adjectif verbal** lorsqu'il qualifie un nom et s'accorde et en genre avec lui : « *Ces voyages sont* ***exaltants*** » « *elle a accompli une tâche* ***gratifiante*** ».

Fonctions

- **Épithète :** l'adjectif fait partie du GN. Placé avant ou après le nom, il s'accorde avec lui. Ex : « *Ce chef d'entreprise* ***autoritaire*** décide de tout »
- **Apposé ou épithète détachée :** l'adjectif est séparé du nom auquel il se rapporte et dont il possède le genre et le nombre, par une ou des virgules. Ex : « ***Furieux****, l'individu partit en criant* ». « *Cette fille,* ***grande****, peut effacer le tableau.* » Il peut être déplacé : « ***Grande****, cette fille peut effacer le tableau* ».
- **Attribut :** le nom et l'adjectif sont reliés par un verbe dit « attributif », souvent un verbe d'état (être, paraître, sembler, demeurer, devenir, rester, passé pour, avoir l'air de...). Le nom est alors soit sujet : « *Les feuilles deviennent* ***jaunes*** *à l'automne* » ou COD. On dit alors qu'il est attribut du COD : « *Elles les ont rendus* ***furieux*** »

Degré de l'adjectif qualificatif

L'adjectif peut être utilisé seul ou avec plus ou moins d'intensité.

- **Le comparatif**: La qualité du nom est envisagée d'une façon relative en comparaison avec un autre nom:
  - Comparatif d'égalité: « *Les paysages de montagne sont aussi* ***beaux*** *que les paysages de la mer* ».
  - Comparatif de supériorité: « *Le chat est plus* ***grand*** *que la souris* ».
  - Comparatif d'infériorité: « *Ils sont moins* ***intéressés*** *qu'elles* ».
- **Le superlatif relatif**: la qualité du nom est envisagée comme la plus ou la moins performante:
  - Superlatif relatif de supériorité: « *Ils sont les plus* ***forts*** *à ce sport* ».
  - Superlatif relatif d'infériorité: « Les prix les moins **honorifiques** seront attribués plus tard ».
- **Le superlatif absolu**: La qualité du nom est envisagée en elle-même. Plusieurs formes sont possibles.
  - l'adverbe placé devant l'adjectif: « *très* ***beaux*** » « *particulièrement* ***sage*** » « *plutôt* ***gentil*** ».
  - les préfixes: « *hyper-**gentil*** » « *sur*évalué »
  - les suffixes: « ***grand****issime* » « ***simpl****issime* ».

L'adverbe

Ils sont invariables et peuvent, le plus souvent, être supprimés car ils ne sont pas essentiels dans une phrase. Ils servent à modifier, moduler un autre mot (verbe, ex: *il mange **salement***; adjectif, ex: *elle est* **particulièrement** *attentive*; ou autre adverbe, ex: *nous jouons* **très** *sagement*). Ils se regroupent en différentes catégories:

- **adverbes de lieu** pour situer un lieu: *ici, là-bas, en dessous, au-dessus, dehors, ailleurs, derrière, devant, à côté, dedans, loin, en bas, partout, près,* etc.
- **adverbes de temps** pour situer un moment: *aujourd'hui, hier, demain, tôt, tard, avant, après, pendant, maintenant,* etc.
- **Adverbes de manière** pour préciser une façon d'exécuter une action: *ainsi, comme, mal, mieux, plutôt, volontiers, vite,* etc.
  - les adverbes en -ment ex: sagement, gentiment, bravement etc.
  - les adverbes en [amã] ex: *brillamment, méchamment, consciemment* etc.
- **Adverbes d'intensité** pour varier des degrés: *peu, beaucoup, très, très fort, tellement, tant, suffisamment, peu, guère,* etc.
- **Adverbes de négation**: *non, pas, point, guère, nullement* etc. (devant un adjectif) ou locution négative « ne... pas » « ne... guère » « *ne... jamais* » etc. (de part et d'autre d'un verbe)

- **Adverbes d'affirmation** : *effectivement, probablement, certainement, certes, sans doute, peut-être*, etc. À eux seuls, ils peuvent constituer une proposition.
- **Adverbes interrogatifs et exclamatifs** : *où ? Combien ? pourquoi ? quand ?* etc. *comme...* ! combien... ! etc.
- **Adverbes de liaison** pour montrer :
  - des cumuls : *de plus, en outre, aussi, également* ;
  - une reformulation : *autrement dit* ;
  - une explication : *par exemple, éventuellement* ;
  - la cause : *en effet, ainsi* ;
  - la conséquence : *aussi, par conséquent* ;
  - l'opposition ou la concession : *cependant, néanmoins, en revanche.*
  - **Voir la proposition subordonnée relative p. 119**

ENTRAÎNEZ-VOUS !

Objet d'étude : la littérature d'idées du XVIe siècle au XXIe siècle

Essais « Des Coches », III, 6 de Montaigne

Exercice 1

Dans cet extrait, étudiez les groupes nominaux des passages surlignés : Noyaux ? Nature des mots les composant, fonction syntaxique dans la phrase.

« La grande magnificence des villes de Cuzco et de Mexico, et, entre plusieurs choses pareilles, le jardin de ce roi, où tous les arbres, les fruits et toutes les herbes, selon l'ordre et grandeur qu'ils ont en un jardin, étaient excellemment façonnés en or, comme, dans son cabinet, tous les animaux qui naissaient dans son État et dans ses mers ; et la beauté de leurs ouvrages en pierreries, en plume, en coton, en peinture, montrent qu'ils ne nous cédaient rien en habileté. »

Exercice 2

***Question de grammaire** : Quelle importance ont ces groupes nominaux dans la complexité de la phrase proposée.*

Fiche 27
Un exemple de lecture linéaire (XVIIe)

Objet d'étude: la littérature d'idées du XVIe siècle au XXIe siècle

« *Le Rat qui s'est retiré du monde* » de Jean de La Fontaine, *fables*, VII, 3

Le texte

Les Levantins en leur légende
Disent qu'un certain Rat las des soins d'ici-bas,
Dans un fromage de Hollande
Se retira loin du tracas.
La solitude était profonde,
S'étendant partout à la ronde.
Notre ermite nouveau subsistait là-dedans.
Il fit tant de pieds et de dents
Qu'en peu de jours il eut au fond de l'ermitage
Le vivre et le couvert: que faut-il davantage?
Il devint gros et gras; Dieu prodigue ses biens
A ceux qui font voeu d'être siens.
Un jour, au dévot personnage
Des députés du peuple Rat
S'en vinrent demander quelque aumône légère:
Ils allaient en terre étrangère
Chercher quelque secours contre le peuple chat;
Ratopolis était bloquée:
On les avait contraints de partir sans argent,
Attendu l'état indigent
De la République attaquée.
Ils demandaient fort peu, certains que le secours
Serait prêt dans quatre ou cinq jours.
Mes amis, dit le Solitaire,
Les choses d'ici-bas ne me regardent plus:

En quoi peut un pauvre Reclus
Vous assister ? que peut-il faire,
Que de prier le Ciel qu'il vous aide en ceci ?
J'espère qu'il aura de vous quelque souci.
Ayant parlé de cette sorte
Le nouveau Saint ferma sa porte.
Qui désignai-je, à votre avis,
Par ce Rat si peu secourable ?
Un Moine ? Non, mais un Dervis :
Je suppose qu'un Moine est toujours charitable.

Aides

L'auteur

Jean de La Fontaine (1621-1695), quelque temps après avoir étudié la théologie, choisit le droit et devient avocat au Parlement. Très tôt, il est passionné par les anciens : Homère, Platon, Virgile et Ovide. Fixé à Paris depuis 1658, il garde une attirance certaine pour la campagne et la nature. Il endossera d'ailleurs la charge de Maître des eaux et forêts. En 1657, il fait la connaissance du surintendant Fouquet, défenseur des arts, qui lui permet d'intégrer le cercle de Mlle de Scudéry, Mme de Sévigné, Perrault, Corneille, Molière, Racine, Mme de La Fayette, la Rochefoucauld. À La disgrâce de Fouquet, en 1661, il prend sa défense notamment en écrivant *Élégie aux nymphes de Vaux* et surtout l'*Ode au roi pour M. Fouquet* où il s'adresse directement au roi et plaide, en vain, la cause de son ami s'attirant les foudres de Louis XIV.

Son œuvre est polymorphe, il s'essaie à de nombreux genres : poésie galante, religieuse, satirique ou dramatique, contes, fables, pièces de théâtre, discours, farces, tragédies, discours, épîtres. À 47 ans, il publie le premier recueil des *Fables* (1668) mais aussi des *Contes et Nouvelles* en vers. Le second recueil de *Fables* paraît en 1678-1679. Il est désormais sous la protection et le mécénat de Madame de la Sablière qui accueille dans son salon tout ce qui compte dans le monde scientifique et littéraire. La Fontaine s'intéresse notamment à la philosophie de Descartes. Il entre à l'Académie française en 1684. Toujours admiratif des œuvres gréco-latines, il prend parti pour les anciens dans la querelle qui les oppose aux modernes. À la fin de sa vie, il désavoue certaines de ses œuvres après un retour à la foi chrétienne.

Les Fables

Les fables constituent seulement une petite partie de son œuvre mais lui assurent un succès immédiat. Le 1er recueil en 1668 comprend les livres I à VI, cent vingt-quatre fables dédiées au Dauphin, petit-fils de Louis XIV, un enfant de six ans. Il les écrit, dira-t-il pour « *plaire et instruire* ». Les *Fables* mettent en scène un « bestiaire imaginaire » qui appartient à la tradition depuis l'Antiquité, source d'émerveillement et de persuasion. Le second recueil paraît dix ans plus tard en 1678-1679 réunissant les livres VII à XI. L'auteur affiche la volonté de donner « un air et un tour un peu différent ». Le dernier recueil, le livre XII sort en 1694. La Fontaine assume pleinement ses reprises des fabulistes anciens tels Esope (VIe siècle avant J.-C.), Phèdre (Ier siècle après J.-C.) et l'Indien Pilpay (IVe siècle avant J.-C.).

Les livres VII à XI

Ce recueil est dédié à Madame de Montespan, favorite du roi. Il s'adresse davantage aux adultes : il y propose ses réflexions personnelles et envisage – au sein d'une satire parfois mordante des pouvoirs et de la société – le rapport entre les individus, certains prédateurs, d'autres victimes consentantes ou résignées. L'impératif de survie s'impose dans bon nombre de ses fables forçant à la ruse, la malhonnêteté ou la tromperie à travers un bestiaire très riche parfois exotique. Quand l'homme est présent, il agit en prédateur cruel et dominateur. Toute la société est représentée depuis le roi jusqu'au petit peuple en passant par les courtisans, les juges, les ecclésiastiques. La mort, très présente, est souvent cruelle, conséquence des défauts humains. Le ton de ses fables devient plus complexe, plus ambitieux.

Les sujets abordés sont multiples et moins empruntés à la tradition ésopique : la guerre, la fortune (Livre VII) ; la mort, le langage (Livre VIII) ; l'univers avec un regard philosophique (Livre IX), le rapport entre l'homme et la nature (Livre X), les puissants et la politique (Livre XI). La fable devient alors parfois satire sociale et politique, ses morales se complexifient.

Son art

Le regard de La Fontaine sur le monde est lucide et perçant, son travail appliqué et organisé. Chaque fable est construite comme une pièce de théâtre classique : une brève exposition (décor, personnage, problématique) ; des péripéties (ou actes) vivantes, vraisemblables et mouvementées avec du discours direct et des dialogues alertes ; un dénouement rapide, inattendu avec des personnages pris à leur propre piège, le plus souvent. La morale est toujours pleine d'un bon sens populaire étayé par l'expérience, sans dogmatisme. Au XVIIe, en effet, la morale est plus psychologique et sociale que « moralisatrice », une sorte de code de « bonne conduite sociale ».

Ses personnages, bien campés, sont souvent anthropomorphes, bien identifiables cependant par leurs traits de caractère, respectant une logique psychologique liée au bestiaire traditionnel : le lion, un roi dominateur ; le chien servile et malhonnête ; l'âne naïf, stupide et victime ; le renard rusé et beau parleur etc. La Fontaine utilise toutes les ressources de la langue française en manipulant les registres. Ses vers sont hétérométriques avec de multiples rejets et enjambements qui lui permettent de jouer sur les rythmes. Rêveur et solitaire, Jean de La Fontaine possède un univers lié à la nature devant laquelle il devient volontiers lyrique. Peintre animalier, il reste néanmoins soucieux de réalisme. C'est par ce subterfuge qu'il peut parler de la société de son époque.

Analyse linéaire du texte

Introduction

Le récit est situé dès la première ligne au Moyen-Orient au pays des « Levantins » (habitants du proche Orient). À la fin, le rat est appelé « dervis » désignant un religieux musulman. Par ce procédé associé à des personnages anthropomorphes*, La Fontaine détourne la censure. En fait, l'allusion à l'époque est plutôt lisible par tous : l'auteur évoque le refus du clergé, pendant la guerre contre la Hollande dans les années 1670) de participer à l'effort de guerre, à la demande du roi. Le livre VII est centré sur les questions de paix et de guerre dont les effets retombent sur le peuple. D'autre part, le titre, d'emblée, pose la situation initiale de la fable.

Unité du texte

La structure narrative du texte fait son unité : une situation initiale (un rat qui se retire du monde), un élément perturbateur (des rats quémandeurs), des péripéties (argumentation de part et d'autre), une situation finale (le rat claque sa porte) qui mettent en scène des animaux anthropomorphes*.

Importance du texte et problématique

Apologue* hétérométrique* qui aborde de façon détournée, plaisante mais justement d'autant plus subversive, les mœurs d'une époque et notamment l'hypocrisie et l'égoïsme des religieux dans un contexte politique (la guerre en Hollande). Ce texte illustre l'art du récit chez La Fontaine qui « évoque » des personnages plus qu'il ne les décrit : quelques mots sur un comportement portent plus qu'une longue description : « *Il fit tant de pieds et de dents/Qu'en peu de jours il eut au fond de l'ermitage/le vivre et le couvert : que faut-il davantage ?/ Il devint gros et gras* » pour montrer le grignotage glouton du rat. Ce texte entre dans le parcours « Imagination et pensée au XVIIe » avec la problématique proposée suivante : ***Entre « plaire » et « instruire », en quoi les procédés de la fable convoquent-ils l'imagination et la pensée ?***

Mouvement du texte

- Le « nouvel ermite » : situation initiale.
- La demande argumentée : l'élément perturbateur.
- Le refus poli et argumenté : situation finale

Analyse linéaire du texte

- **Le « nouvel ermite » : situation initiale.** La Fontaine joue sur l'ambiguïté homme/animal dans un cadre temporel et spatial complètement fictif. « Le rat » est le personnage éponyme*. Alternance d'alexandrins et d'octosyllabes, rimes croisées puis suivies : Les vers courts donnent un rythme rapide pour une situation vite présentée. Les temps sont ceux du récit : imparfait (actions de second plan) et passé simple (actions de premier plan) après un présent de vérité générale.

Les Levantins en leur légende Disent	Le premier vers est une accroche : le narrateur se pose en conteur d'une légende orientale (histoire d'ailleurs = distance avec un déterminant possessif : leur). Un présent de vérité générale : légende incontestable pour les Levantins.
qu'un **certain** *Rat las des soins (soucis) d'ici-bas,*	*Les motivations du rat ne sont pas spirituelles, il veut être tranquille pour profiter et manger (il s'agit d'un ermite d'un genre « nouveau » aux motivations inavouables).* ***« certain » = déterminant indéfini : représentatif d'une typologie visée.***
Dans un fromage de Hollande *Se retira loin du tracas.* *La solitude était profonde,* *S'étendant partout à la ronde.* *Notre ermite nouveau subsistait* là-dedans.	Allusion à la guerre de Hollande. L'ermitage est un fromage : amusement de l'auteur qui reprend au compte de sa fable une habitude alimentaire attribuée aux souris et rats.
Il fit tant de pieds et de dents **Qu'en peu de jours il eut au fond de l'ermitage** **Le vivre et le couvert : que faut-il davantage ?** **Il devint** gros et gras ; Dieu prodigue ses biens A ceux qui font voeu d'être siens.	Image d'un rat qui grignote et ronge. Biens terrestres : « le vivre et le couvert » ; « gros et gras » (nous sommes loin de l'ascèse de l'ermite religieux). Antithèse : de quels biens parle-t-on ? Phrase à valeur proverbiale. Ironie de l'auteur.

- **La demande argumentée : l'élément perturbateur.** Des représentants (députés) du « peuple rat » viennent perturber la retraite du rat. Le discours est indirect libre pour montrer la timidité et l'humilité de ces « ambassadeurs » mais aussi une parole plurielle. Le rat est silencieux. Plaidoyer* des députés. Suite d'octosyllabes et d'alexandrins.

Un jour, au dévot personnage	***« Un jour » marque un tournant : élément perturbateur : annonce les péripéties.***
Des députés du peuple Rat S'en vinrent demander **quelque** aumône légère : Ils allaient en terre étrangère (exil) Chercher **quelque** secours contre le peuple chat ;	Argumentation : 1. La demande. Rimes embrassées : « rat » et « chat » : les deux protagonistes enserrent « légère » « étrangère » : la demande à autrui.

Ratopolis était bloquée : *On les avait contraints de partir sans argent,* *Attendu* (étant donné) *l'état indigent* *De la République attaquée.* **Ils demandaient fort peu, certains** que le secours Serait prêt dans quatre ou cinq jours.	**« bloquée » « attaquée » : effets du conflit enserrent « argent » « indigent » : l'un explique l'autre.** Ratopolis = < polis = cité en grec (jeu de mot enfantin) 2. *Exil, dénuement, menace politique = état d'urgence.* 3. Antithèse : « quelque aumône légère » montre la modestie de la demande mais s'oppose à « sans argent », « indigent » révélant l'urgence. **Quelque : déterminant indéfini + « aumône légère » « ils demandaient fort peu » (deux adverbes qui se renforcent) = les députés minimisent leur demande. « certains » montrent une assurance qu'ils n'ont pas.**

- **Le refus poli et argumenté : situation finale.** Réponse argumentée du rat. Présent d'énonciation dans un discours direct puis, avec la morale, intervention de l'auteur.

Mes amis, dit le Solitaire, **Les choses d'ici-bas ne me regardent plus :** En quoi peut un pauvre Reclus Vous assister ? que peut-il faire, Que de prier le Ciel qu'il vous aide *en ceci* ? J'espère qu'il aura de vous quelque souci. Ayant parlé de cette sorte Le nouveau Saint ferma sa porte.	*Passage au discours direct avec une appellation faussement sympathique = hypocrisie. « Solitaire » (en incise) était le nom donné aux jansénistes reclus à Port Royal.* Argumentation : 1. **Renonciation au monde « d'ici-bas ».** 2. **Rimes embrassées : « le solitaire » ne peut rien « faire » ; « les choses d'ici-bas » ne concernent « plus » « le reclus ».** 3. Rejet + questions rhétoriques = la vraie raison n'est évidemment pas évoquer. Restriction « Que prier le Ciel qu'il vous aide » = se décharge hypocritement sur le Ciel. ***« en ceci » balaie toute l'argumentation des députés.*** « Quelque souci » rappelle « quelque aumône » « quelque secours » plus haut = clin d'œil ironique ! Le « nouveau saint » fait écho à « ermite nouveau » au v.7. Brutalité du geste exécuté dans le 2e hémistiche « ferma sa porte » (fermeture de la discussion en deux octosyllabes).

Qui désignai-**je, à votre avis,** *Par ce Rat si peu secourable?* *Un Moine*? Non, mais un Dervis: **Je** suppose qu'un Moine est toujours charitable.	Morale • **intervention de La Fontaine:** « je » **et impression de conversation** « à votre avis » **(interpellation)** • antithèse: « le nouveau saint » // « ce rat **si peu** secourable « (deux adverbes d'intensité) = retour à la vérité. • *deux questions rhétoriques: L'auteur semble s'interroger lui-même (morale non « moralisante » mais « réflexive »): de quoi ou de qui parle-t-on?* • répétition de « Moine »: on parle bien des « hommes ». • « Non « suivi de « je suppose qu'un moine est **toujours** charitable » = antiphrase* = dénégation ironique en feignant d'hésiter entre « Moine » et « dervis ». Présent de vérité générale.

Conclusion

- **Évolution du texte**: Il ne s'agit, au début du texte, que d'un retrait du monde « se retira loin du tracas » pour ensuite donner au rat l'aura d'un « nouveau saint »,« un dévot », « un charitable ». On comprend au fil du texte, qu'il s'agit d'un usurpateur ni dévot ni charitable, un menteur glouton. Pour finir, la morale ne donne pas de réponse car la vraie leçon est une invitation à la réflexion. Toutefois, la morale est implicite et ironique. Les innocentes questions rhétoriques donnent un avis.
- **Projet de lecture**: Cette fable est une satire anticléricale des moines « gros et gras », de leur gourmandise, de leur avarice et leur hypocrisie cachées sous les arcanes d'un langage rusé. Ce récit rejoint bon nombre de fables de La Fontaine en ce qu'il développe le rapport fort/faible dans une lutte pour la vie. Par les procédés de la fable qui distraient et plaisent, l'auteur sur le modèle de Socrate, utilise la maïeutique* pour instruire.

  Voir aussi: *Don Juan* de Molière; *Tartuffe* de Molière (le faux dévot); Rabelais (critique du clergé).

ENTRAÎNEZ-VOUS !

Objet d'étude : la littérature d'idées du XVIe siècle au XXIe siècle.

Pensées (1670) « l'imagination » de Blaise Pascal

Sujet : Faire la lecture linéaire de l'extrait suivant

Imagination. — C'est cette partie dominante dans l'homme, cette maîtresse d'erreur et de fausseté, et d'autant plus fourbe qu'elle ne l'est pas toujours, car elle serait règle infaillible de vérité, si elle l'était infaillible du mensonge.

Mais, étant le plus souvent fausse, elle ne donne aucune marque de sa qualité, marquant du même caractère le vrai et le faux. Je ne parle pas des fous, je parle des plus sages ; et c'est parmi eux que l'imagination a le grand don de persuader les hommes. La raison a beau crier, elle ne peut mettre le prix aux choses. Cette superbe puissance ennemie de la raison, qui se plaît à la contrôler et à la dominer, pour montrer combien elle peut en toutes choses, a établi dans l'homme une seconde nature. Elle a ses heureux, ses malheureux, ses sains, ses malades, ses riches, ses pauvres. Elle fait croire, douter, nier la raison. Elle suspend les sens, elle les fait sentir. [...]

Ne diriez-vous pas que ce magistrat dont la vieillesse vénérable impose le respect à tout un peuple se gouverne par une raison pure et sublime et qu'il juge des choses par leur nature sans s'arrêter à ces vaines circonstances qui ne blessent que l'imagination des faibles ? Voyez-le entrer dans un sermon où il apporte un zèle tout dévot, renforçant la solidité de sa raison par l'ardeur de sa charité. Le voilà prêt à l'ouïr avec un respect exemplaire. Que le prédicateur vienne à paraître, si la nature lui a donné une voix enrouée et un tour de visage bizarre, que son barbier l'ait mal rasé, si le hasard l'a encore barbouillé de surcroît, quelques grandes vérités qu'il annonce, je parie la perte de la gravité de notre sénateur. [...]

Nous ne pouvons pas seulement voir un avocat en soutane et le bonnet en tête sans une opinion avantageuse de sa suffisance.

L'imagination dispose de tout ; elle fait la beauté, la justice et le bonheur qui est le tout du monde.

Voilà à peu près les effets de cette faculté trompeuse qui semble nous être donnée exprès pour nous induire à une erreur nécessaire.

Aides

L'auteur

Blaise Pascal (1623-1662) est un enfant que l'on qualifierait aujourd'hui de précoce puisqu'à 11 ans, il écrit un traité sur la propagation des sons. À 16 ans, il impressionne déjà les mathématiciens en inventant la « machine arithmétique » (ancêtre de la calculatrice). Par ailleurs, très malade, il souffre beaucoup et marche difficilement. Très tôt, le jeune Blaise prend connaissance des écrits de Jansénius et d'Arnauld et devient janséniste offrant ses souffrances à Dieu et faisant de la sainteté son idéal. Toutefois, il n'abandonne pas ses recherches scientifiques en physique et en mathématiques et se bat pour les progrès contre les anciens. Il fréquente un temps le monde et même des libertins puis retourne à un monde de piété à Port-Royal-des-Champs. Il y vit dans un ascétisme sévère, malgré sa maladie. Dans *Les Provinciales* (rapidement mis à l'index), il défend âprement les jansénistes dans la querelle avec les jésuites en pleine persécution de Port-Royal et en pleine condamnation papale. Il meurt jeune après des souffrances terribles qui ne l'empêchèrent pas de vivre avec ferveur dans la religion.

Les Pensées

Pascal travaillait sur une *Apologie de la Religion chrétienne* qui lui demandait beaucoup de temps et d'énergie. Cet ouvrage dénotait sa volonté d'exposer les raisons de croire et ce que la religion chrétienne révélait. Il conservait toutes ses pensées sous forme de notes qui, recueillies après sa mort, deviendront *Les Pensées*. Il s'agit d'écrits de formes diverses : idées, maximes, lectures, confidences ou développements plus élaborés. La première édition (1669-1670), posthume, fut proposée par sa famille et ses amis de Port-Royal sous le titre *Pensées de M. Pascal sur la Religion* mais cet ouvrage est probablement altéré et tronqué par les auteurs. Ce n'est qu'en 1842 que le manuscrit fut intégralement repris pour respecter la volonté de Pascal pour son *Apologie*. L'édition qui, aujourd'hui, fait autorité, est celle de 1897.

Fiche 28

Question de grammaire : les discours (direct/indirect/indirect libre/narrativisé)

Objet d'étude : la littérature d'idées du XVIe siècle au XXIe siècle

« Le Rat qui s'est retiré du monde » de Jean de La Fontaine, *fables*, VII, 3

Question

1. *Transformez le discours direct de ce passage en discours indirect et expliquez vos transformations.*

> « Mes amis, dit le Solitaire,
> Les choses d'ici-bas ne me regardent plus :
> En quoi peut un pauvre Reclus
> Vous assister ? que peut-il faire,
> Que de prier le Ciel qu'il vous aide en ceci ?
> J'espère qu'il aura de vous quelque souci. »

2. *Transformez le même texte en discours indirect libre et expliquez vos transformations.*

Transformation en discours indirect

« Le solitaire les appela ses amis et leur dit que les choses ici-bas ne le regardaient plus : il leur demanda en quoi un pauvre Reclus pouvait les assister, ce qu'il pouvait faire sinon prier le Ciel qu'il les aidât en ceci. Il espéra que le Ciel aurait d'eux quelque souci ».

Explication

- Les temps changent :
  - le présent d'énonciation en discours direct devient passé simple (pour les verbes de parole : « *appela* », « *dit* » « *demanda* », « *espéra* » = actions de premier plan pour montrer qu'il parle).

- « Pouvoir » passe du présent à l'imparfait ; le présent du subjonctif « *qu'il aide* » passe à l'imparfait du subjonctif « *qu'il aidât* » : **concordance des temps** (néanmoins, le présent du subjonctif pourrait être toléré).
- Le verbe « avoir » passé du futur au conditionnel « *aurait* » préparé par « espérer ».

- **Les pronoms et déterminants se modifient :**

Pronoms personnels sujets		Pronoms personnels compléments	
J'(espère) 1re pers.sing.	**Il** (espéra) 3e pers.sing.	(ne) **me** 1re pers. sing.	(ne) **le** 3e pers. sing.
Déterminants (adj.possessifs)		**Vous** (assister) (aide) 2e pers.plu.	**les** (assister) (aidât) 3e pers.plu.
Mes (amis) 1re pers.sing.	**Ses** (amis) 3e pers.sing.		
		(de) **vous** 2e pers.plu.	(d') **eux** 3e pers.plu.

Le pronom personnel complément « **les** » (appela) est ajouté pour montrer la possession qui existait au style direct « mes ».

- **Présence de subordonnées :**
  - que les choses ici-bas ne le regardaient plus : Proposition subordonnée conjonctive complétive, COD de « dire »
  - en quoi un pauvre Reclus pouvait les assister : Proposition subordonnée interrogative indirecte, complément circonstanciel de manière (rare pour une sub. interrogative) de « demander ».
  - ce qu'il pouvait faire sinon prier le Ciel : Proposition subordonnée conjonctive complétive, COD de « demander ».
  - que le Ciel aurait d'eux quelque souci : Proposition subordonnée conjonctive complétive, COD de « espérer ».

Transformation en discours indirect libre

« Le Solitaire ne s'intéressait plus aux choses d'ici-bas : lui un pauvre Reclus ne pouvait assister personne, ni rien faire que prier le Ciel pour aider en ceci et avoir quelque souci. »

Explication

- Entrée dans la tête du personnage : point de vue énonciatif du « Solitaire ».
- Suppression des subordonnées liées au discours indirect.
- Concordance des temps comme dans le discours indirect.
- Le pronom « je » est remplacé par la 3e personne du singulier. « le solitaire » « lui » « un pauvre Reclus ».

Rappel de cours

Le discours direct

Les paroles sont rapportées directement telles qu'elles ont été prononcées. Le but est de :

- Restituer exactement les paroles de quelqu'un en conservant tout l'aspect oral.
- Rendre plus vivante une narration.
- Le narrateur s'efface alors au profit des mots prononcés par le personnage (changement de situation d'énonciation.)
- Les paroles directes permettent de mieux connaître un personnage.

Procédés

- Guillemets ou tirets en début de parole.
- Des verbes de parole (*dire, répondre, demander, répliquer)* positionnés différemment :
  - Verbe introducteur suivis de deux points avant la parole.
  - Verbe en incise à l'intérieur même de la parole ou après les guillemets. Le verbe et le sujet sont alors inversés.
- Le niveau de langue est parfois plus courant voire familier (selon le personnage) que dans la partie narration.
- Une ponctuation plus expressive : point d'exclamation ou d'interrogation pour marquer la spontanéité des réactions.
- Les temps : Les paroles rapportées utilisent souvent un présent d'énonciation ou un présent de vérité générale. La narration utilise les temps du passé.
- Indices de personnes : *je-tu-nous-vous-mon, ton, nos, vos.* De lieux : *ici, là-bas.* De temps : *hier, aujourd'hui, demain dans quelques jours.*

Exemple

Les petits chevaux de Tarquinia, Marguerite Duras (1953)

« Il parlait sans la regarder, face au fleuve. »

– *Et c'est ça l'amour. S'y soustraire, on ne peut pas. Comme à la vie, avec sa beauté, sa merde et son ennui.*

Le passeur attendait patiemment. Ludi était son seul client.

– *« Si vous vous arrêtez à Tarquinia, continua Ludi, je crois que je vais quand même aller avec vous. Il ajouta, de mauvaise foi : Parce que les guides, ils sont paresseux, et ils ne vous montreront pas les petits chevaux. Si vous ne devez pas les voir, alors ce n'est pas la peine d'y aller. »*

⇨ Tirets aux prises de parole.

⇨ Des verbes de parole : « *il parlait* » (introducteur) ; *continua Ludi* ; *il ajouta* (verbes en incise)

⇨ Présent d'énonciation : « *si vous vous arrêtez ; je crois que je vais* »

⇨ Présent de vérité générale : « *c'est ça l'amour ; s'y soustraire, on ne peut pas ; ils sont paresseux* ».

⇨ Indices de personnes : « *on ; vous ; je ; ils* »

Le discours indirect

Les paroles rapportées sont incorporées à la narration elle-même. Le but est de laisser la main au narrateur pour qu'il raconte lui-même, à sa manière, un dialogue.

Procédés

- Un verbe de parole ou de pensée est suivi :
  - D'une subordonnée complétive introduite par « que ». Ex : *J'ai dit que cela m'était égal...*
  - Des subordonnées interrogatives indirectes introduites par des pronoms ou adverbes interrogatifs. Ex : [Marie] *m'a demandé si je voulais me marier avec elle...*
  - Des subordonnées infinitives ou des verbes à l'infinitif (notamment dans une forme directe à l'impératif.) Ex : *Elle dit : – Pars demain ! = Elle lui dit de partir demain.*
- Parfois, le propos doit être totalement reformulé pour transmettre l'idée du discours direct. Ex : *Heu, Heu... ne me dis pas que... = Elle hésita et lui dit...*
- Les temps : la narration reprend ses droits avec les temps du passé. Si le verbe de parole est au passé, la complétive devra adopter le passé. Ex : *Je lui ai expliqué* (passé composé) *que cela n'avait* (imparfait) *aucune importance...*
- Les indices de personnes : *il, elle, ils, elles, son, sa, ses, leurs.* De lieux : *là, à cet endroit-là.* De temps : *la veille, ce jour-là, le lendemain, quelques jours plus tard.*

Exemple

L'Étranger, Albert Camus, 1942

« Le soir, Marie est venue me chercher et m'a demandé si je voulais me marier avec elle. J'ai dit que cela m'était égal et que nous pourrions le faire si elle le voulait. Elle a voulu savoir alors si je l'aimais. J'ai répondu comme je l'avais déjà fait une fois, que cela ne signifiait rien mais que sans doute je ne l'aimais pas. »

- Verbes de parole suivis de subordonnées interrogatives indirectes : « *m'**a demandé** si je voulais me marier avec elle* ». « *Elle **a voulu savoir** si je l'aimais* »
- Verbes de parole suivis de complétives : « *j'**ai dit** que cela m'était égal et que nous pourrions le faire...* » « *j'**ai*** répondu *que cela ne signifiait rien mais que sans doute...* ».
- Verbes de parole au passé composé, la subordonnée passe à l'imparfait (et un conditionnel « *pourrions* », changement de mode).
- Indices de personnes : *je ;* elle. Indice de temps : *le soir.*

Le discours indirect libre

Forme la plus difficile à repérer des paroles rapportées. Elle est utilisée pour entrer dans la pensée d'un personnage par l'interprétation du discours indirect.

- L'auteur-narrateur prend de la distance (une distance parfois amusée, affectueuse, ironique, moqueuse...) avec son personnage. Volonté d'ambiguïté.
- L'auteur-narrateur se confond souvent avec le personnage cité qui parle réellement = polyphonie énonciative. Seul le contexte permet de repérer le discours fictif. Un seul locuteur-rapporteur qui réunit les deux voix.

Procédés

⇨ Utilisation de « points de vue » énonciatifs avec des mots et phrases du narrateur mais aussi des mots et phrases du personnage.

⇨ Absence de tirets et de guillemets mais la ponctuation du discours direct est maintenue.

⇨ Suppression de subordonnées liées au discours indirect.

⇨ Parfois, modalisation du locuteur premier (narrateur).

⇨ Modification de temps et concordance des temps comme dans le discours indirect.

⇨ Le pronom « je » cède la place à « il » ou « elle ».

Exemple

Pierrot – Contes de la Bécasse (1883) Guy de Maupassant

« C'était vrai, cela; elles devraient avoir un chien, quand ce ne serait que pour donner l'éveil. Pas un gros chien, Seigneur! Que feraient-elles d'un gros chien! Il les ruinerait en nourriture. Mais un petit chien (en Normandie, on prononce quin), un petit freluquet de quin qui jappe. »

- Le narrateur se confond avec le personnage: « *C'était vrai, cela; elles devraient avoir un chien.* »
- Des mots et phrases du narrateur: « *en Normandie, on prononce quin* »
- Absence de tirets mais ponctuation du discours direct.
- Pronoms à la 3ᵉ personne: *elles.*

Le discours narrativisé

Il s'agit d'un résumé à l'intérieur du récit avec le contenu rapide des paroles prononcées.

Exemple

La Chartreuse de Parme (1838) Stendhal

« Il entendait (Fabrice en pleine évasion) les soldats parler de tous les côtés »

- Le narrateur estime que le contenu des paroles n'a pas assez d'importance pour être donné explicitement.
- Évocation de paroles pour seulement montrer l'agitation ambiante.

ENTRAÎNEZ-VOUS !

Objet d'étude : la littérature d'idées du XVIe siècle au XXIe siècle

« Le Rat qui s'est retiré du monde » de Jean de La Fontaine,
fables, VII, 3

Exercice 1

À quel discours appartient cet extrait ? Pourquoi ?

Des députés du peuple Rat
S'en vinrent demander quelque aumône légère :
Ils allaient en terre étrangère
Chercher quelque secours contre le peuple chat ;
Ratopolis était bloquée :
On les avait contraints de partir sans argent,
Attendu l'état indigent
De la République attaquée.
Ils demandaient fort peu, certains que le secours
Serait prêt dans quatre ou cinq jours.

Exercice 2

Transformez ce texte en discours indirect et expliquez vos modifications.

Fiche 29
Un exemple de lecture linéaire (XVIIIᵉ)

Objet d'étude:
la littérature d'idées du XVIᵉ siècle au XXIᵉ siècle

Extrait de *L'ingénu de Voltaire chapitre 3, 1767.*

Le prieur redressa les idées du Huron; il lui remontra que la circoncision n'était plus de mode; que le baptême était beaucoup plus doux et plus salutaire; que la loi de grâce n'était pas comme la loi de rigueur. L'Ingénu, qui avait beaucoup de bon sens et de droiture, disputa, mais reconnut son erreur; ce qui est assez rare en Europe aux gens qui disputent; enfin il promit de se faire baptiser quand on voudrait.
Il fallait auparavant se confesser; et c'était là le plus difficile. L'Ingénu avait toujours en poche le livre que son oncle lui avait donné. Il n'y trouvait pas qu'un seul apôtre se fût confessé, et cela le rendait très rétif. Le prieur lui ferma la bouche en lui montrant, dans l'épître de saint Jacques le Mineur, ces mots qui font tant de peine aux hérétiques: Confessez vos péchés les uns aux autres. Le Huron se tut, et se confessa à un récollet. Quand il eut fini, il tira le récollet du confessionnal, et, saisissant son homme d'un bras vigoureux, il se mit à sa place, et le fit mettre à genoux devant lui: « Allons, mon ami, il est dit: Confessez-vous les uns aux autres: je t'ai conté mes péchés, tu ne sortiras pas d'ici que tu ne m'aies conté les tiens. » En parlant ainsi, il appuyait son large genou contre la poitrine de son adverse partie. Le récollet pousse des hurlements qui font retentir l'église. On accourt au bruit, on voit le catéchumène qui gourmait le moine au nom de saint Jacques le Mineur. La joie de baptiser un Bas-Breton huron et anglais était si grande qu'on passa par-dessus ces singularités. Il y eut même beaucoup de théologiens qui pensèrent que la confession n'était pas nécessaire, puisque le baptême tenait lieu de tout.

Aides

Vie de Voltaire p. 93

Voltaire et l'esprit des Lumières

Voltaire est un polémiste qui manie avec maestria la satire sociale. Toute sa vie il s'interrogera sur la nature divine, l'immortalité de l'âme, le destin humain, l'existence du mal. Ne pouvant résoudre ces mystères, il s'en remet au doute notant toutefois que les religions engendrent le fanatisme et l'angoisse des hommes. Il préconise donc un retrait prudent mais sage de toutes religions révélées pour une recherche simple et naturelle du bonheur terrestre. Plusieurs de ses œuvres reflètent cette pensée: *Lettres philosophiques* (1734); *Traité sur la tolérance* (1763); *Dictionnaire philosophique* (1764).

Cependant, le scepticisme de Voltaire – contrairement à Diderot athée – ne le pousse pas à rejeter l'existence de Dieu qui, selon lui, s'impose à la raison. Le monde, cette machine gigantesque, est forcément régi par un « horloger » « un géomètre » « un architecte ». Dieu est plus lié pour Voltaire à la morale et à la vertu qu'à une quelconque superstition vénérée par des cultes. La raison et la conscience doivent l'emporter. L'homme étant voué à vivre en société, Voltaire fera de la tolérance le combat de sa vie. Pour lui, les hommes sont libres et égaux mais il ne croit pas – comme Rousseau – à la bonté naturelle de l'homme. Il dénonce la guerre, revendique la paix, l'abolition de l'esclavage, la liberté de chacun, la justice, le progrès et rêve de monarchie à l'anglaise, plus démocratique.

Le conte philosophique

Il s'agit d'un genre littéraire bâti sur un oxymore* puisque le « conte » sollicite l'imaginaire, l'invraisemblable et « philosophique » suggère la raison et la rationalité. Le conte philosophique contient donc une histoire plaisante qui propose un enseignement moral. Voltaire avec *L'Ingénu* et *Candide* en illustre bien les deux aspects.

L'ingénu

Paru en 1767, L'Ingénu s'attaque à l'hypocrisie sociale. Le personnage est un jeune Huron qui arrive en Bretagne où il fait connaissance de parents, les Kerkabon. Cette famille retrouvée est heureuse de l'accueillir avec un fort désir de l'éduquer et de le convertir. Il est alors confié à l'expertise des jésuites. Amoureux de Mlle de Saint-Yves, sa marraine, le jeune homme veut l'épouser mais la religion le lui interdit. Il défend la région contre l'attaque des Anglais puis se présente à la cour d'où il est rejeté comme ami des Huguenots. Il sera même embastillé. Mlle de Saint-Yves vient le défendre et, en échange de ses bontés pour le ministre Saint-Pouange, obtient sa libération ainsi que celle de Gordon, un janséniste que le Huron a éclairé durant leur emprisonnement. La jeune femme meurt de honte peu après. Le jeune Huron, devenu officier, va porter un regard étonné et bien souvent naïf sur cette société hypocrite, fortement imprégnée de religion.

On ne peut, bien évidemment s'empêcher de penser au même regard distancé adopté par Montesquieu dans les *Lettres persanes* (voir p. 99)

Analyse littéraire du texte

Introduction

Le nom choisi, « L'ingénu » pour titre de l'œuvre (comme « Candide ») caractérise le héros par une qualité morale qui va le suivre pendant tout le récit. Le texte appartient au début de l'œuvre, chapitre 3, où le Huron est présenté dans toute sa spontanéité et son naturel de « bon sauvage ». Dans ce chapitre, l'Ingénu montre sa bonne volonté et son désir de bien faire notamment pour adopter la religion chrétienne de son oncle (le prieur) et de sa tante (Mme de Kerbabon, sœur du prieur). L'ingénu a lu scrupuleusement la Bible et, après avoir voulu être circoncis pour respecter les rites de l'Ancien Testament, il est ramené par le prieur à de meilleures dispositions : la confession en vue d'un baptême.

Unité du texte

Le bon sens naturel du Huron opposé à l'hypocrisie religieuse au nom de l'éducation traverse ce texte.

Importance du texte et problématique

Les péripéties du Huron qui veut se convertir mettent en relief la lecture possible du *Nouveau Testament*. Voltaire, par son écriture satirique et ironique, propose un nouveau regard sur la religion, ses dogmes, ses rites et ses textes fondateurs. Cette analyse appartient au parcours : « Voltaire, esprit des Lumières ». Nous proposons cette problématique : ***En quoi l'ingénuité, mise en scène par Voltaire, peut-elle interroger la religion au siècle des Lumières ?***

Mouvement du texte

- La « mode » en religion.
- « Confessez-vous les uns les autres. »
- L'hypocrisie des religieux.

Analyse linéaire

- **La « mode » en religion.** Les personnages sont abordés de l'extérieur dans un discours indirect puis indirect libre, sans allusion à la psychologie des personnages. Le narrateur est toutefois omniscient, il sait que l'ingénu « *avait beaucoup de bon sens et de droiture* ».

Le prieur redressa les idées du Huron ; *il lui remontra que la circoncision n'était plus de* mode *; que le baptême était beaucoup plus doux et plus salutaire; que la loi de grâce n'était pas comme la loi de rigueur.*	Contrainte du prieur sur le Huron pour rectifier les éventuelles déviations. **La « mode » n'a rien de religieux : réduction de la religion à une « tendance » = Voltaire dénonce le message biblique dénaturé par l'homme et ses « modes ».** *Discours indirect et opposition* : • *entre la circoncision (douloureuse) et le baptême « doux » et « salutaire » par l'intermédiaire du comparatif « plus ».* • *entre « la loi de grâce » (Nouveau testament-baptême) et « la loi de rigueur » (Ancien testament-circoncision).*
L'Ingénu, qui avait beaucoup de ***bon sens*** et de ***droiture***, disputa, mais **reconnut son erreur** ; ce qui est assez rare en Europe aux gens qui disputent ; ***enfin*** il promit de se faire baptiser quand on voudrait.	Discours indirect libre : Modalisation : présence de Voltaire qui affirme avec un présent de vérité générale. ***Ironie de Voltaire : Le Huron s'en remet « enfin » à son « bon sens » et à sa « droiture » « il reconnut son erreur ».***

- **« Confessez-vous les uns les autres » :** La lecture attentive et scrupuleuse du *Nouveau Testament* par le Huron pétri de conviction, entraîne un effet comique. Dans son ingénuité, il voit tout de suite la contradiction qu'aucun religieux ne semble avoir perçu au préalable. Critique par Voltaire des rites éloignés des textes fondateurs et de la religion en général.

Il fallait auparavant se confesser ; et c'était là le plus difficile. L'Ingénu avait toujours en poche le livre que son oncle lui avait donné. Il n'y trouvait pas qu'un seul apôtre se fût confessé, et cela le rendait très rétif. Le prieur lui ferma la bouche en lui montrant, dans l'épître de saint Jacques le Mineur, ces mots qui font tant de peine aux hérétiques (les protestants qui refusent la confession à un prêtre) : Confessez vos péchés les uns aux autres. Le Huron se tut, et se confessa à un récollet (religieux).	**Forme impersonnelle marquée d'un adverbe « auparavant » en écho à « enfin » et un superlatif « plus difficile » préfigurant les ennuis.** Discours narrativisé confirmé par la phrase de registre familier « lui ferma la bouche ». Nouvelle contrainte du prieur pour faire taire le Huron et fait parole d'autorité avec l'épître (réelle) de Saint Jacques. Narration rapide stoppée par une phrase courte : « le Huron se tut, et se confessa » passé simple = actions brèves et ponctuelle.
Quand il eut fini, ***il tira le récollet du confessionnal, et, saisissant son homme d'un bras vigoureux, il se mit à sa place***, et ***le fit mettre à genoux*** devant lui : « Allons, mon ami, il est dit : Confessez-vous les uns aux autres : je t'ai conté mes péchés, tu ne sortiras pas d'ici que tu ne m'aies conté les tiens. » En parlant ainsi, il appuyait son large genou contre la poitrine de son ***adverse partie.***	***Verbes d'action et d'action brutale : caractère vif et sans filtre : intégrité du Huron qui retourne la situation en interprétant à la lettre le texte qu'il a lu de près.*** Discours direct pour rendre plus intensément l'effet comique et même burlesque de la scène. ***« Adverse partie » montre la colère de l'Ingénu qui n'accepte pas d'être trompé.***
Le récollet pousse des hurlements qui font retentir l'église.	Présent de narration qui met en valeur le scandale engendré par la réaction du Huron.

- **Hypocrisie et opportunisme des autorités religieuses** prêtes à n'importe quelles concessions pour avoir un nouvel adepte. Satire de la religion par Voltaire qui pense qu'il n'existe pas de vérité religieuse.

On accourt au bruit, **on voit** le catéchumène qui gourmait (battait) le moine au nom de saint Jacques le Mineur.	**« On » (pronom personnel indéfini) généralisant + présent de narration.** « Catéchumène » = substitut nominal pour « Huron » ou « Ingénu » : implique sa formation religieuse en cours.
La joie de baptiser un Bas-Breton huron et anglais (L'ingénu a été capturé par les Anglais et ramené en France par eux) était si grande qu'on passa par-dessus ces singularités. Il y eut même beaucoup de théologiens qui pensèrent que la confession n'était pas nécessaire, puisque le baptême tenait lieu de tout.	La réaction brutale du Huron – qui sert de révélateur – a suffi à bouleverser un dogme de l'église catholique (la confession) : remise en cause par les théologiens (scientifiques, spécialistes de la religion et de la doctrine) de la légitimité religieuse. Voltaire se moque de ces débats théologiques sans fondements à son sens. Il critique le caractère artificiel des sacrements qui sont, pour lui, des superstitions.

Conclusion

- **Évolution du texte :** Dans cette partie, le Huron découvre le formalisme religieux et Voltaire, déiste, par son truchement, dénonce l'opposition entre les textes fondateurs et les pratiques réelles voulues par les rites humains. Par une approche burlesque mais en conformité avec l'innocence du Huron et ses convictions dictées par les religieux, Voltaire démontre l'incohérence de certains écrits sortis de leur contexte. Il dénonce l'intolérance (ou fanatisme) des religieux mais aussi leur opportunisme : peu importe les vérités religieuses pourvu que l'on ait un nouvel adepte même au prix de quelques concessions aux dogmes dits « fondamentaux ». Ce texte est avant tout comique en raison de l'interprétation « à la lettre » de la phrase de Saint-Jacques. L'humour satirique de Voltaire met en lumières les artifices religieux.
- **Projet de lecture :** Voltaire, comme Rousseau aborde le mythe du « bon sauvage », cet homme naturel et primitif qui révèle les excès et les artifices de la société absolutiste. Néanmoins, contrairement à Rousseau, Voltaire n'a de cesse de faire de l'Ingénu un être policé qui, tout en conservant un esprit libre loin des préjugés ou des superstitions, parvient à évoluer dans la société par ses expériences et son adaptabilité. Au siècle des Lumières, le procédé du conte philosophique emprunte une voie indirecte pour persuader à travers un récit drôle et fictionnel. Ici, la satire de la religion propose une critique moqueuse qui prend appui sur l'ignorance – sous couvert de naïveté – et offre l'opportunité d'une vraie réflexion.

ENTRAÎNEZ-VOUS !

Objet d'étude : la littérature d'idées du XVIe siècle au XXIe siècle

***Discours sur l'origine de l'inégalité*, I-II (1754)**
Jean-Jacques Rousseau

Sujet : Faire la lecture linéaire de l'extrait suivant

Aides

Voir Rousseau p. 33

Le premier qui, ayant enclos un terrain, s'avisa de dire : *Ceci est à moi,* et trouva des gens assez simples pour le croire, fut le vrai fondateur de la société civile. Que de crimes, de guerres, de meurtres, que de misères et d'horreurs n'eût point épargnés au genre humain celui qui, arrachant les pieux ou comblant le fossé, eût crié à ses semblables : « Gardez-vous d'écouter cet imposteur ; vous êtes perdus, si vous oubliez que les fruits sont à tous, et que la terre n'est à personne ! » Mais il y a grande apparence, qu'alors les choses en étaient déjà venues au point de ne pouvoir plus durer comme elles étaient ; car cette idée de propriété, dépendant de beaucoup d'idées antérieures qui n'ont pu naître que successivement, ne se forma pas tout d'un coup dans l'esprit humain. Il fallut faire bien des progrès, acquérir bien de l'industrie et des lumières, les transmettre et les augmenter d'âge en âge, avant que d'arriver à ce dernier terme de l'état de nature. Reprenons donc les choses de plus haut et tâchons de rassembler sous un seul point de vue cette lente succession d'événements et de connaissances, dans leur ordre le plus naturel. [...]

Fiche 30

Grammaire: Subjonctif et concordance des temps

Objet d'étude: la littérature d'idées du XVIe siècle au XXIe siècle

L'ingénu de Voltaire chapitre 3, 1767.

Question

1. *Justifiez les temps et leur concordance dans cette phrase*

« Il n'y trouvait pas qu'un seul apôtre se fût confessé, et cela le rendait très rétif. »

2. *Modifiez cette phrase en mettant l'imparfait de l'indicatif au présent de l'indicatif, faites les transformations nécessaires et observez.*

Analyse des temps de la phrase

1.

- Nous constatons la présence de deux verbes à l'imparfait de l'indicatif : « *trouvait* » et « *rendait* » ainsi qu'un verbe à l'imparfait du subjonctif : « *qu'[il] se fût confessé* »
- L'imparfait est un temps de second plan, un temps du récit, marquant une action en cours de déroulement dans le passé : actions longues et dans la durée.
  - « *il ne trouvait pas* » signifie qu'il a cherché longuement et scrupuleusement dans le Nouveau Testament.
  - « *cela le rendait très rétif* » montre l'état d'esprit du Huron qui a du mal à accepter la situation.
- Le subjonctif est un temps d'usage littéraire peu utilisé aujourd'hui mais fréquent au XVIIIe. Ce temps, dans cette phrase complexe avec subordonnée complétive, dépend d'un autre verbe employé ici avec une négation « *il ne trouvait pas* » qui

révèle ici un manque voire un certain regret. Ce verbe étant à l'imparfait impose, en raison de la concordance des temps, l'imparfait du subjonctif.

- L'emploi de ces deux temps du passé, l'un à l'indicatif, l'autre au subjonctif, permet d'insister sur l'absence de confession pour les apôtres, tous les apôtres. Les formes négatives associées « ne trouvait pas » « qu'un seul apôtre » (restriction) renforce l'effet d'absence, de manque.

2. *« il ne s'y trouve pas qu'un seul apôtre se soit confessé, et cela le rend très rétif » :*

- La concordance des temps impose le présent du subjonctif avec le présent de l'indicatif pour être en cohérence de propos.
- Le présent de l'indicatif est un présent de narration pour respecter l'aspect duratif de l'action.

Rappel de cours

La concordance des temps

- Elle touche les propositions subordonnées (relative, conjonctive, interrogative indirecte) quand le verbe de la principale est au passé.
- Elle prend ainsi en compte la chronologie des actions pour montrer :
- **Quand le verbe de la principale est au présent :**
  - l'antériorité. Ex : « *Elle déclare* (maintenant) *qu'elle était là à l'heure* (au préalable). » (présent/imparfait)
  - La postériorité. Ex : « *Elle déclare* (maintenant) *qu'elle sera là à l'heure* (plus tard) » (présent/futur).
  - La simultanéité. Ex : « *Elle déclare* (maintenant) *qu'elle part* (maintenant) » (présent/présent).
- **Quand le verbe de la principale est un temps du passé, la subordonnée doit accorder sa temporalité :**
  - Antériorité : « *Elle déclarait (déclara, a déclaré, avait déclaré), qu'elle était partie à l'heure* » (plus-que-parfait).

  De même dans une subordonnée relative : « *Elle achète un pull qui lui a plu* » (présent/passé composé) devient « *Elle acheta un pull qui lui avait plu* » (passé simple/plus-que-parfait).
  - Simultanéité : « *Elle déclarait (déclara, a déclaré, avait déclaré) qu'elle partait à l'heure* » (imparfait).
  - Postériorité : « *Elle déclarait (déclara, a déclaré, avait déclaré) qu'elle partirait* » (le conditionnel ici a une valeur temporelle (non une valeur modale) : futur du passé.

De même dans une subordonnée conjonctive circonstantielle : « *Elle déclarait que, quand elle partirait, elle ne serait pas en retard.* »
Ou dans une proposition subordonnée interrogative indirecte : « *Elle ignorait si elle le reverrait un jour* » ou « *Il voulut savoir de quelle façon elle pourrait venir.* »

La concordance des temps et le subjonctif

- Le subjonctif présente une action comme envisagée (hors du champ de la réalité).
- L'action est, le plus souvent, sous la dépendance d'un verbe – dans une principale – qui montre **le désir, le souhait** (*vouloir, désirer, souhaiter, rêver, espérer*), **la crainte** (*craindre, avoir peur, redouter*), **le regret** (*regretter, redouter*), **la demande** (*demander, prier, défendre, interdire*), **l'éventualité, le besoin, la nécessité, le conseil, la défense, le doute.**
- Il s'emploie le plus souvent dans une subordonnée introduite par la conjonction de subordination « que ».
- La concordance des temps s'accomplit de la façon suivante :

Subjonctif		
Temps	**Explications**	**Exemples**
Présent	Le verbe de la Principale est au **présent.** Le même temps traduit **la simultanéité.**	Ex : *Il faut que je parte.*
Passé	1. Le verbe de la Principale est au **présent,** Le subjonctif est utilisé pour montrer une action **antérieure.** 2. Le verbe de la Principale est au **futur.** 3. Le verbe de la Principale est au **conditionnel**	1. *Tu crois vraiment qu'il ait pu envoyer ce message ?* 2. *Je demanderai à ton frère qu'il ait terminé ses devoirs à l'heure.* 3. *J'aimerais bien que vous ayez pensé* à mon anniversaire !
Imparfait	1. Le verbe de la Principale est au passé (souvent, **l'imparfait**). 2. Le verbe de la Principale est au **conditionnel.**	1. *Il craignait qu'il ne pût te faire confiance.* (on tolère aujourd'hui, l'usage du présent : *Il craignait qu'il ne puisse te faire confiance*) 2. *Il aurait aimé que tu lui fisses confiance.*
Plus-que-Parfait	Le verbe de la Principale est au **passé,** l'action au subjonctif est **antérieure.**	*Les portes de la galerie ne s'ouvrirent pas bien que les exposants eussent terminé leur installation.*

La construction du subjonctif

Les temps du subjonctif

Temps simples

Présent : Tous les verbes au présent du subjonctif prennent la même terminaison. Celle-ci ressemble beaucoup au présent de l'indicatif des verbes du 1er groupe sauf pour les 1re et 2e personne du pluriel :

-e / -es / -e / -ions / iez / -ent

Que je roule	Que je ri/e
Que tu roules	Que tu ri/es
Qu'il roule	Qu'il ri/e
Que nous roulions	Que nous ri/ions
Que vous rouliez	Que vous ri/iez
Qu'ils roulent	Qu'ils ri/ent

■ Les auxiliaires

Que j'aie	Que je sois
Que tu aies	Que tu sois
Qu'il ait	Qu'il soit
Que nous ayons	Que nous soyons
Que vous ayez	Que vous soyez
Qu'ils aient	Qu'ils soient

Imparfait : La construction du subjonctif imparfait s'appuie sur la dominante « **a** » « **u** » « **i** » ou « **in** » de la conjugaison du passé simple à laquelle on ajoute les terminaisons :

-sse / -sses / -^t / -ssions / -ssiez / -ssent

■ Passé simple : je ris/nous rîmes
Je courus/ns courûmes

Subjonctif imparfait :

Que je risse	Que je courusse
Que tu risses	Que tu courusses
Qu'il **rît**	Qu'il **courût**
Que ns rissions	Que ns courussions
Que vs rissiez	Que vs courussiez
Qu'ils rissent	Qu'ils courussent

■ Les auxiliaires

Que j'eusse	Que je fusse
Que tu eusses	Que tu fusses
Qu'il **eût**	Qu'il **fût**
Que nous eussions	Que nous fussions
Que vous eussiez	Que vous fussiez
Qu'ils eussent	Qu'ils fussent

Temps composés

Passé : Il se construit à partir des auxiliaires « être » et « avoir » au subjonctif présent + le participe passé du verbe. Comme aux temps composés de l'indicatif, le choix de l'auxiliaire dépend de la transitivité ou de l'intransitivité du verbe.

Que j'aie roulé	Que je sois né(e)
Que tu aies roulé	Que tu sois né(e)
Qu'il ait roulé	Qu'il soit né
Que ns ayons roulé	Que ns soyons né(e)s
Que vs ayez roulé	Que vs soyez né(e)s
Qu'ils aient roulé	Qu'ils soient nés

■ Les auxiliaires

Que j'aie eu	Que j'aie été
Que tu aies eu	Que tu aies été
Qu'il ait eu	Qu'il ait été
Que ns ayons eu	Que ns ayons été
Que vous ayez eu	Que vous ayez été
Qu'ils aient eu	Qu'ils aient été

Plus-que-Parfait : Il se construit à partir des auxiliaires « être » et « avoir » au subjonctif imparfait + le participe passé du verbe. Comme aux temps composés de l'indicatif, le choix de l'auxiliaire dépend de la transitivité ou de l'intransitivité du verbe.

Que j'eusse ri	Que je fusse né(e)
Que tu eusses ri	Que tu fusses né(e)
Qu'il eût ri	**Qu'il fût né**
Que ns eussions ri	Que ns fussions né(e)s
Que vs eussiez ri	Que vs fussiez né(e)s
Qu'ils eussent	Qu'ils fussent nés

■ Les auxiliaires

Que j'eusse eu	Que j'eusse été
Que tu eusses eu	Que tu eusses été
Qu'il eût eu	**Qu'il eût été**
Que ns eussions eu	Que ns eussions été
Que vs eussiez eu	Que vs eussiez été
Qu'ils eussent eu	Qu'ils eussent été

ENTRAÎNEZ-VOUS !

Objet d'étude : la littérature d'idées du XVIe siècle au XXIe siècle

Extrait du Supplément au Voyage de Bougainville **(1796)**
Denis Diderot (1713-1784)

Exercice 1

Justifiez les temps et leur concordance dans cette phrase

« Si un Tahitien débarquait un jour sur vos côtes, et qu'il gravât sur une de vos pierres ou sur l'écorce d'un de vos arbres : Ce pays est aux habitants de Tahiti, qu'en penserais-tu ? »

Exercice 2

Transformez cette phrase en mettant l'imparfait de l'indicatif au présent de l'indicatif et observez.

CORRIGÉS DU CHAPITRE 4

Fiche 24. Les outils pour étudier la littérature d'idées

1. Thème du texte de Denis Diderot : La colonisation au nom de la civilisation.

Thèse défendue : Le peuple tahitien s'appuie sur le bonheur lié à la nature, le sage (ou le « sauvage ») défend l'égalité et la tolérance entre les hommes.

Thèse rejetée : Une civilisation colonisatrice basée sur la puissance, l'injustice et l'immoralité.

2.

Arguments	Exemples
Le peuple tahitien est libre : »*Nous sommes libres* » « *tu crois donc que le Tahitien ne sait pas défendre sa liberté et mourir ?* » **Le peuple tahitien appartient à sa terre :** « *Ce pays est à nous* » **Les hommes sont frères et égaux, personne n'a de droit particulier sur les autres, nécessité de la tolérance :** »*le Tahitien est ton frère* » « *vous êtes deux enfants de la nature* » « *Tu n'es ni Dieu, ni démon*: qui es-tu donc, pour faire des esclaves » « *quel droit as-tu sur lui qu'il n'ait pas sur toi ?* »	« *Tu es venu ; nous sommes-nous jetés sur ta personne ? avons-nous pillé ton vaisseau ? t'avons-nous saisi et exposé aux flèches de nos ennemis. T'avons-nous associé dans nos champs au travail de nos animaux ?*
L'européen doit respecter les mœurs des Tahitiens, elles sont naturelles sans superflu : « *Laisse-nous nos moeurs* » « *Tout ce qui nous est nécessaire et bon, nous le possédons.* » **L'Européen ne doit pas apporter de biens imaginaires et forcer la nature :** « *Si tu nous persuades de franchir l'étroite limite du besoin, quand finirons-nous de travailler ? Quand jouirons-nous ?* » **Le Tahitien veut profiter des bienfaits de la nature :** « *rien de nous paraît préférable au repos* » « *laisse-nous reposer : ne nous entête pas de tes besoins factices, ni de tes vertus chimériques.* »	« *Lorsque nous avons faim, nous avons de quoi manger ; lorsque nous avons froid, nous avons de quoi nous vêtir.* « « *Tu es entré dans nos cabanes, qu'y manque-t-il, à ton avis ?* »

3. La stratégie de discours argumentatif utilisé ici est celle du **réquisitoire** : un discours où s'accumulent reproches et accusations contre le colonialisme. On peut également parler de **plaidoyer** puisque l'auteur défend la cause des Tahitiens.

4. Les procédés

- Les **antithèses*** dominent tout le texte : jeux d'opposition entre le peuple tahitien et les Européens. Chaque argument est renvoyé « en miroir » à l'interlocuteur. Ex : « *Si un Tahitien débarquait un jour sur vos côtes, et qu'il gravât sur une des pierres ou sur l'écorce d'un de vos arbres : Ce pays est aux habitants de Tahiti, qu'en penserais-tu* ? ». Structure symétrique : opposition entre les deux peuples (par renversement hypothétique).

  Les antithèses s'effectuent le plus souvent par deux procédés :
- Les **questions rhétoriques** multiples. Ex : « *et pourquoi ? parce que tu y as mis le pied ?* »
- Les **apostrophes** accompagnent les questions. Ex : « *Qui es-tu donc ?* » « *Ce pays est à toi !* » « *Tu es le plus fort !* » « *Tu es venu* » : emploi du « tu » récurrent en opposition au « nous » du deuxième paragraphe. Un « tu » qui s'adresse à Bougainville mais à travers lui à tous les Européens.
- Les types de phrases et la **ponctuation** : des **phrases exclamatives.** Ex : « *et tu veux nous asservir* ! » Des **phrases interrogatives.** Ex : « *Et qu'est-ce que cela fait ?* »
- **Les temps** : **le passé composé** en réponse au **présent** pour montrer l'effet nocif de l'arrivée des Européens. Ex : « *Nous sommes libres; et voilà que tu as enfoui dans notre terre le titre de notre futur esclavage* ». **Des présents de vérité générale.** *Ex* : « *Tout ce qui nous est nécessaire et bon, nous le possédons.* ». Des **impératifs** pour appuyer le réquisitoire. Ex : « Laisse-nous nos mœurs » « *poursuis jusqu'où tu voudras* » « *permets à des êtres...* » « *va dans ta contrée t'agiter, te tourmenter...* » « *laisse-nous reposer : ne nous entête* là de tes besoins factices ».

5. La **visée** de Diderot dans ce texte est argumentative : il s'agit de défendre les droits de l'homme, la liberté individuelle, le bonheur par la nature, dans la logique des Lumières : liberté, tolérance, égalité. Il choisit de dénoncer le bien-fondé de la colonisation et de la loi du plus fort.

Ce texte est à rapprocher *Des Cannibales* de Montaigne. Étudier aussi le mythe du « bon sauvage ».

Fiche 25. Lecture linéaire : *Essais* « Des Coches », III, 6 de Montaigne

Introduction

Ce texte relate la découverte, lors de la Conquista, des Indiens par les Espagnols décrits précédemment par Montaigne comme violents, hypocrites, vaniteux, avides de richesses – notamment l'or et les épices – pilleurs et belliqueux. Ils veulent imposer la culture européenne à des Indiens heureux, généreux et honnêtes (mythe du bon Sauvage).

Le titre « Des Coches » (les coches d'eau sont des bateaux tirés par des chevaux depuis un chemin de halage pour le transport de voyageurs puis, au XVIe, transport collectif tiré par des chevaux) est abandonné très vite au début du chapitre puis repris à la fin. Montaigne lui-même avoue que les « *noms de* [*ses*] *chapitres n'en embrassent pas toujours la matière* ». Montaigne reconnaît aussi écrire par « sauts et gambades ».

Unité du texte

La présence de Montaigne lie ce texte. **Présence directe** (« *je le crains* » montrant son désaccord et ses peurs) ou **présence implicite** à travers les modalisateurs notamment les adverbes intensifs tels « très fortement » « bien cher » « excellemment » ou un « *nous* » qui l'inclut, ainsi que le lecteur, dans la prise de conscience qu'il veut provoquer. Montaigne, même discrètement, conduit de bout en bout l'argumentation.

Importance de ce texte et problématique

Il s'agit d'un des textes fondateurs du mythe du « bon sauvage » repris au XVIIIe. Confrontation de deux mondes qui pose le problème de la relativité des cultures, des coutumes qui dictent les lois de la conscience. Toutefois, Montaigne décrit un « sauvage » certes proche de l'innocence de l'enfant mais, en rester là, serait avoir une vue réductrice de ce peuple à la culture plus riche, plus complexe ! Plus loin dans le texte, l'auteur parlera de « ces prétendus enfants ». Le texte s'inscrit dans le parcours « Notre monde vient d'en trouver un autre » et nous proposons la problématique suivante : ***Entre humanisme et désillusion, en quoi le texte de Montaigne est-il un réquisitoire contre la colonisation ?***

Mouvement du texte

- Un nouveau monde.
- La rencontre de deux mondes.
- Richesse du nouveau monde : vision idéalisée.
- Procès de l'ancien monde.

Lecture linéaire

- **Un nouveau monde : reconnaissance de la diversité des civilisations.**

Notre monde vient d'en trouver un autre (qui nous dit que c'est le dernier de ses frères, *puisque les Démons, les Sibylles et nous, avons ignoré celui-ci jusqu'à maintenant ?)*	Pluralité des mondes. La métaphore de la fratrie (« frères ») introduit déjà la notion de « fraternité » et « d'égalités » entre Indiens et Européens. *Démons : êtres surnaturels doués de raison influençant les humains. Sibylles : femmes qui ont le don de prophétie = montrent que l'ignorance étant immense* nécessite de garder un esprit ouvert à toute nouveauté.
non moins grand, plein et fourni de **membres** que lui, toutefois **si nouveau et si enfant qu'on lui apprend encore son a, b, c ; il n'y a pas cinquante ans qu'il ne savait ni lettre, ni poids, ni mesure, ni vêtements, ni céréales, ni vignes. Il était encore tout nu dans le** giron de sa mère nourricière.	**Métaphore filée de l'enfant appuyée par les adverbes d'intensité « si ». Petite enfance et répétition de « ni » (ignorance totale).** « La mère nourricière »= la terre (gaïa) dans la mythologie grecque : rappel d'une vie tournée vers la nature (mythe du bon sauvage).

– **La rencontre de deux mondes**: Le rapport **d'autorité** n'est pas légitime, il n'induit que la décadence pour « l'univers » entier. Des futurs à valeur prédictive.

Si ***nous*** concluons bien, ***nous*** sommes à la fin de ***notre*** monde, et si ce poète fait de même au sujet de la jeunesse de son siècle,	« ***nous*** » ***inclut à la fois Montaigne lui-même et le lecteur qu'il convient d'impliquer dans l'examen de conscience. Une seule occurrence en « je » de la présence de Montaigne qui, néanmoins mène toute l'argumentation.***
[cet autre monde ne fera qu'entrer dans la lumière quand ***le nôtre*** en sortira. L'univers s'immobilisera; l'un des membres sera perclus, l'autre en pleine vigueur.]	[Parallélisme syntaxique réuni par la conjonction de subordination de temps « quand » (simultanéité): un monde dans la « lumière », l'autre en « sortira ». « l'un perclus » « l'autre en pleine vigueur ». Conséquence: « L'univers s'immobilisera. »]
Je crains que nous ayons alors très fortement hâté son déclin et sa ruine par notre contagion et nous lui aurons fait payer bien cher nos idées et nos pratiques. C'était un monde enfant; si **nous** ne l'avons pas fouetté et soumis à **notre** connaissance en **nous** servant de **l'avantage** de ***notre*** valeur et de ***nos*** forces naturelles, ***nous*** ne l'avons pas non plus **séduit par notre justice et notre** bonté, ni subjugué par notre magnanimité. *La plupart de leurs réponses et des négociations faites avec eux témoignent qu'ils ne* ***nous*** *doivent rien en clarté d'esprit naturelle et pertinence.*	La domination n'entraîne que « déclin » et « ruine ». « contagion » (métaphore de la maladie) annonce le rapport d'influence néfaste + **termes positifs utilisés (« notre valeur » « nos forces naturelles » « notre justice » « notre bonté » « notre magnanimité »)** avec des négations **pour renforcer le péjoratif et montrer ce qui aurait pu être et n'est pas. Forme d'ironie proche de l'antiphrase.** *Termes mélioratifs pour décrire le nouveau monde: « clarté d'esprit » « pertinence »: ils n'ont rien à envier en termes intellectuels.*

– **Richesse du nouveau monde.** L'argumentation de Montaigne tend à montrer que la comparaison entre le nouveau monde et l'Europe n'est pas à l'avantage de celle-ci. Le nouveau monde est appauvri par le rapport d'autorité sans que l'ancien monde en soit bénéficiaire sur le plan humain. Vision idéalisée: énumération des qualités de ces civilisations précolombiennes. Quelques accents lyriques.

La grande magnificence des villes de Cuzco et de Mexico, et, entre plusieurs choses pareilles, le jardin de ce roi, où *tous les arbres, les fruits et toutes les herbes,* selon l'ordre et grandeur qu'ils ont en un jardin, étaient excellemment *façonnés en or,* comme, *dans son cabinet,* tous les animaux qui naissaient dans son État et dans ses mers; et la *beauté* de leurs ouvrages en *pierreries, en plume, en coton, en peinture,* montrent qu'ils ne nous cédaient en rien en *habileté*. Mais, quant à **l'héritage, l'observance des lois, la bonté, la libéralité, la loyauté, la franchise,**	Mythe du trésor des Incas, de l'Eldorado pour les conquistadors espagnols. *Toutes les richesses du nouveau monde n'ont rien à envier en termes esthétiques et artistiques: comparaison entre le cabinet de curiosité du roi d'Espagne et ce cabinet du nouveau monde = égalité des deux rois. L'art des plumes étonnait en Europe (découverte). Vocabulaire mélioratif « magnificence » « beauté » « habileté »* **Sur le plan moral, ils n'ont rien non plus à envier à l'Europe. Vocabulaire mélioratif.**
il nous a bien servi de n'en avoir pas autant qu'eux; ils se sont **perdus** par cet **avantage**, et vendus et trahis eux-mêmes. [...]	Ironie grinçante de Montaigne. Oxymore: « ils se sont **perdus** par cet **avantage** ». Les Indiens sont les victimes de leurs vertus.

– **Procès de l'ancien monde** : prise de position nette de Montaigne contre la domination par la violence. Réquisitoire virulent contre la conquête et ses exactions. Celles-ci sont au service des « trafics » et du commerce. Le « grand frère » ne joue pas son rôle d'éducateur, il se sert de l'innocence sans scrupules. Registres polémique et pathétique.

Au contraire, **nous nous sommes servis de leur ignorance et de leur inexpérience pour les plier plus facilement à la trahison, luxure, cupidité** et vers *toute sorte d'inhumanité et de cruauté,* **à l'exemple de nos mœurs.**	**Accusation claire de Montaigne : l'Europe est coupable d'immoralité (remise en question de son éthique « moeurs ») : « trahison » luxure » « cupidité » (gradation).**
[Qui mit jamais à tel prix le service du commerce et du trafic ?] Tant de *villes rasées,* tant de *nations exterminées,* tant de *millions de peuples passés au fil de l'épée,* et la plus riche et la plus belle partie du monde bouleversée pour la négociation des perles et du poivre (commerce des épices) ! Mécaniques victoires ! Jamais l'ambition, jamais les inimités publiques ne poussèrent les hommes les uns contre les autres à d'aussi horribles hostilités et à d'aussi misérables calamités.	[question rhétorique = interroge le lecteur] *Colons déshumanisés. Champ lexical de la violence.* Termes répétés : tant (+ pluriel) montre la quantité donc l'intensité de l'acte barbare. « Jamais » prépare « aussi » pour accentuer la conséquence : « ambition/inimités publiques » provoquent « horribles hostilités /misérables calamités ». Les victimes sont « les hommes » « les uns contre les autres » = échec total de la colonisation.

Conclusion

- **Évolution du texte** : Après avoir reconnu la diversité des cultures, Montaigne explique que les Européens, forts de leur civilisation, sont arrivés en maîtres et conquérants sans respect pour les Indiens. Le texte remet en cause le principe de domination culturelle (regrets et réprobation de l'auteur) : le nouveau monde possède sa culture, ses valeurs, son art (admiration de l'auteur). Le texte démontre que la supposée supériorité des conquérants pervertit ceux qu'elle conquiert.
- **Projet de lecture** : Montaigne réfléchit en humaniste sur la découverte du nouveau monde et, avec une volonté marquée, revendique une ouverture à l'autre. Il dénonce l'idée d'ethnocentrisme et propose une réflexion sur l'homme et son droit légitime à la dignité quelles que soient ses origines, au nom de la fraternité. Montaigne dénonce les brutalités, les cruautés des conquêtes. Ce texte interroge aussi les préjugés pour lutter contre l'ignorance et milite pour la recherche de la vérité.

Lire aussi

– « Des Cannibales » de Montaigne *Essais*, I, 3 page 152.
– *Supplément au voyage de Bougainville,* Diderot.
– *Discours sur les sciences et arts* (1750) de Rousseau.
– *Discours sur l'origine et les fondements de l'inégalité parmi les hommes* (1755) Rousseau.
– *Les Métamorphoses,* livre 1, d'Ovide sur « l'âge d'or »

Fiche 26. Question de grammaire : le groupe nominal

Exercice 1

« La grande **magnificence** des **villes** de Cuzco et de Mexico, [...] le **jardin** de ce roi, où tous les arbres, les **fruits** et toutes les **herbes**, [...] étaient excellemment façonnés en or. »

– La grande magnificence des villes de Cuzco et de Mexico.

Déterminants	Noms communs	Adj. qualificatifs	Prépositions
La (article défini, fém.sing) **Des** (article défini constracté, fém. plu.)	(la) **magnificence** (des) **villes** **Cuzco – Mexico** (noms propres)	**grande** (fém.sing.)	de **Conjonction de coordination** et

Fonction syntaxique : sujet de « montrent » (avec « le jardin de ce roi » « et la beauté de leurs ouvrages en pierreries, en plume, en coton, en peinture » coordonnée par la conjonction de coordination « et »)

– le jardin de ce roi où tous les arbres, les fruits et toutes les herbes étaient excellemment façonnés en or.

Déterminants	Noms communs	Prép.	Prop. Sub. relative
Le (article défini, mas. sing.) **ce** (adjectif démonstratif, masc. sing.) **tous** : adjectif indéfini (masc.plu.) **les** (arbres) (fruits) : article défini (masc.plu.) **toutes** : adjectif indéfini (fém.plu.) **les** (herbes) : article défini (fém.plu.)	(le) **jardin** (masc.sing.) (ce) **roi** (masc.sing.) les **arbres** (masc.plu) (les) **fruits** (masc.plu.) (les) **herbes** (fém.plu.) **or** (masc.sing.)	de en **Conj. de coord.** et	où tous les arbres, les fruits et toutes les herbes étaient excellement façonnés en or. = complément de l'Antécédent « jardin ». **Où** : pronom relatif, CC de lieu de « façonner ».

Fonction syntaxique : sujet de « montrent ».

Exercice 2

– Ces groupes nominaux appartiennent à une phrase particulièrement complexe où les GN s'enchâssent dans des propositions subordonnées. « *Le jardin de ce roi* » appartient à la « *magnificence des villes de Cuzco et de Mexico* » (« *entre plusieurs choses pareilles* »).

– « *le jardin de ce roi* » est complété par une relative qui précise ce que le jardin contient « *tous les arbres, les fruits et toutes herbes* » (« *selon l'ordre et grandeur* »).

- Une autre précision est apportée complétée d'une subordonnée relative : « *selon l'ordre et grandeur qu'ils ont en un jardin* ».
- Le verbe « étaient façonnés « est prolongé par la comparaison doublée d'une relative « *comme, dans son cabinet, tous les animaux qui naissaient dans son État et dans ses mers* « .
- Le verbe « *montrent* « renvoyé à la fin, étant au pluriel, contraint à rechercher plusieurs sujets. La **phrase minimale** serait : « *La magnificence des villes de Cuzco et de Mexico, le jardin de ce roi et la beauté de leurs ouvrages montrent qu'ils ne nous cédaient en rien (en habileté)* « .

  Nous avons ici une **hyperbate*** chère à Montaigne. La phrase minimale est sans cesse enrichie d'éléments alors qu'elle pourrait être écourtée et l'élément à mettre en valeur « *montrent qu'ils ne nous cédaient en rien en habileté* « (verbe + complétive) est placé en fin de la longue phrase.

Fiche 27. Lecture linéaire d'un extrait des *Pensées* de Blaise Pascal

Introduction

Les *Pensées* de Pascal sont un ensemble de textes rassemblés par les amis de Port-Royal après le décès de l'écrivain, il s'agit donc d'une œuvre posthume, inachevée, qui n'avait pas le projet de devenir des « Pensées » mais une Apologie de la religion chrétienne. Ce texte aborde le thème de l'imagination. Dans le manuscrit de Port-Royal, l'imagination est fréquemment remplacée par « fantaisie et opinions » lui accordant un impact moins offensif alors que pour Pascal, l'imagination est une « superbe puissance ennemie de la raison ».

Unité du texte

L'imagination est contraire à la raison d'où l'ambiguïté entre le « vrai » et le « faux » opposant « règle infaillible de vérité » à « infaillible du mensonge ». Cette ambiguïté trace la ligne de force de la thèse de Pascal dans ce texte.

Importance du texte et problématique

Ce texte s'inscrit dans une problématique de son époque – notamment auprès des libertins – voulant démontrer que l'imagination est nécessaire aux opérations de la pensée. Pascal rejoint aussi la pensée des stoïciens dans leur critique de l'imagination qui ne se nourrit que d'opinions. Ce texte convient au parcours « Imagination et pensée au XVIIe » et peut prendre pour problématique : ***Entre vérité et mensonge, comment l'auteur aborde-t-il la puissance de l'imagination pour l'homme ?***

Mouvement du texte

- Une « superbe puissance ennemie de la raison ».
- Deux exemples concrets.
- Faculté trompeuse.

Lecture linéaire

– **Une « superbe puissance ennemie de la raison »**. Apparente définition de « l'imagination » avec une dominance de présent. L'emploi du « je » implique totalement Pascal qui assume son propos. L'imagination est contraire à la raison mais elle appartient à tout homme. Elle est aussi nécessaire pour interroger la raison.

Imagination. — C'est cette partie dominante dans l'homme, cette maîtresse **d'erreur** et de **fausseté**, et d'autant plus **fourbe** qu'elle ne l'est pas toujours, car elle serait règle infaillible de vérité, si elle l'était infaillible du **mensonge**.	Apparente définition de l'imagination mais ambiguïté avec le conditionnel « serait « et l'antithèse : « infaillible de vérité « // »infaillible de mensonge ». Répétition de « cette » = démonstratif de distanciation un peu dédaigneuse. Double personnification « cette maîtresse (fourbe-fausse) ». = mal absolu « la raison crie » = victime.
Mais, étant le plus souvent **fausse**, elle ne donne aucune marque de sa qualité, marquant du même caractère *le vrai et le faux. Je ne parle pas des fous, je parle des plus sages;* et c'est parmi eux que l'imagination a le grand don de persuader les hommes. La raison a beau crier, elle ne peut mettre le prix aux choses. Cette superbe puissance ennemie de la raison, qui se plaît à la **contrôler** et à la **dominer**, pour montrer combien **elle peut en toutes choses**, a établi dans l'homme une seconde nature. Elle a ses *heureux*, ses *malheureux*, ses *sains*, ses *malades*, ses *riches*, ses *pauvres*. Elle fait croire, douter, nier la raison. *Elle suspend les sens, elle les fait sentir.*	**Vocabulaire du mensonge : « erreur » « fausseté », « fourbe » ,« mensonge », « fausse »** *Antithèses : « vrai » / « faux »;* *« fous » /« sages »* Ton emphatique. « eux » = les plus sages. L'imagination est bien une seconde nature pour l'homme (contre la raison). Hyperbole **Vocabulaire de la puissance : « dominer/contrôler/ elle peut en toute chose »** *Antithèses dans une énumération : « heureux /malheureux » « sains/malades » « riches/ pauvres » « suspend les sens/les fait sentir »*

– **Deux exemples concrets : « ce magistrat » qui « impose le respect » et « un avocat en soutane »**. L'exemple appartient au discours argumentatif pour étayer la thèse. Présent de narration : description précise.

Ne diriezvous pas que ce magistrat dont la *vieillesse vénérable* impose le respect à tout un peuple *se gouverne par une raison pure et sublime* et qu'il *juge des choses par leur nature* sans s'arrêter à ces vaines circonstances qui *ne blessent que l'imagination des faibles?*	Question rhétorique avec hyperbate*. Ton ironique. Sa nature première : « vieillesse vénérable impose le respect » « se gouverne par une raison pure et sublime (grande valeur morale) » « qu'il juge des choses par leur nature » ***Influence du personnage par son âge et sa fonction***
Voyez-le entrer dans un sermon où il apporte un **zèle tout dévot,** renforçant la solidité de sa raison par **l'ardeur de sa charité** (< caritas = amour, tendresse). Le voilà prêt à l'ouïr avec **un respect exemplaire.**	**La question rhétorique va être modulée par la réponse contraire** : sa vanité lui dicte les apparences. **« Voyez-le « évoque le désir de se faire remarquer selon les apparences liées à la vanité et à l'hypocrisie : il joue sur le regard qui est porté sur lui.**

Que le prédicateur vienne à paraître, si la nature lui a donné une voix enrouée et un tour de visage bizarre, que son barbier l'ait mal rasé, si le hasard l'a encore barbouillé de surcroît, quelques grandes vérités qu'il annonce, je parie la perte de la gravité de notre *sénateur.* [...] Nous ne pouvons pas seulement voir un avocat en soutane et le bonnet en tête sans une opinion avantageuse de sa suffisance.	*Hypothèse (préparée par un subjonctif hypothétique) du contre-exemple :* *l'auteur propose l'inverse du* « vieillesse vénérable « *qui* « impose... » « se gouverne... » « juge... » : *il se décrédibilise, l'imagination lui retire toute* « *gravité* » *(crédibilité).* « *Sénateur* » *est ici ironique.* Autre exemple rapide : art de Pascal qui en une phrase précise illustre une idée ; celle-ci résume bien l'exemple et le contre-exemple précédents. « Suffisance » = vanité.

– **Faculté trompeuse.** Pascal remet en cause les vraies valeurs morales, celles qui sont guidées par la raison = société d'apparences et d'illusions qui manipule l'homme et l'entraîne dans la vanité et l'hypocrisie.

L'imagination dispose de tout ; elle fait la beauté, la justice et le bonheur qui est le tout du monde. *Voilà à peu près* les effets de cette faculté trompeuse qui semble nous être donnée exprès pour nous induire à une erreur nécessaire.	Effet d'emphase : l'imagination envahit tout. *La démonstration est faite, fin de l'argumentaire.* Retour à l'ambiguïté : « faculté trompeuse » // « erreur nécessaire »

Conclusion

- **Évolution du texte** : Pascal manie tout son art argumentatif pour développer sa thèse : l'imagination est une « faculté trompeuse » mais « nécessaire ». Il utilise les outils syntaxiques de la logique : argumentation au début puis exemples/ contre-exemples, une conclusion pour démontrer l'illogisme. Sa démarche est scientifique alors que son propos est celui d'un moralisateur.
- **Projet de lecture** : L'imagination peut produire de grandes choses mais aussi donner de l'importance à ce qui n'en a pas. Elle génère aussi la vanité et l'hypocrisie de l'homme détournant l'attention de l'essentiel et conduisant à des erreurs. Tout concourt à démontrer que l'imagination sème le désordre de l'esprit. L'imagination est contraire à la raison d'où une ambiguïté entre le « vrai » et le « faux ».

Fiche 28. Question de grammaire : le discours

Exercice 1

Cet extrait est en discours indirect libre.

L'auteur-narrateur prend de la distance avec ses personnages. Le point de vue est distancé mais appartient aux « députés ». Toute la ponctuation du discours indirect est maintenue mais le texte ne possède aucune subordonnée.

Exercice 2

« Des députés du peuple rat demandèrent au rat qu'il leur accorde quelque aumône légère. Ils lui expliquèrent qu'ils allaient en terre étrangère chercher quelques secours contre le peuple chat ; que Ratopolis était bloquée et qu'on les avait contraints de partir sans argent, attendu l'état indigent, de la République attaquée. Ils lui dirent qu'ils demandaient fort peu, ils assurèrent qu'ils étaient certains que le secours serait prêt dans quatre ou cinq jours. »

- Introduction de verbes de paroles : « *demandèrent* » « *expliquèrent* » « *dirent* » « *assurèrent* ».
- Introduction de subordonnées conjonctives complétives COD :
  - « *qu'il leur accorde quelque aumône légère* » ;
  - « *qu'ils allaient en terre étrangère chercher quelques secours contre le peuple chat* »
  - « *que Ratopolis était bloquée* »
  - « *qu'on les avait contraints de partir sans argent, attendu l'état indigent, de la République attaquée* »
  - « *qu'ils demandaient fort peu,* »
  - « *qu'ils étaient certains que le secours serait prêt dans quatre ou cinq jours.* »
- Introductions de quatre pronoms personnels sujets représentant les députés : « ils »
- Ponctuation respectée.
- Concordance des temps respectée.

Contrairement au discours indirect libre, ce discours indirect rend la demande plus pressante, plus lourde en raison de la succession des conjonctions de subordination et des verbes de parole ajoutés. Le rat est plus directement impliqué puisqu'il est cité plusieurs fois : « *au rat* » « (qu') *il* », « *lui* (expliquèrent) » « *lui* (dirent) ». L'ajout de quatre pronoms personnels sujets « *ils* » impliquent aussi davantage la présence des députés qui parlent. La volonté de La Fontaine est bien, dans sa fable, de montrer l'état de faiblesse du peuple des rats et de traduire sa demande dans l'humilité.

Fiche 29. Lecture linéaire d'un extrait de *Discours sur l'origine de l'inégalité*

Introduction

À la suite d'un concours de l'Académie de Dijon interrogeant le rôle des sciences et des arts sur les mœurs, Rousseau entreprit de développer la thèse de l'origine de l'inégalité des hommes au regard des lois naturelles, thèse qu'il reprendra plus tard dans *Le Contrat social* et l'*Émile*, tous deux en 1762. Cet extrait appartient à l'incipit de la deuxième partie du *Discours sur l'origine des inégalités*.

Unité du texte

Une argumentation inductive conduit ce texte : partant d'un cas particulier, une scène fictive, l'auteur en arrive à une généralisation.

Importance du texte et problématique

Cet extrait développe les débuts de l'homme hors contexte religieux. Il amorce le processus d'édification de la « société civile » : au début, la nature régit l'existence de l'homme proche de l'animal et celui-ci, « naturellement bon » se sent libre. Puis, il se développe, crée la société et celle-ci le pervertit. Dans ses avancées, il découvre l'ambition, la dépravation puis la division, l'inégalité jusqu'à la servitude. Le texte peut s'inscrire au début du parcours « Notre monde vient d'en trouver un autre » et poser la problématique suivante : ***En quoi Rousseau dénonce-t-il, au siècle des Lumières, les inégalités sociales qui génèrent, selon lui, misère et esclavage ?***

Mouvement du texte

- Une scène fictive et une réaction immédiate du philosophe.
- « L'idée de propriété » : suite logique dans l'évolution des inventions humaines ?

Lecture linéaire

- **Une scène fictive et une réaction immédiate du philosophe** : forte modalisation et prolepse*. Le texte commence au passé simple montrant une rapidité de l'action de « prise de possession ». Dans son manuscrit, près de « *Ceci est à moi* », Rousseau a inclus une note : « *Ce chien est à moi, disaient ces pauvres enfants; c'est là ma place au soleil : voilà le commencement et l'image de l'usurpation de toute la terre* (Pascal, *Pensées*, 1re partie, art. IX § 53) ».

Le premier qui, ayant enclos un terrain, s'avisa de dire : « Ceci est à moi » et trouva des gens assez simples pour le croire, fut le vrai fondateur de la société civile.	Violence de l'acte posé = marque un interdit. Rappel, dans le titre, du mot « origine » : la société civile vient donc d'une invention : celle de la propriété affirmée. « Ceci est à moi » = cri de revendication qui pose d'emblée le principe d'inégalité : prise de parole sociale, pose un acte politique. S'oppose au silence des « gens assez simples pour le croire » : absence d'échanges qui légitime la propriété. « eût crié » est un cri de révolte qui s'oppose au premier cri.
Que de crimes, de guerres, de meurtres, que de misères et d'horreurs n'eût point épargnés au genre humain celui qui, ***arrachant les pieux ou comblant le fossé***, eût crié à ses semblables :	Gradation hyperbolique du malheur avec des termes au pluriel avec l'expression anaphorique « que de » insistant sur la quantité : Rousseau utilise la prolepse* en annonçant ce qui se passera ensuite. ***Conséquence de l'appropriation : gestes de violence à l'encontre des signes pas des personnes.*** Discours direct : interpellation du lecteur + impératif pour rappeler les lois naturelles.
« Gardez-vous d'écouter cet imposteur ; vous êtes perdus, si vous oubliez que les fruits sont à tous, et que la terre n'est à personne ! »	Présence de Rousseau, dans une prosopopée*. « s'avisa » = dénonce l'impudence ; « trouva » montre l'absence de réflexion. « gens simples » = dénonce l'abus de l'innocence ; « imposteur » = dénonce le vol, l'usurpation ; « perdus » = terme fort qui dénonce la perte de valeurs humaines (égalité, liberté).

– « L'idée de propriété » : suite logique dans l'évolution des inventions humaines.

Mais il y a grande apparence, qu'alors les choses en étaient déjà venues au point de ne pouvoir plus durer comme elles étaient ; car cette idée de propriété, **dépendant** de beaucoup d'idées antérieures qui n'ont pu naître que **successivement**, ne se forma **pas tout d'un coup** dans l'esprit humain. Il fallut faire bien des **progrès**, acquérir bien de l'industrie et des lumières, les transmettre et les augmenter **d'âge en âge**, avant que d'arriver à ce **dernier terme** **de l'état de nature.**	Probabilité. ***Connecteur pour nuancer la violence du propos : tout cela n'est pas le fruit d'une invention brutale mais le résultat d'une maturation longue de l'homme.*** Connecteur explicatif. « idée » montre une vue intellectuelle, conçue et élaborée à partir d'autres idées : évolution de « l'esprit humain ». **Notions d'évolution** **La propriété est désormais acceptée, l'homme quitte l'état de nature.**

Conclusion

- **Évolution du texte** : Ce texte est un morceau d'éloquence où le pouvoir de la parole guide le mouvement qui commence par un cri de revendication auquel s'opposera un cri de révolte. Discours avec une théorie appuyée sur la raison opposée à ce « *C'est à moi* ». Et toujours la parole avec la présence de Rousseau à travers une prosopopée, une interpellation injonctive.
- **Projet de lecture** : Pour Rousseau, la vraie question est : l'inégalité qui existe entre les hommes est-elle autorisée par la loi de la nature ? La société et la propriété, pour lui, vont de pair, l'une trouvant son origine dans l'autre. Si la propriété est la conséquence du progrès de l'homme, alors l'inégalité sociale est une réalité historique qui engendre inéluctablement le malheur. Pour lui, les différences naturelles ne sont pas des différences sociales. Les différences naturelles, incontestables, ne s'opposent pas à l'égalité car elles se complètent ou s'annulent sauf si la société s'en empare pour en faire des inégalités sociales.

Fiche 30. Question de grammaire

Exercice 1

« Si un Tahitien débarquait un jour sur vos côtes, et qu'il gravât sur une de vos pierres ou sur l'écorce d'un de vos arbres : Ce pays est aux habitants de Tahiti, qu'en penserais-tu ? »

– Nous relevons :
  - un **imparfait de l'indicatif** : « *débarquait* »
  - un **subjonctif imparfait** : « *qu'il gravât* »
  - un **conditionnel présent** : « *penserais-tu ?* »
  - deux **subordonnées** [*Si un Tahitien débarquait un jour sur vos côtes*] et [*qu'il gravât sur une de vos pierres ou sur l'écorce d'un de vos arbres*].
  - Une **principale** : « *qu'en penserais-tu ?* »

- La principale étant au conditionnel présent, la concordance des temps s'impose dans les subordonnées :
  - L'une [*Si un Tahitien débarquait un jour sur vos côtes*] est une subordonnée complément circonstanciel de condition. Elle est à l'imparfait et le conditionnel de la principale n'a pas une valeur modale mais une valeur temporelle : futur du passé (antériorité).
  - L'autre [qu'il gravât sur une de vos pierres ou sur l'écorce d'un de vos arbres] implique une supposition (imaginez que...) et une antériorité, qui imposent la concordance des temps : un subjonctif imparfait (construit à partir du passé simple : « il grava » et se conjugue « *qu'il gravât* ».)

La phrase commence par une condition (un Tahitien doit d'abord débarquer sur la côte) puis se poursuit par une supposition « (supposons) *qu'il gravât...* » pour se terminer par un conditionnel : « dans ces circonstances, *qu'en penserais-tu ?* »

Exercice 2

« Si un Tahitien débarque un jour sur vos côtes, et qu'il grave sur une de vos pierres ou sur l'écorce d'un de vos arbres : Ce pays est aux habitants de Tahiti, qu'en penseras-tu ? »

- **Observons**
  - L'imparfait de la condition devient **présent de l'indicatif** « *débarque* »
  - Le subjonctif imparfait respecte la concordance des temps devient subjonctif présent « *qu'il grave* ».
  - Le conditionnel présent deviendra **futur simple** « *qu'en penseras-tu ?* ». La valeur temporelle reprend ses droits et montre la postériorité. Les faits sont présentés comme possibles et tout à fait envisageables (non virtuels, hypothétiques).

Chapitre 5

Le Théâtre du XVIIe au XXIe siècle

Fiche 31

Rappel de cours: outils pour étudier le théâtre

Objet d'étude: le théâtre du XVIIe siècle au XXIe siècle

Le théâtre

« Narration sans narrateur », l'auteur s'adresse aux spectateurs par un texte mis en scène et interprété par des comédiens. Depuis l'antiquité, le **théâtre** a des fonctions sociales majeures, celles de divertir mais aussi de transmettre des valeurs pour le groupe. Sa dimension « mimétique* » touche tous les individus en leur proposant des modèles (ou contre-modèles). Les personnages se construisent par leurs répliques ou leurs tirades. L'action se définit dans les rapports de forces exprimés lors des gestes ou paroles et par la mise en scène. Le genre est appelé « dramatique » (« drãma » signifiant « action » en grec).

Le langage théâtral

Le « double » texte

Le texte d'une pièce comporte deux dimensions à prendre en compte:

- Une partie du texte écrit est récitée et jouée par des comédiens devant un public qui écoute et regarde mais ne participe pas. Elle est constituée des **répliques, tirades, monologues, dialogues.**
- L'autre partie de texte, constituée des **didascalies**, n'est accessible qu'aux lecteurs de la pièce et aux acteurs, metteurs en scène, tout le personnel technique du théâtre (décors, musiques, costumes, accessoires, lumières etc.). Les didascalies regroupent toutes les indications scéniques qui organisent la pièce: nom des personnages, actes, scènes, indications de lieu, de temps ou de mise en scène. **La**

didascalie initiale propose, dès avant le texte de la pièce, la liste des personnages accompagnée de quelques mots pour les caractériser chacun.

La double énonciation

Si les personnages se donnent la réplique, il n'en reste pas moins qu'ils sont là pour un public et donc, s'adressent indirectement (parfois directement) à lui.

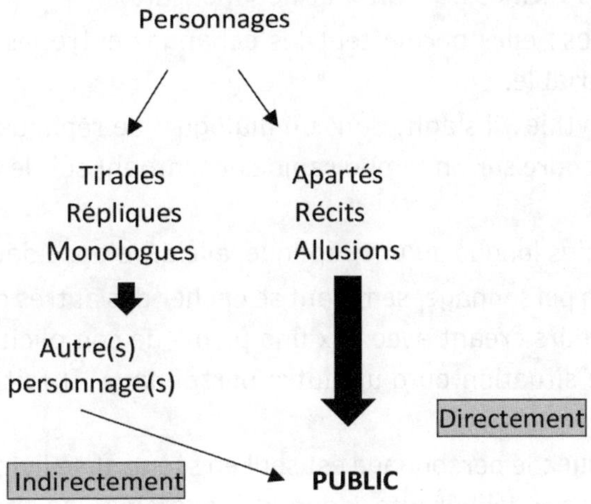

Le spatio-temporel

L'espace scénique appartient à la scène, à ce qui est vu et entendu par le spectateur : décors, éclairages, sons. Il n'est pas à confondre avec l'espace dramatique qui est le lieu de l'histoire de la pièce elle-même. De même, le temps de la fiction n'est pas le temps réel de la pièce même si la longueur des tragédies (trois heures) veut s'approcher le plus possible du temps de la fiction.

Les phases de l'action dramatique

- **La scène d'exposition** : les premiers personnages en scène présentent par leurs répliques, tous les éléments de l'intrigue principale, le lieu, le temps de l'action, les circonstances et les personnages. Ils exposent ainsi aux spectateurs les rouages de la pièce avant que celle-ci ne commence réellement.
- **Le nœud de l'action** : les actes centraux de la pièce concentrent les intrigues, les obstacles, les conflits. Ceux-ci peuvent être extérieurs aux personnages (destins contrariés, tyranie de maîtres ou de parents, événements dramatiques) ou intérieurs (dilemmes psychologiques, passion, haine, vices). L'action peut être simple et chronologique mais aussi plus complexe avec des emboîtements ou mises en abîme (théâtre dans le théâtre ex : *L'illusion comique,* 1639, de Corneille).
- **Les péripéties :** Elles permettent de modifier l'action au fil de la pièce en proposant des rebondissements, des quiproquos, des coups de théâtre.

- **Le dénouement :** La comédie se termine généralement de façon gaie et heureuse (mariage, fêtes, ballets) car tous les obstacles ont été surmontés. Dans la tragédie, le dénouement se révèle terrible, sanglant voire funeste (meurtre, suicide, punition).

Les formes du langage théâtral

« L'acte de langage » au théâtre en est l'essence même, c'est par lui que passe l'action. Il revêt différentes formes de « dit » et de « non-dit ».

- **Les répliques :** elles permettent les échanges entre les personnages et sont de longueur variable.
- **La Stichomythie :** il s'agit, dans un dialogue, de répliques réduites à un seul vers pour se répondre sur un tempo rapide accentuant soit le tragique, soit le comique de l'échange.
- **La tirade :** plus longue qu'une réplique, elle développe davantage le style oratoire.
- **L'aparté :** un personnage, semblant se cacher des autres personnages, vient parler aux spectateurs créant avec eux une forme de complicité. Il révèle alors ce qu'il pense d'une situation ou d'un autre personnage. Il fait parfois rire aux dépens de celui-ci.
- **Le monologue :** le personnage est seul en scène et se livre dans une longue tirade. Elle peut être « délibérante » quand il examine une situation avant de prendre une décision ou « lyrique » s'il effectue une méditation personnelle. Le monologue s'adresse à lui-même ou à un être absent parfois imaginaire mais aussi, indirectement, au public. C'est une manière de faire le point sur la crise en cours qui s'avère souvent très révélatrice.
- **Les « non-dits » :** les silences, les pauses, les retenues, les mimiques, expressions ou gestes sont aussi forts que des paroles et essentielles au théâtre. Ils relèvent beaucoup de la mise en scène.

Le registre (ou tonalité) comique

Il s'agit de divertir, faire rire ou sourire, amuser en déformant la réalité dans des situations équivoques. Rupture ou décalage entre réalité et langage, situation, comportement. Les formes sont variées : ironie (se moquer méchamment) ; burlesque (comique outré) ; humour (comique verbal) ; parodie/pastiche ; caricature.

Ses procédés

- Comique de situation : quiproquos ou coups de théâtre, décalage entre ce que les personnages disent et ce que les spectateurs savent, personnages cachés qui écoutent des confidences, déguisements.
- Comique de mots : jeux de mots, calembours, néologisme, ambiguïté. Mélange de niveaux de langue : lexique soutenu dans une situation triviale, patois, accents, stichomythies*.

- Comique de caractère : Les traits de caractères (défauts ou vices, le plus souvent) sont exagérés jusqu'à l'outrance provoquant le rire.
- Comique de gestes : gifles, coups, chûtes, pantomimes*, coups de bâton, lazzi (mimiques, gestes de la pantomime.*) Ils relèvent beaucoup de la farce (très utilisés dans la Commedia dell'arte).
- La caricature : elle grossit des traits d'un personnage, ses tics, ses mimiques très personnelles, ses habitudes.
- La parodie : l'imitation comique voire burlesque d'un discours ou d'un personnage.
- Figures de style : Hypocoristique*, parastase*, personnification, exagération, hyperbole*, oxymore*.
- Construction grammaticale.
- Phrases exclamatives et interrogatives.

Le registre ironique

Pour se moquer des personnes ou des idées, des situations (en faisant semblant d'être en accord). Jugement critique sous forme indirecte ou détournée. Faire rire ou sourire jusqu'au cynisme, parfois jusqu'à la dénonciation. Il est recherché par l'interlocuteur une certaine complicité, connivence. Les énoncés sont ouvertement scandaleux ou absurdes (périphrase* et euphémisation*).

Ses procédés

- Figures de style : Antiphrase*, oxymore*, paradoxe*, hyperbole*, répétitions, exagération, cumul.
- Humour noir.
- Vocabulaire de la force, du pouvoir.
- Construction récurrente.
- Enoncé absurde et ridicule présenté sur un mode innocent.

Voir le registre tragique page 67.

ENTRAÎNEZ-VOUS !

Objet d'étude : le théâtre du XVIIe siècle au XXIe siècle

Bérénice (1670) de Jean Racine, Acte 1, scène 1.

Exercice 1

Analysez cette scène d'exposition : même sans connaître la pièce, que vous apprend-elle à travers les didascalies et les répliques ?

Personnages
Titus, empereur de Rome
Bérénice, reine de Palestine
Antiochus, roi de Comagène
Paulin, confident de Titus
Arsace, confident d'Antiochus
Phénice, confidente de Bérénice
Rutile, romain
Suite de Titus

La scène est à Rome, dans un cabinet qui est entre l'appartement de Titus et celui de Bérénice.

Scène 1
Antiochus, Arsace
ANTIOCHUS
Arrêtons un moment. La pompe de ces lieux,
Je le vois bien, Arsace, est nouvelle à tes yeux.
Souvent ce cabinet superbe et solitaire
Des secrets de Titus est le dépositaire.
C'est ici quelquefois qu'il se cache à sa cour,
Lorsqu'il vient à la reine expliquer son amour.
De son appartement cette porte est prochaine,
Et cette autre conduit dans celui de la reine.
Va chez elle : dis-lui qu'importun à regret
J'ose lui demander un entretien secret.

ARSACE
Vous, Seigneur, importun ? Vous, cet ami fidèle
Qu'un soin si généreux intéresse pour elle ?
Vous, cet Antiochus, son amant autrefois ?
Vous, que l'Orient compte entre ses plus grands rois ?
Quoi ? Déjà de Titus épouse en espérance,
Ce rang entre elle et vous met-il tant de distance ?

ANTIOCHUS
Va, dis-je : et sans vouloir te charger d'autres soins,
Vois si je puis bientôt lui parler sans témoins.

Le Bourgeois Gentihomme (1670) de Molière, Acte III, scène III.

Exercice 2

Étudiez le comique dans cette scène.

Dans **la scène V de** *l'acte II, Monsieur Jourdain vient de recevoir son Maître tailleur qui l'appelle prétentieusement « Mon gentilhomme ». Il lui fait essayer, en musique, un « **bel habit de la cour** » couvert de fanfreluches voyantes. Monsieur Jourdain, ravi, veut se montrer ainsi vêtu et sonne Nicole, sa servante.*

Scène II (Acte III)
NICOLE, MONSIEUR JOURDAIN, LAQUAIS.

MONSIEUR JOURDAIN.- Nicole !
NICOLE.- Plaît-il ?
MONSIEUR JOURDAIN.- Écoutez.
NICOLE, *rit*.- Hi, hi, hi, hi, hi.
MONSIEUR JOURDAIN.- Qu'as-tu à rire ?
NICOLE.- Hi, hi, hi, hi, hi, hi.
MONSIEUR JOURDAIN.- Que veut dire cette coquine-là ?
NICOLE.- Hi, hi, hi. Comme vous voilà bâti ! Hi, hi, hi.
MONSIEUR JOURDAIN.- Comment donc ?
NICOLE.- Ah, ah, mon Dieu. Hi, hi, hi, hi, hi.
MONSIEUR JOURDAIN.- Quelle friponne est-ce là ? Te moques-tu de moi ?
NICOLE.- Nenni, Monsieur, j'en serais bien fâchée. Hi, hi, hi, hi, hi, hi.
MONSIEUR JOURDAIN.- Je te baillerai sur le nez, si tu ris davantage.
NICOLE.- Monsieur, je ne puis pas m'en empêcher. Hi, hi, hi, hi, hi, hi.
MONSIEUR JOURDAIN.- Tu ne t'arrêteras pas ?
NICOLE.- Monsieur, je vous demande pardon ; mais vous êtes si plaisant, que je ne saurais me tenir de rire. Hi, hi, hi.
MONSIEUR JOURDAIN.- Mais voyez quelle insolence.
NICOLE.- Vous êtes tout à fait drôle comme cela. Hi, hi.
MONSIEUR JOURDAIN.- Je te…
NICOLE.- Je vous prie de m'excuser. Hi, hi, hi, hi.
MONSIEUR JOURDAIN.- Tiens, si tu ris encore le moins du monde, je te jure que je t'appliquerai sur la joue le plus grand soufflet qui se soit jamais donné.
NICOLE.- Hé bien, Monsieur, voilà qui est fait, je ne rirai plus.
MONSIEUR JOURDAIN.- Prends-y bien garde. Il faut que pour tantôt tu nettoies…
NICOLE.- Hi, hi.
MONSIEUR JOURDAIN.- Que tu nettoies comme il faut…
NICOLE.- Hi, hi.
MONSIEUR JOURDAIN.- Il faut, dis-je, que tu nettoies la salle, et…

NICOLE.- Hi, hi.
MONSIEUR JOURDAIN.- Encore.
NICOLE.- Tenez, Monsieur, battez-moi plutôt, et me laissez rire tout mon soûl, cela me fera plus de bien. Hi, hi, hi, hi, hi.
MONSIEUR JOURDAIN.- J'enrage.
NICOLE.- De grâce, Monsieur, je vous prie de me laisser rire. Hi, hi, hi.
MONSIEUR JOURDAIN.- Si je te prends…
NICOLE.- Monsieur, je crèverai, aie, si je ne ris. Hi, hi, hi.
MONSIEUR JOURDAIN.- Mais a-t-on jamais vu une pendarde comme celle-là ? qui me vient rire insolemment au nez, au lieu de recevoir mes ordres ?
NICOLE.- Que voulez-vous que je fasse, Monsieur ?
MONSIEUR JOURDAIN.- Que tu songes, coquine, à préparer ma maison pour la compagnie qui doit venir tantôt.
NICOLE.- Ah, par ma foi, je n'ai plus envie de rire ; et toutes vos compagnies font tant de désordre céans, que ce mot est assez pour me mettre en mauvaise humeur.
MONSIEUR JOURDAIN.- Ne dois-je point pour toi fermer ma porte à tout le monde ?
NICOLE.- Vous devriez au moins la fermer à certaines gens.

Fiche 32

Un exemple de lecture linéaire (XVIIe siècle)

Objet d'étude: le théâtre du XVIIe siècle au XXIe siècle

Le malade imaginaire (1673) de Molière

La scène est à Paris.

ACTE Ier, SCÈNE PREMIÈRE

ARGAN, *seul dans sa chambre assis, une table devant lui, compte des parties d'apothicaire avec des jetons ; il fait parlant à lui-même les dialogues suivants.*

– Trois et deux font cinq, et cinq font dix, et dix font vingt ; trois et deux font cinq. « Plus, du vingt-quatrième, un petit clystère insinuatif, préparatif et rémollient, pour amollir, humecter et rafraîchir les entrailles de monsieur ? » Ce qui me plaît de monsieur Fleurant, mon apothicaire, c'est que ses parties sont toujours fort civiles. « Les entrailles de monsieur, trente sols. » Oui ; mais, monsieur Fleurant, ce n'est pas tout que d'être civil ; il faut être aussi raisonnable et ne pas écorcher les malades. Trente sols un lavement ! Je suis votre serviteur, je vous l'ai déjà dit ; [...]

« Plus, dudit jour, un bon clystère détersif, composé avec catholicon double, rhubarbe, miel rosat, et autres, suivant l'ordonnance, pour balayer, laver et nettoyer le bas-ventre de monsieur, trente sols. » Avec votre permission, dix sols.

« Plus, dudit jour, le soir, un julep hépatique, soporatif et somnifère, composé pour faire dormir monsieur, trente-cinq sols. » Je ne me plains pas de celui-là ; car il me fit bien dormir. Dix, quinze, seize, et dix-sept sols six deniers.

« Plus, du vingt-cinquième, une bonne médecine purgative et corroborative, composée de casse récente avec séné levantin, et autres, suivant l'ordonnance de monsieur Purgon, pour expulser et évacuer la bile de monsieur, quatre livres. Ah ! monsieur Fleurant, c'est se moquer : il faut vivre avec les malades. Monsieur Purgon ne vous a pas ordonné de mettre quatre francs. Mettez, mettez trois livres, s'il vous plaît. Vingt et trente sols.

« Plus, dudit jour, une potion anodine et astringente, pour faire reposer monsieur, trente sols. » Bon, dix et quinze sols.

« Plus, du vingt-sixième, un clystère carminatif, pour chasser les vents de monsieur, trente sols. » Dix sols, monsieur Fleurant.

« Plus, le clystère de monsieur, réitéré le soir, comme dessus, trente sols. » Monsieur Fleurant, dix sols.

« Plus, du vingt-septième, une bonne médecine, composée pour hâter d'aller et chasser dehors les mauvaises humeurs de monsieur, trois livres. » Bon, vingt et trente sols ; je suis bien aise que vous soyez raisonnable.
« Plus, du vingt-huitième, une prise de petit-lait clarifié et dulcoré pour adoucir, lénifier, tempérer et rafraîchir le sang de monsieur, vingt sols. » Bon, dix sols.
« Plus, une potion cordiale et préservative, composée avec douze grains de bézoard, sirop de limon et grenades, et autres, suivant l'ordonnance, cinq livres. » Ah ! monsieur Fleurant, tout doux, s'il vous plaît ; si vous en usez comme cela, on ne voudra plus être malade ; contentez-vous de quatre francs. Vingt et quarante sols. Trois et deux font cinq, et cinq font dix et dix font vingt. Soixante et trois livres quatre sols six deniers.
Si bien donc que, de ce mois, j'ai pris une, deux, trois, quatre, cinq, six, sept et huit médecines ; et un, deux, trois, quatre, cinq, six, sept, huit, neuf, dix, onze et douze lavements ; et, l'autre mois, il y avait douze médecines et vingt lavements. Je ne m'étonne pas si je ne me porte pas si bien ce mois-ci que l'autre. Je le dirai à monsieur Purgon, afin qu'il mette ordre à cela.
Allons, qu'on m'ôte tout ceci. Il n'y a personne. J'ai beau dire : on me laisse toujours seul : il n'y a pas moyen de les arrêter ici.
(Il agite une sonnette pour faire venir ses gens.)
Ils n'entendent point, et ma sonnette ne fait pas assez de bruit. Drelin, drelin, drelin. Point d'affaire. Drelin, drelin, drelin. Ils sont sourds… Toinette ! Drelin, drelin, drelin. Tout comme si je ne sonnais point. Chienne, coquine ! Drelin, drelin, drelin. J'enrage !
(Il ne sonne plus, mais il crie.)
Drelin, drelin, drelin. Carogne, à tous les diables ! Est-il possible qu'on laisse comme cela un pauvre malade tout seul ? Drelin drelin, drelin. Voilà qui est pitoyable ! Drelin, drelin, drelin. Ah ! mon Dieu ! Ils me laisseront ici mourir. Drelin, drelin, drelin.

Aides

Molière

Jean-Baptiste Poquelin (1622-1673) naît dans une famille bourgeoise aisée de tapissiers. Il suit des études classiques et apprend le latin. En 1643, passionné par le théâtre, il devient comédien et crée avec Madeleine Béjart la troupe de *l'Illustre Théâtre* à Paris dans laquelle jouent dix acteurs. Mais ruiné à Paris où il est même emprisonné pour dettes, il part jouer en province pour le duc d'Epernon puis le prince de Conti dont la troupe prend le nom. Il écrit ses propres pièces. De retour à Paris en 1658, il triomphe à l'Hôtel de Bourgogne devant le roi et la cour. Il rencontre le succès avec *Les Précieuses ridicules* (1659) avec sa troupe devenue *Troupe de Monsieur* (frère du roi). *L'Ecole des femmes* (1662) confirme son goût pour la comédie de caractère et de mœurs. Il est cependant attaqué de toutes parts mais, en octobre 1663, il joue *l'Impromptu de Versailles* où il vilipende ses adversaires. À la même époque, il épouse la jeune Armande Béjart (sœur de Madeleine) et affronte bon nombre d'hostilités tant sur contre sa vie personnelle que sur ses œuvres. *Le Tartuffe* (1664) et *Dom Juan* (1665) provoquent notamment la colère des religieux. En 1666, sa troupe devient Troupe du roi. Molière écrit alors *Le Misanthrope* puis enchaîne des comédies comme *L'Avare* (1668), *Les Fourberies de Scapin* (1671) ou encore des comédies-ballets très prisées de la cour et surtout du roi qui aime la danse, mises en musique par Lully ou Marc-Antoine Charpentier : *Le Bourgeois gentilhomme* (1670) ou *Le Malade imaginaire* (1673). Lors d'une représentation de cette dernière pièce, il est pris de malaise et meurt quelques heures plus tard.

Lorsqu'il écrit *Le malade imaginaire*, Molière est à la fin de sa vie, en disgrâce royale, fatigué, malade, entouré de médecins. Il projette dans cette pièce ses propres problèmes de santé et de relation (mise en abyme) pour faire rire. La pièce est, à l'image de Molière mourant, « *une comédie crépusculaire, teintée d'amertume et de mélancolie* » selon Claude Stratz in *Comédie crépusculaire* (Programme de salle de la Comédie-Française, juillet 2014)

Sa conception de la comédie

Molière s'explique dans les préfaces des *Précieuses ridicules* et du *Tartuffe* mais aussi d'autres pièces telles que *L'École des femmes* ou *L'Impromptu de Versailles.* Il souhaite observer avec bon sens la nature humaine et effectuer une peinture de mœurs plaisante. Il ne s'agit pas d'appliquer des règles mais d'utiliser tous les subterfuges pour amuser, distraire : il veut plaire avant tout.

Dans un esprit totalement satirique, il dénonce l'hypocrisie et, dit-il « *les vicieuses imitations de la vertu* ». Il s'appuie, pour ce faire, sur les ressorts de la farce qu'il a toujours appréciée : faire rire, caricaturer outrageusement, déployer un comique excessif hérité de la Commedia dell'arte, proposer des typologies d'individu (le pédant, l'intrigante, le dévot, le barbon etc.), choisir le comique de situation, de langage et de geste. Cependant, si la farce est légère, Molière l'utilise à des fins plus graves parfois jusqu'à l'amertume. Il veut étudier la psychologie des caractères et développer des vérités morales. Même s'il cultive le rire, Molière, par le réalisme grave de son théâtre révèle un certain pessimisme envers l'âme humaine.

Résumé du Malade imaginaire

Pièce en 3 actes :

Acte 1 : Argan, un riche bourgeois se croit malade et s'entoure de nombreux médecins qui profitent de son hypocondrie. Il a eu deux filles, Angélique et la petite Louison d'un premier mariage. Angélique aime Cléante mais son père la destine à un médecin, Thomas Diafoirus. Toinette, la fidèle servante, est dans la confidence des jeunes amants mais découvre aussi que Béline, la seconde épouse d'Argan, brigue sa fortune et veut se débarrasser de ses belles-filles dans un couvent.

Acte 2 : Cléante se fait engager chez Argan comme maître de musique ce qui lui permet – sous couvert d'une leçon – de déclarer sa flamme à Angélique en présence d'Argan et de Thomas Diafoirus. Cependant, Argan comprend la ruse et chasse Cléante.

Acte 3 : Béralde, le frère d'Argan tente de le raisonner. Il lui recommande de se méfier des médecins et plaide la cause de ses nièces. Toinette, déguisée en médecin, pousse Argan à contrefaire le mort pour connaître les réactions de son entourage à son endroit. Béline dévoile sa cupidité et ses filles leur chagrin que Cléante comprend. Argan chasse sa femme et accepte Cléante. La pièce se termine en apothéose : Bérald et Toinette complices, engagent Argan à recevoir l'habit de docteur lors d'une cérémonie grandiose.

Lecture linéaire

Introduction

La scène première de l'acte 1 n'est pas à proprement parlé une scène d'exposition puisque dans ce long monologue d'Argan, le malade imaginaire, le spectateur n'apprend rien sur l'intrigue à venir ni sur les autres personnages. Il découvre seulement Argan, son médecin et son apothicaire.

La pièce a commencé par un prologue à la gloire de Louis XIV suivi d'une églogue* autour de la déesse Flore, accompagnée de ballets dans une scène 1. D'ailleurs toute la pièce, mise en musique par Marc-Antoine Charpentier, est ponctuée de « divertissements » ou pauses musicales dansées. Celles-ci scandent une action qui se déroule sur plusieurs jours.

Dans la scène première – pour la différencier de la scène 1 – Argan est seul en scène et compte ses sous, ceux qu'il doit à son médecin et à son apothicaire.

Unité du texte

La monomanie* d'Argan guide ce long monologue. Deux obsessions : la maladie et l'argent sur fond de caractère ombrageux voire colérique.

Importance du texte et problématique

Cette scène révèle en un seul monologue plusieurs traits de caractère d'Argan qui vont porter la pièce. Tout d'abord, l'hypocondrie d'Argan mais aussi son avarice qui le pousse même à remettre en cause certains traitements. La scène laisse déjà préfigurer une satire du milieu médical et de l'incompétence des médecins de l'époque. On découvre également son impatience, ses exigences et sa nervosité, son caractère colérique. Le personnage est campé en une page. Ce texte s'inscrit dans le parcours « Spectacle et comédie » et nous proposons la problématique suivante : ***À travers cette pièce, de quelle comédie humaine Molière veut-il être un témoin satirique ?***

Mouvement du texte

- Le personnage « Argan » se révèle hypocondriaque, avare et impatient.
- La colère jusqu'à l'apoplexie.

Lecture linéaire

- **Le personnage « Argan » se révèle hypocondriaque, avare et impatient.** Monologue où le langage prend trois formes : Argan se parle, Argan lit et commente les ordonnances, Argan dialogue avec Monsieur Fleurant. Son langage est courant voire familier.

La scène est à Paris. ACTE Ier, SCÈNE PREMIÈRE **ARGAN,** *seul dans sa chambre assis, une table devant lui, compte des parties d'apothicaire avec des jetons ; il fait, parlant à lui-même, les dialogues suivants.*	Didascalie **Initiale** : personnage (le malade imaginaire) *Externe* : lieux, action. LA PIECE AYANT UNE SCENE 1 AVEC L'EGLOGUE, LA DIDASCALIE ANNONCE : SCENE PREMIERE.

Argan se parle	Argan lit et commente	Argan dialogue
– *Trois et deux font cinq, et cinq font dix, et dix font vingt ; trois et deux font cinq.* Ce qui me plaît de monsieur **Fleurant, mon apothicaire,** c'est que ses parties (notes) sont toujours fort civiles.	« ***Plus,*** du vingt-quatrième, un petit clystère insinuatif, préparatif et rémollient, pour amollir, humecter et rafraîchir les entrailles de monsieur ? » « Les entrailles de monsieur, trente sols. »	Oui ; mais, monsieur Fleurant, ***ce n'est pas tout que d'être civil ; il faut être aussi raisonnable et ne pas écorcher*** les malades. ***Trente sols un lavement !*** Je suis votre serviteur, je vous l'ai déjà dit ; [...]
	« ***Plus***, dudit jour, un bon **clystère** détersif, composé avec **catholicon** (***séné***) double, rhubarbe, miel rosat, et autres, suivant l'ordonnance, pour balayer, laver et nettoyer le bas-ventre de monsieur, trente sols. »	***Avec*** votre ***permission, dix sols.***
Je ne me plains pas de celui-là ; car il me fit bien dormir. *Dix, quinze, seize, et dix-sept sols six deniers.*	« ***Plus***, dudit jour, le soir, un ***julep hépatique***, soporatif et ***somnifère,*** composé pour faire dormir monsieur, trente-cinq sols. »	

	« *Plus*, du vingt-cinquième, une ***bonne médecine*** purgative et corroborative, composée de **casse** (plante d'Asie laxative douce) récente avec ***séné*** **levantin**, et autres, suivant l'ordonnance de monsieur Purgon, pour expulser et évacuer la bile de monsieur, quatre livres.	Ah ! monsieur Fleurant, *c'est se moquer : il faut vivre avec* les malades. *Monsieur Purgon ne vous a pas ordonné de mettre quatre francs.* Mettez, mettez *trois livres, s'il* vous *plaît. Vingt et trente sols.*
	« *Plus*, dudit jour, *une potion anodine* (anti douleur) *et astringente, pour faire reposer monsieur*, trente sols. »	*Bon, dix et quinze sols.*
	« *Plus*, du vingt-sixième, un clystère carminatif, pour chasser les vents de monsieur, trente sols. »	*Dix sols*, monsieur Fleurant.
	« *Plus*, le ***clystère*** de monsieur, réitéré le soir, comme dessus, trente sols. »	
	« *Plus*, du vingt-septième, ***une bonne médecine,*** composée pour hâter d'aller et chasser dehors les mauvaises humeurs de monsieur, trois livres. »	Monsieur Fleurant, *dix sols.*
Vingt et quarante sols. Trois et deux font cinq, et cinq font dix et dix font vingt. Soixante et trois livres quatre sols six deniers. Si bien donc que, de ce mois, j'ai pris une, deux, trois, quatre, cinq, six, sept et huit médecines ; et un, deux, trois, quatre, cinq, six, sept, huit, neuf, dix, onze et douze lavements ; et, l'autre mois, il y avait douze médecines et vingt lavements. Je ne m'étonne pas si je ne me porte pas si bien ce mois-ci que l'autre. Je le dirai à monsieur **Purgon**, afin qu'il mette ordre à cela.	« *Plus*, du vingt-huitième, *une prise de petit-lait clarifié et dulcoré pour adoucir, lénifier, tempérer et rafraîchir le sang de monsieur*, vingt sols. »	*Bon, vingt et trente sols* ; **je** suis bien aise que **vous** soyez raisonnable.
	« *Plus*, une **potion** *cordiale et préservative, composée avec douze grains de bézoard,* (anti-poison) *sirop de limon et grenades, et autres, suivant l'ordonnance*, cinq livres. »	Bon, **dix sols.**
		Ah ! monsieur Fleurant, tout doux, s'il **vous** plaît ; si **vous** en usez comme cela, **on** ne voudra plus être ***malade ; contentez-*****vous *de quatre francs.***

⇨ **Argan se parle :**

- *Il tient minutieusement ses comptes.*
- Il tient aussi le compte précis de ses traitements.
- **Nous apprenons le nom de son médecin : Purgon (vient du verbe « purger » vider, vidanger) et celui de l'apothicaire : Fleurant (vient du verbe « fleurer », sentir, répandre une odeur.) Les noms sont donc très évocateurs.**
- Argan connaît ses droits et veut les faire entendre. Il peut avoir de l'indulgence pour les majorations si elles sont justifiées, sinon il impose sa loi.

⇨ **Argan lit et commente :**

- *« plus » anaphore cumulative. Procédé déjà employé par Molière dans L'Avare (acte II scène 1 entre Cléante et La Flèche).*
- **Vocabulaire médical connu de l'hypocondriaque.** Mais euphémisme pour éviter les détails peu ragoûtants. Mais aussi tautologie* pour parler du clystère à trois reprises, de potion, julep, séné, de « bonne médecine » à deux reprises.
- Nombreuses répétitions et emploi de mots de sens très proches.
- *Quelques descriptions pédantes.*

⇨ **Argan dialogue : dialogue** fictif, prosopopée* avec Monsieur Fleurant répété cinq fois. Il l'interpelle + interjection « Ah »

- **Usage de pronoms personnels : « je » (Argan) « vous ; votre ; » (Monsieur Fleurant) un « on » qui généralise « *les malades* » + impératifs « Mettez, mettez... »**
- *Argan négocie tout seul les prix, décide des tarifs et de l'utilité des médicaments. Il semble accorder plus de crédit aux ordres de Monsieur Purgon (médecin) qu'aux tarifs de son apothicaire.*

Ces trois formes de langage renvoient à la double énonciation et permettent ainsi au spectateur d'obtenir un certain nombre de renseignements pour comprendre.

- **La colère jusqu'à l'apoplexie. Comique de caractère et de geste.**

Allons, qu'on m'ôte tout ceci. Il n'y a personne. J'ai beau dire : on me laisse toujours seul : **il n'y a pas moyen de les arrêter ici.** *(Il agite une sonnette pour faire venir ses gens.)* ***Ils n'entendent point, et ma sonnette ne fait pas assez de bruit.*** Drelin, drelin, drelin. Point d'affaire. Drelin, drelin, drelin. **Ils sont sourds...** Toinette ! **Drelin, drelin, drelin.** Tout comme si je ne sonnais point. **Chienne, coquine !** Drelin, drelin, drelin. **J'enrage !** *(Il ne sonne plus, mais il crie.)* Drelin, drelin, drelin. **Carogne,** à tous les diables ! **Est-il possible qu'on laisse comme cela un pauvre malade tout seul ?** Drelin drelin, drelin. **Voilà qui est pitoyable !** Drelin, drelin, drelin. **Ah ! mon Dieu !** Ils me laisseront ici mourir. Drelin, drelin, drelin.	**Comique de caractère : habitude d'être obéi. Exaspération, impatience. Apitoiement sur lui-même (« un pauvre malade » en opposition avec sa crise d'autorité.). Colère poussée à l'outrance.** *Didascalie externe* : appel encore raisonnable. ***Didascalie interne : le personnage donne une information pour le spectateur.*** **Injures adressées à Toinette** : Chienne/coquine/ Carogne *Didascalie externe : exaspération.* Comique de geste : gradation du bruit par la répétition. Exagération.

Conclusion

- **Évolution du texte** : la tension monte en puissance. Argan est occupé à passer en revue ses remèdes, traitements et compte ses frais. Au fil du monologue, il remet en question les prix, certains remèdes eux-mêmes par avarice qui prévaut sur son hypocondrie. Puis, il veut passer ses nerfs sur son entourage. Le lecteur et le spectateur découvrent donc progressivement le caractère hypocondriaque, avare et colérique d'Argan.
- **Projet de lecture** : Satire des médecins et du monde médical. Molière se moque de l'incompétence de la médecine de son époque et des personnages intéressés qui la servent (Purgon, Fleurant). Il tourne en dérision les traitements de l'époque. Tout est parodie dans la pièce jusqu'à la mort, elle-même, puisqu'Argan ira jusqu'à contrefaire le mort pour savoir ce que l'on pense de lui. Molière dénonce donc la comédie de la vie en témoin satirique.

ENTRAÎNEZ-VOUS !

Objet d'étude : le théâtre du XVIIe siècle au XXIe siècle

L'Avare (1668) de Molière, Acte IV, scène VII

Faire la lecture linéaire de cet extrait :

Harpagon

Il crie au voleur dès le jardin, et vient sans chapeau.

Au voleur ! au voleur ! à l'assassin ! au meurtrier ! Justice, juste Ciel ! Je suis perdu, je suis assassiné, on m'a coupé la gorge, on m'a dérobé mon argent. Qui peut-ce être ? Qu'est-il devenu ? Où est-il ? Où se cache-t-il ? Que ferai-je pour le trouver ? Où courir ? Où ne pas courir ? N'est-il point là ? N'est-il point ici ? Qui est-ce ? Arrête. Rends-moi mon argent, coquin… (*il se prend lui-même le bras.*) Ah ! c'est moi. Mon esprit est troublé, et j'ignore où je suis, et ce que je fais. Hélas ! mon pauvre argent, mon pauvre argent, mon cher ami ! on m'a privé de toi ; et puisque tu m'es enlevé, j'ai perdu mon support, ma consolation, ma joie ; tout est fini pour moi, et je n'ai plus que faire au monde ! Sans toi, il m'est impossible de vivre. C'en est fait, je n'en puis plus ; je me meurs, je suis mort, je suis enterré. N'y a-t-il personne qui veuille me ressusciter, en me rendant mon cher argent, ou en m'apprenant qui l'a pris ? Euh ? que dites-vous ? Ce n'est personne. Il faut, qui que ce soit qui ait fait le coup, qu'avec beaucoup de soin on ait épié l'heure ; l'on a choisi justement le temps que je parlais à mon traître de fils. Sortons. Je veux aller quérir la justice et faire donner la question à toute ma maison : à servantes, à valets, à fils, à fille, et à moi aussi. Que de gens assemblés ! Je ne jette mes regards sur personne qui ne me donne des soupçons, et tout me semble mon voleur. Eh ! de quoi est-ce qu'on parle là ? De celui qui m'a dérobé ? Quel bruit fait-on là-haut ? Est-ce mon voleur qui y est ? De grâce, si l'on sait des nouvelles de mon voleur, je supplie que l'on m'en dise. N'est-il point caché là parmi vous ? Ils me regardent tous, et se mettent à rire. Vous verrez qu'ils ont part, sans doute, au vol que l'on m'a fait. Allons vite, des commissaires, des archers, des prévôts, des juges, des gênes, des potences et des bourreaux. Je veux faire pendre tout le monde ; et si je ne retrouve mon argent, je me pendrai moi-même après.

Aides

Résumé de *L'Avare*

La pièce en 5 actes, en prose, fut créée au théâtre du Palais-Royal à Paris le 9 septembre 1668. Molière s'inspire de *La Marmite* de Plaute où existe le monologue d'un avare volé.

Acte 1 : A Paris, Harpagnon riche et avare a deux enfants, Élise (qui aime Valère, l'intendant de son père) et Cléante (amoureux de Mariane à peine entrevue). Harpagon a également des vues sur Mariane qu'il veut épouser. Il a déjà promis sa fille au Seigneur Anselme, un vieillard, et envisage une veuve pour son fils.

Acte 2 : La flèche, valet de Cléante, trouve pour son maître qui a besoin d'argent, un prêteur mais, tous deux découvrent qu'il s'agit d'Harpagon. Une marieuse, Frosine, espérant des bienfaits d'Harpagon, intrigue pour le mariage de celui-ci avec Mariane.

Acte 3 : Mise en présence d'Harpagon, Mariane est profondément dégoûtée par le personnage ridicule qui l'accueille mais tombe sous le charme de Cléante. Quand elle comprend qu'elle n'obtiendra rien d'Harpagon, Frosine décide d'aider le couple Cléante et Mariane.
Acte 4 : Harpagon surprend les amoureux et se met en colère. Maître Jacques, cuisinier et cocher d'Harpagon, qui songe à se venger de son maître après une série de coups de bâton, fait mine de réconcilier le père et le fils. La tentative est vaine et les deux se quittent très en colère. C'est alors que La Flèche arrive avec la cassette d'Harpagon qu'il vient de dérober.
Acte 5 : Lors d'un quiproquo final, Valère est accusé du vol. Il avoue non le vol, mais son amour pour Élise. Une réconciliation générale sera le fait du Seigneur Anselme qui reconnaît en Valère et Mariane ses deux enfants disparus autrefois dans un naufrage. Harpagon s'incline et retrouve… sa chère cassette !

Fiche 33
Question de grammaire : les notions lexicales

Objet d'étude : le théâtre du XVIIe siècle au XXIe siècle

Le malade imaginaire (1673) de Molière

Question

Dans ces extraits :

« Plus, du vingt-quatrième, un petit clystère **insinuatif**, **préparatif** et rémollient, pour amollir, humecter et rafraîchir les entrailles de monsieur ? » Ce qui me plaît de Monsieur Fleurant, mon apothicaire, c'est que ses parties sont toujours fort **civiles**. « Les entrailles de monsieur, trente sols. » Oui ; mais, Monsieur Fleurant, ce n'est pas tout que d'être civil ; il faut être aussi **raisonnable** et ne pas écorcher les malades. Trente sols un lavement ! Je suis votre serviteur, je vous l'ai déjà dit ; […] »
« Plus, du vingt-cinquième, une bonne médecine purgative et corroborative, composée de casse récente avec séné levantin, et autres, suivant l'ordonnance de Monsieur Purgon, pour expulser **et évacuer** la bile de monsieur, quatre livres. Ah ! Monsieur Fleurant, c'est se moquer : il faut vivre avec les malades. Monsieur Purgon ne vous a pas ordonné de mettre quatre francs. Mettez, mettez trois livres, s'il vous plaît. Vingt et trente sols. »
« Plus, dudit jour, une potion anodine et astringente, pour faire reposer monsieur, trente sols. » Bon, dix et quinze sols. »

1. *Repérez les suffixes des mots en gras et expliquez-les.*
2. *Donnez des synonymes des mots encadrés.*
3. *Proposez des antonymes aux mots soulignés et donnez leur classe grammaticale.*
4. *Développez un champ lexical autour du mot « malade ».*
5. *Donnez quatre mots de la famille de « malade ».*

Analyse

1. *Les Suffixes sont placés à la fin d'un mot pour, souvent, marquer une classe grammaticale différente.*
   - « *insinuatif* » et « *préparatif* », tous deux des adjectifs, ont le même suffixe : « *-tif* » qui signifie une qualité ou un état. « *Insinuer* » = s'introduire, se glisser.

Ici, il s'agit d'une seringue qui est introduite pour un lavement. « *Préparer* » = rendre propre à un usage. Ici, le clystère est approprié aux besoins du patient.

- « *civiles* », un adjectif, possède le suffixe « *ile(s)* » montrant également une qualité, un état = conforme aux bonnes règles de la civilisation.
- « *raisonnable* », adjectif, avec le suffixe « *able* » montrant toujours une qualité, un état = qui est doué de raison.

Les deux premiers adjectifs reflètent bien la volonté de montrer les qualités et effets des remèdes administrés à Argan : remèdes qui entrent dans le corps pour le préparer à des soins. Les deux autres se rapportent à l'apothicaire qui connaît les usages mais doit cependant garder une certaine mesure.

2. ***Synonymes : mots de signifiants différentes mais de sens très proches, de même classe grammaticale (avec toutefois une petite nuance).***

- *Récente* : nouvelle, neuve, proche, fraîche.
- *Vivre* : exister, être, subsister, durer.
- *Anodine* : inoffensive, insignifiante, banale.
- *Reposer* : délasser, soulager, se poser.

3. ***Les antonymes : relation entre deux mots de sens opposé qui ont la même classe grammaticale.***

- *Petit* : grand (adjectifs qualificatifs)
- *Amollir* : durcir (verbes à l'infinitif)
- *Toujours* : jamais (adverbes)
- *Serviteur* : maître (substantifs)

4. ***Le champ lexical de « malade » : ensemble des mots, toutes classes grammaticales confondues, qui se rapportent à un même thème, une même notion.***

« Remède, médicament, médecin, lit, comprimé, maux, douleur, souffrance, thermomètre, fièvre, docteur, spécialiste, bouillotte, sirop, hôpital, brancard, ambulance etc. »

5. ***Famille du mot « malade » : ensemble de mots qui se construisent à partir de la même racine, de classe grammaticale différente.***

« Maladie (substantif), maladif (adjectif), maladivement (adverbe), maladrerie (autrefois « maladerie » = léproserie, substantif)

Rappel de cours

1. **L'Étymologie** : (mot grec qui vient de « etumos », vrai et « logos », science)

Science qui recherche l'origine des mots à partir d'un étymon (unité d'origine).

Ex : « colère » vient de « cholera » en latin ou « kholê » en grec, soit la « bile ».

2. **La morphologie lexicale** : Étude de la forme des mots. Selon leur forme, les mots possèdent :
   - des morphologies **simples** (un seul morphème = le plus petit élément significatif) ex : *« chant » « lit » « pas »*
   - des morphologies **complexes** (plusieurs morphèmes de type différent), ex : *« literie » « chanteur » « passage »*

   ⇨ Les morphèmes **lexicaux** : Suffixes qui donnent une information sémantique (de sens) ex : *« literie = lit/erie » « chanteur = chant/eur » « passage = pass/age »*

   ⇨ Les morphèmes **grammaticaux** : Suffixes qui apportent des informations grammaticales : catégorie grammaticale, genre, nombre, temps, personne, mode. Ex : *chant/èrent* = Verbe, passé simple, indicatif, 3e personne du pluriel.
3. **Le signe** : Unité linguistique qui réunit une image acoustique et un concept dans un groupe linguistique (une langue).
   - Un **signifiant** : forme graphique ou phonique d'un mot. Il s'agit de l'aspect matériel du mot. Ferdinand de Saussure dans *Éléments de linguistique générale*, en 1975, parle d'« image acoustique » (son perçu).
   - Un **signifié** : sens du mot (aspect conceptuel du signe).
4. **La racine** d'un mot (ou étymon) est la base d'un ensemble de mots (réunis en famille de mots) possédant une idée commune. Ex : *cantus* = chant en latin donne « *cantate* » (composition musicale) ; « *cantatrice* » (chanteuse) ; « *cantilène* » (poème chanté au Moyen Âge).

   ⇨ **Le radical** est ce qui reste d'une racine après effacement de toutes les dérivations. Il peut prendre des formes différentes. Ex : « *cant* » devient « *chant* »

   ⇨ et donner une **famille de mots** : *« Chanter, chantonner, chanterelle, chantage, chanteur-euse, enchanté, désenchanté, chant, déchanter, chanson, chansonnette, chansonnier... »*

Radicaux d'origine latine	Radicaux d'origine grecque
Acqua = eau	Auto = soi-même
Agri/agro = culture des champs	Bio = vie
Ambul = qui marche	Biblio = livre
Calor = la chaleur	Geo = terre
Cide = qui tue	Graph = écrire
Fère = qui porte	Hemi = moitié
Forma = la forme	Hydro = eau
Manus = la main	Logie = science
Multi = nombreux	Mono = seul
Omni = tout	Poly = plusieurs
Pedis = pied	Tele = loin
Somn = sommeil	Theo = dieu
Vore = qui mange	Phil(e) = ami
	Phob(e) = ennemi

5. **Les affixes** sont les éléments du lexique qui, joint à une base, produisent un mot dérivé.

- **Préfixes :** placé au début du mot, il en garde la même catégorie grammaticale. Ex : « *mobile* » = adjectif (qui peut bouger) devient « *immobile* » avec le préfixe « in/im » qui marque la négation = qui ne peut pas bouger.

Préfixes usuels	sens	exemples
Ab- abs-	Séparation, éloignement	**Ab**lation, **abs**ent
Ad-	Rapprochement	**Ad**joindre
Ante-	Avant	**Anté**cédent
Anti-	Contre	**Anti**bruit
Circon	Autour	**Circon**férence
Contra-	Contre, en face	**Contra**diction
Co- com- con-cum	Avec	**Co**équipier
De-	Séparation, négation	**Dé**faire, **dé**couper
Ex- é-	Extérieur	**Ex**terne, épiler
Extra	En dehors	**Extra**verti
In- im- en- in-	Intérieur (dans)	**In**terne, **en**fermer
In-	Privé de	**In**stable, **im**mobile
Inter-	Entre	**Inter**classe
Juxta-	Près de, à côté de	**Juxta**posé
Mal-	Négation	**Mal**adroit
Multi-	Nombreux	**Multi**colore
Omni-	Tout	**Omni**scient
Per-	A travers	**Per**forer
Post-	Après	**Post**érieur
Pré-	Avant, devant	**Pré**avis, **pré**histoire
Pro-	En faveur de, devant	**Pro**logue
Re- r-	Répétition	**R**entrer, **ré**ouverture
Retro	En arrière	**Rétro**viseur
Super-	Sur, au-dessus	**Supé**rieur, **super**poser
Trans-	À travers	**Trans**percer
Ultra-	Au-delà	**Ultra**son

- **Les suffixes** sont placés à la fin d'un mot pour, souvent, marquer une classe grammaticale différente.
  - « *mobilisation* » = substantif, (« ation » = action) = qui est en train de bouger.
  - « *mobilisateur* » = adjectif (« ateur » = sentiment) = qui impulse le mouvement.
  - « *mobilisable* » = adverbe (« able » = propriété) = qui peut être en mouvement.

Suffixes usuels	Exemples
• **Des personnes :**	
- iste	Dentiste, curiste
-ement	Directeur/directrice
-teur/-trice	Serveur/serveuse
-seur/seuse	Maître/ ministre
-tre	
• **Des actions :**	
-ation/-tion	Manipulation/mobilisation
-age	Pilotage, minutage
-sion	Excursion
-cion	Suspicion
• **Des qualités ou des états :**	
- able/ible	Aimable, lisible (adjectifs)
-al/ale ; il/ile	Social(e) ; civil(e) (adjectifs)
-if/ive	Festif/festive (adjectifs)
-eux/euse	Merveilleux/merveilleuse (adjectifs)
-té	Propreté, volonté
-ture	Sculpture, toiture
-tude	Attitude, amplitude
-ce	Prudence, vengeance
• **des impressions, des sentiments, des émotions :**	
-eur	Douleur, terreur, valeur
• **des diminutifs :**	
-ette	Fillette, chansonnette
-oter	Siffloter

6. Les **antonymes** : relation entre deux mots de sens opposé qui ont la même classe grammaticale. Ex : « *gentillesse* »/ »*méchanceté* » (substantifs) « *rire* »/ »*pleurer* » (verbes) « *beau* »/ »*laid* » (adjectifs) « *gaiement* »/ »*tristement* »(adverbes).

7. **L'homonymie regroupe :**
   - **Les homophones** (« homo » = même et « phone » = son). Des mots qui ont le même son mais ne s'écrivent pas de la même manière. Ils n'ont pas le même rôle ou le même sens. Ex : « *vers/ver/verre/vert/vair* » mais aussi « *le travail* » (substantif) et « (je) *travaille* » (verbe conjugué).
   - **Les homographes** (« homo »= même et « graphe » = écriture). Des mots qui ont la même forme (signifiant) mais pas le même sens (signifié). Ex : « *la bière* » (boisson) et « *la bière* » (le cercueil) ; « *la gourde* » (« récipient portatif pour boire) et « *la gourde* » (monnaie haïtienne).

8. **Le néologisme** : mot nouveau ou récemment employé, formé à partir d'une dérivation du mot d'origine (ou employé dans une langue étrangère). Ex : « *baladeur* » pour remplacer « *walkman* ».

9. **La paronymie** : mots de forme (signifiant) très proche mais de sens complètement différent. Ils peuvent entraîner de graves confusions. Ex : « *désert/dessert* » « *Provence/province* ».
10. **La polysémie** : un lexème (unité minimale de la signification) reçoit plusieurs sens possibles. Ex : « *l'aile* » peut être « *l'aile de l'oiseau* » « *l'aile de l'avion* » « *l'aile du nez* ».
11. **La synonymie** : mots de signifiants différents mais de sens très proches, de même classe grammaticale (avec toutefois une petite nuance). Ex : « *gai/joyeux* » « *vrai/exact* » (adjectifs), « *crier/hurler* » (verbes) « *le tact/la délicatesse* » (substantifs).
12. **Le champ lexical** : ensemble des mots, toutes classes grammaticales confondues, qui se rapportent à un même thème, une même notion. Ex : champ lexical de « *la lumière* » : « *éclairer, ampoule, lumière, lueur, lumineux, lampe, illuminer, spot, lampadaire, clair, luminosité, allumer, éteindre, etc.* »

ENTRAÎNEZ-VOUS !

Objet d'étude : le théâtre du XVIIe siècle au XXIe siècle

Extrait de *L'Avare* (1668) de Molière, Acte I, scène IV

HARPAGON : Cependant je ne sais si j'aurai bien fait, d'avoir **enterré** dans mon jardin dix mille écus qu'on me rendit hier. Dix mille écus en or chez soi, est une *somme* assez… […]
Je vous l'ai dit vingt fois, mon fils, toutes vos manières me **déplaisent** fort ; vous donnez **furieusement** dans le marquis ; et pour aller ainsi vêtu, il faut bien que vous me dérobiez.
CLÉANTE.- Hé comment vous dérober ?
HARPAGON.- Que sais-je ? Où pouvez-vous donc prendre de quoi **entretenir** l'état que vous portez ? […]
Je vais gager qu'en perruques et rubans, il y a du moins vingt pistoles ; et vingt pistoles rapportent par année dix-huit *livres* six sols huit deniers, à ne les placer qu'au denier douze.
CLÉANTE.- Vous avez raison.
HARPAGON.- Laissons cela, et parlons d'autre affaire. Euh ? Je crois qu'ils se font signe l'un à l'autre, de me voler ma bourse. Que veulent dire ces gestes-là ? […]
Pardonnez-moi, pardonnez-moi. Mais ce qu'il y a à dire, c'est que si l'on n'y trouve pas tout le bien qu'on souhaite, on peut tâcher de **regagner** cela sur autre chose.
CLÉANTE.- Cela s'entend.
HARPAGON.- Enfin je suis bien aise de vous voir dans mes sentiments : car son maintien honnête, et sa douceur, m'ont gagné l'âme ; et je suis résolu de l'épouser, pourvu que j'y trouve quelque bien.

Exercice 1

Dans ces extraits, analysez et expliquez construction des mots en gras.

Exercice 2

Dans ces extraits, donnez les antonymes des mots encadrés.

Exercice 3

Dans ces extraits, proposez deux synonymes pour chacun des mots soulignés (donnez leur classe grammaticale).

Exercice 4

Imaginez le champ lexical de « l'argent ».

Exercice 5

Donnez 5 mots de la famille de « jardin ».

Exercice 6

Donnez un homophone des mots en grisé et un homographe des mots en italique.

Fiche 34

Un exemple de lecture linéaire (XVIIIe siècle)

Objet d'étude : le théâtre du XVIIe siècle au XXIe siècle

Les Fausses Confidences (1738) de Marivaux, acte I scène 14

Acte I, scène 14 (extrait)

Araminte, Dubois

ARAMINTE – Qu'est-ce que c'est donc que cet air étonné que tu as marqué, ce me semble, en voyant Dorante ? D'où vient cette attention à le regarder ?

DUBOIS – Ce n'est rien, sinon que je ne saurais plus avoir l'honneur de servir Madame, et qu'il faut que je lui demande mon congé.

ARAMINTE – Quoi ! Seulement pour avoir vu Dorante ici ?

DUBOIS – Savez-vous à qui vous avez affaire ?

ARAMINTE – Au neveu de monsieur Rémy, mon Procureur.

DUBOIS – Eh ! par quel tour d'adresse est-il connu de Madame ? comment a-t-il fait pour arriver jusqu'ici ?

ARAMINTE – C'est Monsieur Rémy qui me l'a envoyé pour intendant.

DUBOIS – Lui, votre intendant ! Et c'est Monsieur Rémy qui vous l'envoie : hélas ! le bon homme, il ne sait pas qui il vous donne ; c'est un démon que ce garçon-là.

ARAMINTE – Mais que signifient tes exclamations ? Explique-toi : est-ce que tu le connais ?

DUBOIS – Si je le connais, Madame ! si je le connais ! Ah vraiment oui ; et il me connaît bien aussi. N'avez-vous pas vu comme il se détournait de peur que je ne le visse.

ARAMINTE – Il est vrai ; et tu me surprends à mon tour. Serait-il capable de quelque mauvaise action, que tu saches ? Est-ce que ce n'est pas un honnête homme ?

DUBOIS – Lui ! il n'y a point de plus brave homme dans toute la terre ; il a, peut-être, plus d'honneur à lui tout seul que cinquante honnêtes gens ensemble. Oh ! c'est une probité merveilleuse ; il n'a peut-être pas son pareil.

ARAMINTE – Eh ! de quoi peut-il donc être question ? D'où vient que tu m'alarmes ? En vérité, j'en suis toute émue.

DUBOIS – Son défaut, c'est là. *(Il se touche le front.)* C'est à la tête que le mal le tient.

ARAMINTE – A la tête ?

DUBOIS – Oui, il est timbré, mais timbré comme cent.

ARAMINTE – Dorante ! il m'a paru de très bon sens. Quelle preuve as-tu de sa folie ?

DUBOIS – Quelle preuve ? Il y a six mois qu'il est tombé fou ; il y a six mois qu'il extravague

d'amour, qu'il en a la cervelle brûlée, qu'il en est comme un perdu je dois bien le savoir, car j'étais à lui, je le servais; et c'est ce qui m'a obligé de le quitter, et c'est ce qui me force de m'en aller encore. Ôtez cela, c'est un homme incomparable.
ARAMINTE, *un peu boudant* – Oh bien! il fera ce qu'il voudra; mais je ne le garderai pas: on a bien affaire d'un esprit renversé; et peut-être encore, je gage, pour quelque objet qui n'en vaut pas la peine; car les hommes ont des fantaisies...
DUBOIS – Ah! vous m'excuserez; pour ce qui est de l'objet, il n'y a rien à dire. Malepeste! sa folie est de bon goût.
ARAMINTE – N'importe, je veux le congédier. Est-ce que tu la connais, cette personne?
DUBOIS – J'ai l'honneur de la voir tous les jours; c'est vous, Madame.
ARAMINTE – Moi, dis-tu?

Aides

L'auteur

Marivaux (1688-1763), fils de magistrat, est un homme aimable, modeste et discret qui ne revendique l'appartenance à aucun mouvement y compris celui des Lumières. Il adopte cependant le point de vue des « modernes » dans leur querelle avec les « anciens ». Il fréquente les salons de Madame de Tessin ou de Madame Lambert où son esprit vif est remarqué. Il commence par l'écriture de romans mais avec une volonté de parodie jusqu'à la transformation burlesque d'œuvres d'Homère ou de Fénelon. Ruiné lors de la banqueroute de Law, il crée des périodiques: *Le Spectateur français* (1721-1724), *L'Indigent philosophe* (1727) ou *Le Cabinet du philosophe* (1734). Il y fait part de ses observations critiques sur le monde et y développe ses appréciations morales et sociales.

Entre 1720 et 1740, il se révèle au théâtre et favorise les comédiens italiens qui, pour lui, font montre de plus de spontanéité et de subtilités que les Français. Il écrit alors en 1720 *Arlequin poli par l'amour*, *Le Jeu de l'amour et du hasard* (1730), *Les Fausses Confidences* (1738), *L'Épreuve* (1740), *La Dispute* (1744) et *La Colonie* (1750). Il entre à l'Académie française (contre Voltaire auquel tout l'oppose) en 1743.

L'art de Marivaux

Marivaux recherche le vrai, le naturel et la liberté des formes littéraires pour saisir l'instantanéité des sentiments. Avec virtuosité, finesse et délicatesse, il analyse le cœur humain et l'âme féminine sans la préciosité dont il se méfie. Avec lui, naît le « **marivaudage** », cet échange verbal léger mais subtil, sans affectation mais empreint de réflexion, qui révèle les méandres des émotions humaines et la psychologie amoureuse. Il s'appuie sur les artifices de la Commedia dell'arte (postures, gestes, improvisations, lazzi*), s'amusant des roueries humaines. Le spectateur semble suivre le déroulement d'une expérience amoureuse jusqu'à l'heureux dénouement. S'il s'amuse avec le registre comique, il n'utilise jamais le ridicule ou le burlesque. Son théâtre est un divertissement qui traduit la nature humaine avec subtilité.

Résumé des *Fausses confidences*

Pièce en 3 actes, remarquablement construite où l'habileté de Mariraux est manifeste : Style simple et efficace, personnages naturels et mûrs, à la psychologie profonde.

Acte 1 : Dorante est un noble qui a perdu sa fortune. Dubois, son ancien valet, met en place tout un stratagème pour rendre Araminte, riche veuve, amoureuse de Dorante. Celui-ci devient donc son intendant et gagne toute sa confiance. Il reçoit alors pour valet, Arlequin. Le comte Dorimont veut épouser Araminte pour régler un litige entre eux. Madame Argante, mère d'Araminte, désire ce mariage et demande l'aide de Dorante qui refuse. M. Rémy, oncle de Dorante, procureur, conseille à son neveu d'épouser Marton, suivante d'Araminte. Dubois, fidèle à sa stratégie, révèle à Araminte l'amour que lui porte Dorante.

Acte 2 : Suite de péripéties pendant dix-sept scènes où se mêlent intrigues amoureuses et personnages intéressés. Araminte et Dubois complotent volontiers ensemble notamment lorsqu'un portrait de la jeune femme arrive d'un admirateur secret. Dubois lui apprend qu'il a été peint par Dorante. Pour forcer celui-ci à se dévoiler, elle lui demande de rédiger une lettre au comte pour accepter le mariage. Dorante ne se dévoile pas même lorsque Marton avoue l'aimer.

Acte 3 : Fin des intrigues. Une lettre de Dorante parlant de son amour pour Araminte est interceptée par Marton qui, furieuse, la fait lire au comte. Mme Argante veut le renvoi de l'intendant. Le stratagème de Dubois éclate au grand jour : Dorante et Araminte s'avouent leur amour, Marton qui se sent coupable demande à être congédiée mais Araminte lui pardonne et le comte renonce à son procès. Les amoureux annoncent leur mariage.

Analyse linéaire du texte

Introduction

En fin de l'acte 1, scène entre un valet, Dubois, et sa maîtresse, Araminte. Toutefois, le valet mène le dialogue et lui imprime son rythme, son tempo. Il utilise subtilement à ses fins la psychologie féminine et se présente comme un opposant à Dorante, l'intendant, alors qu'il est là pour l'aider. Dubois, personnage manipulateur et perspicace, affûte ici sa stratégie : utiliser le ton des confidences pour aiguiser la curiosité d'Araminte et l'amener progressivement à entendre la passion de Dorante.

Unité du texte

La rhétorique de Dubois domine la scène, elle constitue le fil conducteur du texte et oriente le cours des événements.

Importance du texte et problématique

La scène s'avère importante pour plusieurs raisons :

- La comédie chère à Marivaux met en scène un héros qui aime une femme riche et belle. Elle est à conquérir.
- Des obstacles empêchent cet amour : argent, jalousie, intérêts, raison, société, famille.
- Un valet influent, cynique et manipulateur mène le jeu adroitement. Ses « confidences » sont étudiées et stratégiquement menées.
- Recours à des artifices pour parvenir à ses fins.

Cet extrait peut s'inscrire aussi bien dans le parcours « Théâtre et stratagème » que dans celui de « Maîtres et valets ». Pour l'un, la problématique pourra être : ***À quelles fins le stratagème selon Marivaux sert-il à réconcilier vérité et apparence ?*** et pour l'autre : ***En quoi le valet chez Marivaux, se veut-il le révélateur de l'être et du paraître ?***

Mouvement du texte

- Une stratégie bien maîtrisée.
- Folie amoureuse et jalousie naissante.

Lecture linéaire

- **Une stratégie bien maîtrisée :** Dubois, le valet fait monter crescendo la tension. Il offre à Araminte d'abord des gages de loyauté puis crée l'inquiétude, la curiosité. Enfin, il décuple l'intérêt par un éloge de Dorante. Le tout s'effectue sur un ton grave presque solennel. Araminte perd progressivement ses repères, la ponctuation traduit son désarroi.

ARAMINTE – Qu'est-ce que c'est donc que cet air étonné que tu as marqué, ce me semble, en voyant Dorante ? D'où vient cette attention à le regarder ?	Par ces questions, Araminte semble avoir d'emblée la main sur l'entretien mais ce n'est qu'une illusion. Très vite, Dubois va prendre la main.
DUBOIS – Ce n'est rien, sinon que je ne saurais plus avoir l'honneur de servir Madame, et qu'il faut que je lui demande mon congé.	Dubois crée déjà l'inquiétude : « il faut » montre un impératif incontournable. Suit une question mystérieuse : « savez-vous à qui vous avez affaire ? » Entretien du mystère.
ARAMINTE – Quoi ! Seulement pour avoir vu Dorante ici ? DUBOIS – Savez-vous à qui vous avez affaire ?	Araminte continue avec ses questions mêlées à des exclamations révélant son désarroi devant l'attitude mystérieuse de Dubois. Première duperie : Dubois donne à penser qu'il n'a pas rencontré Dorante avant mais ils se sont parlé au préalable dans l'acte 1.
ARAMINTE – Au neveu de monsieur Rémy, mon Procureur. DUBOIS – Eh ! par quel tour d'adresse est-il connu de Madame ? comment a-t-il fait pour arriver jusqu'ici ? ARAMINTE – C'est Monsieur Rémy qui me l'a envoyé pour intendant.	Dubois feint l'étonnement (interjection + question apparemment innocente) pour montrer sa sincérité : la confiance est essentielle pour la crédibilité des confidences ensuite.

DUBOIS – **Lui, votre intendant ! Et c'est Monsieur Remy qui vous l'envoie : hélas ! le bon homme, il ne sait pas qui il vous donne ; c'est un démon que ce garçon-là.**	**Faux étonnement (phrase nominale ironique)** Métaphore du « démon » qui pimente le débat. Qui est le vrai démon dans la scène ? Dubois joue sur la méfiance voire la colère : il donne une image négative de Dorante « ce garçon-là » ne peut être « votre intendant » (valeur péjorative).
ARAMINTE – Mais que signifient tes exclamations ? Explique-toi : est-ce que tu le **connais** ?	Les questions d'Araminte se font impératives. Elles semblent diriger le débat mais elles sont dictées implicitement par Dubois.
DUBOIS – Si je le **connais**, Madame ! si je le **connais** ! Ah vraiment oui ; et il me **connaît** bien aussi. N'avez-vous pas vu comme il se détournait de peur que je ne le visse.	**Verbe « connaître » répété notamment dans une deux formes exclamatives pour accentuer l'affirmation qui suit. Celle-ci va être garante de l'authenticité des confidences.**
ARAMINTE – Il est vrai ; et ***tu me surprends*** à mon tour. Serait-il capable de quelque mauvaise action, que tu saches ? Est-ce que ce n'est pas un honnête homme ?	***Araminte montre pour la première fois une réaction personnelle : elle est « ferrée »***
DUBOIS – *Lui ! il n'y a* ***point*** *de* ***plus brave homme*** *dans toute la terre ; il a, peut-être,* ***plus d'honneur*** *à lui tout seul* ***que*** *cinquante honnêtes gens ensemble. Oh !* ***c'est*** *une probité* ***merveilleuse*** *;* ***il n'a*** *peut-être* ***pas*** *son pareil.*	*Renversement inattendu : éloge de Dorante avec* ***un superlatif*** *« de plus brave homme »,* ***un comparatif*** *« plus d'honneur que »* ***une affirmation*** *« c'est une probité »* ***deux*** négations *à valeur positive « il n'y a point » « il n'a pas son pareil », une* ***hyperbole*** *« merveilleux » et un* ***vocabulaire*** élogieux qui répond à « honnête homme » : *« brave, honneur, honnêtes, probité ».*

- **Folie amoureuse et jalousie naissante :** adroitement Dubois distille le doute de la folie, d'une maladie mentale mais la folie devient acceptable, rassurante et même attirante, il s'agit d'amour. Le trouble d'Araminte s'intensifie au fil des arguments de Dubois. Le ton inquiétant finit pas se relâcher pour devenir familier, le valet semblant se laisser emporter par son propos.

ARAMINTE – Eh ! de quoi peut-il donc être question ? D'où vient que tu **m'alarmes ?** En vérité, j'en suis ***toute émue.*** **DUBOIS** – Son défaut, c'est là. (Il se **touche le front.**) C'est **à la tête que le mal le tient.** **ARAMINTE** – A la tête ? **DUBOIS** – Oui, **il est timbré, mais timbré comme cent.** **ARAMINTE** – Dorante ! il m'a paru de très bon sens. Quelle preuve as-tu de sa folie ? **DUBOIS** – Quelle preuve ? Il y a six mois qu'il est tombé fou ; il y a six mois qu'il extravague	***Après « tu me surprends », nouvelles expressions des sentiments : surprise puis « alarme » enfin « émotion ». L'adverbe « toute » force l'intensité.*** Vocabulaire de la folie avec deux hyperboles « extravague » et « brûlée ». L'amour devient folie jusqu'à la familiarité « timbré ». Caractère durable de la folie « il y a six mois » (répété deux fois) et parallélisme syntaxique sur les quatre subordonnées. Antithèse : « bon sens » - « folie » (discours de Dubois plus explicite)

d'amour, qu'il en a la cervelle brûlée, qu'il en est comme un perdu je dois bien le savoir, car j'étais à lui, je le servais ; et c'est ce qui m'a obligé de le quitter, et c'est ce qui me force de m'en aller encore. Ôtez cela, c'est un homme incomparable.	Entre cette folie annoncé et la réaction de Dubois : la preuve ! Il le connaît mieux que personne (rappel de « connaître » plus haut). **Deux conséquences présentées sous forme de subordonnées dans un rythme binaire et un nouveau parallélisme syntaxique pour expliquer la force de sa démonstration mais chute sur « c'est un homme incomparable » qui termine sur un éloge subtil appuyé par le « c'est » répété en continuité.**
ARAMINTE, *un peu boudant* – **Oh bien ! il fera ce qu'il voudra ; mais je ne le garderai pas : on a bien affaire d'un esprit renversé ; et peut-être encore, je gage, pour quelque objet qui n'en vaut pas la peine ; car les hommes ont des fantaisies…** **DUBOIS** – Ah ! vous m'excuserez ; pour ce qui est de l'objet, il n'y a rien à dire. Malepeste ! (juron qui fait allusion à la peur de la peste) sa folie est de bon goût. **ARAMINTE** – N'importe, je veux le congédier. Est-ce que tu la connais, cette personne ? **DUBOIS** – *J'ai l'honneur de la voir tous les jours ; c'est vous, Madame.* **ARAMINTE** – Moi, dis-tu ?	*Une didascalie* : « peu » adverbe qualitatif *montrant le dépit amoureux naissant.* **Araminte n'a pas un discours argumenté, elle tient même des propos contradictoire avec le début de la scène. « les hommes ont des fantaisies » = cliché refuge. Le renvoi annoncé est-il la suite du dépit amoureux ?** Litote : Araminte est réduite à un « objet ». Toutefois, Araminte rétablit « personne » : se doute-t-elle de quelque chose ? Feint-elle l'ignorance ? *Ton respectueux et emphatique du valet après une certaine familiarité (« timbré » « malapeste »)* **pour le « coup de théâtre » = Maîtrise de la parole dans la comédie.**

Conclusion

- **Évolution du texte** : Dans une progression dramatique adroitement menée, Dubois commence par provoquer l'intérêt, la curiosité puis l'inquiétude, enfin l'émotion d'Araminte. Il réussit à susciter un début de jalousie, de dépit amoureux, prémices de l'amour. Par personne interposée, il effectue une déclaration d'amour pour Dorante, trop timide. Ses propos se veulent uniquement dictés par la loyauté et la confiance. À la suite de cet extrait, Dubois introduit une « grande brune très piquante » qui renforce le sentiment naissant de jalousie d'Araminte.
- **Projet de lecture** : Marivaux utilise là les ressorts de la comédie d'intrigue. La force du langage est vue comme un outil de manipulation. La mise en abyme permet à Dubois de jouer un rôle de dupe (théâtre dans le théâtre). Le comique de mots ou de gestes est servi avec subtilité, par petites touches, par Dubois qui, sciemment, manipule une Araminte sincère et innocente. Elle devient une victime qui tombe dans un piège. Les « fausses » confidences ne sont pas opposées ici à de « vraies » confidences. Il s'agit plutôt de confidences présentées de manière excessive ou incomplète (demi-vérités, exagérations, dissimulations), à des moments stratégiquement choisis. Marivaux joue avec « l'être » (vérité du cœur) et « le paraître » (la posture, le rôle adopté) dans une dualité équivoque.

ENTRAÎNEZ-VOUS !

Objet d'étude: le théâtre du XVIIe siècle au XXIe siècle.

L'île des Esclaves **(1725) Marivaux, scène II (extrait)**

Faire la lecture linéaire de cet extrait

Scène II – Trivelin, Iphicrate, Arlequin

TRIVELIN – Ne m'interrompez point, mes enfants. Je pense donc que vous savez qui nous sommes. Quand nos pères, irrités de la cruauté de leurs maîtres, quittèrent la Grèce et vinrent s'établir ici dans le ressentiment des outrages qu'ils avaient reçus de leurs patrons, la première loi qu'ils y firent fut d'ôter la vie à tous les maîtres que le hasard ou le naufrage conduirait dans leur île, et conséquemment de rendre la liberté à tous les esclaves; la vengeance avait dicté cette loi; vingt ans après la raison l'abolit, et en dicta une plus douce. Nous ne nous vengeons plus de vous, nous vous corrigeons; ce n'est plus votre vie que nous poursuivons, c'est la barbarie de vos cœurs que nous voulons détruire; nous vous jetons dans l'esclavage pour vous rendre sensibles aux maux qu'on y éprouve; nous vous humilions, afin que, nous trouvant superbes, vous vous reprochiez de l'avoir été. Votre esclavage, ou plutôt votre cours d'humanité, dure trois ans, au bout desquels on vous renvoie si vos maîtres sont contents de vos progrès; et, si vous ne devenez pas meilleurs, nous vous retenons par charité pour les nouveaux malheureux que vous iriez faire encore ailleurs, et, par bonté pour vous, nous vous marions avec une de nos citoyennes. Ce sont là nos lois à cet égard, mettez à profit leur rigueur salutaire, remerciez le sort qui vous conduit ici; il vous remet en nos mains durs, injustes et superbes; vous voilà en mauvais état, nous entreprenons de vous guérir; vous êtes moins nos esclaves que nos malades, et nous ne prenons que trois ans pour vous rendre sains, c'est-à-dire humains, raisonnables et généreux pour toute votre vie.

■ Aides

Contexte de la pièce

Pièce en un acte, onze scènes en prose, créée par les comédiens italiens en 1725 dans la veine de la Commedia dell'arte. L'utopie ou la construction idéale mais chimérique d'un projet en est l'essence même. Elle s'appuie sur l'échange des rôles entre maîtres et valets pour faire prendre conscience aux uns et aux autres de leur place. L'île est un thème récurrent au XVIIIe qui rappelle le livre de Thomas More, écrit en latin en 1516, *L'Utopie,* du nom donné par l'auteur à une île imaginaire. Cet ouvrage, eut un succès considérable aux XVIIe et XVIIIe. D'autres auteurs s'emparent de ce thème: Daniel Defoe avec *Robinson Crusoé*, en 1719, Jonathan Swift, en 1721 avec *Les Voyages de Gulliver* ou encore le peintre Watteau avec sa toile *L'embarquement pour Cythère* (ou *Pèlerinage à l'île de Cythère*) en 1717. Marivaux reprendra d'ailleurs deux fois ce thème dans *L'Île de la raison* en 1727 et *La Colonie* en 1729. L'île possède une connotation de rêve, d'exotisme et de liberté. Le texte ne propose aucun repère géographique pour la situer.

L'époque est aussi au commerce triangulaire « du bois d'ébène » et l'esclavage appartient au contexte de l'écriture de la pièce. Marivaux utilise ce procédé pour alerter – sans choquer – ses contemporains sur l'état de la domesticité.

Résumé de *L'île des Esclaves*

L'action annoncée sur trois ans sera résumée sur le temps, court, de la pièce. L'intrigue s'avère donc minimaliste.

L'action se déroule dans un passé lointain, celui de la Grèce antique. Iphicrate, noble Athénien et son valet Arlequin, échouent après un naufrage sur une île habitée par d'anciens esclaves. Là, les rôles sont inversés : les maîtres sont devenus valets et les esclaves dirigent. Trivelin (son nom vient de la *commedia dell'arte, Trivellino.* Marivaux l'a déjà employé à deux reprises dans ses pièces) maître autoproclamé des lieux, explique les règles de l'île : trois années pour prendre conscience à travers une inversion des noms, des vêtements, des rôles, de la condition dégradante imposée aux valets. À l'issue de ce délai, selon la satisfaction des maîtres de l'île, ce sera la libération ou le mariage forcé pour les anciens maîtres.

Dans la même situation, se trouve un couple féminin : la noble Euphrosine et sa servante Cléanthis. Euphrosine et Iphicrate sont révoltés par la nouvelle insolence de leurs valets, insolence néanmoins empreinte d'une certaine gêne.

Toutefois, les valets sont touchés par la sincérité, l'humanité inattendue de leurs anciens maîtres et réciproquement. La scène 11 marque la réconciliation générale autour de Trivelin. La sagesse acquise permettra le retour vers Athènes.

Fiche 35

Question de grammaire : les valeurs du présent

Objet d'étude : le théâtre du XVIIe siècle au XXIe siècle

Les Fausses Confidences (1738) de Marivaux, acte I scène 14

Question

Dans ces extraits de textes, donnez les valeurs des présents soulignés et expliquez-les.

1 « **ARAMINTE** – Qu'est-ce que c'est donc que cet air étonné que tu as marqué, ce me semble, en voyant Dorante ? D'où vient cette attention à le regarder ?

DUBOIS – Ce n'est rien, sinon que je ne saurais plus avoir l'honneur de servir Madame, et qu'il faut que je lui demande mon congé. »

2 « **DUBOIS** – Quelle preuve ? Il y a six mois qu'il est tombé fou ; il y a six mois qu'il extravague d'amour, qu'il en a la cervelle brûlée, qu'il en est comme un perdu je dois bien le savoir, car j'étais à lui, je le servais ; et c'est ce qui m'a obligé de le quitter, et c'est ce qui me force de m'en aller encore. Ôtez cela, c'est un homme incomparable.

ARAMINTE, *un peu boudant* – Oh bien ! il fera ce qu'il voudra ; mais je ne le garderai pas : on a bien affaire d'un esprit renversé ; et peut-être encore, je gage, pour quelque, objet qui n'en vaut pas la peine ; car les hommes ont des fantaisies… »

Explication

1. « *D'où vient* » et « *ce n'est rien* » = Présent d'énonciation. Un dialogue est engagé, la maîtresse par ses questions semble le mener.

   « *il faut* » = Présent d'énonciation qui a valeur impérative, appuyé par le verbe « falloir » montrant l'aspect inéluctable de la décision qui semble s'imposer à son insu.

   « *Je lui demande (mon congé)* « = Présent d'énonciation teinté d'imminence. La demande se fait dans la conversation et montre que le valet Dubois s'impose et joue sur le mystère.

2. « *il extravague* » = Présent itératif introduit par l'indicateur de temps répété deux fois « *il y a six mois* » : il montre que l'effet de la folie de Dorante est devenu presque habituel.
« *il en a (la cervelle brûlée)* « « *il en est (comme perdu)* » = Présent de vérité générale : Dubois présente les choses comme devenues permanentes et que nul ne peut changer.
« *je dois* » = Présent de vérité générale : Dubois sait de quoi il parle, il en a été le témoin direct.
« *ce qui me force* » = Présent d'imminence : la conséquence de cette vérité générale est accentuée par le verbe « *forcer* ».
« *c'est un homme incomparable* » = Présent de vérité générale qui contredit quelque peu la vérité générale précédente.
« *je gage* » = Présent d'imminence car, pour l'instant Araminte n'a rien engagé.
« *il n'en vaut pas* » = Présent de vérité générale : elle porte un jugement.
« *les hommes ont des fantaisies* » = Présent de vérité générale : affirmation-cliché. Sans doute pour se protéger de Dorante qui l'attire mais l'inquiète.

Rappel de cours

Le présent indique, généralement, une action ou un fait contemporains du moment où il est énoncé. Les valeurs du présent sont nombreuses et parfois subtiles à repérer.

Le présent d'énonciation (immédiat ou momentané)

Il exprime le moment même où l'on parle et vit l'événement. Il est ancré dans la situation d'énonciation. Il est aussi celui du dialogue.

> *Ex : « Tu crois donc que le Tahitien ne sait pas défendre sa liberté et mourir ? [...] Laisse-nous nos mœurs ; elles sont plus sages et plus honnêtes que les tiennes ; nous ne voulons point troquer ce que tu appelles notre ignorance contre tes inutiles lumières. «*
>
> *Supplément au voyage de Bougainville (1796)* Diderot

Le vieillard tahitien donne directement à Bougainville sa pensée sur leurs deux peuples, dans un échange dialogué.

Le présent de narration

Il donne une impression d'authenticité et de « direct » à des actions passées de façon plus ou moins lointaines. Il met l'action en valeur avec plus de vivacité.

> *Ex : « A douze ans, je n'avais pas encore vu la mer, la vraie mer ! [...] Un jour enfin mon frère et moi eûmes la permission de prendre passage à bord du pyroscaphe n° 2 ! [...] Nous voilà donc en route. Nous dépassons Indret, le grand établissement de l'État, tout empanaché de fumées noires. Nous laissons en arrière les escales de droite et de gauche, Couëron, Le Pellerin, Paimboeuf ! Le pyroscaphe coupe obliquement le large estuaire du fleuve. »*
>
> *Souvenirs d'enfance et de jeunesse (1890)* Jules Verne

L'auteur revit et nous fait vivre un souvenir d'enfance important, qui l'a marqué avec, semble-t-il, précisions et détails.

Le présent de vérité générale (ou de permanence)

Ce présent se veut d'une vérité absolue qui ne peut être mise en doute ou contredite. Il s'emploie beaucoup dans des maximes, des proverbes, des définitions de dictionnaire ou d'encyclopédie. Il couvre le passé, le présent et le futur. Il est souvent caractérisé par l'emploi du verbe « être » ou un autre verbe d'état, parfois accompagné d'un attribut.

> *Ex : « Le mal est là, partout, toujours prêt à frapper » Enfances (1983)* Nathalie Sarraute

Phrase qui marque une certitude de la part de l'auteur.

> *« La jeunesse se flatte, et croit tout obtenir ;*
> *La vieillesse est impitoyable. »*
>
> *Morale de Le vieux Chat et la jeune souris (1693)* La Fontaine

Morale qui pose comme indiscutables, à toute époque, une jeunesse exigeante et une vieillesse intraitable.

Le présent d'imminence (ou de passé récent et de futur proche)

Il montre des actions qui viennent juste d'être accomplies (passé récent) ou encore non accomplies (futur proche)

> *Ex : « Ô jeunesse, jeunesse ! [...] Nous les vieux, les aînés, nous te laissons le formidable amas de nos conquêtes. [...] Où allez-vous, jeunes gens, où allez-vous, étudiants qui battez les rues [...] ? Nous allons à l'humanité, à la vérité, à la justice ! »*
>
> *Lettre à la jeunesse (14 décembre 1897)* Émile Zola

Ce message est tourné vers l'avenir – « *nous te laissons* » « *nous allons* » – mais s'appuie sur des événements de l'époque qui viennent à peine de se dérouler – « *qui battez les rues* ».

Présent d'habitude (ou itératif)

Il permet de montrer la régularité d'une action dans un contexte répété, de mettre l'accent sur une habitude. Il peut être accompagné d'indicateurs temporels tels que « *tous les jours* » « *chaque fois* » « *le mardi soir...* » etc.

> *Ex : « Je fais **souvent** ce rêve étrange et pénétrant*
> *D'une femme inconnue, et que j'aime, et qui m'aime,*
> *Et qui n'est, chaque fois, ni tout à fait la même*
> *Ni tout à fait une autre, et m'aime et me comprend. »*
>
> *Poème saturnien (1866)* Paul Verlaine

Verlaine parle d'un rêve récurrent où se déroulent les mêmes événements, agissent les mêmes acteurs et où s'expriment les mêmes sentiments.

D'autres nuances à relever

Ces valeurs de présent peuvent se doubler de nuances plus précises :

- **Un présent duratif** qui exprime une action longue. Il est accompagné le plus souvent par des connecteurs de temps : « pendant » « un certain temps » « longtemps » « depuis que » etc.

  Ex : « Oh Barbara
  *Il pleut **sans cesse** sur Brest*
  [...]
  C'est une pluie de deuil terrible et désolée. «

  Paroles (1946) Jacques Prévert

  Le poète, avec « *sans cesse* » insiste sur l'aspect duratif de la pluie, d'une pluie affligeante. Le présent pourrait aussi être perçu comme de « permanence » si on en croit les clichés sur la pluie en Bretagne.

- **Un présent historique** pour parler d'un événement passé appartenant plus particulièrement à l'Histoire. Il donne alors l'impression au lecteur d'être présent lors des événements eux-mêmes.

  Ex : « L'empereur a fait sonner les cors. Les Français mettent pied à terre, et s'arment de hauberts et de heaumes et d'épées ornées d'or ».

  La Chanson de Roland, CXXXVI

  Le présent de narration se double de présent historique puisque l'Histoire rejoint le récit. La scène, vieille de plusieurs siècles, paraît vivante.

- **Un présent de description** (ou de caractérisation) utilisé spécifiquement lors d'une description de personnage, d'objet, d'animal, de lieu ou d'action.

  Ex : « La pluie tombe, les voiles des barques sous mes fenêtres sont noires, des paysannes en parapluie passent, des marins crient, je m'ennuie ! »

  Correspondance (1829-1861) Gustave Flaubert

  Ce présent de narration duratif se teinte de descriptions d'action – « *tombe* » « *sont* » – de personnages – « *paysannes passent* » – « *marins crient* » – de ressenti – « *je m'ennuie* ».

Construire le présent

Le présent n'est pas le temps le plus facile à conjuguer. Il s'appuie sur la base verbale du radical (issu de l'infinitif). Il multiplie les terminaisons.

Au singulier :

Groupe	1re pers. sing.	2e pers. sing.	3e pers. sing.
1er groupe -er	-e *je crie* *je parle* *je mange*	-es *tu cries* *tu parles* *tu manges*	-e *il/elle crie* *il/elle parle* *il/elle mange*
2[e] groupe -ir	-is *je finis* *je trahis*	-is *tu finis* *tu trahis*	-it *il/elle finit* *il/elle trahit*
3[e] groupe -ir -re -oir	-s *je cours* *je perds* *je connais* **exceptions :** *je vaincs* -x *je veux* *je peux* -e *j'offre*	-s *tu cours* *tu perds* *tu connais* *tu vaincs* -x *tu veux* *tu peux* -es *tu offres*	-t ou –d *il/elle court* *il/elle perd* *il/elle connaît* *il/elle vainc* -t *il veut* *il peut* -e *il/elle offre*

Au pluriel :

Groupe	1re pers. pluriel	2e pers. pluriel	3e pers. pluriel
1er groupe -er	-ons *nous crions* *nous parlons* *nous mangeons*	-ez *vous criez* *vous parlez* *vous mangez*	-ent *ils/elles crient* *ils/elles parlent* *ils/elles mangent*
2ème groupe -ir	-issons *nous finissons* nous *trahissons*	-issez *vous finissez* *vous trahissez*	-issent *isl/elles finissent* *ils/elles trahissent*
3e groupe -ir -re -oir	-ons *nous courons* *nous perdons* *nous connaissons* *nous vainquons* *nous voulons* *nous pouvons* *nous offrons*	-ez *vous courez* *vous perdez* *vous connaissez* *vous vainquez* *vous voulez* *vous pouvez* *vous offrez*	-ent *ils/elles courent* *ils/elles perdent* *ils/elles connaissent* *ils/elles vainquent* *ils/elles veulent* *ils/elles peuvent* *ils/elles offrent*

ENTRAÎNEZ-VOUS !

Objet d'étude: le théâtre du XVIIᵉ siècle au XXIᵉ siècle

Extraits de *L'île des Esclaves* (1725) Marivaux, scène II

Exercice 1

Dans ces extraits, donnez les présents soulignés et expliquez-les en contexte.

« Je <u>pense</u> donc que vous <u>savez</u> qui nous <u>sommes</u>. »
« Nous vous <u>humilions</u>, afin que, nous trouvant superbes, vous vous reprochiez de l'avoir été. Votre esclavage, ou plutôt votre cours d'humanité, <u>dure</u> trois ans, au bout desquels on vous <u>renvoie</u> si vos maîtres <u>sont</u> contents de vos progrès ; »
« Ce <u>sont</u> là nos lois à cet égard, mettez à profit leur rigueur salutaire »

Exercice 2

Mettez l'extrait suivant au singulier.

« Nous ne nous vengeons plus de vous, nous vous corrigeons ; ce n'est plus votre vie que nous poursuivons, c'est la barbarie de vos cœurs que nous voulons détruire ; nous vous jetons dans l'esclavage pour vous rendre sensibles aux maux qu'on y éprouve ; nous vous humilions, afin que, nous trouvant superbes, vous vous reprochiez de l'avoir été. »

Fiche 36
Un exemple de lecture (XIXe siècle)

Objet d'étude: le théâtre du XVIIe siècle au XXIe siècle

Lorenzaccio III, 3 (1834) d'Alfred de Musset

LORENZO — Suis-je un Satan? Lumière du Ciel! je m'en souviens encore; j'aurais pleuré avec la première fille que j'ai séduite, si elle ne s'était mise à rire. Quand j'ai commencé à jouer mon rôle de Brutus moderne, je marchais dans mes habits neufs de la grande confrérie du vice comme un enfant de dix ans dans l'armure d'un géant de la fable. Je croyais que la corruption était un stigmate, et que les monstres seuls le portaient au front. J'avais commencé à dire tout haut que mes vingt années de vertu étaient un masque étouffant; Ô Philippe! J'entrai alors dans la vie, et je vis qu'à mon approche tout le monde en faisait autant que moi; tous les masques tombaient devant mon regard; l'humanité souleva sa robe et me montra, comme à un adepte digne d'elle, sa monstrueuse nudité. J'ai vu les hommes tels qu'ils sont, et je me suis dit: Pour qui est-ce donc que je travaille? Lorsque je parcourais les rues de Florence, avec mon fantôme à mes côtés, je regardais autour de moi, je cherchais les visages qui me donnaient du cœur, et me demandais: Quand j'aurai fait mon coup, celui-là en profitera-t-il? J'ai vu les républicains dans leurs cabinets; je suis entré dans les boutiques, j'ai écouté et j'ai guetté, j'ai recueilli les discours des gens du peuple; j'ai vu l'effet que produisait sur eux la tyrannie; j'ai bu dans les banquets patriotiques le vin qui engendre la métaphore et la prosopopée; j'ai avalé entre deux baisers les armes les plus vertueuses; j'attendais toujours que l'humanité me laissât voir sur sa face quelque chose d'honnête. J'observais comme un amant observe sa fiancée en attendant le jour des noces.

PHILIPPE – Si tu n'as vu que le mal, je te plains, mais je ne puis te croire. Le mal existe, mais non pas sans le bien, comme l'ombre existe, mais non sans la lumière.

Aides

L'auteur

Né à Paris dans une famille cultivée, en 1810, Alfred de Musset, particulièrement brillant et précoce, commence à écrire très jeune tout en entreprenant des études de droit, de médecine et d'art. Introduit tôt dans le Cénacle des Romantiques, il se lie avec Vigny et Sainte-Beuve et va vite incarner, en raison de son côté « enfant prodige », le « mal du siècle ». Obligé de gagner sa vie, il entreprend d'écrire des pièces fantaisistes, extravagantes parfois loin des conventions en cours, qui sont des échecs. Ses autres créations : *Les Caprices de Marianne* (1833), *Fantasio, On ne badine pas avec l'amour* et *Lorenzaccio* (1834), notamment, rencontreront le succès plus tard, au XXe siècle.

Il entretiendra avec George Sand, rencontrée en 1833, une liaison tumultueuse faite de réconciliations et de ruptures relatées dans un roman, *La Confession d'un enfant du siècle* (1836) et dans des chefs-d'œuvre lyriques, *La Nuit de mai, La Nuit de décembre* (1835), *La Nuit d'août, La Nuit d'octobre* (1837. Il s'agit d'un itinéraire amoureux où il réfléchit à l'expérience de la souffrance qui engendre la rencontre avec soi-même et favorise la création poétique. Il entre à l'Académie Française en 1852 mais, après une vie de débauche, de jeu, d'alcool, malade, il meurt pratiquement oublié en 1857.

Son art

Il est habituel de reconnaître à Alfred de Musset une « double nature » : celle d'une âme impétueuse, passionnée douée d'une précocité certaine et celle d'une fantaisie ironique, railleuse et impertinente. Il choque même certains de ses amis du Cénacle par ses extravagances. Contrairement à bon nombre de ses contemporains tels Lamartine, Hugo ou Vigny, il n'entre pas en politique et se tourne de plus en plus vers la liberté de l'expression lyrique en puisant son inspiration dans la souffrance, les émotions et les drames. Le ton s'aggrave avec le temps, l'intensité devient douloureuse. Tout en réclamant son indépendance, Musset a des aspirations qui s'avèrent parfaitement romantiques et révèlent sa nature intime torturée entre débauche et pureté. Il gardera toutefois toujours un profond respect pour les classiques, leur reconnaissant bon sens et sagesse, et défendra les œuvres de Corneille et Racine.

Résumé de *Lorenzaccio*

Pièce en 5 actes non destinée à des représentations mais seulement à la lecture.
En janvier 1537, à Florence, le duc Alexandre de Médicis règne en tyran sanguinaire. Il mène une vie de débauche avec Lorenzo de Médicis (Lorenzaccio pour les Florentins qui le méprisent, le suffixe « accio » étant péjoratif), son cousin, un personnage ambigu de dix-neuf ans, ami de la famille républicaine de Philippe Strozzi, opposant au duc. La réputation de Louise Strozzi est mise en péril par Julien Salviati, favori du duc. Un des fils Strozzi blesse Salviati qui, à l'agonie, dénonce ses assassins au duc qui promet vengeance. Lorenzo veut tuer le duc pour libérer Florence du tyran et porter les Républicains au pouvoir. Un complot contre le duc entraîne l'arrestation des Strozzi. Lors d'un rendez-vous avec le duc, Lorenzo tue celui-ci. Mais, un nouveau duc et tyran, Côme de Médicis, est proclamé et Lorenzo contraint de s'exiler à Venise où sa tête est mise à prix. Il sera assassiné et jeté dans la lagune. Les Républicains n'ont pas réussi leur coup d'État et le geste de Lorenzo aura été vain.

Contexte de l'écriture de la pièce

Après la Restauration, la révolution ratée des « trois glorieuses » de juillet 1830 engendre la Monarchie de juillet (1830-1848) : Le « roi bourgeois », Louis-Philippe, succède à Charles X, le roi autoritaire. C'est une immense déception pour les Républicains. Musset s'interroge sur la vanité des actions humaines et sur l'utilité des actions politiques. Il vit une crise idéologique qui intervient au moment où son aventure désastreuse avec George Sand à Venise le perturbe. En effet, en voyage avec sa maîtresse, il tombe malade et celle-ci le trompe avec son médecin. Le « masque vénitien » devient symbole de trahison.

Certaines influences littéraires de la pièce sont avancées : *Hamlet* de Shakespeare ou La *Conjuration de Fiesque* de Schiller. Stendhal et Hugo en reconnaîtront toute sa valeur et sa force.

Analyse linéaire du texte

Introduction

Lorenzo, jeune Florentin, joue un double jeu : celui d'ami de débauche du duc Alexandre de Médicis et d'ami de la famille Strozzi, des Républicains, ennemis jurés du duc. L'extrait appartient à la longue scène 3 de l'acte III. Les frères Strozzi viennent d'être arrêtés et Lorenzo vient dévoiler à leur père, Philippe, chef des Républicains, son intention de tuer le duc. Il lui explique ses raisons, son passé, ses motivations.

Unité du texte

Ce monologue intérieur oralisé (soliloque) de Lorenzo autour du masque et de la dissimulation est le moment qui oriente le drame.

Importance du texte et problématique

L'extrait est un véritable tournant dans la pièce, sorte d'acmé* alors que l'action est momentanée suspendue sur cette méditation essentielle qui explique le drame. La pièce repose sur la grande ambiguïté du personnage de Lorenzo appelé Lorenzaccio par ceux qui le méprisent, Lorenzino (petit Lorenzo), Renzo, Renzino par sa mère, ou Lorenzetta (petite Laurence) par ceux qui veulent l'humilier : débauché ? Libertin ? Traître ? Poltron ? Combattant ? Héros vengeur ? Le personnage révèle ici ses fragilités qui le rendent insaisissable y compris à lui-même, un personnage à l'identité multiple. Le texte peut s'inscrire dans le parcours « Individu, morale et société » et nous proposons la problématique suivante : ***Entre masque et réalité, comment Lorenzo, héros romantique, se veut-il le témoin d'une hypocrisie universelle ?***

Mouvement du texte

- Un regard rétrospectif : retour sur le passé de Lorenzo.
- Une approche plus introspective : prise de conscience d'illusions déçues.
- Une spéculation : sur quoi compter ? Qu'envisager ?
- Une vision optimiste : Philippe.

Lecture linéaire du texte

- **Un regard rétrospectif : retour sur les vingt premières années de Lorenzo.** Évocation de ses années d'illusion pour entrer finalement dans le monde des apparences sous un faux prétexte : devenir le sauveur de la République. Regret toutefois des années de vertu et de pureté.

LORENZO — **Suis-je un Satan ? Lumière du Ciel !** **je** m'en souviens encore ; **j'**aurais pleuré avec la première fille que **j'**ai séduite, si elle ne s'était mise à rire.	**Antithèse : Satan, l'ange déchu (diable = diabolos en grec = celui qui divise. Allusion au péché originel) // Lumière du Ciel + point d'exclamation. Question rhétorique.** Antonymes : « pleurer »/ »rire » **Nombreuses occurrences du « je » du héros romantique.**
Quand j'ai commencé à jouer mon rôle de Brutus moderne, je marchais dans mes habits neufs de la grande confrérie du vice *comme un enfant de dix ans dans l'armure d'un géant de la fable.* **Je** croyais que la corruption était un ***stigmate***, et que les ***monstres seuls*** le portaient au front.	Allusion à Brutus, l'assassin de Jules César, un sauveur de la République ? Habits de la fonction à endosser. Gradation : Satan/Brutus/confrérie du vice. *Comparaison : naïveté d'une démarche qui le dépasse.* ***Trace sur la peau des illusions perdues mais pas que l'apanage des « monstres, seuls » = découverte (« je croyais… »)*** « j'aurais pleuré » conditionnel passé : rêve d'amour brisé suivi du passé composé : temps de l'innocence désabusée très vite. Imparfait d'habitude de la débauche comme normalité.
J'avais commencé à dire tout haut que mes vingt années de vertu étaient un *masque* étouffant ;	***Prise de conscience : monde d'apparences (même vertueuses).***

- **Une approche plus introspective** : à la fois prise de conscience d'illusions déçues et fatalité d'un monde qui contraint à l'apparence. Toujours des occurrences en 1re personne du singulier = le dilemme est pour Lorenzo. Questions autour de sa duplicité qui le rend insaisissable.

Ô Philippe !	« Ô Philippe ! »= accent pathétique de l'exclamation.
J'entrai alors dans la vie, et je vis qu'à mon approche ***tout le monde en faisait autant que moi*** ;	Le passé simple montre la rupture d'avec le passé. « entrer » verbe d'aspect inchoatif* ***Pessimisme sur la nature humaine et ses valeurs.***
tous les masques tombaient devant mon **regard** ;	**Importance du regard : révélation : les masques tombent, jeu dévoilé.**
l'humanité souleva sa robe et me montra, *comme à un adepte digne d'elle*, sa monstrueuse nudité.	**Métaphore de la prostituée : humanité indécente, « monstrueuse nudité » + *comparaison* = tout le monde est démasqué, pas d'exception.** La réalité lui saute aux yeux mais période d'incertitude encore : difficulté d'accepter de participer à la mascarade.
J'ai vu les hommes tels qu'ils sont, et je me suis dit : Pour qui est-ce donc que je travaille ?	

- **Une spéculation** : sur quoi compter ? Qu'envisager ? Lorenzo est encore dans l'incertitude, il hésite à accomplir son geste : résistera-t-il à ce qui détruit et ce que son être profond rejette. Le projet a-t-il toujours du sens ou reste-t-il simplement un moteur qui l'entraîne vers l'inéluctable ? Est-ce pour lui le moyen de retrouver une identité en persévérant dans ses combats, loin de toute duplicité ? Tuer le duc n'est-ce pas tuer son double ? Cette volonté d'affirmation de soi en fait un vrai héros romantique.

Lorsque je parcourais les rues de Florence, *avec mon fantôme à mes côtés*, je regardais autour de moi, je cherchais les visages qui me donnaient du cœur, et me demandais : *Quand j'aurai fait mon coup,* **celui-là en profitera-t-il ?**	*Introduction d'un double qui désormais l'accompagne, un double qui le porte vers la débauche, le vice et la corruption* : probléme d'identité de Lorenzo. **Toujours cette interrogation pessimiste : quelle sera la valeur morale de son acte ?**
J'ai vu **les républicains** dans leurs cabinets ; **je suis entré** dans les boutiques, **j'ai écouté** et **j'ai guetté**, **j'ai recueilli** les discours des gens du peuple ; j'ai vu l'effet que produisait sur eux la tyrannie ; **j'ai bu** dans **les banquets patriotiques le vin qui engendre la métaphore* et la prosopopée*** ; **j'ai avalé** entre deux baisers les armes les plus vertueuses ;	**Passé composé (actions accomplies) + « je » (introspection) + anaphore de « voir » (force du regard) : Lorenzo s'imprègne petit à petit des masques et de la duplicité du monde = pessimisme désespéré. Il cherche des raisons de renoncer mais trouve « les discours des gens du peuple » « tyrannie » « armes vertueuses » Les républicains sont inefficaces = déception qui ne va pas l'empêcher de commettre son acte.**

j'attendais toujours que l'humanité me laissât voir sur sa face quelque chose d'honnête. J'observais *comme un amant observe sa fiancée en attendant le jour des noces.*	Il ne peut s'empêcher d'espérer encore. « J'observais » montre son besoin avide de vérité. ***Comparaison rafraîchissante mais aussi inquiétante : « noces », le jour attendu, l'assassinat du duc ? donc le moment béni où tout sera consommé ? La cause est-elle juste ? l'action utile ?***

- **Une vision optimiste de Philippe relance le soliloque et répond au pessimisme de Lorenzo.** Il croit encore au triomphe de la vertu au nom de son combat politique. Philippe, dans la suite de la scène, exhorte Lorenzo à retrouver ses valeurs, son honneur, voyant en lui un sauveur de la cité.

PHILIPPE – Si tu n'as vu que le **mal**, **je te plains, mais je ne puis te croire**. Le **mal** existe, mais non pas sans le *bien*, comme **l'ombre** existe, mais non sans la lumière.	Opposition du *bien*/**mal** **Idéalisme de Philippe qui croit en ces valeurs = constat douloureux « je te plains »** Une comparaison basée sur un antonyme : ombre/lumière

Conclusion

- **Évolution du texte :** Ce texte est une remise en question des valeurs humaines, une prise de conscience au fil du temps. Il s'agit d'une vision pessimiste voire désespérée de l'humanité, ce théâtre des apparences. Toute la tirade semble regretter le paradis perdu après le péché originel. Lorenzo part de sa propre expérience passée pour expliquer à quel point ce qui n'était alors que masque innocent est devenu la réalité, fatalité dont il devient l'instrument jusqu'à l'irréversible même si le doute s'installe sur les actes à commettre ou non. Héros tragique, il vit une tension permanente entre vice et vertu. Tuer le duc n'est-ce pas tuer son double ?
- **Projet de lecture :** Lorenzo est un héros romantique qui révèle son monde intérieur tourmenté de cas de conscience. Le tragique de ce personnage se joue derrière le masque et la dissimulation, un double pour ne pas révéler son identité, sa sincérité, son honnêteté. Le masque est devenu réalité : même si le projet (le meurtre du duc) n'a plus de sens, il reste le seul ancrage possible jusqu'à la perdition. Lorenzo devient l'instrument de sa propre perte, la situation lui échappe totalement. Il ne peut plus renoncer, il en devient un anti-héros, un personnage déchu, témoin de sa propre déchéance qu'il dénonce sans pouvoir y remédier. Musset réfléchit sur l'hypocrisie universelle, celle qui préfère le masque et la dissimulation à toute forme de vertu. Lorenzo est aussi son reflet : un être double attiré par la pureté comme par la débauche et qui cherche une identité.

ENTRAÎNEZ-VOUS !

Objet d'étude : le théâtre du XVIIe siècle au XXIe siècle

Ruy Blas (1838) de Victor Hugo, acte V scène 3 (extrait)

Faire la lecture linéaire de cet extrait

Ruy Blas, *terrible, l'épée de don Salluste à la main.*
Je crois que vous venez d'insulter votre reine !
Don Salluste se précipite vers la porte.
Ruy Blas la lui barre.
– Oh ! N'allez point par là, ce n'en est pas la peine,
J'ai poussé le verrou depuis longtemps déjà.
– Marquis, jusqu'à ce jour Satan te protégea,
Mais, s'il veut t'arracher de mes mains, qu'il se montre.
– À mon tour ! – On écrase un serpent qu'on rencontre.
– Personne n'entrera, ni tes gens, ni l'enfer !
Je te tiens écumant sous mon talon de fer !
– Cet homme vous parlait insolemment, madame ?
Je vais vous expliquer. Cet homme n'a point d'âme,
C'est un monstre. En riant hier il m'étouffait.
Il m'a broyé le cœur à plaisir. Il m'a fait
Fermer une fenêtre, et j'étais au martyre !
Je priais ! Je pleurais ! Je ne peux pas vous dire.
Au marquis.
Vous contiez vos griefs dans ces derniers moments.
Je ne répondrai pas à vos raisonnements,
Et d'ailleurs – je n'ai pas compris. – ah ! Misérable !
Vous osez, – votre reine, une femme adorable !
Vous osez l'outrager quand je suis là ! – Tenez,
Pour un homme d'esprit, vraiment, vous m'étonnez !
Et vous vous figurez que je vous verrai faire
Sans rien dire ! – écoutez, quelle que soit sa sphère,
Monseigneur, lorsqu'un traître, un fourbe tortueux,
Commet de certains faits rares et monstrueux,
Noble ou manant, tout homme a droit, sur son passage,
De venir lui cracher sa sentence au visage,
Et de prendre une épée, une hache, un couteau !...
– Pardieu ! J'étais laquais ! Quand je serais bourreau ?
La Reine.
Vous n'allez pas frapper cet homme ?
Ruy Blas.
Je me blâme
D'accomplir devant vous ma fonction, madame,

Mais il faut étouffer cette affaire en ce lieu.
Il pousse don Salluste vers le cabinet.
– C'est dit, monsieur ! Allez là-dedans prier Dieu !
Don Salluste.
C'est un assassinat !
Ruy Blas.
Crois-tu ?
Don Salluste, *désarmé, et jetant un regard plein de rage autour de lui.*
Sur ces murailles
Rien ! Pas d'arme !
À Ruy Blas.
Une épée au moins !
Ruy Blas.
Marquis ! Tu railles !
Maître ! Est-ce que je suis un gentilhomme, moi ?
Un duel ! Fi donc ! Je suis un de tes gens à toi,
Valetaille de rouge et de galons vêtue,
Un maraud qu'on châtie et qu'on fouette, – et qui tue !
Oui, je vais te tuer, monseigneur, vois-tu bien ?
Comme un infâme ! Comme un lâche ! Comme un chien !
La Reine.
Grâce pour lui !
Ruy Blas, *à la reine, saisissant le marquis.*
Madame, ici chacun se venge.
Le démon ne peut plus être sauvé par l'ange !
La Reine, *à genoux.*
Grâce !
Don Salluste, *appelant.*
Au meurtre ! Au secours !
Ruy Blas, *levant l'épée.*
As-tu bientôt fini ?
Don Salluste, *se jetant sur lui en criant.*
Je meurs assassiné ! Démon !
Ruy Blas, *le poussant dans le cabinet.*
Tu meurs puni !
Ils disparaissent dans le cabinet, dont la porte se referme sur eux.
La Reine, *restée seule, tombant demi-morte sur le fauteuil.*
Ciel !
Un moment de silence. Rentre Ruy Blas, pâle, sans épée.

Aides

L'auteur

Victor Hugo naît en 1802 à Besançon, d'un père général d'Empire et d'une mère royaliste. Il écrit très jeune ses *Odes* pour lesquelles il obtient une pension royale. Rapidement il s'impose comme le chef de file des Romantiques avec sa première pièce

Cromwell en 1827 dans la préface de laquelle il définit le renouveau du drame. Suivent *Les Orientales*, poèmes de 1829 et, la même année, un roman, *Les derniers jours d'un condamné*. Puis, la pièce *Hernani* (1830) déchaîne les passions (voir p. 38). *Notre Dame de Paris* paraît en 1831 puis *Ruy Blas* en 1838. En 1841, Victor Hugo entre à l'Académie française, reconnu par ses pairs. La noyade de sa fille Léopoldine avec son mari en 1843, affecte en profondeur ce grand homme qui s'engage avec passion en politique. À la suite du coup d'État du 2 décembre 1851, Napoléon III le contraint à l'exil. Il part dans les îles anglo-normandes et écrit à Guernesey *Les Châtiments* (1853) et *Les Contemplations* (1856). L'exil n'interrompt pas ses engagements littéraires et politiques. À la chute de l'Empire et à la proclamation de la République, il rentre en France en 1870 où il est reçu en héros. Il devient député et poursuit ses luttes contre les inégalités, le travail des enfants, la misère ou la peine de mort. Il meurt le 22 mai 1885 et reçoit un hommage national. Les Français l'accompagnent massivement au Panthéon le 31 mai 1885.

Résumé de *Ruy Blas*

Pièce en 5 actes écrite en vers.

Don Salluste de Bazan, ministre du roi d'Espagne, en disgrâce rêve de se venger de la reine qu'il juge responsable. Son cousin, le débauché mais chevaleresque, Don César de Bazan, refusant de l'aider contre une femme, se voit livré aux pirates. Don Salluste surprend une confidence de son laquais, Ruy Blas, qui révèle son amour pour la reine. Il décide d'utiliser cette passion à des fins de vengeance. Il contraint Ruy Blas à se présenter à la cour sous les habits et le nom de Don César, Grand d'Espagne, pour se faire aimer de la reine et devenir son amant. La reine qui s'ennuie avec un mari indifférent et loin de son pays natal, est vite séduite par le jeune homme et lui confie de hautes responsabilités. Fort de son nouveau rôle, Ruy Blas en profite pour invectiver le gouvernement sur ses dépenses et s'attirer des inimitiés. Mais Don Salluste réapparaît pour l'humilier et organise un piège pour confondre les amants, déshonorer la reine et la forcer à se retirer. Ruy Blas révèle alors à la reine son état avant de poignarder Don Salluste puis il s'empoisonne et meurt dans les bras de la reine qui lui pardonne.

La pièce

Le théâtre de Victor Hugo est sublimé ici par une poésie lyrique où l'âme du héros vibre avec les vers. L'intrigue où plane la vengeance de Don Salluste est mélodramatique. L'amour entre la reine et un laquais ajoute à l'action une portée éminemment romantique. La pièce mélange les genres puisque certaines scènes (notamment avec Don César) sont comiques et d'autres (dont la scène 3 de l'acte V) sont tragiques. Quant à l'aspect symbolique de la pièce, il ne peut échapper aux spectateurs : deux nobles décadents dans une Espagne dégénérée et un laquais représentant un peuple avisé et intelligent. Par son sujet, le réalisme des précisions historiques, la passion des personnages, ce drame est représentatif du renouveau théâtral et du courant romantique du XIXe siècle.

Fiche 37

Grammaire : les verbes et la règle d'accord des participes passés

Objet d'étude : le théâtre du XVIIe siècle au XXIe siècle

Lorenzaccio III, 3 (1834) d'Alfred de Musset

Question

Dans ces extraits du texte, justifiez l'accord des participes passés.

1. « J'aurais pleuré avec la première fille que j'ai séduite, si elle ne s'était mise à rire. »
2. « J'ai vu les républicains dans leurs cabinets ; je suis entré dans les boutiques… »

Analyse

1. Trois participes passés qui ont des raisons différentes d'accord :
   - **j'aurais pleuré :**
     - Participe passé « pleuré » employé avec l'auxiliaire « avoir ».
     - Il convient de rechercher la présence et la place d'un COD.
     - Ici, le verbe est intransitif, il n'a pas de complément d'objet, aucun accord ne peut être posé.
   - (la première fille que) **j'ai séduite :**
     - Participe passé « séduit » employé avec l'auxiliaire « avoir ».
     - Il convient de rechercher un COD pour effectuer un accord s'il est écrit avant le participe. Question : « *j'ai séduit qui ?* »
     - Le COD est le pronom relatif « que » mis pour « la première fille » (antécédent, féminin, singulier). Le participe passé s'accorde donc au féminin singulier = « séduite ».
   - **Elle ne s'était mise à rire :**
     - Participe passé d'un verbe pronominal « se mettre ».

- L'auxiliaire n'entre pas en compte pour cet accord car « être » s'impose aux temps composés des verbes pronominaux.
- Il convient de procéder comme avec un auxiliaire « avoir » en recherchant un COD en modifiant toutefois la tournure pour poser la question : « *Elle **avait** mis à rire qui ?* » = Elle-même (COD). Le participe passé s'accorde donc au féminin singulier = « mi<u>se</u> «

2. Deux participes passés qui ont des raisons différentes d'accord :
   - « **j'ai vu** (les républicains) » :
     - Participe passé « vu » employé avec l'auxiliaire « avoir ».
     - Il convient de chercher la présence et la place du COD. Question : « *j'ai vu qui ?* » = les républicains (COD).
     - Le COD est écrit après le participe passé, aucun accord n'est possible.
   - « **Je suis entré** » :
     - Participe passé « entré » employé avec l'auxiliaire « être ».
     - Une seule possibilité : accord avec le sujet du verbe « je » (Lorenzo, masculin singulier).

Rappel de cours

Classification syntaxique des verbes

- **Les verbes transitifs** : ils peuvent avoir un complément d'objet.
  - Ils sont dit « **transitifs directs** » si le complément d'objet est direct (et répond aux questions « qui ? » « quoi ? » posées après le verbe). Ex : *Il **porte*** (quoi ?) *<u>une valise</u>.*
  - Certains dits « **transitifs directs** » sont d'un « **emploi absolu** » quand ils pourraient avoir un CO mais que celui-ci n'est pas exprimé parce que trop évident. Ex : *Nous **lisons** extrêmement peu.*
  - Ils sont dit « **transitifs indirects** » si le complément d'objet est indirect (introduit par une préposition (à ; de ; pour ; contre quelque chose ou quelqu'un). Ex : *Il **répond*** (à qui ?) <u>à son frère</u>.
- **Les verbes intransitifs** : ils n'ont jamais de CO et ne peuvent pas en avoir. Ex : *Vous **vieillissez** bien*
- **Les verbes attributifs** : Par leur sens même, ils ont attribué une relation entre entité grâce à :
  - **Des verbes d'état** (qui expriment une manière d'être) : être, sembler, rester, paraître, demeurer, devenir, passer pour, avoir l'air de. Ils ne peuvent avoir de complément d'objet (ils sont donc intransitifs), seulement des « **attributs** ».
    *Ex : Il **devient** <u>un grand garçon</u>. (« il » et « grand garçon » représentent la même personne mais le deuxième terme attribue un état au « il »).*

- **D'autres verbes attributifs (transitifs directs) :** ils attribuent une relation entre leur COD et un « **attribut du COD** ».
  Ex : Elle le trouve grand garçon

Attention, selon le contexte et la construction syntaxique, certains verbes peuvent appartenir à plusieurs catégories. Ex : *Nous **rentrons** à quatre heures* (intransitif). *Nous **rentrons** les vêtements* (transitif direct). *Nous **rentrons** de la farine* (transitif indirect).

- **Les verbes pronominaux :**
  - Ils sont accompagnés de pronoms personnels réfléchis (me, te, se, nous, vous, se) qui ont parfois une fonction grammaticale.
  - Ils se conjuguent avec l'auxiliaire « être » dans les temps composés. Ex : je me promène = *je me suis balancé(e), je m'étais balancé(e), je me fus balancé(e), je me serai balancé(e).*
  - Il existe deux sortes de verbes pronominaux selon leur sens :

Les verbes pronominaux réfléchis ou réciproques	Les verbes pronominaux non réfléchis (ou subjectifs)
Verbes pronominaux réfléchis : l'action du verbe se tourne vers le sujet lui-même par l'intermédiaire du pronom réfléchi. Ex : *Il se lave.* • Les pronoms « me-te-se-nous-vous-se » sont alors des pronoms personnels réfléchis. Il est COD ou COI (complément d'objet direct ou complément d'objet indirect). Ex : Il lave qui ? lui-même = se (COD) **Les verbes « réciproques »** ne s'emploient qu'au pluriel. Ils s'appellent ainsi car plusieurs sujets (ils) exercent une action les uns sur les autres : chacun reçoit et chacun accomplit l'action. Ex : *Ils **se** disent tout* Ils disent quoi ? tout (COD) Ils disent à qui ? à eux = se (COI)	**Les verbes pronominaux non réfléchis :** dans cette catégorie, les pronoms « me-te-se-nous-vous-se » n'ont qu'une valeur emphatique ou vague. Ce sont des morphèmes verbaux. Ils n'ont aucun rôle de complément d'objet. Ex : *Il s'aperçoit de son erreur.* (le « s' » n'« aperçoit » pas son reflet « il »). Le sens de « apercevoir » avec le morphème verbal « s' » est détourné de son sens premier (= *voir plus ou moins nettement*) pour un sens second (= *repérer quelque chose qui n'avait pas été vu tout de suite.*) Même observation avec : « *Elle se doute de quelque chose* » sens premier : douter = être dans l'incertitude sens second : se douter = *pressentir quelque chose.* • Entrent dans cette catégorie, les verbes : *S'abstenir de, s'attaquer à, se connaître à, se désister, se douter de, s'écrouler, s'emparer de, s'en aller, s'enfuir, s'en retourner, s'envoler, s'évanouir, se jouer, se moquer, se mourir, se pâmer, se plaire à, se prendre, se prévaloir, se repentir, se souvenir, se taire, se tromper.*

- **Les verbes impersonnels :**
  - Employés avec un pronom impersonnel. Ex : *Il pleut* (« il » est neutre, il ne se réfère à rien d'autre qu'une forme grammaticale 3e personne du singulier)
  - On le retrouve dans des locutions verbales impersonnelles : « *il y a* » « *il est nécessaire* » « *il convient de* »....
- **Les auxiliaires :** « être » et « avoir »
  - Outils pour la formation des temps composés.
  - L'auxiliaire « être » : outil pour les temps composés des verbes pronominaux et pour la construction du passif des verbes transitifs directs. Ex : *L'architecte* ***dessine*** *la maison* (voix active) : *La maison* ***est*** *dessinée par l'architecte* (voix passive, voir page 69)

La règle d'accord des participes passés

- **Le participe passé employé avec l'auxiliaire « être » :**

Il s'agit de la forme la plus facile des accords des participes passés car ceux-ci s'accordent TOUJOURS avec le sujet du verbe. Ainsi, le participe passé montre bien qui effectue l'action exprimée.

Ex : Elles étaient rentrées tard. Il est né hier.

Elle est partie. Ils seront renvoyés pour leurs bêtises.

- Dans le cas de plusieurs sujets, un seul sujet au masculin impose le masculin pluriel :

  Ex : Dans le zoo, une panthère, une autruche, une lionne et un tigre sont nés dans l'année.

- Dans le cas d'un sujet redondant, l'accord se fait avec le pronom.

  Ex : Marie et toi, Sophie, vous êtes appelées à comparaître.

- Lorsque le sujet est un pronom personnel, il ne permet pas toujours de connaître le genre du sujet (1re et 2e personnes du singulier et du pluriel). Ex : *Je suis né ? Je suis née ? Tu es né* ? Tu es n*ée ? Nous sommes nés* ? Nous sommes nées ? Vous êtes nés ? *Vous êtes nées* ?
- Avec « on », pronom indéfini, on peut ou non accorder le participe passé : Ex : *On est parti à l'heure* (le « on » est considéré dans sa personne grammaticale soit la 3e personne du singulier)

  Ex : On est partis à l'heure (le « on » est considéré comme la forme courante voire familière de « nous », 1re personne du pluriel).

- Dans la subordonnée participiale, l'auxiliaire n'est pas présent mais sous-entendu : l'accord avec le sujet doit s'effectuer (une participiale a un sujet propre indépendant de celui de la principale) : Ex : *La rentrée terminée, l'équipe se met au travail* = la rentrée est terminée...

- Avec les formes répétées de « chaque » « nul » « pas un » « aucun » qui réclament le singulier, l'accord du participe passé s'effectue indifféremment avec tous les sujets présents (coordonnés ou non) ou avec le sujet le plus proche : Ex : *Chaque homme,* ***chaque femme*** *est reconnue dans une fonction.* ***Chaque homme, chaque femme*** *sont reconnus dans une fonction. Aucun garçon et* ***aucune fille*** *n'est tolérée.* ***Aucun garçon et aucune fille*** *ne sont tolérés.*

> **Remarque**
>
> Le verbe « être » est lui-même conjugué avec l'auxiliaire « avoir » dans les temps composés. Le participe passé « été » reste TOUJOURS invariable. Ex : Elle a été, elle avait été, elle eut été, elle aura été.

- **Le participe passé employé avec « avoir » :**

  Dans ce cas, le sujet ne joue plus aucun rôle pour l'accord. Il faut s'attarder sur l'emplacement du Complément d'Objet Direct (COD).

  Celui-ci répond à la question « qui ? ou quoi ? » posée juste après le verbe. Ex : *Elle compose* quoi ? une chanson (COD). *Elle la* (COD)*compose.*

a. Accord ou non avec le COD

- Le participe passé employé avec l'auxiliaire « avoir » s'accorde en genre et en nombre avec le COD LORSQU'IL A ÉTÉ ÉCRIT AVANT LE PARTICIPE PASSE (on dit alors qu'il est antéposé). En effet, il s'agit d'effectuer un accord sur une personne, un animal ou une chose précédemment identifiés. Sinon, il n'y aura pas d'accord.

  Ex : ***La convention*** *que les mandataires ont signée était importante. Les mandataires ont signé quoi ? = la convention (FS) écrit avant le participe « signé »*

- Quand il existe bien un COD mais qu'il est écrit après, il ne peut y avoir un accord avec ce qui n'a pas encore été donné :

  Ex : Les mandataires ont signé ***une importante convention.*** *Les mandataires ont signé quoi ? = une convention écrit après le participe (pas d'accord)*

- En cas d'absence de COD, aucune question ne se pose quant à un éventuel accord :

  Ex : Les mandataires ont signé. Quoi ? Ø

b. Les formes du COD antéposé

- Il peut avoir la forme d'un pronom. Il convient alors de rechercher le nom de référence :

  Ex : Cette convention importante, les mandataires l'ont signée. (FS)

  Ex : Les contrats étaient importants, les mandataires ***les*** *ont signés. (MP)*

- Il peut être pronom relatif. Il faut alors rechercher son antécédent :

  Ex : Les musées ***que*** *j'ai visités au Caire sont captivants.*

- Il peut encore être un groupe nominal avec un déterminant (adjectif) interrogatif ou exclamatif :

  *Ex : **Quels musées** as-tu visités au Caire ?*

c. **Les formes où le participe passé employé avec « avoir » reste invariable**

- Quand le COD est l'adverbe pronominal (neutre partitif) « en », signifiant « une partie de cela » :

  Ex : Des contrats comme ceux-là, ils en ont signé beaucoup.

- Lorsque le COD est un pronom neutre « le » (ou « l' ») équivalent de « cela » montrant ainsi la totalité d'une idée :

  Ex : Signer de tels contrats, ils l'ont rêvé pendant longtemps.(Ils ont rêvé de cela.)

- Lorsque le COD est le pronom démonstratif « ce » :

  Ex : Signer des contrats, voilà ce qu'il leur a proposé. (Il a proposé cela.)

- Avec le participe passé du verbe faire → fait suivi d'un infinitif :

  Ex : Ses robes, elle les a fait coudre à Milan. (L'action de faire se porte sur l'infinitif)

  Contrairement à :

  Ex : Ses robes, elle les a faites à Milan. (L'action de faire se porte sur les robes)

d. **Des accords particuliers**

- Lorsque le participe passé doit s'accorder **avec un COD collectif** (groupe nominal par exemple), l'accord s'effectue selon le sens de la phrase et l'élément sur lequel on veut insister :

  Ex : La troupe d'hommes que mon unité a suivie a occupé la ville.

  La troupe d'hommes que mon unité a suivis a occupé la ville

- Quand le participe passé doit s'accorder avec un COD constitué de deux éléments unis par « ainsi que », « aussi bien que », « autant que », « comme », « de même que » par l'intermédiaire de « que », c'est le premier élément qui justifie l'accord :

  *Ex : **Ce sont les filles** autant que les garçons qu'il a admonestées.*

Sauf si celui qui parle souhaite marquer l'addition des deux termes :

  *Ex : Ce sont **les filles** autant que **les garçons** qu'il a admonestés.*

- Dans le même cas mais avec deux éléments coordonnés par « ou » ou « ni », tout dépend du locuteur. L'accord – au singulier — se fait avec l'élément le plus proche :

  *Ex : **la joie** ou la vénération que tu as ressentie est unique.*

  ***La joie ou la vénération** que tu as ressenties sont uniques.*

■ Les participes passés des verbes pronominaux

Tous les verbes pronominaux se conjuguent aux temps composés avec l'auxiliaire « être » mais selon les deux catégories vues précédemment, les accords ne s'effectuent pas de la même façon :

Verbes pronominaux réfléchis ou réciproques	Verbes pronominaux non réfléchis ou subjectifs
• Bien qu'employés avec « être », ils ne suivent pas la règle des participes passés employés avec « être » mais celle avec « avoir ». • Mais, pour reconnaître le COD il convient de remplacer « être » (qui ne peut pas avoir de complément d'objet) par « avoir » en modifiant la phrase : Ex : *Je me suis regardé* = J'ai regardé qui ? **Ils s'accordent avec le pronom réfléchi** quand il est COD. Ex : *Moi, Sophie, je me suis lavée = J'ai lavé qui ?* moi-même = me = COD = lavée Mais : *Moi, Sophie, je me suis lavé les mains= J'ai lavé quoi ?* mes mains = COD (écrit après) = lavé (pas d'accord) *J'ai lavé à qui ?* à moi = me = COI/COS	**Le participe passé** s'accorde avec le sujet. Ex : **Ils** se sont écroulés. **Elles** se sont souvenues. **Les verbes essentiellement pronominaux** : certains verbes sont appelés ainsi car leur participe passé est invariable ; en effet, ils ne supportent pas de COD. Ex : **Ils se sont souri.** Dans cette catégorie entrent les verbes : *Se convenir, se complaire, se déplaire, s'entre-nuire, se mentir, se nuire, se parler, se plaire, se ressembler, se rire, se sourire, se succéder, se suffire, se survivre, s'en vouloir.*

■ Lorsqu'un verbe pronominal est suivi d'un verbe à l'infinitif, le participe passé :

⇨ reste invariable si le pronom personnel réfléchi se rapporte à l'infinitif (il est son COD).

Ex : Elle s'est senti tomber. ...senti tomber qui ? « Elle »

⇨ s'accorde si le pronom personnel réfléchi se rapporte au participe passé (il est son COD).

Ex : Elle s'est vue partir. Elle a vu partir qui ? Elle-même = « s' »

À retenir

Les verbes « se faire » « se laisser » + infinitif restent toujours invariables.

Ex : *Elles se sont fait désirer. Elle s'est laissé injurier.*

ENTRAÎNEZ-VOUS !

Objet d'étude : le théâtre du XVIIe siècle au XXIe siècle.

Extraits de *On ne badine pas avec l'amour* (1834)
Alfred de Musset, scène II, scène 5,
dialogue entre Perdican et Camille

Perdican retrouve sa cousine Camille qui lui annonce son intention de devenir religieuse pour échapper à l'amour.

Exercice 1

Dans ces extraits, expliquez les accords des participes passés soulignés.

1. CAMILLE : « Vous voilà <u>courbé</u> près de moi avec des genoux qui se sont <u>usés</u> sur les tapis de vos maîtresses, et vous n'en savez plus le nom. Vous avez <u>pleuré</u> des larmes de joie et des larmes de désespoir. »
2. PERDICAN : « Il y a deux cents femmes dans ton monastère, et la plupart ont au fond du cœur des blessures profondes ; elles te les ont <u>fait</u> toucher, et elles ont <u>coloré</u> ta pensée virginale des gouttes de leur sang. Elles ont <u>vécu</u>, n'est-ce pas ? et elles t'ont <u>montré</u> avec horreur la route de leur vie. Tu t'es <u>signée</u> devant leurs cicatrices.[…] Es-tu sûre que si l'homme qui passe était celui qui les a <u>trompées</u> […] elles ne briseraient pas leurs chaînes pour courir à leurs malheurs passés, et pour presser leurs poitrines sanglantes sur le poignard qui les a <u>meurtries</u>. »

Exercice 2

Dans cet exemple, choisissez l'accord qui convient et expliquez votre choix :

A. PERDICAN : « Comme j'avais prévu tout cela quand tu t'es arrêté devant le portrait de notre vieille tante ! »
B. « Comme j'avais prévu tout cela quand tu t'es arrêtée devant le portrait de notre vieille tante ! »

Fiche 38
Un exemple de lecture linéaire (XXe siècle)

Objet d'étude : le théâtre du XVIIe siècle au XXIe siècle

Juste la Fin du monde (1990) Jean-Luc Lagarce, 1re partie scène 8

LA MERE : Cela ne me regarde pas,/ je me mêle souvent de ce qui ne me regarde pas,/ je ne change pas, j'ai toujours été ainsi./ Ils veulent te parler, tout ça,/ je les ai entendus/ mais aussi je les connais, je sais,/ comment est-ce que je ne saurais pas ?/ Je n'aurais pas entendu, je pourrais plus simplement encore deviner,/ je devinerais de moi-même, cela reviendrait au même./ Ils veulent te parler,/ ils ont su que tu revenais et ils ont pensé qu'ils pourraient te parler,/ un certain nombre de choses à te dire depuis longtemps et/ la possibilité enfin./
Ils voudront t'expliquer mais ils t'expliqueront mal,/ car ils ne te connaissent pas, ou mal./ Suzanne ne sait pas qui tu es,/ce n'est pas connaître, cela, c'est imaginer,/ toujours elle imagine et ne sait rien de la réalité,/ et lui, Antoine,/ Antoine, c'est différent,/ il te connaît mais à sa manière comme tout et tout le monde,/ comme il connaît chaque chose ou comme il veut la connaître,/ s'en faisant une idée et ne voulant plus en démordre./

Aides

L'auteur

Jean-Luc Lagarce (1957-1995) est comédien, metteur en scène, directeur de théâtre et dramaturge, passionné de la tragédie grecque. Il a travaillé sur des adaptations de *l'Odyssée* et sur les Atrides. En 1977, il fonde avec Mireille Herbstmeyer le théâtre de « La Roulotte » du nom de la première troupe créée par Vilar. Atteint du sida, il se sait condamner et son œuvre est très autobiographique. Avant d'apprendre sa séropositivité, Lagarce a publié en 1984 *Retour à la citadelle* et *Les Orphelins* posant déjà la thématique de l'absence et du retour. En 1990, alors qu'il se sait malade, il écrit à Berlin (il vient de recevoir le prix Léonard-de-Vinci), *Juste la Fin du monde*. La pièce va vite rencontrer un vif succès avec une traduction en quinze langues jouée sur les scènes nationales et internationales, sa programmation à différents examens et concours, son entrée au répertoire de la Comédie française en 2008 (Molière du meilleur spectacle) puis un film de Xavier Dolan en 2016 (Grand Prix du jury à Cannes). L'auteur s'interroge sur « l'inexistence », l'« être ou ne pas être » d'Hamlet et comment faire quelque chose de soi et de sa vie sans devenir important : utopie de la modestie et de la discrétion ?

Résumé de *Juste la Fin du monde*

Pièce en 2 parties, encadrée par un prologue et un épilogue. La 1re partie comprend 11 scènes, puis 9 scènes après un intermède et une 2e partie comprenant 3 scènes. Louis, un écrivain homosexuel, le fils aîné d'une fratrie, revient dans sa maison d'enfance auprès de sa famille après douze années, décidé à leur annoncer sa maladie (jamais nommée). Il retrouve sa mère avec laquelle il entretient des rapports compliqués, sa sœur Suzanne, son frère Antoine qui le jalouse, sa belle-sœur Catherine. Tous lui opposent alors des reproches quant à sa conduite passée et les tensions, qui ont présidé à son départ précipité vers une vie différente, resurgissent. Il ne peut annoncer sa terrible nouvelle et repart dans la solitude et la détresse.

La pièce

Le titre est déjà évocateur *Juste la Fin du monde* sonne comme une remarque anodine : « Ce n'est pas si grave ! ». Le « juste » est une forme elliptique qui diminue la portée ironique du « ce n'est pas tout de même pas (la fin du monde) ».

Le prologue, prononcé par Louis, s'élève comme un chœur antique qui annonce la pièce sans attendre le dénouement. L'épilogue, toujours prononcé par Louis, finit la pièce. Louis y pousse un long cri « *un grand et beau cri/un long et joyeux cri qui résonnerait dans toute la vallée* ». Tous deux encadrent la pièce qui, par ailleurs, est structurée chronologiquement. Ils traduisent les ressentis, les états d'âme du personnage et s'inscrivent, avec l'intermède, dans un temps extérieur à l'action.

Le moment de l'action se pose entre « un dimanche » et « toute l'année » situant la pièce dans un rapport au temps distendu, presque intemporel. Aucun indication de décor n'est proposé, seule transparaît l'information d'une maison rurale de famille : monde figé dans l'habitude, une routine plutôt isolée.

De nombreux monologues morcelés en vers (courts ou longs irrégulièrement) conduisent l'écriture avec des répétitions, des phrases souvent incomplètes, reprises, mal construites parfois, simulant une conversation courante mais maladroite, dans la difficulté de communiquer. Le parti pris de ne pas joindre de didascalies autres qu'initiales et internes offre une grande liberté d'interprétation mais traduit aussi les non-dits de l'auteur lui-même, une forme d'ellipses.

Analyse linéaire du texte

Introduction

Cet extrait appartient à un long monologue de la mère dans la 1re partie de la pièce. Louis, figure d'opposition voire de résistance familiale, revient parmi les siens, après un départ précipité pour une autre vie contestée par cette famille banale mais leur conflit, au lieu d'être apaisé avec le temps, s'envenime dès son retour. Louis écoute sa mère en silence, il ne réagit pas. L'extrait se termine par un cours dialogue : « LA MERE : – Petit sourire ? Juste « ces deux ou trois mots » ? LOUIS –Non. Juste le petit sourire. J'écoutais »

Unité du texte

« La » mère a des velléités de médiatrice : elle désire expliquer la position des uns et des autres mais le texte s'harmonise autour de ses précautions oratoires qui, au lieu de clarifier, alourdissent l'atmosphère.

Importance du texte

Cet extrait illustre la grande difficulté de la communication interpersonnelle marquée, dans toute la pièce, par des monologues longs et juxtaposés qui tentent d'expliquer. La mère, comme beaucoup des autres personnages, se heurte aux limites de son propre langage pour exprimer ses ressentis. Elle cherche à agir sur l'équilibre familial en tentant de justifier les points de vue de chacun. Ce monologue se heurte au silence de Louis, un mutisme qui traduit la crise qu'il traverse. Cet extrait s'inscrit dans le parcours « Crise personnelle, crise familiale » et la problématique pourrait être : ***Comment les arcanes du langage peuvent-ils révéler une impossibilité de communiquer en authenticité ?***

Mouvement du texte

- La difficulté à « dire ».
- Connaître et expliquer : malentendu tragique.

Lecture linéaire

- **La difficulté à « dire »** malgré la présence de verbes de parole : parler, dire, expliquer. La parole elle-même est crise. Elle s'oppose au silence de Louis ce qui la rend encore plus difficile à exprimer.

LA MERE :	LA DIDASCALIE INITIALE NE NOMME PAS LA MERE AUTREMENT QUE PAR LE TERME GENERIQUE DE « LA » GENITRICE : REDUCTION A UNE FONCTION ETERNELLE NON A UNE INDENTITE.
Cela ne me regarde pas,/ je me mêle souvent de ce qui ne me regarde pas,/ je ne change pas, j'ai toujours été ainsi./ Ils veulent te parler, tout ça,/ je les ai entendus/ mais aussi je les connais, je sais,/	Usage important de la négation pour montrer l'excuse, la négation de soi-même mais opposition avec « je les connais, je sais » (la mère – prérogative – connaît les siens si elle ne se connaît pas elle-même). Ellipse* : globalisation du non-dit par un pronom démonstratif accentué par un adverbe d'intensité
comment est-ce que je ne saurais pas ?/ Je n'aurais pas entendu, je pourrais plus simplement encore deviner,/ je devinerais de moi -même, cela reviendrait au même./	Prédominance du « je ». Une question rhétorique. Usage du conditionnel montrant toutefois l'incertitude, l'hypothétique mais incertitude tournée vers elle-même : introspection.
Ils veulent te parler,/ ils ont su que tu revenais et ils ont pensé qu'ils pourraient te parler,/ un certain nombre de choses à te dire depuis longtemps et/ la possibilité enfin./	Inversion des rôles : urgence d'une explication, retour sur le passé alors que Louis est tourné vers l'avenir et vient pour parler. Nouvelle ellipse* globalisante « un certain nombre de choses » + enjambement.

- **Connaître et expliquer : malentendu tragique.** Dramaturgie de l'ellipse* qui fait du non-dit ou du sous-entendu un piège de communication : constat d'échec. Des présents de vérité générale (privilège de la mère qui sait ou croit savoir ?)

Ils voudront t'expliquer mais ils t'expliqueront mal,/ car ils ne te connaissent pas, ou mal./	Autre ellipse* « ils voudront t'expliquer » est sans complément + répétition du verbe associé à l'adverbe qualitatif « mal « (repris ensuite avec « connaître »comme précédemment).
Suzanne ne sait pas qui tu es,/ ce n'est pas connaître, cela, c'est imaginer,/ toujours elle imagine et ne sait rien de la réalité,/ et lui, Antoine,/ Antoine, c'est différent,/ *il te connaît mais à sa manière comme tout et tout le monde,/ comme il connaît chaque chose ou comme il veut la connaître,/ s'en faisant une idée et ne voulant plus en démordre./*	*La mère pointe le fait qu'ils sont tous étrangers les uns aux autres jusqu'à « imaginer » l'autre (s'en faire une représentation toute personnelle).* *Antithèse : imagination/réalité.* *Ellipses généralisatrices* *Epanorthose* : Répétition (5 fois) de « connaître » pour accentuer le terme qui, en soi, a du mal à s'affirmer authentiquement.*

Idiolecte* de la mère qui utilise des niveaux différents dans sa parole imprimant un rythme marqué par la ponctuation, la longueur des vers.

Métatexte : la mère commente et révèle son incapacité à intervenir, ce qu'elle s'apprête cependant à faire. Elle s'en excuse avec maladresse en tentant d'expliquer sa nature faible.

Le propos : la mère expose la demande des siens sans réaliser le tragique de la situation. Louis est venu pour parler de sa mort à des vivants et les vivants ne vont pas lui laisser l'espace de parole demandé (non-dit lié à l'ignorance des raisons de sa venue) = inversion des rôles préparée par la mère elle-même qui annonce la parole de la fratrie sans chercher à « entendre les silences de Louis ».

La paraphrase : la mère effectue une réflexion sur elle-même, presque une analyse qui lui impose une distance avec elle-même pour poser une vérité.

La digression : détour dans la pensée de la mère qui explore une voie parallèle. Antoine est difficile à cerner et Suzanne ne le connaît pas (hors du propos central).

Conclusion

- **Évolution du texte** : La mère commence par se défendre et s'excuser avant de poser comme acquis qu'elle connaît les siens, tous les siens y compris Louis. Elle cherche à jouer les médiatrices entre ses enfants comme toutes les « génitrices ». Louis était présent dans son absence. Son retour change totalement la donne, rompt l'équilibre dans la communication en imposant sa présence réelle. Celle-ci les oblige à un face-à-face non souhaité qui embarrasse. Verbiage logorrhéique qui empêche Louis d'intervenir, la parole est fuite en avant pour éviter l'essentiel et, involontairement, isoler encore plus Louis.
- **Projet de lecture** : Jean-Luc Lagarce travaille sur la parole intérieure, celle qui convoque la conscience. La parole est son instrument : les mots révèlent, trahissent, secouent. Les silences hurlent les reproches, les non-dits : la différence, l'homosexualité dont on parle avec euphémisme* (« *Louis n'aura pas d'enfant* ») ou litote*, le sida, le départ, la maladie, la mort. Tous les personnages se cherchent, se re-cherchent mais finalement se fuient. Chacun souffre et Louis refoule son secret impossible à révéler : sont-ils d'ailleurs dignes ou capables de le recevoir ? A-t-il encore une place près d'eux, lui le solitaire, le marginal ? En réinterrogeant la sphère privée, le conflit familial est ici une critique sociale autour des dysfonctionnements des codes de la communication. Le langage devient la trace de ces désordres avec l'incapacité de dire, de se faire comprendre : les codes linguistiques sont remis en question voire disloqués. L'action est toute entière dans l'acte de parole où le non-dit et les silences sont dominants.

ENTRAÎNEZ-VOUS !

Objet d'étude: le théâtre du XVIIe siècle au XXIe siècle

Le Malentendu (1944) de Albert Camus (1931-1962),
extrait acte 1, scène 5

Faire la lecture linéaire de cet extrait

JAN – Mais… *(il hésite),* quelquefois, la vie ne doit pas être gaie pour vous ? Ne vous sentez-vous pas très seules ?

MARTHA, *lui faisant face brusquement* – Écoutez, je vois qu'il me faut vous donner un avertissement. Le voici. En entrant ici, vous n'avez que les droits d'un client. En revanche, vous les recevez tous. Vous serez bien servi et je ne pense pas que vous aurez un jour à vous plaindre de notre accueil. Mais vous n'avez pas à vous soucier de notre solitude, comme vous ne devez pas vous inquiéter de nous gêner, d'être importun ou de ne l'être pas. Prenez toute la place d'un client, elle est à vous de droit. Mais n'en prenez pas plus.

JAN – Je vous demande pardon. Je voulais vous marquer ma sympathie, et mon intention n'était pas de vous fâcher. Il m'a semblé simplement que nous n'étions pas si étrangers que cela l'un à l'autre.

MARTHA- Je vois qu'il me faut vous répéter qu'il ne peut être question de me fâcher ou de ne pas me fâcher. Il me semble que vous vous obstinez à prendre un ton qui ne devrait pas être le vôtre, et j'essaie de vous le montrer. Je vous assure bien que je le fais sans me fâcher. N'est-ce pas notre avantage, à tous les deux, de garder nos distances ? […]

Aides

L'auteur

Écrivain, dramaturge, essayiste, journaliste militant, Albert Camus est né en 1913, en Algérie, dans une famille modeste. Atteint de tuberculose, il doit renoncer à des études prometteuses mais ce passionné de philosophie fonde le théâtre du *Travail* avec la troupe de l'*Équipe* et parcourt l'Algérie. En 1942 il arrive à Paris en pleine seconde guerre mondiale et rejoint la résistance. À la libération, il devient rédacteur en chef du journal *Combat*. Toute sa vie, avec exigence et probité, il militera en faveur de la liberté et des déshérités. Il lutte avec Sartre contre la guerre en Indochine mais se fâche avec lui quand il dénonce le stalinisme dans *L'Homme révolté* (1952). La guerre d'Algérie est pour lui une nouvelle épreuve et une nouvelle désillusion sur la nature humaine. Deux cycles sont à distinguer dans son œuvre :

- Le cycle de l'absurde (1942-1946) où il prend conscience du non-sens de la vie, de sa monotonie. Il s'agit alors pour l'homme de vivre comme il l'entend en assumant jusqu'à ses erreurs : *Le Mythe de Sisyphe* (1942) ; *L'Étranger* (1942) ; *Caligula* (1944) ; *Le Malentendu* (1944).

- Le cycle de la révolte (à partir de 1947). Il découvre alors que la nature humaine donne à l'action du sens et lui impose des limites pour affronter le destin fatal : *La Peste* (1947) ; *L'Homme révolté* (1951) ; *La Chute* (1956).

En 1957, Albert Camus reçoit le Prix Nobel de littérature. Il meurt en 1960 dans un accident de la route. En 1994 paraîtra *Le Premier Homme,* roman posthume.

La pièce

Cette pièce en 3 actes, écrite en 1941 alors que la France est occupée, est présentée pour la première fois en 1944 au théâtre des Mathurins. De forme très classique, elle respecte la règle des trois unités. Sa version définitive paraîtra en 1958. Elle appartient au cycle de l'absurde. Camus, lui-même, parle de « tragédie moderne » dans une ambiance claustrophobe. Il s'est inspiré d'un fait divers qui s'est déroulé en Yougoslavie, au début des années 30. Un livre polonais de 1929, *Niespodzianka* (*La Surprise*) de Karol-Hubert Rostworowski aborde déjà cette thématique dans une histoire très proche.

Résumé : *Le malentendu*

Jan revient, après vingt d'une vie réussie loin des siens, dans un village de Bohême où vivent sa mère et sa sœur Martha. Toutes deux tiennent, dans ce lieu sinistre, une auberge dans laquelle il descend. Espérant être reconnu, plein d'illusions, il ne veut pas – contre l'avis de son épouse, Maria – se présenter tout de suite. Il découvre une sœur révoltée, pleine d'amertume et très seule. En fait, Martha et sa mère rêvent de tout quitter pour vivre au soleil et à la mer. Elles ont entrepris d'assassiner les voyageurs de passage afin de les dépouiller. Bientôt les femmes empoisonnent le thé de Jan même si la mère commence à ressentir de l'intérêt pour lui. Jan meurt et son corps est jeté dans un fleuve. Leur vieux serviteur de l'auberge, après avoir consulté le passeport de Jan, révèle son identité. La mère se suicide et sa fille, pleine de rancœur envers cette mère qui l'abandonne annonce, froidement, à Maria le meurtre qu'elles viennent de commettre, avant de mettre fin à ses jours.

L'absurde et *theatrum mundi*

D'inspiration baroque, le *theatrum mundi* est une métaphore où tout le monde joue un rôle sur « le théâtre du monde » telles des marionnettes (selon Platon) manipulées par le créateur (Dieu ou l'auteur ?) Dans la pièce, le vieux serviteur devient l'acteur et l'observateur silencieux d'un spectacle qui lui échappe dans la déréliction* d'un Dieu camusien. Le suicide des deux femmes rejoint le thème du sens de la vie et ramène à la certitude de la mort pour l'homme, absurdité totale selon Camus. Aucune intelligence ne peut comprendre le monde irrationnel et Camus récuse toutes les doctrines religieuses qui veulent diviniser l'irrationnel. Pour lui, c'est cette impossibilité de compréhension par l'homme qui est absurde. Il dira « *Je tire de l'Absurde trois conséquences qui sont ma révolte, ma liberté, ma passion. Par le seul jeu de ma conscience, je transforme en règle de vie ce qui était invitation à la mort – et je refuse le suicide* ».

Fiche 39
Grammaire : L'adverbe, rôle et construction

Objet d'étude : le théâtre du XVIIe siècle au XXIe siècle

Juste la Fin du monde (1990) Jean-Luc Lagarce, 1re partie scène 8

Question

1. *Quelle fonction accordez-vous au mot « juste » dans le titre de l'œuvre ?*

2. *Dans ces extraits du texte, relevez les adverbes et justifiez leur emploi pour la compréhension du texte.*

A. « Cela ne me regarde pas,/ je me mêle souvent de ce qui ne me regarde pas,/ je ne change pas, j'ai toujours été ainsi./ Ils veulent te parler, tout ça,/ je les ai entendus/ mais aussi je les connais. »

B « Un certain nombre de choses à te dire depuis longtemps et/ la possibilité enfin./ Ils voudront t'expliquer mais ils t'expliqueront mal,/ car ils ne te connaissent pas, ou mal. »

■ Analyse

1. « Juste », dans le titre est un adverbe mais il est intéressant de relever la polysémie du mot qui peut être, dans la pièce, selon les nombreuses occurrences récurrentes, un adjectif ou un substantif.

Dans le titre, l'adverbe insiste sur :

- L'aspect oral de cette curieuse phrase nominale : « *Juste la fin du monde* ».
- Le « moment opportun » pour Louis : le moment est « juste », ou « bien choisi » pour faire le point en famille.
- « à peine » « ce n'est que » : la fin du monde serait sans importance (portée restrictive et elliptique).

- « c'est juste à faire… » : expression tournée vers l'avenir, projection de type « allons-y » « allons vers la fin du monde ».

Cette polysémie du mot « juste » dans la pièce traduit toute l'ambiguïté de la parole entre « justesse » et « justice » : ton juste ? Propos exacts ? Pour qui ? Il s'agit aussi de montrer que tout cela n'a qu'une importance restreinte, la fin du monde est de toute façon inexorable ! Il convient donc de relativiser les événements, y compris le drame de Louis.

2. A. « Cela ne me regarde pas,/ je me mêle souvent de ce qui ne me regarde pas,/ je ne change pas, j'ai toujours été ainsi./ Ils veulent te parler, tout ça,/ je les ai entendus/ mais aussi je les connais. »

- souvent module le verbe « se mêler ». Il s'agit d'un adverbe de temps qui montre une fréquence intensive. Dans le contexte, la mère, par la négation « ***ne*** *me regarde* ***pas*** » regrette son implication fréquente. Sans l'adverbe, la phrase aurait un autre sens « *Je me mêle de ce qui ne me regarde pas* » deviendrait une affirmation, un présent de vérité générale. L'adverbe souligne l'aspect fréquent mais non obligatoire.
- toujours module le verbe « être ». Il s'agit d'un adverbe de temps qui montre un état permanent. En contexte, la mère effectue un constat sur sa propre personne. Sans l'adverbe, la phrase « *j'ai été ainsi* » montrerait un état ponctuel et terminé alors qu'avec l'adverbe « toujours », il semble un état qui perdure et auquel tout le monde doit se faire.
- ainsi module aussi le verbe « être ». Il s'agit d'un adverbe de manière qui montre un état. La mère continue le constat énoncé plus haut. Sans l'adverbe, la phrase « *J'ai toujours été* » paraîtrait quelque peu inachevée et imprécise. Le « ainsi » achève le constat.
- tout ça est une locution adverbiale qui a valeur d'interjection dans un langage familier. Elle peut être supprimée.
- aussi est un adverbe de liaison qui établit un lien entre des propositions, montrant une suite logique. Sans l'adverbe, la phrase « *je les ai entendus mais je les connais* » ne marquerait qu'une opposition (avec « mais ») sans montrer la retenue sous-entendue sur ses enfants.

B. « Un certain nombre de choses à te dire depuis longtemps et/ la possibilité enfin./ Ils voudront t'expliquer mais ils t'expliqueront mal,/ car ils ne te connaissent pas, ou mal. »

- depuis longtemps module le verbe « dire ». Locution adverbiale de temps, renforcée par la conjonction des deux. La phrase sans locution « *Un certain nombre de choses à te dire* » nuancerait leur portée puisque « depuis longtemps » montre bien un passif lourd.

- enfin module la phrase. L'adverbe est en fin de phrase pour montrer un moment qui va se réaliser après une attente longue (« depuis longtemps »). Sans l'adverbe, la phrase serait totalement inachevée (rare adverbe qui ne peut être soustrait de la phrase car celle-ci est déjà elliptique).
- mal module le verbe « expliquer ». Adverbe de manière qui montre un aspect péjoratif, négatif. Sans l'adverbe, la phrase « *ils t'expliqueront* » n'aurait qu'une valeur indicative, au futur.
- mal module le verbe « connaître ». Adverbe de manière qui souligne un état péjoratif, incomplet dans une langue familière. Sans l'adverbe, la phrase « *ils ne te connaissent pas* » aurait valeur de constat sans apporter d'orientation à la connaissance.

Rappel de cours

Son rôle, sa place

L'adverbe est invariable et peut être supprimé de la phrase sans que celle-ci perde son sens.

*Ex : il est **vraiment** sage → il est sage (moins précis cependant).*

Il sert à moduler un mot de la proposition (verbe, adjectif qualificatif ou autre adverbe), à le nuancer :

*Ex : Il est **vraiment** sage (modifie l'adjectif qualificatif « sage »).*

*Il manifeste **vraiment** son impatience (modifie le verbe « manifester »).*

*Il parle **vraiment** lentement (modifie l'adverbe « lentement »).*

***Immédiatement**, il se mit au travail (modifie une phrase).*

Certains adverbes viennent du latin : **mieux** (melius) **bien** (bene) **mal** (male) **moins** (minus) **où** (ubi) **tant** (tantum) etc. ainsi que certaines expressions adverbiales : **a fortiori, a posteriori, a priori, in extremis, in fine, ipso facto, vice versa** etc. Mais aussi les adverbes latins marquant l'ordre : **primo, secundo, tertio, quarto** etc.

La fonction de l'adverbe est souvent complément circonstanciel mais il peut parfois se substantiver et devenir sujet d'un verbe ou son CO voire CDN. Ex : ***lendemain** est arrivé !* (« lendemain » sujet de « arriver »). *Il accepte **demain*** (« demain » COD de « accepter »). *Il prendra le train de **demain*** (« demain » CDN de « train »).

Certaines formes sont particulières. Les **locutions adverbiales** sont composées de plusieurs mots mais de sens unique : *Tout de suite, en revanche, en effet.* Certains adverbes dits « éléments de composition » accompagnent un nom ou un adjectif, comme « non » « quasi » « presque ». Ils sont alors suivis d'un tiret (sauf « presque »). Ex : un **non**-dit ; une **quasi**-certitude, un **presqu'**emploi.

Les différentes catégories d'adverbes

Adverbes de temps	Adverbes de lieu	Adverbes de manière
Aujourd'hui, hier, demain, autrefois, jadis, tout à l'heure, alors, après, après-demain, auparavant, aussitôt, autrefois, avant, avant-hier, bientôt, cependant, d'abord, déjà, depuis, désormais, dorénavant, encore, enfin, ensuite, entretemps, jamais, longtemps, lors, maintenant, naguère, parfois, plus, puis, quelquefois, sitôt, soudain, souvent, tantôt, tard, tôt, toujours. Etc.	Ailleurs, alentour, arrière, au-delà, au-dessous, au-dessus, au-devant, autour, avant, ça, ci, contre, deçà, dedans, dehors, derrière, dessous, dessus, devant, ici, là, là-haut, loin, où, outre, partout, près, proche. Etc.	Ainsi, aussi, bien, debout, ensemble, exprès, impromptu, mal, mieux, pis, plutôt, presque, vite, volontiers. Etc.
Adverbes interrogatifs	**Adverbes exclamatifs**	**Adverbes de quantité ou d'intensité**
Quand ? Combien ? Comment ? Pourquoi ? Où ?	Comme… ! Combien … ! Que… !	Ainsi, à peine, à peu près, absolument, à demi, assez, aussi, autant, autrement, approximativement, beaucoup, complètement, davantage, à demi, encore, entièrement, environ, fort, guère, insuffisamment, même, moins, pas mal, peu, plus, plutôt, presque, quasi, quelque, rudement, si, tant, tellement, tout, tout à fait, très, trop, trop peu, tout à fait, un peu. Etc.
Adverbes de négation	**Adverbes d'affirmation ou de doute**	**Adverbes de liaison**
Aucunement, guère, jamais, ne, non, nullement, pas, plus…, ne… aucunement, ne… pas, ne point…, ne… guère, ne… jamais, ne… plus, ne… rien, ne… aucun… Etc.	Apparemment, assurément, aussi, bien, bon, certainement, certes, en vérité, oui, peut-être, précisément, probablement, sans doute, tout à fait, toutefois, volontiers, vraiment, vraisemblablement. Etc.	Ainsi, aussi, alors, à savoir, cependant, certes, d'abord, d'ailleurs, d'autre part, de fait, de même, de plus, donc, également, en effet, en outre, en particulier, ensuite, enfin, néanmoins, par contre, par exemple, par conséquent, puis, pourtant, puis, toutefois. Etc.

Cependant, les catégories ainsi définies ne sont pas fixes. Un adverbe peut appartenir à deux catégories, ex : il mâche **longuement** (à la fois manière et temps).

Remarques

1. Un adjectif qualificatif peut parfois devenir adverbe. Il est alors invariable. Ex : *il est fort (elle est forte)* = adjectif qualificatif (on ne peut pas le retirer) mais « *Elle n'allait pas* ***fort*** ! » = adverbe (on peut le retirer : elle n'allait pas !). Pour les repérer, il convient de remplacer l'adverbe supposé par un autre adverbe, ex : « *Elle n'allait pas* ***très bien*** ! » Un adjectif serait replacé par un autre adjectif, ex : *Elle est belle.*
2. Le même mot peut être préposition ou adverbe et selon sa place dans la phrase, la nature changera. En effet, la préposition peut être supprimée et en « pré-position » d'une fonction contrairement à l'adverbe. Ce seront donc deux repères pour définir cette nature. Ex : *Elle marche devant tout le monde.* « Devant » est une préposition qu'on ne peut supprimer (elle marche tout le monde) et « devant tout le monde » est complément circonstanciel de lieu mais, « *Elle marche* ***devant*** ». « Devant » est en soi un adverbe de lieu et peut-être supprimé (elle marche).

Leur degré d'intensité

Certains adverbes (notamment de manière ou de lieu) ont des degrés de signification (comme les adjectifs) pour graduer leur intensité. Ils se marquent d'un **positif** (l'adverbe seul), d'un **comparatif** (aussi + adverbe, plus + adverbe, moins + adverbe que) et d'un **superlatif** (le plus + adverbe, le moins + adverbe) :

Positif	Comparatif	superlatif
Vite	Aussi vite (que) Moins vite (que) Plus vite (que)	Le (la) plus vite (de) Le (la) moins vite (de) Très vite, bien vite etc.

Quatre adverbes ont des formes particulières au comparatif et au superlatif pour montrer l'intensité : « *le plus* » ou « *plus* » = **beaucoup/très** ; « *moins* » = **peu** ; « *bien* » = **mieux/meilleur** ; « *mal* » = **pire** ou **pis** (soutenu). Ex : « *Il est le plus mal* » devient « *Il est le pire* ».

1. La construction des adverbes en -ment [mɑ̃]

Les adverbes en -ment, comme tous les adverbes, sont invariables. Il convient donc de ne pas les confondre avec des noms communs finissant par « ment » et qui s'accordent. Ex : le complément – les compléments (noms communs) et **complètement** (adverbe)

La suffixation en **-ment** permet de transformer l'adjectif en adverbe. En effet, sa construction dépend toujours d'un adjectif. Ex : complète/**complètement.**

⇨ Quand l'adjectif masculin se termine par une voyelle, il suffit d'ajouter « ment »

Adjectifs	adverbes
Brusque Calme Etrange Extrême Interminable Joli Paisible Poli Résolu Sensible Sévère Vrai	Brusque**ment** Calme**ment** Etrange**ment** Extrême**ment** Interminable**ment** Joli**ment** Paisible**ment** Poli**ment** Résolu**ment** Sensible**ment** Sévère**ment** Vrai**ment**
Exception : gai → gaiement (mais aussi gaîment)	

Il est à remarquer que les adjectifs se terminant pas la voyelle « e » ont la même forme au féminin et au masculin. Ex : un garçon rapide / une fille rapide → rapide**ment.**

Quand l'adjectif masculin se termine par une consonne, il est nécessaire de passer par la forme au féminin avant d'ajouter **-ment.**

Masculin	féminin	adverbe
Abusif Doux Certain Egal Financier franc Heureux Long Parfait Sûr	Abusive Douce Certaine Egale Financière Franche Heureuse Longue Parfaite Sûre	Abusive**ment** Douce**ment** Certaine**ment** Egale**ment** Financière**ment** Franche**ment** Heureuse**ment** Longue**ment** Parfaite**ment** Sûre**ment**

Quelques adverbes prennent un accent que ne possédait pas l'adjectif. Ex : profond/profonde/profondément ; Énorme/énormément ; Intense/intensément.

Remarque

Quelques exceptions sont à noter : **Brièvement** (bref/brève) : la construction vient de l'ancien français « brief » ; **Gentiment** (gentil/gentille) où le radical latin « gent » est prépondérant ; **Grièvement** vient du latin « gravis » ; **infiniment** (infini/infinie) ; **Impunément** (impuni/impunie) : au XVIe, la forme était « impuniment » rappelant « impunité »

Mais aussi des formes particulières : assidûment ; crûment ; dûment.

2. Les adverbes en [amã] écrits soit -EMMENT soit -AMMENT

Ces adverbes prennent toujours -MMENT mais ils se construisent à partir de l'adjectif qui sert de base. Celui-ci va déterminer la présence du « e » ou du « a » mais la prononciation reste la même : [amã].

Adjectifs en « e » adverbes en « emment »		Adjectifs en « a » adverbes en « amment »	
Apparent	Appar**emment**	Abondant	Abond**amment**
Ardent	Ard**emment**	Arrogant	Arrog**amment**
Conscient	Consci**emment**	Brillant	Brill**amment**
Excellent	Excell**emment**	Bruyant	Bruy**amment**
Fréquent	Fréqu**emment**	Elégant	Elég**amment**
Intelligent	Intellig**emment**	Etonnant	Etonn**amment**
Patient	Pati**emment**	Méchant	Méch**amment**
Prudent	Prud**emment**	Puissant	Puiss**amment**
Récent	Réc**emment**	Suffisant	Suffis**amment**
Violent	viol**emment**	Vigilant	Vigil**amment**
Exception sans adjectif de base : sciemment			

Ils peuvent aussi se construire à partir d'un adjectif verbal : celui-ci a la forme d'un participe présent mais il est employé comme adjectif qualificatif et s'accorde en genre et en nombre avec un nom. Ex : not**ant**/not**amment** ; précipit**ant**/précipit**amment**

ENTRAÎNEZ-VOUS !

Objet d'étude : le théâtre du XVIIe siècle au XXIe siècle

Extraits de *Le malentendu* d'Albert Camus, acte I, scène 3

Exercice 1

Dans cet extrait, relevez les adverbes et justifiez leur emploi pour la compréhension du texte.

MARIA : Jan, je ne puis croire qu'elles ne t'aient pas reconnu tout à l'heure. Une mère reconnaît toujours son fils.
JAN : Il y a vingt ans qu'elle ne m'a pas vu. J'étais un adolescent, presque un jeune garçon. Ma mère a vieilli, sa vue a baissé. C'est à peine si moi-même je l'ai reconnue.
MARIA, *avec impatience.* Je sais, tu es entré, tu as dit « Bonjour », tu t'es assis. Tu ne reconnaissais rien.

Exercice 2

Transformez ces adjectifs en adverbes :

- Indépendant
- Impatient
- Difficile
- Seul
- Malheureux
- Physique
- Infini
- Insolent
- positif
- esthétique

CORRIGÉS DU CHAPITRE 5

Fiche 31. Les outils pour étudier le théâtre

Exercice 1

La didascalie initiale apprend aux lecteurs :

- Le nom des personnages et leur statut.
- Le lieu de l'action : Rome mais aussi la salle où se déroulera la pièce (unité de lieu) « *un cabinet* (bureau) *entre l'appartement* » de l'empereur de Rome (Titus) « *et celui de* » la reine de Palestine (Bérénice).

Puis annonce la 1re scène entre deux personnages : le roi de Comagène (Antiochus) et son confident (Arsace).

Effet de la double énonciation : Avant même que l'action ne commence, le lecteur possède plus d'informations que le spectateur. Celui-ci va les découvrir progressivement par les répliques.

Pas d'indication scénique à côté des noms des personnages dans la scène : au XVIIe, la mise en scène est sobre et classique.

Les répliques vont révéler des informations :

- <u>Sur les personnages</u> :
  - Tous de très hauts lignages : empereur de Rome (importance dans l'Antiquité), reine de Palestine (terres ancestrales bibliques) et pour Antiochus, Roi de Comagène, un des « *plus grands rois* » d'Orient.
- <u>Sur les lieux</u> :
  - le cabinet dans lequel ils sont est celui de l'empereur lui-même « *Des secrets de Titus est le dépositaire.* »
  - Antiochus connaît bien les lieux : désigne l'appartement de Titus et celui de Bérénice « *Et cette autre conduit dans celui de la reine.* »

  Titus est donc un familier des lieux. Par contre Arsace vient sans doute pour la première fois, il est ébloui : « *la pompe de ces lieux,/Je le vois bien, Arsace, est nouvelle à tes yeux.* »
- <u>Sur les relations entre les personnages</u> :
  - Titus est amoureux de Bérénice : « *Lorsqu'il vient à la reine expliquer son amour.* »
  - Bérénice attend le mariage : « *Déjà de Titus épouse en espérance,* »
  - Antiochus a été l'amant de Bérénice. « *Vous cet Antiochus, son amant autrefois ?* »
  - Antiochus a peur d'être « *importun* » auprès de la reine.
- <u>Sur les actions futures</u> :
  - Une entrevue importante doit avoir lieu entre Bérénice et Antiochus.

Même sans connaître la pièce, on présume d'un avenir incertain pour les personnages qui sont liés par des liens amoureux mais aussi politiques en raison du statut personnel de chacun. Le reste de l'acte I donnera plus d'informations, on peut donc parler d'un « acte d'exposition » plutôt que d'une « scène d'exposition. »

Exercice 2

La scène commence par des stichomythies, ces échanges verbaux d'une ligne qui montrent la vivacité, la spontanéité de la scène (répétition du rire de Nicole).

- Comique de situation :
  - Rupture entre le sérieux de Monsieur Jourdain inconscient de son ridicule et Nicole qui, avec bon sens, voit la réalité de la situation et s'en amuse.
  - Contraste entre la colère du maître et le rire nerveux de la servante.
  - Temps d'accalmie après la menace de Monsieur Jourdain mais fou rire incoercible de Nicole qui reprend crescendo (effet hyperbolique).
  - Arrêt brutal du rire quand arrive la nouvelle d'une visite importune.
- Comique de mots :
  - Inversion des langages :

    Monsieur Jourdain s'énerve et cumule les termes éloignés du « gentilhomme » qu'il veut être : « cette coquine-là » « quelle friponne » « je te bâillerai sur le nez » « une pendarde comme celle-là ? » « Par contre, Nicole, reste fort civile : « j'en serais bien fâchée » « vous êtes si plaisant » « je vous demande pardon » je vous prie de m'excuser » « De grâce, monsieur... »
- Comique de caractère :

  La tenue extravagante de Monsieur Jourdain met en valeur ses prétentions. Alors que son entourage – même sa servante – comprend qu'il s'enfonce dans son ridicule, il ne renonce pas.
- Types de phrase :
  - Phrases interrogatives et exclamatives montrant l'incompréhension réciproque, source du rire.
  - Nombreuses phrases en suspens, interrompues par le rire de Nicole qui ponctue toute la scène.

Fiche 32. Lecture linéaire d'un extrait de *L'Avare* de Molière

Introduction

Harpagon, vieillard autoritaire, obsédé par son argent, a caché sa cassette pleine d'or dans son jardin. La Flèche, valet de Cléante, fils d'Harpagon, a découvert la cachette et décidé de dérober le trésor. Cette scène constituée d'un monologue délibératif dans lequel Harpagon questionne, tente de réfléchir, de raisonner en vain, est une scène où se mêlent toutes les formes du comique. La première didascalie explique qu'« *il crie au voleur dès le jardin et vient sans chapeau.* » Le choc émotionnel est donc violent et le personnage est totalement désorienté lorsque commence le monologue.

Unité du texte

La panique et la colère hystérique d'Harpagon le poussent à un comportement presque désarticulé qui, cependant, constitue la caractéristique du texte.

Importance du texte et problématique

Point d'orgue de la folie d'Harpagon qui perd tous ses repères. Il va jusqu'au dédoublement de personnalité et aux hallucinations. Sa monomanie est absurde et destructrice jusqu'au ridicule. Le public est interpellé et impliqué directement : il est à la fois spectateur et acteur dans la pièce. Il est intéressant de se replacer dans le contexte du XVIIe où les contemporains d'Harpagon sont apostrophés (rappelons qu'à l'époque, les personnages importants étaient assis sur la scène même). Molière les convie alors à une réflexion sur eux-mêmes grâce à ce procédé de distanciation et de proximité lié à la double énonciation. Ce texte entre dans le parcours « Spectacle et Comédie » et nous proposons la problématique suivante : ***Entre divertissement et comédie burlesque, en quoi ce monologue d'Harpagon s'inscrit-il dans la dénonciation d'un vice par le comique ?***

Mouvement du texte

- Appels au secours d'un homme entre rage et souffrance.
- Un univers qui bascule.

Lecture linéaire

- **Appels au secours d'un homme entre rage et souffrance.** Harpagon en appelle à son voleur, à lui-même et même à son argent. Il est dans un état second jusqu'à la perte d'identité. Le vol est perçu pour lui comme un crime, l'assassinat d'un homme.

Au voleur ! au voleur ! à l'assassin ! au meurtrier ! Justice, juste Ciel ! Je suis perdu, je suis assassiné, on m'a coupé la gorge, on m'a dérobé mon argent.	**Redondance + gradation ascendante groupe ternaire : « voleur/assassin/meurtrier. » Phrases exclamatives et nominales. Construction symétrique : exagération.**
Qui peut-ce être ? Qu'est-il devenu ? Où est-il ? Où se cache-t-il ? Que ferai-je pour le trouver ? Où courir ? Où ne pas courir ? N'est-il point là ? N'est-il point ici ? Qui est-ce ?	Suite de phrases brèves, interrogatives, montrant un état second, dans un rythme saccadé. Succession de « où » « qui » « que » révélant la désorientation spatio-temporelle, renforcée par les adverbes « là » et « ici ». Soliloque. Harpagon est dans une panique totale.
Arrête. Rends-moi mon argent, coquin… (il se prend lui-même le bras.) Ah ! c'est moi. Mon esprit est troublé, et j'ignore où je suis, et ce que je fais. Hélas ! ***mon pauvre argent, mon pauvre argent, mon cher ami !*** on m'a privé de ***toi***; et puisque ***tu*** m'es enlevé,	**Il s'adresse à son voleur et s'auto-arrête : Dédoublement de la personnalité : jeu dans le jeu. Des interjections pour montrer son état d'affolement.** ***Personnification* : il s'adresse à son argent = « mon ami, toi, tu » (tutoiement) Hypocoristique* : « mon pauvre, mon cher » oxymore*=*** « pauvre/argent »
j'ai perdu mon support, ma consolation, ma joie; tout est fini pour moi, et je n'ai plus que faire au monde ! Sans toi, il m'est impossible de vivre. C'en est fait, je n'en puis plus; ***[je me meurs, je suis mort, je suis enterré.]***	*Rythme ternaire + gradation, désespoir total. Parastase* qui montre l'obsession, le radotage* ***[Isochronie* : « je me meurs « (agonie constatée) « je suis mort » (annonce du décès » « je suis enterré » (prolepse*). Gradation ascendante, effet hyperbolique (délire de persécution).]***

– **Un univers qui bascule.** Harpagon perd le sens de la réalité, il s'en prend à tout le monde notamment aux spectateurs. Il interroge, menace, tente de raisonner. Harpagon est également obsédé par la mort : s'il ne retrouve pas son argent, autant mourir.

N'y a-t-il personne qui veuille me ressusciter, en me rendant mon cher argent, ou en m'apprenant qui l'a pris ? Euh ? que dites-vous ?	Alternance : 1. **d'Apostrophe des spectateurs. (délire de persécution) : il les veut témoins de son drame et partie prenante.** 2. de soliloque : Harpagon se parle à lui-même et constate les regards posés sur lui (paranoïa).
Ce n'est personne. Il faut, qui que ce soit qui ait fait le coup, qu'avec beaucoup de soin on ait épié l' heure ; l'on a choisi justement le temps que je parlais à *mon traître de fils*. Sortons. **Je veux aller quérir** la justice et faire donner la question à toute ma maison : à servantes, à valets, à fils, à fille, et à moi aussi.	***Il va jusqu'à renier sa progéniture = il ne fait plus confiance à personne. Il est prêt à torturer fils et fille (et lui-même).***
Que de gens assemblés ! Je ne jette mes regards sur personne qui ne me donne des soupçons, et tout me semble mon voleur. Eh ! de quoi est-ce qu'on parle là ? De celui qui m'a dérobé ? Quel bruit fait-on là-haut ? Est-ce mon voleur qui y est ? De grâce, si l'on sait des nouvelles de mon voleur, je supplie que l'on m'en dise. N'est-il point caché là parmi vous ?	**Cumul de phrases interrogatives + une interjection qui montre à quel point Harpagon est déboussolé. Il en vient à « supplier » « de grâce ».**
Ils me regardent tous, et se mettent à rire. Vous verrez qu'ils ont part, sans doute, au vol que l'on m'a fait.	Un « vous » indéterminé. Rappelons la place des personnages importants assis sur scène.
Allons vite, des commissaires, des archers (agents), des prévôts (officiers judiciaires), des juges, des gênes (tortures), des potences (instruments de supplice) et des bourreaux.	Sanctions envisagées excessives et inappropriées : énumération menaçante.
Je veux faire pendre tout le monde ; et si je ne retrouve mon argent, je me pendrai moi-même après.	**Volonté/exigence (valeur impérative). À quoi bon vivre si l'argent est perdu : mort annoncée.**

Conclusion

- **Évolution du texte :** Le texte monte en puissance. Le délire mégalomaniaque a emporté Harpagon jusqu'à un dédoublement de personnalité, au-delà de son obsession et de sa paranoïa. Le registre qui se veut pathétique tourne au burlesque. Le personnage est au paroxysme de son ridicule et provoque chez le spectateur un contentement dû à la fois à la prouesse rhétorique et à l'art comique de Molière : Harpagon s'expose aux rires. Sa terreur grimaçante excessive devient comique et permet de prendre une certaine distance envers ce personnage délirant.
- **Projet de lecture :** Ce monologue illustre la satire sociale de l'époque où les « bons louis d'or et pistoles bien trébuchantes » (Acte V, scène I) sont le quotidien des bourgeois qui thésaurisent alors que les caisses royales sont vides, bloquant les échanges économiques. L'avarice n'est-il pas un des sept péchés capitaux ? Ce texte conduit à la devise de la comédie classique « Castigat ridendo mores » soit corriger les mœurs, les vices par le rire !

Fiche 33. Grammaire : notions lexicales

Exercice 1

- **enterré** : préfixe « en » = dans, à l'intérieur de ; radical « terr » = *terra* en latin, (la terre). « é » = suffixe, morphème grammatical, marque du participe passé du verbe « enterrer », masculin, singulier. Valeur sémantique : **mis en terre, enfoui dans.**
- **déplaisent** : préfixe « de » = séparation, négation ; radical « pla(i) » = *placere,* (plaire) en latin ; « ent » suffixe, morphème grammatical, marque de la 3ᵉ personne du pluriel, présent de l'indicatif du verbe « plaire » au présent de l'indicatif. Valeur sémantique : **ne plaisent pas, sont** désagréables.
- **furieusement** : radical « furie » = *furia* en latin (fureur) ; suffixe adverbial « ement » = manière d'être. Valeur sémantique : **de façon furieuse, rageuse.**
- **entretenir** : préfixe « entre » = entre ; le radical « ten(e) » = « *tenere* » en latin (avoir en main) ; suffixe, morphème grammatical « ir » = marque de l'infinitif du verbe du 3e groupe « tenir ». Valeur sémantique : **tenir en bon état, faire durer.**
- **regagner** : préfixe « re » = répétition ; radical « gagn » = faire du profit, du butin ; suffixe, morphème grammatical « er » = marque de l'infinitif du verbe du 1er groupe « gagner ». Valeur sémantique : **retrouver, reprendre un profit ou un gain perdu.**

Exercice 2

Antonymes :

- prendre = rendre.
- raison = tort.
- voler = restituer.
- douceur = violence, agressivité.

Exercice 3

Synonymes :

- manière = façon, moyen (noms communs).
- souhaite = espère, désire (verbe conjugué au présent de l'indicatif 3ᵉ personne du singulier).
- honnête = loyal, probe (adjectifs qualificatifs).

Exercice 4

Champ lexical :

Argent : monnaie, pièce, payer, billet, richesse, prêter, fructifier, donner, banque, acheter, riche, pauvre, compte, s'enrichir, débourser, dispendieux, dépenses, largement, généreusement etc.

Exercice 5

Famille du mot « jardin » :
Jardinier ; jardinerie ; jardinage ; jardinière ; jardiner ; jardinet.

Exercice 6

- **Homophone = mots qui se prononcent de la même manière mais ne s'écrivent pas pareil.**
  - **mille** [mil] = adjectif numéral (dix fois cent) → « mil »= céréale des zones tropicales ; « mile » = mesure anglo-saxonne.
  - **vingt** [vɛ̃] = adjectif numéral → « vin » = boisson alcoolisé ; « vain » = inutile.
  - **signe** [siɲ] = indice, geste → « cygne » = animal
- **Homographe = mots qui s'écrivent de la même manière mais n'ont pas la même signification.**
  - « **somme** » = la quantité, le total → mais aussi, charge d'un animal ou action de dormir.
  - « **livre** » = ancienne monnaie → mais aussi, ancienne unité de poids et recueil, ouvrage.

Fiche 34. Lecture linéaire d'un extrait de *L'île des Esclaves*

Introduction

Pièce en un acte composé de 11 scènes. Le texte appartient à la scène 2. Après un naufrage, quatre personnages arrivent sur une île : la noble Euphrosine et sa servante Cléanthis, Iphicrate et Arlequin son valet. Dans cet extrait, Trivelin qui représente la loi, une sorte de gouverneur et maître d'œuvre, vient annoncer aux nouveaux venus ce qui les attend sur l'île et les règles qu'ils devront suivre pour rentrer un jour chez eux.

Unité du texte

L'enthousiasme de Trivelin et son absence de doute quant à sa mission, montrent sa détermination à faire éclore la raison là où était l'intolérance.

Importance du texte

L'extrait s'avère important car il porte – par la voix de Trivelin dans cette île – cette république utopique, la moralisation de l'ordre social. Trivelin s'adresse à la fois aux naufragés et aux spectateurs et, de ce fait, à l'humanité entière (double et presque triple énonciation). Le texte s'inscrit dans le parcours « Maîtres et valets » et la problématique pourrait être : ***En quoi Trivelin devient-il le porte-parole de Marivaux dans sa volonté d'amener l'homme à la raison et à la tolérance ?***

Mouvement du texte

- Historique et justification des choix de vie sur l'île.
- Une loi autochtone.
- Un objectif : le soin.

Lecture linéaire

- **Exorde et narration** : Historique et justification des choix de vie sur l'île qui ont pour origine une révolte et l'idée de vengeance, la loi du Talion. Cette loi du plus fort est pour Marivaux, immorale.

TRIVELIN – Ne m'interrompez point, mes enfants.	TRIVELIN NE SE PRESENTE PAS MAIS SEMBLE DETENIR UN POUVOIR IMPORTANT. **Phrase impéro-négative à valeur phatique*** comme le « donc » qui montre la conséquence. Elle montre toute l'autorité de l'orateur (médiateur). « mes enfants » se veut paternaliste et dénote à nouveau la supériorité de cette figure tutélaire.
Je pense donc que vous savez qui *nous* ***sommes.*** Quand *nos pères*, irrités de la **cruauté** de leurs maîtres, quittèrent la Grèce et vinrent s'établir ici dans le **ressentiment** des **outrages** qu'ils avaient reçus de leurs patrons, **la première loi** qu'ils y firent fut d'**ôter la vie** à tous les maîtres que le hasard ou le naufrage conduirait dans leur île, et conséquemment de rendre la liberté à tous les esclaves ; la **vengeance** avait dicté **cette loi** ; ***vingt ans après la raison l'abolit, et en dicta une plus douce.***	***Prétérition**** *« nous » « nos pères » filiation de la souffrance.* Verbes au passé simple et au plus-que-parfait pour noter un passé lointain et révolu. Rappel de la Grèce, symbole d'oppression. **La première loi : loi du Talion (« œil pour œil, dent pour dent ») expliquée par le champ lexical de la violence et de l'humiliation vécue.** ***« vingt ans » = temps d'une génération pour que la raison s'impose comme un progrès. Mise en valeur de l'intelligence des esclaves***

- **Une loi autochtone** : exposition de la thèse. Il s'agit d'une rééducation par inversion des rôles (dans l'esprit du carnaval). Marivaux fait appel aux sentiments, à la raison pour rendre la société plus humaine. Évolution de l'homme et sagesse des esclaves.

[**Nous ne nous vengeons plus de vous, nous vous corrigeons** ; ce n'est plus votre vie que **nous poursuivons**, c'est la barbarie de vos cœurs que **nous voulons détruire**] ; **nous vous jetons** dans l'esclavage pour vous rendre ***sensibles*** aux maux qu'on y éprouve ; **nous vous humilions**, afin que, nous trouvant ***superbes*** (orgueilleux), **vous vous reprochiez de l'avoir été. Votre esclavage**, ou plutôt **votre cours d'humanité**, dure trois ans, au bout desquels on **vous renvoie** si vos **maîtres** sont ***contents*** de vos **progrès** ; et, si vous ne devenez pas ***meilleurs***, nous vous retenons ***par charité*** pour les nouveaux malheureux que vous iriez faire encore ailleurs, et, ***par bonté*** pour vous, nous vous marions avec une de nos citoyennes.	**Jeu de** « nous « (collectif représentant les anciens esclaves) **+ verbes d'action et** « **vous** » (maîtres **qui imposent l'esclavage) + verbes ou situation d'état.** [Structure binaire qui s'appuie sur le double emploi de la forme négative puis affirmative] **Polysémie du verbe « corriger » : rectifier, remettre droit et punir.** **« maître » renvoie ici au second sens du terme : le pédagogue, celui qui accompagne dans l'éducation. Le lexique de l'éducation renforce cette idée.** Ironie de l'auteur avec une formule « devenir meilleur » typique du XVIIIe mais visée clairement définie. ***Champ lexical des sentiments (lexique moral)*** Amusement final de Marivaux avec le mariage annoncé comme punition.

– **Un objectif : le soin. Péroraison***

Ce sont là nos lois à cet égard, **mettez à profit leur rigueur salutaire, remerciez le sort qui vous conduit ici** ; il vous remet en nos mains durs, injustes et superbes ; vous voilà en **mauvais état**, nous entreprenons de vous **guérir** ; vous êtes moins nos esclaves que nos **malades**, et nous ne prenons que trois ans pour vous rendre **sains**, c'est-à-dire humains, raisonnables et généreux pour toute votre vie.	Présentatif : « Ce sont là nos lois »= détermination de Trivelin **Impératifs qui ont valeur d'ordre même s'ils paraissent bienveillants.** **Métaphore filée des soins, de la maladie.** Emplois d'oppositions emphatiques pour montrer l'apothéose de cette pédagogie nécessaire voire indispensable.

Conclusion

- **Progression du texte** : Le passage est un vrai exposé didactique parfaitement construit avec un exorde, une narration, une démonstration et une péroraison L'île est un lieu clos qui permet une telle expérience. Trivelin se montre ici un sage pédagogue et expose sa démarche sans haine mais avec détermination. Il s'impose par le verbe. Après avoir expliqué les raisons qui l'animent, il prône l'adhésion plutôt que la coercition et révèle l'objectif visé pour le bien de chacun. Le texte laisse entendre les nombreux reproches qui peuvent être faits aux maîtres, reproches qui seront développés dans la pièce ensuite : frivolité, inconstance, orgueil, arrogance, vanité, suffisance, impatience colérique, abus de pouvoir. Mais, les valets ne sont pas exempts non plus de reproches. Ils sont bavards, rusés, envieux mais souvent perspicaces. Un « cours d'humanité » devient donc nécessaire.
- **Projet de lecture** : Marivaux pose un regard de moraliste sur l'homme : il s'agit d'instruire sur la tolérance. La situation vécue révèle toutefois les valeurs humaines de tous cachés sous les règles sociales. Émergent progressivement les émotions, l'absence de rancune, la sincérité et la bonté. Marivaux effectue ici une sorte d'expérimentation pour donner une leçon de tolérance par le procédé de la simulation. Le pardon dans l'humilité et la reconnaissance de ses erreurs est le grand gagnant de l'ordre social. Le pardon, fondamentalement chrétien, s'oppose aux positions qu'adopteront notamment Montesquieu, Voltaire et Beaumarchais. Marivaux croit en l'intelligence de l'homme et promeut une hiérarchie basée sur le mérite et le respect plutôt que sur les privilèges. La comédie apporte une vertu cathartique* grâce à cette satire comique et cette leçon d'éthique réunies dans une parodie, un théâtre dans le théâtre.

Fiche 35. Grammaire : le présent et ses valeurs

Exercice 1 :

« *Je pense* » « *vous savez* » « *nous sommes* » = Présent d'énonciation. Trivelin arrive pour expliquer à ses interlocuteurs ce qui les attend. Spontanéité de la discussion.

« *Nous vous humilions* » « *dure* » « *on vous renvoie* » = Présent d'imminence. Les brimades ne sont pas commencées (scène 2). L'aspect duratif est à noter car le « régime » va « *dure*[r] *trois ans* ».

« *(Si vos maîtres) sont (contents)* » : valeur de condition inscrit dans la même durée que précédemment. La décision dépend de leur jugement.

« *Ce sont là nos lois* » = Présent de vérité générale, aucune contestation ou remarque n'est acceptée.

Exercice 2

Je ne **me venge** plus de vous, **je** vous **corrige** ; ce n'est plus votre vie que **je poursuis**, c'est la barbarie de vos cœurs que **je veux** détruire ; **je** vous **jette** dans l'esclavage pour vous rendre sensibles aux maux qu'on y éprouve ; **je** vous **humilie**, afin que, **me** trouvant superbe, vous vous reprochiez de l'avoir été.

Fiche 36. Lecture linéaire d'un extrait de *Ruy Blas*

Introduction

L'extrait se situe à la fin de la pièce à l'acte V, dans un huis clos : Don Salluste a voulu piéger la reine et goûte déjà sa victoire en lui expliquant qu'on va la surprendre avec un laquais déguisé en grand d'Espagne. Mais le piège se retourne contre lui lorsque Ruy Blas les enferme tous les trois et dévoile lui-même la forfaiture « *je dis que je me nomme Ruy Blas et que je suis le laquais de cet homme !* » Il s'agit du dénouement alors qu'éclate la vérité.

Unité du texte

La colère de Ruy Blas anime totalement le texte, elle débride ses dernières retenues et résistances, le temps de l'héroïsme romantique est venu. Ruy Blas domine l'extrait.

Importance du texte et problématique

Ce texte appartient à un genre nouveau, le drame romantique dont Hugo est le père. Cet extrait réunit l'amour – jusqu'au crime passionnel – et le pouvoir, la puissance sur la décadence. Cet engagement, aux côtés du peuple, transparaît tout au long de la scène qui peut être étudiée dans le parcours « Maîtres et valets ». La problématique suivante peut être envisagée : ***En quoi le personnage de Ruy Blase traduit-il tout le drame romantique cher au XIX*****e** ***?***

Mouvement du texte

- Portrait à charge de Don Salluste.
- Renversement de situation.
- La lâcheté de Don Salluste opposée à la clémence de la Reine.

Lecture linéaire

- **Portrait à charge de Don Salluste pris à son propre piège.** Ruy Blas s'émancipe et donne des ordres (renversement des rôles). De nombreux points d'exclamation, une question rhétorique, interjections révèlent l'indignation de Ruy Blas.

Ruy Blas, *terrible, l'épée de don Salluste à la main.* Je crois que vous venez d'insulter votre reine ! *Don Salluste se précipite vers la porte.* *Ruy Blas la lui barre.* – **Oh ! N'allez point par là**, ce n'en est pas la peine, J'ai poussé le verrou depuis longtemps déjà. – Marquis, jusqu'à ce jour Satan te protégea, Mais, s'il veut t'arracher de mes mains, qu'il se montre.	*Ruy Blas s'impose par l'opposition physique (dans les didascalies)* **Il se permet de donner des ordres, lui qui en a toujours reçu de cet homme.** **Une figure démoniaque protégée par Satan, le serpent, le monstre (déshumanisation de Don Salluste) : Allégorie du mal.** Outrages à la reine : l'impardonnable pour Ruy Blas, Don Salluste ne respecte pas les codes et usages de la cour (insolence)
– À mon tour ! – On écrase un serpent qu'on rencontre. – Personne n'entrera, ni tes gens, ni l'enfer ! Je te tiens écumant sous mon talon de fer ! – Cet homme vous parlait insolemment, madame ? Je vais vous expliquer. **Cet homme n'a point d'âme**, ***C'est un monstre. En riant hier il m'étouffait. Il m'a broyé le cœur à plaisir.***	Présent de vérité générale renforcé par « on » pronom indéfini qui généralise. Négation renforcée par la conjonction « ni » (insistance) : aucune puissance – - même satanique – ne pourra l'aider. ***Suite de métaphores qui expliquent la déshumanisation du « monstre ». Pouvoir de destruction de Don Salluste.***
Il m'a fait Fermer une fenêtre, et j'étais au ***martyre*** !	La fenêtre fermée arrive en écho de l'acte III, scène V où Don Sallustre fait autoritairement fermer la fenêtre à Ruy Blas. Rappel de la condition de laquais alors qu'il joue le rôle de Grand d'Espagne (humiliation).
Je priais ! Je ***pleurais*** ! Je ne peux pas vous dire.	***Gradation sur un rythme binaire (premier hémistiche) et césure à l'hémistiche. Anaphore du « je » montrant l'impact sur sa personne, la souffrance cumulée.***

– **Renversement de situation** : Ruy Blas révèle le vrai Don Salluste et devient justicier. Nombreuses exclamations à nouveau : réactions épidermiques de Ruy Blas pris par son indignation perceptible également dans le passage au tutoiement méprisant. La reine devient une Allégorie du bien. Don Salluste et elle sont donc des personnages antithétiques.

Au marquis. Vous contiez vos griefs dans ces derniers moments. Je ne répondrai pas à vos raisonnements, Et d'ailleurs – je n'ai pas compris. – ah ! Misérable !	Jeu des temps : Temps passés : retour sur les semaines qui précèdent qui contrastent avec **les présents d'énonciation : confrontation des deux situations**
Vous osez, – votre reine, une femme adorable ! **Vous osez** l'outrager **quand je suis là** ! – **Tenez,** Pour un homme d'esprit, vraiment, **vous m'étonnez** !	L'hyperbole « adorable » s'oppose à l'outrage à la reine. Anaphore « vous osez » qui renforce « ah ! Misérable »

Et **vous vous figurez** que je vous verrai faire Sans rien dire ! – écoutez, quelle que soit sa sphère, *Monseigneur, lorsqu'un traître, un fourbe tortueux,* *Commet de certains faits rares et monstrueux,* *Noble ou manant, tout homme a droit, sur son passage,* *De venir lui cracher sa sentence au visage,* *Et de prendre une épée, une hache, un couteau !...* – Pardieu ! J'étais laquais ! Quand je serais bourreau ?	Ordre alors que Don Salluste n'a que le droit de se taire. *puis, présent de vérité générale affirmant la légitimité de la vengeance. Le « Monseigneur » rappelle le statut assumé désormais de Ruy Blas puisque le terme s'oppose à « traitre » « fourbe tortueux » = Polyptote*.* *Gradation descendante vers l'objet le plus confidentiel et personnel.* Malgré la question rhétorique, au conditionnel, « le bourreau » devient légitime après avoir été un « laquais » maltraité.

– **La lâcheté de Don Salluste opposée à la clémence de la Reine.** Importance des didascalies qui traduisent les deux états. Allégorie de la justice prônée par Ruy Blas. Progression rapide traduisant la détermination du laquais, puis meurtre brutal (crime passionnel ?) suivi du silence.

La Reine. **Vous n'allez pas frapper cet homme ?** **Ruy Blas.** Je me blâme D'accomplir devant vous *ma fonction,* madame, Mais il faut étouffer cette affaire en ce lieu. *Il pousse don Salluste vers le cabinet.* – C'est dit, monsieur ! Allez là dedans prier Dieu ! **Don Salluste.** C'est un assassinat ! **Ruy Blas.** Crois-tu ? **Don Salluste**, *désarmé, et jetant un regard plein de rage autour de lui.* Sur ces murailles Rien ! Pas d'arme ! *À Ruy Blas.* **Une épée au moins !** **Ruy Blas.** **Marquis ! Tu railles !** **Maître ! Est-ce que je suis un gentilhomme, moi ?** **Un duel ! Fi donc ! Je suis un de tes gens à toi,** **Valetaille de rouge et de galons vêtue,**	**Clémence de la reine prête à pardonner malgré ce qu'elle a entendu.** *Il s'agit pour Ruy Blas d'un devoir à accomplir.* Nouvel ordre de Ruy Blas qui place son meurtre en regard avec Dieu : besoin d'une légitimité divine ? Un tutoiement ostensible doublé d'ironie. Demande-réflexe du grand d'Espagne qui rencontre une réponse **reprenant les arguments implicites de la maltraitance dont Ruy Blas a été le sujet** précédés d'une question rhétorique « Est-ce que je suis un gentilhomme, moi ? » Présent de vérité générale pour montrer que toute « valetaille » tout « maraud » doit être châtié ou fouetté selon Don Salluste et ses semblables. Ruy Blas va plus loin : le « maraud » peut tuer aussi !

Un maraud qu'on châtie et qu'on fouette, – et qui tue ! Oui, je vais te tuer, monseigneur, vois-tu bien ?	Sa détermination est forte et l'acte prémédité et assumé (présent d'imminence). Ironie du « monseigneur ».
[Comme un infâme ! Comme un lâche ! Comme un chien !]	[Vers ternaire, construit selon un parallélisme syntaxique articulé autour d'une anaphore* « comme ». Gradation dans la déshumanisation.]
La Reine. Grâce pour lui ! **Ruy Blas**, *à la reine, saisissant le marquis.* Madame, ici chacun se venge.	Évocation d'un système de vengeance en cours en Espagne (« ici ») mais vengeance n'est pas justice. Ruy Blas est-il un justicier ou un exécuteur ?
Le démon ne peut plus être sauvé par l'ange ! **La Reine**, *à genoux.* Grâce ! **Don Salluste**, *appelant.* Au meurtre ! Au secours ! **Ruy Blas**, *levant l'épée.* As-tu bientôt fini ?	***Métaphore basée sur les antonymes* « ange/démon ».*** *Didascalies : Soumission de la reine qui a de la pitié, de la compassion.* *Perte de sa superbe pour Don Salluste qui abandonne toute dignité sans jamais reconnaître ses torts.*
Don Salluste, *se jetant sur lui en criant.* Je meurs assassiné ! Démon ! **Ruy Blas**, *le poussant dans le cabinet.* Tu meurs puni ! *Ils disparaissent dans le cabinet, dont la porte se referme sur eux.*	Renversement total du rôle. *Didascalie : « demi-morte » = mimétisme du meurtre.*
La Reine, *restée seule, tombant demi-morte sur le fauteuil.* Ciel *Un moment de silence. Rentre Ruy Blas, pâle, sans épée.*	*Ruy Blas n'est pas aussi démoniaque que Don Salluste : il est lui-même choqué par son geste mais sûr de la justesse de son acte.*

Conclusion

- **Progression du texte** : L'indignation de Ruy Blas partie de l'outrage à la reine et la femme qu'il aime l'entraîne vers un impératif de vengeance. Le renversement de situation qui provoque chez Don Salluste une situation de faiblesse renforce la détermination de son laquais. À la suite de ce crime passionnel, la reine ne voulant pas pardonner à Ruy Blas, il s'empoisonne devant elle. Elle lui crie, alors, son pardon.
- **Projet de lecture** : Victor Hugo, en chef de file du mouvement romantique, dénonce l'absolutisme représenté par Don Salluste et sa toute-puissance. Ce drame écrit peu après les journées d'insurrection de 1830 s'inspire du royaume d'Espagne à la fin du XVIIe. L'auteur décrit un roi distant qui inspire la peur à un peuple esclave. L'exotisme de la pièce ne masque cependant pas le poids des comparaisons avec la situation française. Ruy Blas représente, avec une certaine grandeur, le peuple dont il est issu. Il ne peut cautionner l'attitude de Don Salluste et veut se prouver à lui-même sa puissance morale sur la décadence des grands, devenant de ce fait, un héros romantique jusqu'à la mort.

Fiche 37. Grammaire : le verbe et les accords du participe passé

Exercice 1

1. « **Vous voilà courbé** » : participe passé employé sans auxiliaire dans une subordonnée participiale. L'accord se fait avec le sujet (verbe « être » sous-entendu) : vous êtes courbé (Camille s'adresse à son cousin, Perdican)

« **avec des genoux qui se sont usés** » : Participe passé d'un verbe pronominal « s'user ». Pour poser la question de la présence et de la place du COD, il convient de transformer la phrase pour employer « avoir » : les genoux ont usé quoi ? = **eux-mêmes** (se) écrit avant le participe (masculin, pluriel).

« **Vous avez pleuré des larmes de joie et des larmes de désespoir** ». Participe passé employé avec l'auxiliaire « avoir ». Il convient de rechercher la présence et la place d'un COD : *Vous avez pleuré quoi ?* **des larmes de joie et des larmes de désespoir** = Le COD est écrit après le participe passé = aucun accord.

Exercice 2 :

B. « Comme j'avais prévu tout cela quand tu t'es **arrêtée devant le portrait de notre vieille tante !** » : participe passé d'un verbe pronominal « s'arrêter ». Pour poser la question de la présence et de la place du COD, il convient de transformer la phrase pour employer « avoir » : *Tu as arrêté qui* ? **t'= toi-même** écrit avant le participe (camille, féminin, singulier).

Fiche 38. Lecture linéaire d'un extrait de *Le malentendu.*

Introduction

Alors que Jan revient après vingt ans dans un hôtel tenu par sa mère et sa sœur, sans se présenter réellement, sa mort est déjà programmée. Les deux femmes assassinent les voyageurs de passage pour les dépouiller et pouvoir fuir leur vie médiocre. Ce dialogue montre la distance que la fille (Martha, sœur de Jan) veut maintenir avec sa future victime, laquelle n'est pas reconnue. La non-reconnaissance meurtrit Jan, il est blessé par l'indifférence de son langage, indifférence jusque dans la mort lorsque Martha informe froidement Maria, sa belle-sœur, qu'elles ont assassiné son époux.

Unité du texte

L'incommunicabilité domine ce texte où le diégétique* s'invite dans le discursif* : Martha tente d'expliquer à Jan la place qui doit être la sienne. Fort de ce qu'il sait, Jan, tente de raisonner sur un terrain inaccessible.

Importance du texte et problématique

Le bref extrait est tragique par l'incompréhension mutuelle, le « malentendu ». Le langage des deux personnages traduit l'absence de communication possible en produisant de nombreux sous-entendus. Chacun observe et joue un rôle qui échappe à son interlocuteur. La tension perceptible inscrit l'extrait dans le parcours « Crise personnelle, crise familiale ». Elle interroge l'affirmation de soi et la quête d'identité. La problématique suivante peut être légitime : ***En quoi le langage peut-il devenir source d'incommunicabilité ?***

Mouvement du texte

Les répliques traduisent tout le « malentendu » :

- Répliques de Jan : tentatives d'approche. Hésitation sur leur bien-fondé contenant beaucoup d'espoir.
- Répliques de Martha : elles contrent immédiatement les approches de Jan et le replace dans un statut auquel il sait ne pas appartenir, celui d'un client ordinaire.

Lecture linéaire

- **Répliques de Jan** : tentatives d'approche. Hésitation sur leur bien-fondé contenant beaucoup d'espoir. Répliques plus courtes que celles de Martha. Martha ne peut comprendre les desseins de Jan et va tout faire pour les contrer.

JAN – **Mais...** (*il hésite*), **quelquefois, la vie ne doit pas être gaie pour vous ? Ne vous sentez-vous pas très seules ?**	Hésitations et précautions oratoires : • **adverbes : « Mais... » (suivi de points de suspension). « Quelquefois » est prudent pour ne pas vexer.** • *didascalie montrant son attitude physique*. • **litotes nuancées par les verbes « devoir » et « se sentir » et par les négations : la vie doit être dure, vous vous sentez seules** • *un « vous » qui peut paraître un « vous » de politesse pour Martha mais englobe aussi la mère puisque « seules » est au pluriel.*
JAN- Je *vous* **demande pardon**. Je voulais *vous* marquer **ma sympathie,** et mon intention **n'était pas** de *vous* fâcher. **Il m'a semblé** simplement que nous **n'étions pas** **si étrangers** que cela *l'un à l'autre*	*Le « vous » pluriel est devenu de politesse, il s'adresse à Martha, renforcé par le « l'un à l'autre ».* **Vocabulaire de la conciliation : « demande pardon » « ma sympathie » l'adverbe « si » pour accompagner « étranger » +** l'emploi de la négation nuance les apparences. **Emploi du passé (imparfait, passé composé et plus-que-parfait) montrant la prise en compte de la réaction de Martha.**

– **Répliques de Martha** : elles contrent immédiatement les approches de Jan et le replace dans un statut auquel il sait ne pas appartenir, celui d'un client ordinaire. Jan ne peut comprendre les noirs desseins de Martha et va tout faire pour tenter un rapprochement voué à l'échec.

MARTHA, *lui faisant face brusquement –*	
Écoutez, *je vois qu'il me faut vous donner un avertissement.* Le voici.	*Didascalie : violence de la réaction de Martha.* Sécheresse du ton de Martha : • **« Ecoutez » : fonction phatique*** • « le voici » : adverbe présentatif. • *aucune ambiguïté : un présent de vérité générale « il faut » associer au pronom « me » marquant l'autorité de Martha.* • *« avertissement » est prémonitoire. Il annonce la suite fatale.*
En entrant ici, vous n'avez que les droits d'un client. En revanche, vous les recevez tous. Vous serez bien servi et je ne pense pas que vous aurez un jour à vous plaindre de notre accueil.	Explication du statut de « client » selon Martha et sa mère : ironie sous-jacente puisque le « client » est assassiné : « vous les recevrez tous » « vous serez bien servi » jusqu'à l'humour noir : « je ne pense pas que vous aurez un jour à vous plaindre de notre accueil « (il ne sera plus là pour le faire). Une seule injonction à l'impératif « prenez toute la place » l'invitant à être le « client » idéal, celui qui sera assassiné et dépouillé.
Mais vous n'avez pas à vous soucier de notre solitude, comme vous ne devez pas vous inquiéter de nous gêner, d'être importun ou de ne l'être pas. Prenez toute la place d'un client, elle est à vous de droit. Mais n'en prenez pas plus.	Le « Mais » est un rappel à l'ordre : Jan ne doit pas sortir du rôle qui lui est donné. Il ne doit pas entrer dans leur intimité. Les injonctions sont données par les négations « vous n'avez pas » ; « vous ne devez pas » « n'en prenez pas ». Elles modulent les verbes d'inquiétude « soucier » « inquiéter » « gêner »
MARTHA- Je vois qu'il me faut vous répéter qu'il ne peut être question de me fâcher ou de ne pas me fâcher. **Il me semble que vous vous obstinez à prendre un ton qui ne devrait pas être le vôtre**, et j'essaie de vous le montrer. Je vous assure bien que je le fais sans me fâcher. **N'est-ce pas notre avantage, à tous les deux, de garder nos distances ?** [...]	Fonction métalinguistique* : Martha reprend les termes de Jan pour les expliciter tout en accentuant cette accentuation « il me faut vous répéter » « j'essaie de vous le montrer » = agacement. **Martha veut garder ses distances pour mener à bien leur projet.**

Conclusion

- **Progression du texte :** Martha, personnage solitaire et pathétique, revendique et impose (s'impose ?) des règles pour mener à bien le projet. N'est-ce pas aussi, pour elle, rendre acceptable un quotidien étriqué, fait de frustration et de souffrance ? Les deux femmes qui pensaient agir en toute liberté, sont devenues esclaves de leur vie. Leur absence de lucidité – qu'illustre ce bref dialogue – les empêche d'accepter une réalité qui les dépasse et les entraîne vers la fuite en avant déjà programmée. Leur aveuglement va les mener au bout de l'absurde, d'abord à l'assassinat de celui qu'elles n'ont pas reconnu puis au suicide.
- **Projet de lecture :** La pièce souligne toute la solitude de l'Homme, enfermé dans l'incommunicabilité, incapable d'accéder à l'autre. Camus réinvente le récit, lui octroyant un rôle destructeur à travers un langage assassin incarné par Martha, femme malheureuse et absurde qui rejette la personne humaine et s'enfonce dans un nihilisme* irréversible. Martha, cet être en colère, refuse toute relation personnalisée. La fatalité marque cet extrait : pourquoi établir des relations authentiques quand le destin est déjà tracé ? Tout est déjà marqué du sceau de l'enfermement, de l'attente et de l'absurde. Maria est la seule qui comprend l'inanité du langage de Jan. *Le malentendu* est une tragédie moderne par le sujet même : la volonté d'échapper à leur vie pour un hypothétique bonheur ailleurs entraîne deux femmes dans un absurde infanticide.

Fiche 39. L'adverbe : rôle et construction

Exercice 1

MARIA : Jan, je ne puis croire qu'elles ne t'aient pas reconnu tout à l'heure. Une mère reconnaît **toujours** son fils.
JAN : Il y a vingt ans qu'elle ne m'a pas vu. J'étais un adolescent, **presque** un jeune garçon. Ma mère a vieilli, sa vue a baissé. C'est **à peine** si moi-même je l'ai reconnue.
MARIA, *avec impatience.* Je sais, tu es entré, tu as dit « Bonjour », tu t'es assis. Tu ne reconnaissais **rien**.

- **Toujours :** adverbe d'affirmation, associé ici à un présent de vérité générale « une mère reconnaît toujours ». Pour Maria qui possède le regard le plus objectif de la pièce, il est donc évident que la mère DOIT reconnaître son fils.
- **Presque :** Adverbe d'intensité pour montrer que Jan est parti très jeune « presque un jeune garçon », euphémisme pour dire « un enfant ». Jan veut-il justifier la non-reconnaissance par sa mère plutôt que de se dire qu'elle l'a oublié ?
- **À peine :** locution adverbiale d'intensité. Jan justifie à nouveau la non-reconnaissance par la réciprocité. Si lui, averti, reconnaît « à peine » sa mère, comment le pourrait-elle ?
- **Rien :** Cet adverbe d'intensité et d'affirmation est prononcé par Maria qui accentue l'effet de non-reconnaissance globale (lieu, moment, personnes). Jan, lui-même, ne se sent pas à sa place, une place qu'il a perdue depuis longtemps.

Exercice 2

- Indépendant = **indépendamment**
- Difficile = **difficilement**
- Malheureux → malheureuse = **malheureusement**
- Infini = **infiniment** (exception)
- positif → positive = **positivement**
- Impatient = **impatiemment**
- Seul → seule = **seulement**
- Physique = **physiquement**
- Insolent = **insolemment**
- Esthétique = **esthétiquement**

La poésie du XIXe au XXIe siècle

Fiche 40
Rappel de cours: outils pour étudier la poésie

Objet d'étude: la poésie du XIXe siècle au XXIe siècle

La poésie

« Poète » et « poésie » viennent de « poêsis » dérivé du verbe « poiein » en grec qui signifie « faire, créer ». Les arts libéraux (dans *Nouveau Dictionnaire de pédagogie et d'instruction primaire*, Paris, Hachette, 1911, Ferdinand Buisson les résume en ces deux vers: « *La Grammaire parle, la Dialectique enseigne, la Rhétorique colore les mots, la Musique chante, l'Arithmétique compte, la Géométrie pèse, l'Astronomie s'occupe des astres* ») sont placés sous l'égide des Muses, gardiennes de l'oracle de Delphes et filles de Zeus et de Mnémosyne, la mémoire. Les Muses sont neuf déesses grecques qui inspirent les artistes. Chacune protège une forme différente d'art, par exemple, Calliope veille sur la poésie épique et l'éloquence tandis qu'Erato favorise la poésie lyrique et érotique.

En Grèce, le poète (l'aède) a reçu des Muses l'inspiration pour transmettre les exploits des dieux et des héros. En cela, il possède une aura sacrée. Le poète est donc le créateur qui travaille à partir des mots, une matière bien spécifique, pour transmettre, traduire, suggérer, révéler, provoquer parfois. Respectant traditionnellement les vers et les rimes, la poésie peut toutefois être en prose à partir du XIXe. Le poème se définit visuellement dans une page par sa disposition. Les règles poétiques, tout en ayant évolué au fil des siècles, respectent des codes proches de la tradition orale : musicalité, tempo, pauses, valeur incantatoire presque sacrée.

Le registre lyrique

À l'origine, le lyrisme était un chant accompagné d'une lyre, attribut d'Apollon (dieu grec de la poésie). Il s'agissait de faire partager des émotions intimes, des sentiments personnels (heureux ou malheureux), de traduire l'être intérieur d'un homme en proie à la fragilité, à un sentiment de néant. Les personnages expriment leurs états d'âme, emploient le « je » et les déterminants possessifs, leur présence est très forte.

Les procédés

- des thèmes lyriques : amour, nostalgie, souvenirs, exaltation, nature inspirante, fuite du temps, religion.
- des champs lexicaux des sentiments et des émotions.
- un rythme musical des vers : binaire ou tertiaire, répétitions, sonorités.
- des phrases exclamatives (invocation, apostrophe) et interrogatives avec ponctuation forte et significative.
- des figures d'insistance : anaphore*, hyperbole*, gradation hyperbolique.

La versification

Le vers, le décompte des syllabes et le « e »

Il s'agit de ne pas confondre **la phrase** – qui a une unité de sens – et **le vers** – qui marque une unité métrique – avec un retour à la ligne et majuscule en début de vers, rime en fin de vers. Une phrase peut donc comporter plusieurs vers. La mesure du vers est dans le décompte des syllabes qui respectent des règles précises.

- « e » muet :
  - → À l'intérieur d'un mot :

    Ex : « Ceux que vous oubliez ne vous oubli(e)ront pas » *(Hugo)*
  - → En fin de vers :

    Ex : « Pareil à la
Feuille mort(e) » (Verlaine)
  - → Dans un vers, à la fin d'un mot suivi d'une voyelle :

    Ex : « Bien heureux l'astr(e) au ciel d'où vient ma destinée » (de Magny)
- **Le « e » sonore :**
  - → À la fin d'un mot suivi d'une consonne :

    Ex : « Donne-lui tout de mêm(e) à boire, dit mon pèr(e) » (Hugo)
- **La synérèse** : deux voyelles sont prononcées en une seule syllabe. Ex : **duel** (au lieu de du/el)
- **La diérèse** : deux voyelles sont prononcées en deux syllabes distinctes : **Li/on** ; **hi/er** (au lieu de « lion » et « hier »)

Les poètes usent parfois indifféremment du même mot en diérèse ou en synérèse pour les besoins d'un vers.

La métrique

Le nombre de syllabes détermine la longueur du vers : Les vers inférieurs à 7 syllabes sont rares et souvent utilisés pour des comptines enfantines ou des jeux poétiques. On les appelle « monosyllabe » (une syllabe) ; « dissyllabe » (2), « trisyllabe » (3), « quadrisyllabe » (4), « pentasyllabe » (5), « hexasyllabe » (6), « heptasyllabe » (7).

Les plus usités sont l'« **octosyllabe** » (8), le « **décasyllabe** » (10) et l'« **alexandrin** » (12). Ex d'alexandrin : « *A/cca/blé /de/ pa/re/sse et/ de /mé/lan/co/li(e)* »

(Saint-Amant)

Le vers de 9 syllabes, l'« **ennéasyllabe** » est rare mais prisé par Verlaine notamment dans son poème *Art poétique* (1874). L'« **hendécasyllabe** », vers de 11 syllabes est également rare mais parfois utilisé par Rimbaud notamment dans *Vers nouveaux* (1872). Quelquefois, le vers peut être plus long et se rapprocher de la prose. Apollinaire l'utilisera à plusieurs reprises et plus tard, Aragon.

Les Vers libres : Rimbaud est le premier à s'émanciper dans « Marine » et « Mouvement » deux poèmes de *Illuminations* (1870). À partir du XIXᵉ, le poète, se libère progressivement du modèle classique et s'essaie au vers libre. Il varie les mètres dans un même poème. Il se donne des libertés avec la rime à laquelle il préfère l'assonance. Parfois, il exclut même toute rime (les vers sans rime s'appellent « vers blancs »). Apollinaire va même jusqu'à supprimer la ponctuation.

Ex : « Où est maintenant (5 syllabes)
L'horizon ? (3 syllabes)
Où (1 syllabe)
Commence l'itinéraire ? » (7 syllabes)

Reflets, Guillevic (1979)

Le rythme et la césure

Les rimes et les césures impriment au vers un certain rythme, notamment dans les vers longs (décasyllabes et alexandrins).

- **Le rythme binaire :** le vers (ou hémistiche) est divisé en deux parties égales.

Ex : « Ô rage//, ô désespoir// ô vieillesse ennemie ! » (Corneille)

Ici, le rythme révèle l'émotion du Cid.

→ **Le tétramètre** = 12 (3, 3, 3, 3)

Ex : « Parle-lui //tous les jours// des vertus //de son père » (Racine)

Ce rythme traduit la noblesse du propos.

- **Le rythme tertiaire :** quand le vers présente 3 mesures :

→ **Le trimètre** = 12 (4, 4, 4)

Ex : « Je marcherai// les yeux fixés //sur mes pensées. »

Demain, dès l'aube, Victor Hugo

Ce trimètre montre l'ordre, la discipline de la marche, la concentration.

Dans les vers de plus de 8 syllabes, une césure peut séparer le vers en deux parties. Un alexandrin coupé à la sixième syllabe possède alors deux hémistiches égaux.

Ex : « Il dort dans le soleil, la main sur sa poitrine »

1er hémistiche *2e hémistiche*

Césure *Le dormeur du val,* Rimbaud

■ **Répétition d'un son**

→ **sur les consonnes : allitération** pour faire ressentir dans les sons et le rythme le sens du propos lui-même.

Ex : « *Qui sont ces serpents qui sifflent sur nos têtes ?* » = *sifflement* (Corneille)

« *Dans son sommeil glissant, l'eau se suscite en songe.* » = *glissement* (Roy)

→ **sur les voyelles : assonances** pour renforcer une impression.

Ex : « *Tout m'afflige et me nuit et conspire à me nuire* » = *tristesse* (Racine)

→ **sur la rencontre de deux voyelles sonores : le hiatus.** L'une à la fin d'un mot, l'autre au début du mot suivant.

Ex : « *On a peine à ha/ïr ce qu'on a tant aimé* » (Corneille)

■ **L'enjambement** : Lorsque le vers ne s'arrête pas à la rime mais déborde jusqu'à la césure suivante ou la fin du vers suivant.

Ex : « *Mon amour est comme un fiévreux que seul apaise*
Le poison qui nourrit son mal et dont il meurt » (Apollinaire)

Effet de continuité rythmique ou d'amplification.

■ **Le rejet** : Lorsqu'un élément court **lié au vers** (un ou deux mots) est rejeté au vers suivant :

Ex : « *Serait-ce déjà lui ? C'est bien à l'escalier.*
Dérobé. » (Hugo)

« *La nuit était lugubre ; on entendait des coup*
De fusil dans la rue où l'on en tuait d'autres. » (Hugo)

■ **Le contre-rejet** : En fin de vers, un court élément est mis en relief en amorçant la suite sur le vers suivant.

Ex : « *Souvenir, souvenir, que me veux-tu ? L'automne*
Fait voler la grive à travers l'air atone » (Verlaine)

Les strophes

Elles réunissent un groupe de vers :

- **Distique** : strophe de 2 vers
- **Tercet** : strophe de 3 vers
- **Quatrain** : strophe de 4 vers
- **Quintil** : strophe de 5 vers
- **Sizain** : strophe de 6 vers
- **Septain** : strophe de 7 vers
- **Huitain** : strophe de 8 vers
- **Neuvain** : strophe de 9 vers
- **Dizain** : strophe de 10 vers

L'accent tonique

La diction poétique respecte une certaine emphase et certains mots sont ainsi mis en valeur car accentués lors de la prononciation. L'accent tonique touche le plus souvent la dernière syllabe d'une rime masculine (la rime féminine se termine par un « e » muet) à la fin d'un vers ou à la césure.

Ex : Il se fit /dans Paris /un silenc(e) /de neig(e)

Prose de Nezval, Louis Aragon

Le rythme est alors scandé par les accents. L'effet peut être cumulatif quand le nombre d'accents dépasse 4.

*Ex : **Nais**, gran**dis**, **rêv**(e), **souffr**(e), **aim**(e), **vis**, vieil**lis**, **tomb**(e)*

Les Contemplations, Victor Hugo

Les rimes

Les différentes sortes :

- **Rimes plates** (ou suivies) : AA/BB/CC/DD

*Ex : « Malgré mon en**vie**,*
*Toute ma **vie***
Je l'aimerai
Et chanterai ; » (Marot)

- **Rimes croisées** (ou alternées) : A/B/A/B

*Ex : « Au printemps l'oiseau naît et **chante***
N'avez jamais ouï sa voix ?
*Elle est pure, simple et tou**chante***
La voix de l'oiseau – dans les bois » (Nerval)

- **Rimes embrassées** A/B/B/A

*Ex : « De l'**automne***
Blessent mon cœur
D'une langueur
*Mon**otone** »* (Verlaine)

La richesse des rimes :

- **Rimes pauvres** : un phonème (son) commun.

Ex : « ... me noie
....de joie » [wa]

- **Rimes suffisantes** : deux phonèmes communs.

Ex : « Sans y penser je me trouve hors de peine
Puis quand je crois ma joie être certaine » [ɛn]

- **Rimes riches** : trois phonèmes communs ou plus.

  *Ex : « De l'**automne***
  *Mon**otone** » [otɔn]*

Le sonnet

Il s'agit d'un poème à forme fixe. Il comporte :

- Deux strophes de 4 vers (quatrains)
- Deux strophes de 3 vers (tercets) parfois regroupés en une strophe de 6 vers (sizain)
- Les rimes sont classiquement : ABBA/ ABBA/CCD/EED (ou CCDEDE)

(Formes assouplies au XIXe par Baudelaire et Rimbaud)

Le poème en prose

Il apparaît au XIXe sous la forme de courts paragraphes, en dehors de tout vers et de toute rime. Ces paragraphes sont alors appelés **versets**.

Ex : « Que les fins de journées d'automne sont pénétrantes ! Ah ! Pénétrantes jusqu'à la douleur ! car il est de certaines sensations délicieuses dont le vague n'exclut pas l'intensité ; et il n'est pas de pointe plus acérée que celle de l'infini. […] »

Petits poèmes en prose (1869), Charles Baudelaire.

ENTRAÎNEZ-VOUS !

Objet d'étude : la poésie du XIXe siècle au XXIe siècle.

Extraits de *Les Fleurs du mal, « Spleen et idéal », XVII, Charles Baudelaire.*

Exercice 1

Comment se nomme la forme de ce poème, justifiez votre réponse.

La Beauté

Je suis belle, ô mortels ! comme un rêve de pierre,
Et mon sein, où chacun s'est meurtri tour à tour,
Est fait pour inspirer au poète un amour
Éternel et muet ainsi que la matière.

Je trône dans l'azur comme un sphinx incompris ;
J'unis un cœur de neige à la blancheur des cygnes ;
Je hais le mouvement qui déplace les lignes,
Et jamais je ne pleure et jamais je ne ris.

Les poètes, devant mes grandes attitudes,
Que j'ai l'air d'emprunter aux plus fiers monuments,
Consumeront leurs jours en d'austères études ;

Car j'ai, pour fasciner ces dociles amants,
De purs miroirs qui font toutes choses plus belles :
Mes yeux, mes larges yeux aux clartés éternelles !

Exercice 2

1. *Étudiez le vers 1 : découpez-le en syllabes et donnez son rythme.*
2. *Dans ce poème, relevez et expliquez :*
   - *Un enjambement*
   - *Une assonance*
   - *Une rime suffisante*
   - *Une rime riche.*

Fiche 41

Un exemple de lecture linéaire (XIXe siècle)

Objet d'étude : la poésie du XIXe siècle au XXIe siècle

« À Villequier » (1847), *Pauca meae* (livre 4) *Les Contemplations*, Victor Hugo (1802-1885)

Maintenant que Paris, ses pavés et ses marbres,
Et sa brume et ses toits sont bien loin de mes yeux ;
Maintenant que je suis sous les branches des arbres,
Et que je puis songer à la beauté des cieux ;

Maintenant que du deuil qui m'a fait l'âme obscure
Je sors, pâle et vainqueur,
Et que je sens la paix de la grande nature
Qui m'entre dans le cœur ;

Maintenant que je puis, assis au bord des ondes,
Emu par ce superbe et tranquille horizon,
Examiner en moi les vérités profondes
Et regarder les fleurs qui sont dans le gazon ;

Maintenant, ô mon Dieu ! que j'ai ce calme sombre
De pouvoir désormais
Voir de mes yeux la pierre où je sais que dans l'ombre
Elle dort pour jamais ;

Maintenant qu'attendri par ces divins spectacles,
Plaines, forêts, rochers, vallons, fleuve argenté,
Voyant ma petitesse et voyant vos miracles,
Je reprends ma raison devant l'immensité ;

Je viens à vous, Seigneur, père auquel il faut croire ;
Je vous porte, apaisé,
Les morceaux de ce cœur tout plein de votre gloire
Que vous avez brisé ;

Aides

Les Contemplations

L'œuvre qui paraît en 1856 alors que Victor Hugo est en exil depuis 1852 à Guernesey, comprend plus de dix mille vers et deux volumes de poèmes subdivisés en 3 livres chacun :

Le volume 1 : « *Autrefois 1830-1843* » est écrit avant la mort de sa fille Léopoldine. La période est globalement heureuse.

Livre 1 – *Aurore*

Livre 2 – *L'âme en fleur*

Tous deux autour de l'enfance, la jeunesse et la nature

Livre 3 – *Les luttes et les rêves*

Plus sombre.

Le volume 2 : « *Aujourd'hui* 1843-1855) » après la mort par noyade de Léopoldine survenue le 4 septembre 1843 à Villequier, avec son mari. Au début du livre 4, cette date est inscrite, seule sur une page. Le monde bascule pour Hugo en deuil.

Livre 4 – *Pauca Meae*

Livre 5 – *En Marche*

Souffrances du deuil et de l'exil se mêlent.

Livre 6 – *Au bord de l'infini*

Le « Je » du poète se confond avec le « nous » de l'Homme.

Néanmoins, dans chaque livre, Hugo insère des moments lourds et douloureux et des moments d'apaisement suivant ainsi les méandres d'une âme et les deux faces de la création.

Dans sa préface, pacte de lecture avec son lecteur, Victor Hugo écrit « *Qu'est-ce que les* Contemplations ? *C'est ce qu'on pourrait appeler, si le mot n'avait quelque prétention, les Mémoires d'une âme. Ce sont, en effet, toutes les impressions, tous les souvenirs, toutes les réalités, tous les fantômes vagues, riants ou funèbres, que peut contenir une conscience, revenus et rappelés, rayon à rayon, soupir à soupir, et mêlés dans la même nuée sombre. C'est l'existence humaine sortant de l'énigme du berceau et aboutissant à l'énigme du cercueil ; c'est un esprit qui marche de lueur en lueur en laissant derrière lui la jeunesse, l'amour, l'illusion, le combat, le désespoir, et qui s'arrête éperdu « au bord de l'infini ». Cela commence par un sourire, continue par un sanglot, et finit par un bruit de clairon de l'abîme. Une destinée est écrite là jour à jour.*

Est-ce donc la vie d'un homme ?

Oui, et la vie des autres hommes aussi. Nul de vous n'a l'honneur d'avoir une vie qui soit à lui. Ma vie est la vôtre, votre vie est la mienne, vous vivez ce que je vis ; la destinée est une. Prenez donc ce miroir et regardez-vous-y. »

Tout est dit magistralement dans ce pacte de lecture avec le lecteur, du « *sourire* » au « *sanglot* » jusqu'à « *l'abîme* » pour le poète mais aussi pour tous les hommes. Il s'agit alors pour Hugo d'une autobiographie poétique, d'une forme particulière. « *Mémoires d'une âme* » ! Le mot « Mémoires » évoque les souvenirs d'une vie replacés dans une dimension historique et « âme » vient de « anima » en latin qui signifie le principe de vie, le souffle du monde qui unit l'homme et l'esprit. Ici, il convient d'y voir des Mémoires intérieures écrites au jour le jour pendant vingt-cinq années, tel un journal intime, sorte de dialogue entre le passé et le présent, récit d'une âme singulière qui rejoint l'universalité des âmes qui souffrent.

On s'interroge alors sur la vocation, la mission du poète qui a le rôle de prophète, presque de mage, Rimbaud dira même de « voyant » pour Hugo. Comme chef de file des romantiques, Victor Hugo cultive le « je » introspectif souvent douloureux. Comment dire l'indicible ? Sinon en explorant le passé et en interrogeant Dieu, l'infiniment grand mais aussi l'infiniment petit à travers la simplicité de la nature. Il croit profondément au « *caractère surnaturel de son verbe poétique* ». Plus qu'un autre, il entretient avec l'âme un dialogue sur son immortalité, le mal, la douleur, le destin de l'homme. La mort de sa fille Léopoldine puis l'exil politique lui révèlent la communion des êtres impliqués dans le même parcours de vie, « *l'unité des choses* ». La « contemplation » d'une âme offre donc une résonance éminemment religieuse pour Hugo, une démarche spirituelle pour contempler l'âme (la sienne et celle des autres) dans toutes ses dimensions.

Victor Hugo (voir p. 249)

Lecture linéaire

Introduction

Ce poème appartient au livre IV (17 poèmes), volume 2, *Pauca Meae*. *À Villequier*, poème XV, est précédé de *Demain, dès l'aube* et suivi de *Mors*. Il s'agit d'un poème très long de quarante quatrains dont nous avons ici les six premiers. Commencé en 1844 peu après la noyade de Léopoldine et de son mari, il est repris par Victor Hugo en 1846 et daté du 4 septembre 1847 pour le quatrième anniversaire de la mort de sa fille.

Toute la douleur du poète est présente et immuable mais il semble se soumettre à la volonté divine. La suite du poème est une ode au divin, seul à décider du destin de l'homme. Le poète rejoint alors la foule de ses semblables soumis à la volonté divine. Il cherche auprès de Lui son réconfort dans la soumission à Ses desseins. Il L'implore de tolérer son chagrin, faiblesse humaine.

Unité du texte

L'anaphore de « Maintenant » résume le cheminement du poète entre apaisement et douloureuse soumission avant l'allégeance à Dieu dans le dernier quatrain.

Importance du texte et problématique

Ce texte expose la souffrance et l'apaisement du poète notamment à travers les adjectifs et les participes passés révélateurs :

- **Souffrance** : « (âme) *obscure* » (v. 4) ; « *pâle* » (v. 6) ; « (calme) *sombre* » (v. 13) ; « (cœur) ***brisé*** » (v. 24)
- **Apaisement** : « *vainqueur* » (v. 6) ; « ému » (v.10) ; « (vérités) *profondes* » (v. 11) ; « *attendri* » (v. 17) ; « *divins* (spectacles) » (v.17) ; « ***apaisé*** » (v. 22).

Ce texte appartient au parcours « Les Mémoires d'une âme » reprenant les mots d'Hugo dans sa préface et peut avoir pour problématique : ***Dans quelle mesure, toutes les âmes peuvent-elles se retrouver dans l'art du poète ?***

Mouvement du texte

- « **Paix** » : le retour à la nature aide à sortir du deuil.
- « **Calme** » : le retour sur les lieux du drame sublimés par la beauté de la nature favorise l'acceptation du deuil.
- « **Raison** » : méditation lyrique, le poète regarde et analyse son rapport au mal.

Analyse linéaire

- « **Paix** » : **le retour à la nature aide à sortir du deuil.** Le poète quitte Paris et son quotidien et vient en pèlerinage à Villequier. Deux quatrains : le premier en alexandrins, le second avec alternance d'alexandrins et d'hexasyllabes. Les vers plus courts révèlent, dans toute sa vérité, l'état du poète.

Maintenant que Paris, ses pavés et ses [marbres, Et sa brume et ses toits sont bien loin de [mes yeux ;	**Anaphore qui insiste sur l'importance du moment, moment désormais possible contrairement à précédemment.** Morosité des lieux qui correspondait à son état d'âme. Le déterminant possessif dans « sa brume » montre un état immuable.
Maintenant que je suis sous les branches [des arbres, Et que je puis songer à ***la beauté*** des cieux ;	Opposition avec Paris : la nature le ramène à la « beauté » mais une beauté transcendée, celle « des cieux ». ***Place de la nature qui va permettre le retour à la vie : « beauté » « grande »*** ***Le poète sort de l'obscurité, « pâle » mais « vainqueur ».***
Maintenant que du deuil qui m'a fait [l'âme ***obscure*** Je sors, ***pâle*** et ***vainqueur,*** Et que je sens la paix de ***la grande nature*** Qui m'entre dans le cœur ;	Le poète parle à la 1re personne du singulier. • Les pronoms personnels sujets montrent bien son implication : « je sors » « je sens ». • Les pronoms personnels compléments montrent dans les deux relatives, que les événements s'imposent à lui : « (le deuil) qui m'a fait » ; « (la paix) qui m'entre dans le cœur ».

■ **« Calme » : le retour sur les lieux du drame sublimés par la beauté de la nature favorise l'acceptation du deuil.** Même forme que précédemment : deux quatrains, le premier avec alexandrins, le second avec alternance d'alexandrins et d'hexasyllabes. Dans les vers courts « jamais » répond à « désormais » et « maintenant » trois adverbes révélant l'inéluctable accepté.

Maintenant que je puis, assis au bord des ondes, **E**mu par ***ce superbe et tranquille horizon,*** **E**xaminer en moi les vérités profondes **E**t regarder les fleurs qui sont dans le gazon ;	**Anaphore de « maintenant » et du son [e] en début de vers semblant cumulatif.** ***Place de la nature : « superbe » « tranquille »***
Maintenant, ô mon Dieu ! que **j'ai** ce calme [sombre De pouvoir désormais Voir de mes yeux la pierre où **je sais** que [dans l'ombre *Elle dort* pour jamais ;	Apostrophe (fonction phatique*) qui s'adresse pour la 1re fois à Dieu mais sans rancœur. La répétition du verbe « pouvoir » (utilisé déjà dans le 1er quatrain, vers 4) montre son évolution. Ils sont accompagnés de verbes de certitude conjugués en « je » *Un présent de vérité générale pour l'éternité.*

■ **« Raison » : méditation lyrique, le poète regarde et analyse son rapport au mal.** Devant la nature, conscience de l'immensité qui dépasse l'homme, infiniment petit. Acceptation et allégeance à plus grand que soi. Grande humilité du poète. Même construction des quatrains. Les vers courts s'opposent à travers les participes passés « apaisé » et « brisé ».

Maintenant qu'attendri par ces divins [spectacles,	**Anaphore**
Plaines, forêts, rochers, vallons, fleuve [argenté,	Villequier, lieu idyllique simplement énuméré mais qualifié de « divins spectacles ».
Voyant ma petitesse et voyant vos miracles, Je reprends ma raison devant l'immensité ;	Parallélisme syntaxique avec répétition de « voyant » participe présent marquant la simultanéité d'action avec « je reprends ma raison » et l'antithèse : « ma petitesse » « vos miracles » « votre gloire » (grandeur d'ordre spirituel).
Je viens à vous, Seigneur, père auquel il [faut croire ;	Allégeance totale marquée par une nouvelle apostrophe « Seigneur ». Suite de substituts nominaux et pronominaux : « Dieu » « Seigneur » « père » »vous ». Présent de vérité générale : « il faut croire » qui élimine toute rébellion.
Je vous porte, ***apaisé,*** Les morceaux de ce cœur tout plein de [votre gloire Que vous avez ***brisé ;***	Offrande d'allégeance : le cœur brisé. ***Deux états réunis.***

Conclusion

- **Évolution du texte** : Dans ce texte en alexandrins et hexasyllabes, aux rimes le plus souvent suffisantes, le poète passe progressivement de la paix qui l'envahit (v. 6) au « calme » (v. 13) de l'acceptation puis à la « raison » (v. 20) devant l'immensité qui lui impose la grandeur de Dieu. Il avance humblement devant la « beauté des cieux » (v. 4), la « grande nature » (v. 7) « ce superbe et tranquille horizon » (v.10), « ces divins spectacles » (v. 17), « l'immensité » (v. 20) et rend les armes devant Dieu et « [ses] miracles » (v.19), « [sa] gloire » » (v. 23). Le registre est pathétique quand la condition humaine échappe à l'homme et que la volonté divine s'impose.
- **Projet de lecture** : Le texte est profondément romantique dans les thèmes : la mort, la souffrance mais aussi l'introspection et la nature qui élève jusqu'à Dieu. Il rejoint l'intitulé du deuxième volume « Aujourd'hui » à travers l'adverbe « Maintenant » répété à six reprises. Néanmoins, le texte ouvre vers l'avenir « il faut croire » (v. 21) et l'éternité, offrant un message d'espoir à toutes les âmes en souffrance. Victor Hugo a la mission – malgré et à cause de sa douleur – d'apaiser celle des autres dont le cœur est « brisé ». Le poète a conscience de sa responsabilité de meneur d'hommes : il ne diminue pas l'impact de son deuil mais regarde l'avenir « apaisé » (v. 22) dans l'acceptation de la volonté divine, message de confiance en un au-delà rédempteur. Se veut-il sinon un modèle, du moins un sage dans l'épreuve, en communion avec l'humanité souffrante ?

ENTRAÎNEZ-VOUS !

Objet d'étude : la poésie du XIXe siècle au XXIe siècle.

« Une Charogne », dans « Spleen et idéal », XXIX, in *Les Fleurs du mal*, Charles Baudelaire

Faire la lecture linéaire de cet extrait

Rappelez-vous l'objet que nous vîmes, mon âme,
Ce beau matin d'été si doux :
Au détour d'un sentier une charogne infâme
Sur un lit semé de cailloux,

Les jambes en l'air, comme une femme lubrique,
Brûlante et suant les poisons,
Ouvrait d'une façon nonchalante et cynique
Son ventre plein d'exhalaisons.

Le soleil rayonnait sur cette pourriture,
Comme afin de la cuire à point,
Et de rendre au centuple à la grande Nature
Tout ce qu'ensemble elle avait joint ;

Et le ciel regardait la carcasse superbe
Comme une fleur s'épanouir.
La puanteur était si forte, que sur l'herbe
Vous crûtes vous évanouir.

Les mouches bourdonnaient sur ce ventre putride,
D'où sortaient de noirs bataillons
De larves, qui coulaient comme un épais liquide
Le long de ces vivants haillons.

Tout cela descendait, montait comme une vague
Ou s'élançait en pétillant
On eût dit que le corps, enflé d'un souffle vague,
Vivait en se multipliant.

Et ce monde rendait une étrange musique,
Comme l'eau courante et le vent,
Ou le grain qu'un vanneur d'un mouvement rythmique
Agite et tourne dans son van.

Les formes s'effaçaient et n'étaient plus qu'un rêve,
Une ébauche lente à venir
Sur la toile oubliée, et que l'artiste achève
Seulement par le souvenir.

Derrière les rochers une chienne inquiète
Nous regardait d'un oeil fâché,
Epiant le moment de reprendre au squelette
Le morceau qu'elle avait lâché.

- Et pourtant vous serez semblable à cette ordure,
A cette horrible infection,
Etoile de mes yeux, soleil de ma nature,
Vous, mon ange et ma passion !

Oui ! telle vous serez, ô la reine des grâces,
Après les derniers sacrements,
Quand vous irez, sous l'herbe et les floraisons grasses,
Moisir parmi les ossements.

Alors, ô ma beauté ! dites à la vermine
Qui vous mangera de baisers,
Que j'ai gardé la forme et l'essence divine
De mes amours décomposés !

Aides

L'auteur

Né à Paris en 1821, Charles Baudelaire présente très jeune un tempérament mélancolique et solitaire. À six ans, il perd son père et déteste son beau-père, celui qui deviendra plus tard, le général Aupick, ambassadeur et sénateur sous l'Empire. Charles, aimant les plaisirs mène une vie de Dandy au quartier latin, à Paris. Pour l'éloigner de ce milieu littéraire plutôt oisif, sa famille l'envoie découvrir les Indes en 1841. Ce voyage, même s'il ne l'apprécie pas – d'ailleurs, il l'abrège-, développe en lui une sensibilité particulière à l'exotisme dont son œuvre bénéficiera. Après dix mois, il rentre et, avec l'héritage de son père, il mène une vie de bohème riche avec la très sensuelle Jeanne Duval, la « Vénus noire ». Il dilapide très vite une partie de son bien et en 1844, sa famille – par voie judiciaire – le place sous tutelle.

Il devient critique littéraire et critique d'art dans *Salons* (1845-1846 -1854) pour gagner sa vie et travaille sa conception du Beau « *quelque chose d'éternel et quelque chose de transitoire, d'absolu et de particulier.* « La révolution de 1848 éveille en lui une passion politique qui ne dure guère.

Il traduit les *Histoires extraordinaires de Poe* (1856), un écrivain américain avec lequel il se sent en une totale communion. C'est l'époque où il voue à Madame Sabatier un amour quasi mystique. Cette femme, amie d'un financier, reste assez désincarnée dans l'œuvre de Baudelaire, une « muse » au-delà du charnel.

En 1885, il est déjà au centre d'un scandale avec la parution, dans *La Revue des deux mondes*, de dix-huit de ses poèmes. Quand sortent en 1857 *Les Fleurs du Mal*, le scandale est à son comble. Le livre est saisi, Baudelaire est condamné en correctionnelle pour immoralité. Il est privé de ses droits civiques, écope d'une amende et est contraint de retirer six poèmes incriminés. Hugo, en exil à Guernesey, le félicite pour la condamnation de son ouvrage. À la même époque, Flaubert affronte un procès en immoralité pour *Madame Bovary*. En 1861, Baudelaire propose une seconde édition sans les six poèmes mais il en rajoute plus d'une trentaine. L'édition originale ne sera officiellement rétablie et Baudelaire réhabilité qu'en 1949 par la chambre correctionnelle de la cour de cassation.

Endetté, malade et affaibli par les « paradis artificiels », Baudelaire écrit sur Théophile Gautier, soutient le peintre Manet, écoute Wagner et écrit les *Petits poèmes en prose* qui ne sortiront qu'en 1869. Il meurt en 1867 aphasique et à demi-paralysé.

Les Fleurs du Mal

« *Dans ce livre atroce, j'ai mis toute ma pensée, tout mon cœur, toute ma religion (travestie), toute ma haine* » écrit Baudelaire à propos des *Fleurs du Mal*. Le livre paraît en 1857 et sera remanié en 1861. Une dernière édition posthume sortira en 1868. Le titre définitif (après *Les Lesbiennes* et *Les Limbes*) est un oxymore puisqu'il met en relation « Fleurs » et « Mal ». Baudelaire veut « *extraire la beauté du Mal* ». Pour lui, l'homme est double avec « *deux postulations simultanées, l'une va vers Dieu, l'autre vers Satan. L'invocation à Dieu, ou spiritualité, est un désir de monter en grade; celle de Satan, ou animalité, est une joie de descendre* « (in *Mon cœur mis à nu*, XI, 19).

Baudelaire revendique **une construction** choisie et soignée de son livre. Dans celui-ci il poursuit une quête vers l'idéal pour fuir le spleen, ce mal-être profond qui l'envahit. Ce sont ses combats terribles qu'il déroule au fil des poèmes.

Le recueil est dédié au parnassien Théophile Gautier. Un prologue est adressé *Au Lecteur* sous forme de poème. Il s'agit d'un pacte de lecture où le poète évoque la solidarité humaine dans la déchéance, l'ennui et le mal. **Suivent six parties inégales** :

- **Spleen et Idéal** (85 poèmes) où le poète dresse un constat du monde. « Spleen » et « Idéal » traduisent l'alternance d'une âme tiraillée entre deux extrêmes. Le Spleen est un mot anglais qui désigne un état de mélancolie et de dégoût pour toutes choses. Le Spleen de Baudelaire est métaphysique. Il le définit dans une lettre à sa mère : « *Un immense découragement, une sensation d'isolement insupportable, une peur perpétuelle d'un malheur vague, une défiance complète de mes forces, une absence totale de désir, une impossibilité de trouver un amusement* *quelconque. Je me demande sans cesse à quoi bon ceci ? À quoi bon cela ? C'est le véritable esprit de spleen.* « Appelé à l'Idéal, Baudelaire ne cesse de retomber douloureusement dans le réel, entraînant toujours un sentiment d'impuissance, de déchéance et d'ennui.

- **Tableaux Parisiens** (16 poèmes, non inclus dans la première édition). Le poète brosse la vie du Paris populaire qu'il connaît bien, y voit un refuge quand il se sent accablé par le quotidien. Cette ville, où se réfugient les désespérés, reflète son « moi » intérieur.
- **Le vin** (5 poèmes, les plus sombres) explore les paradis artificiels.
- **Fleurs du mal** (12 poèmes) montre les plaisirs charnels mais aussi les regrets qu'une telle vie engendre. Baudelaire cherche désespérément la Beauté dans le stupre.
- **Révolte** (3 poèmes particulièrement attaqués lors du procès) traduit le constat d'échec et la virulence contre un Dieu qui ne répond jamais et semble s'allier à Satan.
- **La mort** (6 poèmes). Le constat d'échec aboutit à la mort, seule consolation possible et seul espoir.

L'art de Baudelaire

Le livre écrit en pleine période du Parnasse, veut toutefois échapper au formalisme : Baudelaire ne souhaite pas s'exclure de toute émotion, de tout sentiment au profit d'une prosodie* formelle. Baudelaire est un être de sensualité, toute son œuvre en témoigne. Ses exigences sont telles qu'il ne peut qu'être sans cesse déçu : il modifie le vers même s'il reste fidèle à l'alexandrin suffisamment ample pour lui. Néanmoins, il renouvelle la métrique par des enjambements, des rejets et contre-rejets, la répétition, combinant césure à l'hémistiche et trimètre mais surtout jouant avec les images, les métaphores*, les prosopopées*, le « je » à plusieurs voix et usant des adjectifs.

Pour Baudelaire, les « **correspondances** » sont essentielles et révèlent une cohérence entre le monde réel et l'au-delà, le spirituel : importance des symboles qui créent, dans un apparent chaos, une réelle unité entre les choses, l'union des sens, l'union des idées que révèlent un souvenir, une sensation, une beauté. Pour lui, seul le poète par son esprit, son imagination « *reine des facultés* » est capable d'entrevoir l'invisible lors de rares moments d'extase. La recherche de l'idéal est une quête de Beauté à travers le monde visible (vision platonicienne, mythe de la caverne). Dans sa quête insatisfaite, il est le poète de la modernité, reconnu par ses successeurs comme « *le plus important des poètes* » (Valéry). Précurseur du symbolisme qui révèle la sensibilité, les sensations, il influencera toute la poésie moderne.

Fiche 42

Grammaire : L'accord sujet/verbe

Objet d'étude : la poésie du XIXe siècle au XXIe siècle

«Aurore», livre 1, *Les Contemplations*, Victor Hugo

Question

1. *Dans ces extraits, relevez les verbes et leur sujet.*

2. *Donnez les natures de chacun des sujets.*

1. « Il faut que le poète, épris d'ombre et d'azur,
Esprit doux et splendide, au rayonnement pur,
Qui marche devant tous, éclairant ceux qui doutent,
Chanteur mystérieux qu'en tressaillant écoutent
Les femmes, les songeurs, les sages, les amants,
Devienne formidable à de certains moments. » (« Aurore », XXVIII)

2. « Le vent souffle à travers les arbres, sur les toits
Du hameau noir cachant ses chaumes dans les bois ;
Et l'on voit tressaillir, épars dans les ramées,
Le vague arrachement des tremblantes fumées ;
Un ruisseau court dans l'herbe, entre deux hauts talus,
Sous l'agitation des saules chevelus ;
Un orme, un hêtre, anciens du vallon, arbres frères
Qui se donnent la main des deux rives contraires,
Semblent, sous le ciel bleu, dire : A la bonne foi ! »
(« Aurore », Halte en marchant XXVIII)

Classification et analyse

1.

	1	2
Sujet impersonnel	Il faut	on voit
Sujet pronom relatif	**qui** marche **qui** doutent	**qui** se donnent
Sujet inversé	écoutent **les femmes, les songeurs, les sages, les amants**	
Sujet éloigné du verbe	**le poète** devienne	**Un orme, un hêtre, anciens du vallon, arbres frères** semblent
Sujet à proximité du verbe		**Le vent** souffle **Un ruisseau** court
Sujet d'un verbe à l'infinitif		Tressaillir **le vague arrachement des tremblantes fumées**

2.

	1	2
Sujet impersonnel	Il = pronom personnel 3e pers. sing.	**On** = pronom personnel indéfini 3e pers. sing.
Sujet pronom relatif	**qui** (marche) = pronom relatif qui a pour antécédent : *le poète.* **qui** (doutent) = pronom relatif qui a pour antécédent : *ceux* (3e pers. plu.)	**qui** (se donnent) = pronom relatif qui a pour antécédent : *Un orme, un hêtre, anciens du vallon, arbres frères.*
Sujet inversé	écoutent **les femmes, les songeurs, les sages, les amants** = succession de noms communs.	
Sujet éloigné du verbe	**le poète** (v. 1) devienne (v. 6) = nom commun.	**Un orme, un hêtre, anciens du vallon, arbres frères** (v. 7) semblent (v. 9) = suite de 2 noms communs et de 2 groupes nominaux.
Sujet à proximité du verbe		**Le vent** souffle = nom Commun. **Un ruisseau** court = nom commun.
Sujet d'un verbe à l'infinitif		Tressaillir **le vague arrachement des tremblantes fumées** = groupe nominal.

Rappel de cours

La règle générale

Le verbe s'accorde avec son sujet, en personne et en nombre, quelle que soit sa place dans la phrase : avant ou après le verbe, proche ou éloigné du verbe. Ex : *le vent souffle* (3e personne du singulier = il). Quand il existe des sujets multiples, le pluriel s'impose.

Ex : le garçon et la fille arrivent (3e pers. pluriel = ils).

Pour le retrouver, il est bon de poser la question « qui est-ce qui ? » suivi du verbe.

*Ex : **qui est-ce qui arrive ?** → le garçon et la fille (pluriel)*

Lorsque les sujets appartiennent à des personnes grammaticales différentes, la règle d'accord suivante s'impose : La 1re personne l'emporte sur la 2e. Celle-ci l'emporte sur la 3e.

*Ex : Mon frère et moi (il + **je** = **nous**) partons ensemble. (La 1re personne l'emporte sur la 3e)*

*Tes sœurs et toi (elles + **tu** = **vous**) parlez trop fort. (La 2e personne l'emporte sur la 3e.)*

Attention

- Un verbe peut avoir plusieurs sujets, l'accord doit alors tenir compte de la pluralité. Ex : ***Un orme, un hêtre, anciens du vallon, arbres frères*** *semblent.*
- Un sujet peut avoir plusieurs verbes. Ex : *les enfants* ***jouent, courent*** *et* ***rient***.
- Un sujet peut être inversé :
  - Dans une interrogative directe. Ex : *Combien de livres* ***voulez****-vous* ?
  - Dans une proposition subordonnée relative. Ex : *les professeurs dont* ***parlent*** *les élèves, sont arrivés depuis longtemps.*
  - Pour un effet de style. Ex : ***Tombe*** *la neige* !
- Un verbe à l'infinitif peut avoir un sujet. La proposition est alors subordonnée infinitive. Ex : *Je regarde* ***tomber*** *la neige.* (« *je regarde* » = proposition principale ; « *tomber la neige* » = proposition subordonnée infinitive, COD de « regarder ».)

Les différentes sortes de sujet

→ Les noms communs. Ex : ***Les enfants*** *regardaient la pluie tomber.*

→ Les noms propres. Ex : ***Hanae*** *et* ***Théodore*** *partent* à l'école.

→ Les pronoms :

- Personnels. Ex : ***Ils*** *regardaient la pluie tomber.* (3e pers. du pluriel.)
- Démonstratifs. Ex : ***Ceux-ci*** regardaient la pluie tomber.
- Indéfinis : ***On*** *regardait la pluie tomber.*
- Relatifs : *les enfants qui* ***regardaient*** *la pluie tomber étaient à l'abri.*

→ Les verbes à l'infinitif.

Si les infinitifs sont multiples, le singulier et le pluriel sont possibles.

*Ex : **Rire** est bon pour la santé mais **manger** et **marcher** (est) sont également bon(s).*

Avec un verbe impersonnel

Le verbe se conjugue alors avec le pronom « il », 3e personne du singulier et on parle de sujet apparent et ce, même si le sujet réel est au pluriel.

*Ex : Il **pleut**. Il **tombe** des hallebardes.*
SA SA Sujet réel

Accord du verbe avec le sujet le plus proche

- Quand plusieurs sujets sont réunis en fin d'énumération par un terme collectif, le verbe s'accorde avec le terme collectif.

  *Ex : Le cerf, la biche, le faon, **toute la famille** s'arrêta près du puits.*

- De même lorsque l'énumération vient préciser le terme collectif :

  *Ex : **Toute la famille**, le cerf, la biche, le faon, s'arrêta près du puits.*

- Quand les sujets singuliers forment une gradation, l'accord se fait avec le terme le plus proche du verbe

  *Ex : Un cri, des pleurs, **un hurlement** permet d'intervenir.*

- De même, quand les sujets singuliers sont des synonymes donnant la même idée pour la renforcer.

  ▪ *Ex : La joie, **le bonheur** l'envahit !*

Le sujet est un terme collectif morphologiquement au singulier

- Si le sujet est un groupe nominal constitué d'un nom au singulier (notamment pour les noms collectifs : *foule, bande, groupe, majorité, nombre...*) et l'autre nom au pluriel, le scripteur a le choix de l'accord. Ce choix s'appuiera sur le sens du texte et la volonté que l'on a d'insister sur un terme plutôt qu'un autre.

  *Ex : **La foule** des supporters se lève dans une magistrale ola. (Il s'agit de montrer l'effet de masse).*

  *Ex : Un grand nombre de **curieux** investissent l'exposition. (Il s'agit de montrer avec précision ici qui sont les visiteurs concernés).*

- Quand le nom collectif est précédé d'un article défini (le-la-les), d'un adjectif démonstratif (ce-cet-cette-ces) ou d'un adjectif possessif (mon-ton-son-ma...) le verbe s'accorde toujours avec le nom collectif.

  *Ex : **Cette foule** de badauds est impressionnante.*
  ***Sa bande** de copains arrive au complet.*

- Quand le nom collectif est « une douzaine » l'accord singulier ou pluriel dépend de la précision de la quantité.

*Ex : **Une douzaine de personnes** pourront entrer dans la salle (quantité imprécise).*

La salle est prévue pour qu'**une douzaine de personnes** entre (quantité précise).

- Quand le terme collectif est employé seul, le verbe s'accorde à la 3e personne du singulier

  *Ex : **La chorale** entonna une chanson*

  ***La foule** s'installe dans la salle*

- En cas de pourcentage ou de fraction au pluriel, selon la personne qui écrit, le verbe s'accordera avec le pourcentage (la fraction) ou avec le complément qui suit.

  *Ex : 30 % de **la population** reconnaît être d'accord avec cette loi.*

  *Deux tiers de **la population** reconnaît être d'accord avec cette loi.*

  ou

  ***30 %** de la population reconnaissent être en accord avec cette loi.*

  ***Deux tiers** de la population reconnaissent être en accord avec cette loi.*

Sauf si le pourcentage ou la fraction commence par un adjectif défini, le pluriel est obligatoire :

*Ex : **Les deux tiers** de la population reconnaissent…*

***Les 10 %** de la population qui reste admettent que…*

- Avec le verbe « être » l'accord se fait toujours au pluriel :

  *Ex : **30 %** de la population sont d'accord pour…*

Le sujet est une notion de quantité (adverbe ou nom)

Avec *« de, trop de, beaucoup de, assez, combien, la plupart, tant de, que de… »*

- L'accord doit alors se faire au pluriel.

  *Ex : **Trop d'enfants** ont encore faim.*

  ***Combien d'enfants** ont faim ?*

  ***Assez peu d'enfants** ont le droit de parler.*

Sauf si le mot qui suit l'adverbe impose le singulier :

*Ex : **Assez de travail** a été fait pour aujourd'hui.*

***Trop de travail** a été fait aujourd'hui.*

- Dans le cas de « la plupart » (nom au féminin), le verbe s'accorde avec le complément de « la plupart »

  *Ex : La plupart **de la famille** est malade.*

  *La plupart **des enfants** sont malades.*

Si la plupart n'est pas suivi d'un complément, le verbe se met au singulier.

*Ex : **La plupart** est malade.*

- Si l'adverbe de quantité a un sens partitif (il montre la partie d'un tout) le verbe reste au singulier

  *Ex : **Peu de miettes** est à essuyer.*

- La forme « plus d'un » exige le singulier

  *Ex : **Plus d'un** pleurera.*

Sauf dans une notion de réciprocité :

*Ex : **Plus d'une personne** s'interpellent dans la cour.*

- La forme « moins de deux » exige le pluriel

  *Ex : **Moins de deux heures** seront nécessaires.*

Des sujets coordonnés

- Avec le « et » entre les sujets, le verbe est au pluriel car les sujets s'additionnent :

  *Ex : Le livre **et** le cahier sont à moi.*

- Avec le « ni » l'accord peut se faire au singulier ou au pluriel :

  *Ex : **Ni** le livre **ni** le cahier ne sont à moi.*

  ***Ni** le livre **ni** le cahier n'est à moi.*

À retenir : « *Ni l'un ni l'autre n'**est** concerné* » ou « *ni l'un ni l'autre ne **sont** concernés* » mais « *l'un et l'autre **sont** concernés* »

- Avec « ou », si les sujets font tous les deux l'action, le verbe sera au pluriel :

  *Ex : L'attention **ou** l'écoute sont deux vertus de l'élève.*

Mais si le choix est donné, le verbe sera au singulier :

*Ex : Le livre **ou** le cahier est à apporter.*

*Le livre, **avec** le cahier, est à apporter.*

- Si les sujets coordonnés par « ou » et « ni » sont l'un au singulier, l'autre au pluriel, l'accord se fait obligatoirement au pluriel :

  *Ex : **Ni** le chat, **ni** les chiens ne sont dans le jardin*

  *Les chats **ou** le chien sont à l'origine de cette bêtise.*

Les formes « c'est » « c'était »

- Le verbe s'accorde avec son attribut qui est alors le sujet réel.

  L'attribut représente la même personne, le même animal, la même chose ou situation que le sujet,

  *Ex : « **Cet homme** est **mon père** »*

  Ex : C'était la goutte attendue

  C'étaient les gouttes attendues

- Le verbe s'accorde au singulier si le sujet est, en fait, une suite de sujets dont le premier est au singulier

  *Ex : **C'est** une goutte, une particule, une infime partie.*

- Avec « nous, vous, eux », le verbe « être » reste au singulier

  *Ex : **C'est** nous, vous, eux (accord avec le sujet apparent).*

- Quand le nom qui suit veut montrer une globalité, « c'est » reste au singulier.

  *Ex : **C'est** 8 heures à ma montre !*

  *Tout compris, **c'est** 50 euros.*

Dans l'expression « c'est… que » le verbe reste aussi au singulier.

*Ex : **C'est** des milliers de petites lumières que je vois.*

- Le verbe s'accorde au pluriel quand il s'agit d'une série de sujets dont le premier est au pluriel.

  *Ex : **C'étaient** des gouttes, des particules voire un soupçon de particules.*

  Si l'heure qui suit le verbe montre une durée :

  *Ex : **C'étaient** 8 heures de vol.*

L'accord du verbe dans le cas d'une œuvre artistique

- Si le titre commence par un déterminant pluriel, le verbe peut être au pluriel mais ce n'est pas obligatoire.

  *Ex : Les Rougon-Macquart **sont (est)** l'histoire d'une famille sous le Second Empire.*

- Si l'œuvre est précédée d'un déterminant qui n'est pas dans le titre, le verbe est obligatoirement au pluriel.

  *Ex : Les Nymphéas de Monet **sont** une œuvre de toute beauté.*

ENTRAÎNEZ-VOUS !

Objet d'étude : la poésie du XIXe siècle au XXIe siècle

Extraits de *Les fleurs du mal* de Baudelaire

Exercice 1

Dans ces extraits, relevez les sujets et les verbes.

1. « - Je suis un cimetière abhorré de la lune,
Où comme des remords se traînent de longs vers
Qui s'acharnent toujours sur mes morts les plus chers.
Je suis un vieux boudoir plein de roses fanées,
Où gît tout un fouillis de modes surannées,
Où les pastels plaintifs et les pâles Boucher,
Seuls, respirent l'odeur d'un flacon débouché. » (LX)

2. « Où tout n'est qu'or, acier, lumière et diamants,
Resplendit à jamais, comme un astre inutile,
La froide majesté de la femme stérile. » (XXV)

3. « Le tonnerre et la pluie ont fait un tel ravage,
Qu'il reste en mon jardin bien peu de fruits vermeils »
[...]
Et qui sait si les fleurs nouvelles que je rêve
Trouveront dans ce sol lavé comme une grève
Le mystique aliment qui ferait leur vigueur. » (L'Ennemi)

Exercice 2

Justifiez les accords ou soulignant les particularités.

Fiche 43
Un exemple de lecture linéaire (XXe siècle)

Objet d'étude : la poésie du XIXe siècle au XXIe siècle

« Zone » in *Alcools* (1912) de Guillaume Apollinaire (1880-1918) vers 1 à 24

■ Aides

L'auteur

La jeunesse de Wilhelm Apollinaris de Kostrowitsky, à Monaco, est difficile sans père reconnu et avec une mère très instable et fantasque. Dès ses premiers écrits, il simplifie son nom en Guillaume Apollinaire. Très jeune, il fait montre d'une érudition quelque peu dispersée. Il voyage en Europe centrale où il exerce des petits métiers pour vivre. De retour à Paris, il s'installe en 1907 sur la butte Montmartre et fréquente le « Bateau-Lavoir » qui regroupe de nombreux artistes. Avec la peintre Marie Laurencin, il entretient une liaison et s'intéresse avec elle au cubisme qui émerge. Il côtoie Picasso, Derain, Braque, Vlaminck, Max Jacob, Alfred Jarry ou Paul Fort. Dès lors, il se consacre à l'écriture et à la vie littéraire. En 1913 paraît *Alcools* recueil de poèmes écrits entre 1898 et 1912 qui le révèle au public. Mais, en 1914, la première guerre mondiale le rattrape et il s'engage en décembre. Il continue d'écrire notamment *Calligramme* en 1918, expérimentant une nouvelle forme esthétique, et de nombreuses lettres à Lou, Louise de Coligny à laquelle une brève passion le lie encore. Une trépanation nécessaire après une blessure à la tempe provoque son retour prématuré à Paris en 1916. Il meurt le 9 novembre 1918 de la grippe espagnole à quelques jours de la fin des hostilités.

L'art d'Apollinaire

Jusqu'en 1912, Apollinaire adopte une versification classique et régulière mais son imagination et sa sensibilité influencent considérablement sa poésie. À partir d'*Alcools*, offrant une construction presque cubiste, il innove dans son art poétique pour représenter le monde : une vision qui oscille entre un lyrisme mélancolique et un prosaïsme moderne. Les émotions, les souffrances, les angoisses, le mal-être côtoient un monde fait de lumières, de villes, d'industrialisation. Ses personnages sont des abandonnés de la vie, des êtres en errance. Apollinaire recrée le monde pour mieux échapper à ses coups.

Ses influences sont multiples. Le poète s'appuie sur les assonances et les allitérations plutôt que sur les rimes. Sans véritablement revendiquer le vers libre, il cherche une forme de libération entre ordre et désordre métrique, jouant sur les syllabes. Des propos d'érudit s'associent à des formules simplistes. Il expérimente les tons, les formes, met en scène les machines et les découvertes avec une sensibilité toute personnelle. Georges Duhamel parle d'*Alcools* comme d'un recueil d'objets « hétéroclites » digne d'une « boutique de brocanteur ».

L'œuvre

Alcools, dont le titre original était *Eau de Vie,* paraît en 1913 au *Mercure de France.* Le titre peut surprendre mais il fait référence aux évocations littérales de l'ivresse, des lieux de boissons, des vignes rhénanes. Plus métaphoriquement, il révèle la soif inextinguible du poète dans la vie, dans ses recherches, ses inspirations, ses griseries. Dans un ordre quelque peu aléatoire, le recueil se compose de textes écrits entre 1898 et 1912, déjà parus dans différentes revues. Il deviendra un des ouvrages les plus importants du XXe siècle. *Zone,* poème lyrique liminaire de 155 vers, bien qu'écrit en dernier, est placé au début du recueil imprimant d'emblée à celui-ci sa marque de modernité poétique. Il offre aux lecteurs quelques clés de lecture de la quête du poète, celle d'une âme en perdition d'amour et cherchant Dieu à travers l'Europe où se mêlent le passé et le présent. Le livre regroupe différentes parties dont une section « Rhénanes », souvenirs d'Allemagne et de l'amour du poète pour Annie Playden et une section « Marie » évoquant Montmartre et les amours d'Apollinaire avec Marie Laurencin. L'exploration du genre y est polyphonique mêlant le vers libre à l'élégie*, rompant avec la temporalité classique, supprimant la ponctuation créant ainsi des interprétations ambiguës, proposant des images inattendues voire insolites autour de l'amour perdu dans un monde contemporain. Les thèmes sont d'inspirations mythologique, biblique, médiévale s'articulant autour du temps qui passe, de l'amour malheureux, du voyage ou de la vie moderne. Le dernier poème, *Vendémiaire,* chantant « l'univers tout entier » concentré sur le vin, achève le recueil sur le temps des vendanges, le temps de l'automne.

Le texte

A la fin tu es las de ce monde ancien

Bergère ô tour Eiffel le troupeau des ponts bêle ce matin

Tu en as assez de vivre dans l'antiquité grecque et romaine

Ici même les automobiles ont l'air d'être anciennes
La religion seule est restée toute neuve la religion
Est restée simple comme les hangars de Port-Aviation
Seul en Europe tu n'es pas antique ô Christianisme
L'Européen le plus moderne c'est vous Pape Pie X
Et toi que les fenêtres observent la honte te retient
D'entrer dans une église et de t'y confesser ce matin
Tu lis les prospectus les catalogues les affiches qui chantent tout haut
Voilà la poésie ce matin et pour la prose il y a les journaux
Il y a les livraisons à 25 centimes pleines d'aventure policières
Portraits des grands hommes et mille titres divers

J'ai vu ce matin une jolie rue dont j'ai oublié le nom
Neuve et propre du soleil elle était le clairon
Les directeurs les ouvriers et les belles sténo-dactylographes
Du lundi matin au samedi soir quatre fois par jour y passent
Le matin par trois fois la sirène y gémit
Une cloche rageuse y aboie vers midi
Les inscriptions des enseignes et des murailles
Les plaques les avis à la façon des perroquets criaillent
J'aime la grâce de cette rue industrielle
Située à Paris entre la rue Aumont-Thieville et l'avenue des Ternes

Analyse littéraire du texte

Introduction

Ce poème liminaire de 155 vers, est le premier d'*Alcools* bien qu'écrit en dernier. Il a la valeur d'un manifeste et imprime au recueil sa modernité par sa forme déjà : vers libres détachés, absence de ponctuation, aucune régularité, aucune règle de versification. On y suit le poète (*persona*) à travers Paris et ses souvenirs douloureux, le cœur triste. Son titre, *Zone* écrit « *Zône* » par Apollinaire dans l'édition originale, vient de « zônè » en grec (ceinture) désignant ainsi une surface, une région, une banlieue. Ce choix a de quoi surprendre. Pour le poète s'agit-il d'un lieu ou d'un espace spirituel ? Ces 24 premiers vers sont déjà novateurs par leur structure : Trois vers isolés puis un tercet et, enfin un huitain et un dizain dont les vers sont de longueurs différentes.

Unité du texte

La volonté d'être libre, tant dans les propos que dans la forme pour traduire la rencontre entre « Antiquité » et modernité, anime ce texte. Il associe vers traditionnels et vers libres, rimes plates parfois riches et assonances.

Importance du texte et problématique

Ce texte est surprenant pour la nouveauté de ses thèmes et sa prosodie. En effet, il aborde une promenade, moment de vie, mêlés à la religion, le monde moderne. Le ton est libre de toute contrainte de chronologie dans les souvenirs, les impressions.

Le parcours dans lequel s'inscrit ce poème s'intitule « Modernité poétique ? » posant d'emblée, avec le point d'interrogation, une énigme. À propos d'*Alcools*, Apollinaire écrit « *Vous le classerez dans l'école poétique qui vous plaira, je ne prétends faire partie d'aucune mais il n'en est aucune également à laquelle je me sente attaché* ». Ne peut-on alors l'inscrire dans la problématique suivante : ***Entre lyrisme traditionnel, symbolisme et surréalisme, quels codes poétiques et sociaux le poète bouleverse-t-il ?***

Mouvement du texte

- Interpénétration de deux mondes.
- Évocation de la prose populaire.
- Promenade dans une « rue industrielle »

Analyse littéraire

- **Interpénétration de deux mondes :** le monde moderne (qui s'oppose à « l'ancien ») rencontre la religion éternelle, au-dessus des valeurs antiques. Les rimes sont plates avec pour certaines « rimes » des assonances : « christianisme »// « Pie X ».

À la fin tu es las de **ce monde ancien**	**La ville est associée au « monde ancien » « l'antiquité grecque et romaine ». Paradoxalement, le poète utilise ici un alexandrin classique (avec diérèse sur « ancien ») pour dénoncer la lassitude de l'ancien. Ce vers annonce l'éloge de la modernité = registre soutenu.** Pronom « tu » : auto-interpellation du poète, prise de conscience de sa lassitude. *Gloire de la Tour Eiffel, symbole pour Apollinaire de la modernité de l'époque.* « ô »= forme très classique *de l'apostrophe.**
Bergère *ô tour Eiffel* le troupeau des ponts [bêle ce matin	Deux métaphores* : « la bergère » (personnification*) qui, sur la berge (métonymie* de lieu ?), veille debout sur « Le troupeau de ponts » : les arches des ponts parisiens qui, tels des moutons, tendent leurs dos. Métaphore filée avec « bêle » (voitures bruyantes sur le pont ?) : rapprochement ville/campagne. **Echo au premier vers.**
Tu en as assez de vivre **dans l'antiquité [grecque et romaine**	Le « tu » est ici équivoque. En l'absence de ponctuation, il pourrait interpeller la tour Eiffel. Rencontre de deux mondes : la religion et le monde moderne.
Ici même les automobiles ont l'air d'être [anciennes	Critique surprenante de l'automobile (elle ressemble encore à l'époque aux antiques carrosses).
La religion seule est restée toute [neuve la religion Est restée simple comme les hangars de [Port-Aviation	***La discontinuité syntaxique par l'absence de ponctuation et la répétition bouleversent la construction et provoquent un enjambement pour une comparaison quelque peu étonnante***

Seul en Europe tu n'es pas antique ô [Christianisme	***Les adjectifs soulignent la place naturelle de la religion.*** Le pronom « tu » interpelle cette fois, le « christianisme » rappelant sa nature éternelle, au-dessus des valeurs antiques. Puis « et toi » « t' » et « te » replacent le poète au cœur de ces deux mondes : il choisit la pérennité de la religion et la poésie du monde moderne.
L'Européen le plus moderne c'est vous [Pape Pie X	Le pape Pie X est à l'origine d'une encyclique contre le modernisme (paradoxe – ou ironie – du poète ?) Dialogue fictif avec le pape.
Et toi que **les fenêtres observent la [honte** te retient D'entrer dans une église et de t'y confesser [*ce matin*	**Personnification** avant un nouvel enjambement : désir de revenir à la religion ? Besoin d'exprimer ses ressentis ? *« ce matin » recontextualise le poème.*

- Évocation de la prose populaire (symbole de modernité) parfois dans un vocabulaire prosaïque, familier qui reflète une vie moderne mieux que ne l'aurait fait une prosodie lyrique.

Tu lis les **prospectus** les **catalogues** les [**affiches** qui chantent tout haut **Voilà la poésie** ce matin et pour la prose [il y a les journaux	**Poésie moderne réunie dans** une personnification qui la rend vivante.
	Pronom « tu » : retour à lui-même, s'impliquant dans les engouements de l'époque.
Il y a les livraisons à 25 centimes pleines [d'aventure policières Portraits des grands hommes et mille [titres divers	La prose populaire. Apollinaire appréciait les romans policiers notamment Fantômas (1911-1913). + énumération et accumulation.

- **Promenade dans une « rue industrielle »**. Le ton est léger, le ton d'une conversation pour relater une promenade qui déchiffre le monde quotidien du travail. Le temps est passé du présent au passé composé : expérience vécue avec des verbes courants.

J'ai vu *ce matin* une jolie rue dont j'ai [oublié le nom	Pronom « je » : le poète assume sa promenade et valorise la rue « jolie ».
Neuve et propre **du soleil elle était le [clairon**	**Inversion des termes du vers qui introduisent une métaphore.**
Les directeurs les ouvriers et les belles [sténo-dactylographes	*« ce matin » recontextualise le moment. Par contre « le matin » montre la quotidienneté.*
Du lundi matin au samedi soir [quatre fois par jour y passent	***Rappel du temps : fréquence. La modernité est liée à la quotidienneté.***

Le matin ***par trois fois*** la sirène y gémit Une cloche rageuse y aboie ***vers midi*** Les inscriptions des enseignes et des [murailles	Champ lexical des bruits renforcé par une personnification « gémit » : animation habituelle de la rue qui vit.
Les plaques les avis à la façon des perroquets criaillent	Allitération en [k] en [p] et en [r] : reproduction du caquètement du perroquet.
J'aime la grâce de cette rue industrielle Située à Paris entre la rue Aumont-[Thieville et l'avenue des Ternes	La rue dont le nom est « oublié » est cependant parfaitement située, probablement la rue Guersant dans le XVIIe arrondissement. « La grâce » = personnification.

Conclusion

- **Évolution du texte** : Le poète commence par confronter le monde « ancien » et le monde moderne dont il va faire l'éloge à travers sa promenade dans « cette rue industrielle ». Il a une vraie volonté de rupture. L'avenir est prometteur et sublimé par le poète. Sans être croyant, Apollinaire associe la religion à la modernité car pérenne dans un monde matérialiste. Il l'associe au monde de son enfance.
- **Projet de lecture** : Ce poème est de forme cubiste par ses déconstructions de vers, ses juxtapositions qui proposent des sens multiples, des associations fragmentées. Sa volonté est de dire le contraire du convenu. Le poète capte les images au gré de sa promenade et livre cette nouvelle esthétique hétéroclite rejoignant en cela le cubisme qu'il apprécie. L'emploi ambigu parfois du « tu » et du « je » relève de cette même logique entre « spectateur » et « acteur ». Le poète lance « l'art nouveau » puisqu'il est le premier à oser des thèmes encore jamais évoqués en poésie et à user de formes inhabituelles dont le vers libre, les enchaînements improbables. Apollinaire considère que la respiration, le souffle et le rythme suffisent, que la ponctuation n'est pas nécessaire. Le poème traverse la vie telle une allégorie* de ses étapes, effectuant un vrai travail de mémoire.

ENTRAÎNEZ-VOUS !

Objet d'étude : la poésie du XIXe siècle au XXIe siècle

Extrait de *Les Pâques de New York* (1912) de Blaise Cendrars

Faire la lecture linéaire de cet extrait

Seigneur, je suis dans le quartier des bons voleurs,
Des vagabonds, des va-nu-pieds, des receleurs.

Je pense aux deux larrons qui étaient avec vous à la Potence,
Je sais que vous daignez sourire à leur malchance.

Seigneur, l'un voudrait une corde avec un noeud au bout,
Mais ça n'est pas gratis, la corde, ça coûte vingt sous.

[…]

Je pense aussi aux musiciens des rues,
Au violoniste aveugle, au manchot qui tourne l'orgue de Barbarie,

À la chanteuse au chapeau de paille avec des roses de papier ;
Je sais que ce sont eux qui chantent durant l'éternité.

Seigneur, faites-leur l'aumône, autre que de la lueur des becs de gaz,
Seigneur, faites-leur l'aumône de gros sous ici-bas.

Seigneur, quand vous mourûtes, le rideau se fendit,
Ce qu'on vit derrière, personne ne l'a dit.

[…]

Ceux que vous avez chassés du temple avec votre fouet,
Flagellent les passants d'une poignée de méfaits.

Aides

L'auteur

Frédéric-Louis Sauser, dit Blaise Cendrars à partir de 1912, est né en Suisse en 1887. Il est naturalisé Français en 1916. Poète, romancier, journaliste, cinéaste, il aime passionnément les voyages et l'aventure qui influenceront son œuvre. Il écrit notamment *La Prose du Transsibérien et de la petite Jehanne de France* (1913), *L'Or* (1925), *Moravagine* (1926). Lors de la première guerre mondiale, il s'engage dans la Légion étrangère mais en septembre 1915, il perd son bras droit sur le front de Champagne et est réformé. Poète moderniste, il jouera un rôle prépondérant dans les mouvements littéraires et artistiques d'avant 1914 au début du XXe siècle par sa capacité à innover. Même si son cœur et sa formation adhèrent toujours à la littérature classique, il s'intéresse à toutes les forces créatives du moment : cinéma, music-hall, publicité. Il fréquente assidûment le Bateau-lavoir et Montparnasse où il rencontre Chagall, Delaunay, Apollinaire. Il meurt à Paris en 1961.

Fiche 44
Les figures de style

Objet d'étude: la poésie du XIXe siècle au XXIe siècle

Extraits de «Zone», *Alcools*, Guillaume Apollinaire

Question

Dans ces extraits, relevez les figures de style et expliquez-les.

1. « L'amour dont je souffre est une maladie honteuse »
2. « Vous priez toute la nuit dans la chapelle du collège
Tandis qu'éternelle et adorable profondeur améthyste
Tourne à jamais la flamboyante gloire du Christ
C'est le beau lys que tous nous cultivons
C'est la torche aux cheveux roux que n'éteint pas le vent
C'est le fils pâle et vermeil de la douloureuse mère
C'est l'arbre toujours touffu de toutes les prières
C'est la double potence de l'honneur et de l'éternité
C'est l'étoile à six branches
C'est Dieu qui meurt le vendredi et ressuscite le dimanche
C'est le Christ qui monte au ciel mieux que les aviateurs
Il détient le record du monde pour la hauteur »
3. « Entourée de flammes ferventes Notre-Dame m'a regardé à Chartres »
4. « Tu te moques de toi et comme le feu de l'Enfer ton rire pétille
Les étincelles de ton rire dorent le fond de ta vie »
5. « Et tu bois cet alcool brûlant comme ta vie
Ta vie que tu bois comme une eau-de-vie »
6. « C'est le Christ qui monte au ciel mieux que les aviateurs
Il détient le record du monde pour la hauteur
Pupille Christ de l'œil
Vingtième pupille des siècles il sait y faire »
7. « Puis voici la colombe esprit immaculé »
8. « Je suis malade d'ouïr les paroles bienheureuses »

Analyse et explications

1. Il s'agit ici d'une **métaphore.** L'amour est comparé implicitement à une « *maladie honteuse* ». Par cette métaphore, le poète veut montrer à quel point il a honte de cet amour qui ne peut être vécu à la vue de tous. Il dit d'ailleurs « souffrir » de cet amour ce qui une **antithèse**, il est partagé entre « amour » et « souffrance ».
2. L'extrait ici propose une **anaphore** soit la répétition, en début de 8 vers successifs de « *C'est* « . L'auteur marque ici son exaltation pour l'image du Christ qu'il cherche à qualifier pour mieux en donner l'essence, dans un effet d'une succession de **métaphores hyperboliques**.
3. « *Notre-Dame m'a regardé à Chartres* » est une **personnification** puisque la cathédrale possède une caractéristique humaine, elle « regarde ». D'habitude, ce sont les pèlerins qui « regardent », admirent la cathédrale. Ici, le pèlerin est regardé par elle dans une inversion de la situation, lui accordant une importance qui peut relever de la bienveillance ou de la surveillance.
4. « *comme le feu de l'enfer ton rire pétille* » est une **comparaison** puisque le « *rire* » est comparé au « *feu de l'enfer* » par l'intermédiaire d'un terme comparatif « *comme* ». Le sujet de la comparaison porte sur le pétillement. Cette comparaison est **filée** puisqu'elle se prolonge dans le deuxième vers avec « *les étincelles de ton rire* ».
5. « Et tu bois cet alcool brûlant comme ta vie
   Ta vie que tu bois comme une eau-de-vie »
   Il s'agit ici d'un **chiasme** : les éléments de deux groupes sont inversés doublés de deux **comparaisons.** Le comparé du 1er vers « *ta vie* « devient le comparant du second vers inversant la comparaison et la déplaçant vers « *eau-de-vie* « un synonyme d'« *alcool brûlant* ». L'effet est ici celui d'un enroulement autour des mots « boire/vie/alcool « montrant un enivrement.
6. « *Pupille Christ de l'œil*
   Vingtième pupille des siècles il sait y faire »
   Ici, l'anacoluthe est marquée par la rupture de la construction syntaxique. La phrase devient asyntaxique avec un premier vers nominal « Pupille Christ de l'œil » et l'absence de verbe suivi d'un début de second vers également nominal « *Vingtième pupille des siècles* » terminé par une construction syntaxique sans rapport avec ce qui précède. Une **métaphore** s'impose également : « *pupille Christ de l'œil* » « *vingtième pupille* » marquant les années de Christianisme à travers un regard divin.
7. On peut ici parler **d'allégorie** car la « colombe » est la représentation de la pureté et de la paix renforcée par « *esprit immaculé* » (sans tache), elle est donc la représentation d'une abstraction.
8. « *Je suis malade d'ouïr les paroles bienheureuses* »

Cet **oxymore** oppose deux groupes de mots antinomiques. Cette contradiction montre le malaise de l'auteur partagé dans ses sentiments et incapable de trouver un équilibre satisfaisant entre bonheur et mal être.

Rappel de cours

Les figures de style viennent de la rhétorique où se joue l'art du discours. Elles visent tous les procédés volontaires qui impriment une forme particulière au discours pour le rendre moins platonique. Les figures peuvent se regrouper selon des volontés d'orientation du propos :

Les figures d'analogie, de mise en relation

- **La comparaison** : Elle rapproche deux éléments à partir d'un point commun et à l'aide d'un outil de comparaison.

  Ex : « Les fleurs aux balcons de Paris / Penchent comme la tour de Pise »

  Apollinaire *in « Voie lactée 2 », Alcools*

  - « *Les fleurs* » = comparé
  - « *la tour de pise* » = comparant
  - « *comme* » = terme comparatif
  - Le point de comparaison = l'inclinaison « *penchent* »

- **La métaphore** : elle possède un comparé et un comparant mais n'a pas de terme comparatif. Le point de comparaison est implicite.

  Ex : « Mon beau navire ô ma mémoire
  Avons-nous assez navigué
  Dans une onde mauvaise à boire »

  « La chanson du mal-aimé », Alcools, Apollinaire

  - *« ma mémoire »* = comparé
  - *« mon beau navire »* = comparant
  - Pas de terme comparatif.
  - Point de comparaison implicite : la nature incertaine de la navigation.

  La métaphore peut également être « **filée** » quand elle reprend des termes propres à la comparaison sur plusieurs vers. Dans l'exemple : *« navigué » « onde ».*

- **L'allégorie**

Il s'agit de personnifier une abstraction, de représenter concrètement une idée.

Ex : « Marianne « représente la République. Les « quatre cavaliers de l'Apocalypse »

in Apocalypses selon Saint Jean, 6, 2-8

- **La personnification**

Elle représente un animal, une chose, une idée sous les traits ou les actions d'une personne.

Ex : « Entourée de flammes ferventes ***Notre-Dame m'a regardé*** *à Chartres »*

Zone, Apollinaire

La cathédrale « Notre Dame » de Chartres « regarde » comme un être humain.

- **Le cliché**

Il se fait l'écho de tout ce qui se dit partout. On peut aussi parler de « stéréotypes » ou de « lieux communs », il s'agit en fait de banalités.

Ex : « Deux hommes parurent. L'un venait de la Bastille, l'autre du Jardin des Plantes. Le plus grand, vêtu de toile, marchait le chapeau en arrière, le gilet déboutonné et sa cravate à la main. Le plus petit, dont le corps disparaissait dans une redingote marron, baissait la tête sous une casquette à visière pointue. [...] L'aspect aimable de Bouvard charma de suite Pécuchet. Ses yeux bleuâtres, toujours entreclos, souriaient dans son visage colore. Un pantalon à grand-pont, qui godait par le bas sur des souliers de castor, moulait son ventre, faisait bouffer sa chemise à la ceinture. »

Flaubert *in Bouvard et Pécuchet*

Les deux personnages ont tout du cliché bourgeois de l'époque, ils n'ont rien d'original : les vêtements sont ceux que l'on attend de bourgeois.

- **Le syllogisme**

Deux prémisses sont mises en rapport et provoquent une conclusion :

Ex : Prémisse majeure = « Tous les hommes sont mortels »

Prémisse mineure = « Socrate est un homme »

Conclusion = « Socrate est mortel »

Mais certains auteurs de l'absurde ont détourné le syllogisme en paralogisme tel Ionesco dans *Rhinocéros* :

LE LOGICIEN (*au vieux Monsieur*)
Le chat a quatre pattes. Isidore et Fricot
ont chacun quatre pattes. Donc Isidore
et Fricot sont chats.
LE VIEUX MONSIEUR (*au logicien*)
Mon chien aussi a quatre pattes.
LE LOGICIEN (*au vieux Monsieur*)
Alors, c'est un chat.

Les figures d'amplification ou d'atténuation

■ L'hyperbole

Elle amplifie, les termes pour mettre en valeur un objet, une idée. Il s'agit d'une exagération emphatique pour mettre en relief une idée. Elle peut être parodique.

Ex : « Dans ses yeux, y'a tant d'soleil
Que quand elle me regarde, ***je bronze***
Dans son sourire, y'a la mer
Et quand elle me parle, ***je plonge*** *»*

Renaud, *Peau Aime*

■ La gradation

Dans une progression croissante, elle propose une intensification du propos.

Ex : « va, cours, vole, et nous venge »

Corneille, *Le Cid, 1,5*

« ***Au voleur ! À l'assassin ! Au meurtrier ! Je suis perdu, je suis assassiné, on m'a coupé la gorge,*** *on m'a dérobé mon argent, mon pauvre argent, mon cher ami (personnification),* ***mon support, ma consolation, ma joie.*** *C'en est fait, je n'en puis plus ;* ***je me meurs, je suis mort, je suis enterré*** *».*

Molière, *L'Avare, IV, 7*

■ L'anaphore

Il s'agit d'une répétition du même mot en tête de phrases ou de vers. L'amplification est rythmique.

Ex : « ***Rome****, l'unique objet de mon ressentiment !*
Rome*, à qui vient ton bras d'immoler mon amant !*
Rome *qui t'a vu naître, et que ton cœur adore !*
Rome *enfin que je hais parce qu'elle t'honore ! »*

Corneille, *Horace, IV, 5*

Ex. dans un texte en prose :

« ***On*** *ne vous parle pas,* ***on*** *ne vous regarde pas. Ou encore, la rumeur.* ***On*** *se moque,* ***on*** *parle dans votre dos. Ou même l'hostilité déclarée.* ***On*** *vous bouscule,* ***on*** *renverse votre sac »*

Marie Desplechin, *La Belle Adèle*

La répétition de ce pronom indéfini « on » renforce le sentiment de lâche anonymat dans un contexte de harcèlement scolaire.

- **L'anadiplose**

Elle consiste à reprendre le dernier mot d'une proposition au début de la proposition suivante, accentuant ainsi le mot.

*Ex : « On songea à faire **l'addition. L'addition** était consternante »*

Camus, *La Peste*

- **La litote**

Elle permet de dire « moins » pour faire entendre « plus » dans une atténuation du discours. Le célèbre vers de Corneille dans *Le Cid* (III, 4) « *Va, je ne te hais point* » montre, au contraire tout l'amour ressenti par Chimène pour Rodrigue.

- **L'euphémisme**

Cette figure est très proche de la précédente car elle atténue une idée ou un sentiment mais pour en éviter le côté déplaisant ou brusque qui pourrait choquer.

Ex : « Il a rendu le dernier soupir » « il s'est éteint » « il est parti dans un monde meilleur » évitent de dire brutalement « il est mort ».

- **L'anacoluthe**

Elle impose une rupture syntaxique dans une phrase, mettant ainsi en relief une partie du propos. Il peut s'agir d'une volonté de l'auteur de sortir d'une structure classique. La rupture peut paraître une faute de construction.

Ex : « Ma foi, sur l'avenir bien fou qui se fiera :
***Tel qui rit** vendredi, dimanche pleurera »*

Racine, *Les Plaideurs*

La correction syntaxique exigerait « tel *celui* qui rit... », l'ellipse effectuée rend la syntaxe incomplète.

- **L'épizeuxe**

Il s'agit de la répétition d'un même mot à la suite souvent séparé par une virgule.

Ex : « <u>Songe</u>, <u>songe</u>, Céphise à cette nuit cruelle »

Racine, *Andromaque, III, 8*

« O <u>triste</u>, <u>triste</u> était mon âme
<u>À cause</u>, <u>à cause</u> d'une femme »

Verlaine, *Romances sans paroles, VII*

Figures par opposition/contraste

- **L'oxymore**

Il met en relation, côte à côte, deux termes contradictoires.

Ex : « Un merveilleux malheur » ; « un éloquent silence » ; « un clair-obscur »

L'antithèse

Dans le même énoncé, elle rapproche deux termes de réalités opposées.

Ex : « Un noble s'il vit chez lui dans sa province, il vit libre mais ***sans appui****;*
s'il vit à la cour, il est ***protégé*** *mais il est esclave »*

La Bruyère *in Les Caractères, 67 (1)*

Le chiasme

La figure inverse les éléments de deux mots antithétiques dans une même phrase.

Ex : « On veut haïr et on veut aimer
mais on aime encore ***quand on hait***
et ***on hait*** *encore quand on aime »*

La Rochefoucauld *in De l'incertitude de la jalousie.*

L'antiphrase

Elle exprime une idée par son contraire. Elle est teintée d'ironie.

Ex : « C'est du joli ! « Bravo, quelle réussite ! » pour quelqu'un qui vient de rater un examen.

Le paradoxe

Il consiste à proposer une idée contraire à la logique pour choquer, surprendre ou dénoncer.

Ex : « J'oubliais presque M. le prince de Conti, ce qui est un bon signe pour un chef de parti. Je ne crois pas vous le pouvoir mieux défendre, qu'en vous disant que ***ce chef de parti était un zéro,*** *qui ne multipliait que parce qu'il était prince de sang. «*

Cardinal de Retz *in Mémoires.*

Figures par substitution/ par remplacement

La périphrase

Elle remplace un mot par toute une phrase qui en développe l'idée et évite une répétition.

Ex : dans Les animaux malades de la peste*, Fables, VII, 1* La Fontaine *parle de celle-ci comme d'« un mal qui répond la terreur,*
Mal que le ciel en sa fureur
Inventa pour punir les crimes de la terre »

La métonymie

En remplacement d'un mot, elle propose un autre mot qui a un rapport logique avec le premier, pour effectuer un raccourci.

Ex : « Croiser le fer en duel (rapport logique entre « le fer » et « l'épée) ».

« Écouter retentir les cuivres (rapport logique entre « cuivre » et « les instruments de musique » tels que : trompette, trombone, saxophone etc.) »

La synecdoque

Elle est très proche de la métonymie mais désigne, en remplacement d'un mot, une partie de ce qu'il représente.

Ex : « Cette obscure clarté qui tombe des étoiles

Enfin avec le flux nous fait voir ***trente voiles*** *»*

Corneille, *Le Cid, IV, 3*

Les « voiles « sont une partie d'un « bateau ». Ici trente bateaux sont apparus sous le ciel étoilé. (« Cette obscure clarté « est un oxymore). »

ENTRAÎNEZ-VOUS !

Objet d'étude : la poésie du XIXe siècle au XXIe siècle

Extraits de *Les Pâques à New York*, Blaise Cendrars

Exercice 1

Dans cet extrait, relevez les figures de style et expliquez-les :

« Seigneur, la Banque illuminée est comme un coffre-fort,
Où s'est coagulé le Sang de votre mort.
Les rues se font désertes et deviennent plus noires.
Je chancelle comme un homme ivre sur les trottoirs.
J'ai peur des grands pans d'ombre que les maisons projettent.
J'ai peur. Quelqu'un me suit. Je n'ose tourner la tête.
Un pas clopin-clopant saute de plus en plus près.
J'ai peur. J'ai le vertige. Et je m'arrête exprès. «

Exercice 2

Même exercice sur cet extrait :

« Ce soir pourtant je pense à Vous avec effroi.
Mon âme est une veuve en deuil au pied de votre Croix ;
Mon âme est une veuve en noir, — c'est votre Mère
Sans larme et sans espoir, comme l'a peinte Carrière.
Je connais tous les Christs qui pendent dans les musées ;
Mais Vous marchez, Seigneur, ce soir à mes côtés. »

CORRIGÉS DU CHAPITRE 6

Fiche 40. Les outils pour étudier la poésie

Exercice 1

Ce poème est un **sonnet** : il possède deux quatrains et deux tercets. Il est écrit en alexandrins et respecte les rimes : **ABBA/ CDDC** pour les quatrains mais modifie légèrement la règle sur les tercets en adoptant **EFEFGG** (au lieu de EEF/GGF ou EEFGFG). Il inverse les rimes plates en les mettant en fin de poème.

Exercice 2

1. *Découpage en syllabes du vers 1 :*

« Je// suis// be//ll(e), ô // mor//tels !// co//mm(e) un //rê//ve //de// pierr(e).// »

3 3 6

1er hémistiche — Césure — 2e hémistiche

- Ce vers est un alexandrin avec césure à l'hémistiche.
- Son rythme est **binaire** : le 1er hémistiche est divisé en deux parties égales.

La statue parle et évoque sa beauté en interpellant le lecteur = prosopopée*

2.

- **Un enjambement :**

Vers 3-4 « *Est fait pour inspirer au poète un amour .*
Éternel et muet ainsi que la matière. »

Le vers ne s'arrête pas à la rime mais déborde jusqu'à la fin du vers suivant.

- **Une assonance :**

Vers 8 « *Et jamais* ***je*** *ne pleure et jamais* ***je*** *ne ris* »

Doublé d'un parallélisme syntaxique construit sur une négation, l'assonance ici insiste sur le « je » imperturbable.

- **Une rime suffisante :**

Vers 2 et 3 « *tour à tour* » et « *amour* » : deux phonèmes communs [ur] mais aussi les vers 1 et 4 ; 5 et 8 ; 6 et 7 ; 10 et 12 ; 13 et 14.

- **Une rime riche :**

Vers 9 et 11 « *attitudes* » « études » [tyd] = trois phonèmes communs.

Fiche 41. Lecture linéaire d'un extrait des *Fleurs du Mal* de Baudelaire

Introduction

« Une charogne » est le poème 24 de *Spleen et Idéal*, comportant 12 quatrains hétérométriques qui alternent alexandrins et octosyllabes. Les rimes croisées (ou alternées) respectent ce choix des mètres. Un couple, au détour d'un chemin découvre le cadavre en décomposition d'un animal, une charogne. Le poète se souvient ensuite de cette macabre découverte, la rappelle à son amante. Ce souvenir devient source d'inspiration et révélation sur son art et ses valeurs esthétiques.

Unité du texte

La métamorphose est au cœur du poème. La Charogne est d'abord personnifiée puis la femme deviendra charogne. Seul l'art poétique peut en révéler la beauté.

Importance du texte

Baudelaire élève son poème hors du commun – qui unit laideur et beauté – à un haut degré d'art poétique. Le parcours associé « Alchimie poétique : la boue et l'or » reprend un vers du poète dans sa préface des Fleurs du Mal : « *Tu m'as donné ta boue et j'en ai fait de l'or* ». Nous proposons la problématique suivante : ***Comment le poète, tel un alchimiste, transforme-t-il la boue en or, la laideur en beauté, grâce à la création poétique ?***

Mouvement du texte

- Découverte de la charogne dans un cadre idyllique (4 quatrains)
- De la mort, surgit la vie. (5 quatrains)
- La charogne est devenue objet poétique (3 quatrains).

Lecture linéaire

- **Découverte de la charogne dans un cadre idyllique.** Emploi du passé simple (pour le souvenir) et de l'imparfait (de description) : temps du récit. Substituts nominaux de la « charogne » : « pourriture » « carcasse ». Un lexique hyperbolique : « si doux » « ventre plein » « au centuple » « si forte ». Cette partie s'achève sur l'épanouissement de la « fleur » à partir du « mal » (quatrième quatrain).

Rappelez-vous l'objet que nous vîmes, [mon âme, Ce beau matin d'été si doux : Au détour d'un sentier une charogne infâme Sur un lit semé de cailloux,	**Tout part d'un souvenir (passé simple = récit du souvenir) : apostrophe de l'amante.** Rimes alternées antisémantiques : « âme/ infâme » « doux/cailloux » **Cadre bucolique avec deux adjectifs « beau » et « doux » + un superlatif qui met valeur la douceur de l'instant** opposé crûment à la « charogne infâme » en 3 vers nominaux : la charogne n'est pas présentée d'emblée, elle n'arrive qu'au troisième vers.

Les jambes en l'air, comme une femme [lubrique],	Rimes alternées sémantiques : accentuation de l'horreur par des termes forts et une assonance « ique » rugueuse.
Brûlante et suant les poisons, **Ouvrait** d'une façon **nonchalante** et cynique **Son ventre** plein d'exhalaisons.	**Personnification de la charogne (comparaison) avec connotation sexuelle d'un corps offert d'une façon obscène dans la luxure et la prostitution.** Sollicitation d'un sens : l'odorat (parfum de la courtisane ?)
Le soleil **rayonnait** sur cette pourriture, Comme afin de la **cuire** à point,	Rimes antinomiques « pourriture/Nature » **Antithèse : le soleil nécessaire à toute vie « rayonnait » (imparfait de description) mais jusqu'à l'extrême : « cuire » =** Sollicitation d'un autre sens : le goût (déplacement incongru et ironique à la cuisine).
Et de rendre au ***centuple*** à la grande Nature Tout ce qu'ensemble elle avait joint ;	***Comme le soleil cuit (exagération), accentuation de la décomposition.*** Retour « à la grande Nature » (majuscule en plus de l'adjectif) où tout se joue.
Et le ciel regardait la *carcasse superbe*	La naissance de la « fleur » tirée du « mal » est placée sous les meilleurs auspices. *Oxymore** : la beauté *se révèle déjà même dans le pire.*
Comme une fleur ***s'épanouir.*** **La puanteur était si forte**, que sur l'herbe	***Paronymes* : une seule lettre permet la métamorphose. Une fleur « s'épanouit « tandis que la femme « s'évanouit « préfigurant sa disparition (prolepse* : annonce des trois derniers quatrains.)***
Vous crûtes vous ***évanouir.***	Comparaison entre l'épanouissement de la fleur et la décomposition qui s'accélère jusqu'à la disparition. Toujours la sollicitation d'un sens : l'odorat.

– **De la mort, surgit la vie.** Les temps du récit persistent mais introduction de verbes d'action (la vie s'impose) : « bourdonnaient » « sortaient » « coulaient » « descendait » « montait » « s'élançait ». Description très visuelle. Lexique de la décomposition : « ventre putride » qui répond au vers 9 « pourriture » et au vers 15 « la puanteur ». Les cinq sens sollicités pendant tout le poème ne sont pas sans rappeler les correspondances de Baudelaire proches de la synesthésie*.

Les **mouches** bourdonnaient sur ce ventre putride, D'où sortaient de **noirs bataillons** **De larves**, qui coulaient **comme un épais** liquide **Le long de ces vivants haillons.**	Rimes montrant la putréfaction : « putride/liquide » **Vocabulaire de la vermine : la charogne est animée de vie. « Noirs bataillons » = métaphore militaire.** Comparaison : sollicitation du sens de la vue

Tout cela **descendait, montait** comme [une vague Ou **s'élançait en** pétillant On eût dit que le corps, enflé d'un souffle vague, **Vivait en se** multipliant.	**La vie renaît de la mort avec une comparaison avec la marée qui « monte » et « descend ».** **La vie s'épanouit (v.14) en « se multipliant ».** Rime qui joue sur la polysémie de « vague ». Rime qui insiste sur l'aspect joyeux « pétillant » et « multipliant » de la vie.
Et ce monde rendait *une étrange* musique,	***Solliciation métaphorique de l'ouïe : « étrange musique » (correspondances).*** Rime d'inspiration musicale « musique » et « rythmique ». Rime qui joue sur l'homophonie « vent/van » **Le van = corbeille pour tamiser le grain.**
Comme l'eau courante et le vent, Ou le grain qu'un vanneur d'un [mouvement rythmique Agite et tourne dans **son** van.	Comparaison filée d'inspiration champêtre : « l'eau » « le vent » « le grain » = retour à la « grande Nature » (v.11) : pour que les fleurs s'épanouissent, il convient de semer, de laisser germer.
Les formes s'effaçaient et n'étaient [plus qu'un rêve, Une ébauche lente à venir Sur la **toile oubliée, et que l'artiste** achève Seulement par le souvenir.	**Après la musique, la peinture (correspondances).** Rimes qui montrent la métamorphose des formes (le corps se décompose) : Le poète arrache l'être aimé du gouffre de la mort par la sublimation. La reconstruction du réel n'est possible que par « le souvenir ». La mort devient vie d'abord dans une « ébauche lente » : « rêve/achève » « venir/ souvenir ».
Derrière les rochers **une chienne** inquiète Nous regardait d'un oeil fâché, Epiant le moment de reprendre au squelette Le morceau qu'elle avait lâché.	Rime mettant en relation « une **chienne** inquiète » et « squelette ». Il ne reste plus que des os à la merci d'un animal (ne disait-on pas dans l'Antiquité, que la pire des déchéances était d'avoir son corps jeté aux chiens ?) Peu importe les restes du corps, seul compte le souvenir révélé par une peinture, une musique ou un poème.

– **La charogne est devenue objet poétique.** Le tiret baudelairien, après un « et » de coordination et un adverbe « pourtant » révélant l'inéluctable, introduit un autre temps : le futur de certitude « vous serez » (v. 37 et v. 41) « vous irez » (v. 43) « vous mangera » (v. 46). Un impératif : « dites à la vermine » (v. 45) qui répond au premier impératif (v. 1) « Rappelez-vous » (l'amante pourra témoigner de l'art du poète parce qu'elle l'a suivi dans son souvenir). Le rythme s'accélère avec une ponctuation plus intensive et des phrases nominales.

– Et pourtant vous serez semblable à cette ordure, A cette horrible infection,	Rime antinomique « ordure/nature ». « Ordure » est particulière cru (déchet répugnant) et rappelle la fin misérable d'un état. Rime avec diérèse pour insister sur l'assonance « si » qui met en valeur les mots eux-mêmes : « in/fec/ti/on » « pa/ssi/on ».
Etoile de mes yeux, soleil de ma nature,	Alexandrin avec césure à l'hémistiche marquant le lyrisme de Baudelaire avec deux métaphores d'astres : « étoile » « soleil ».
Vous, mon ange et ma passion !	**Apostrophe de l'amante : hyperbole de la métaphore, avec « vous », pronom tonique, deux déterminants les possessifs « mon » « ma » et l'ellipse d'un verbe.**
Oui ! telle vous serez, ô la reine des grâces, Après les derniers sacrements, Quand vous irez, sous l'herbe et les [floraisons grasses, Moisir parmi les ossements.	**Apostrophe de l'amante : périphrase hyperbolique = toujours l'exaltation lyrique du poète.** Rime homophonique particulièrement cynique ou ironique de la part du poète : « grâces/grasses » Rime qui rapproche « sacrements » et « ossements » : le poète commence à se tourner vers l'au-delà, « l'essence divine » (v. 47)
Alors, ô ma beauté ! dites à la vermine	**Apostrophe de l'amante : nouvelle hyperbole qui identifie bien la « beauté » avec le déterminant « ma ». Le poète reconnaît, dans le cheminement effectué, la vraie beauté, celle de son art qui a sublimé la beauté de la femme.**
Qui vous mangera de baisers,	Rimes antinomiques « vermine/divine » « baisers/décomposés » mais désormais associés par l'art poétique.
Que j'ai gardé la forme et l'essence divine De mes amours décomposés !	Seul l'art – et notamment l'art poétique – peut sublimer la réalité. Il réinvente le « décomposé », reconstitue ce que le temps dans sa cruauté a détruit. Le but ultime de la poésie est de conserver ou de reconstruire, par-delà la mort, la mémoire de la beauté.

Conclusion

- **Évolution du texte :** Dès le début, le poète met en opposition la beauté de la femme et la laideur crue de la charogne. Progressivement, la personnification s'inverse : « la charogne » était femme, la femme deviendra « ordure ». Le poème génère l'horreur mais aussi un certain cynisme mêlant Eros (l'amour et l'érotisme) à Thanatos (la mort). Baudelaire joue sur l'antonymie entre le Spleen et l'Idéal. Ce poème ne célèbre pas la beauté féminine de façon classique, à travers la métaphore de la rose par exemple (cf. Ronsard) mais d'une façon infiniment plus provocatrice, renversant les images traditionnelles. Baudelaire revendique cette « sorcellerie évocatoire » de la poésie, dira-t-il à propos d'Edgar Poe.

- **Projet de lecture :** Ce poème possède une valeur didactique car le poète, à travers la description crue de la pourriture, souhaite faire la démonstration de son art et récréer la beauté à travers l'esthétisme de la laideur. Il s'agit d'une recomposition par la sublimation du réel trivial. Comme le peintre, il part du réel et, à travers ses souvenirs, ses sensations et son imagination, il recrée. Le lecteur assiste à cette alchimie puisque l'écriture transforme le pire en « Fleur ». Dans la science alchimiste « sublimer » signifie « séparer les parties volatiles par la chaleur ». Baudelaire appartient à ces êtres « séparés » « rejetés » et « marginaux », seule l'écriture peut lui permettre de faire éclore le sublime pour atteindre un Idéal. Ce tourment constant le ramène à la conscience du Memento Mori, locution latine qui signifie « Souviens-toi que tu vas mourir ». L'enseignement moral que le poète tire de sa réflexion porte sur une méditation autour de la mort et de la fragilité de l'existence, la vacuité des entreprises humaines. Elle induit l'humilité et le détachement nécessaire pour comprendre l'humanité.

Fiche 42. Grammaire : l'accord sujet/verbe

Exercice 1

1. Je **suis** ; **se traînent** de longs vers ; qui **s'acharnent** ; je **suis** ; **gît** tout un fouillis de modes surannées ; les pastels plaintifs et les pâles Boucher **respirent**.

2. Tout (n') **est** ; **resplendit** La froide majesté de la femme stérile.

3. Le tonnerre et la pluie **ont fait** ; il **reste** ; qui **sait** ; je **rêve** ; les fleurs nouvelles **trouveront** ; qui **ferait**.

Exercice 2

1.

- Je suis (v. 1 et v. 4) : sujet = pronom personnel « *je* », conjugaison de « être » à la 1re personne du singulier.
- se traînent de longs vers : sujet inversé = groupe nominal « *de longs vers* », conjugaison de « se traîner » à la 3e personne du pluriel.
- qui s'acharnent : sujet = pronom relatif « *qui* ». Antécédent : le groupe nominal « *de longs vers* », conjugaison de « s'acharner » à la 3e personne du pluriel.
- gît tout un fouillis de modes surannées : sujet inversé = le groupe nominal « *fouillis de modes surannées* ». Le nom « *fouillis* » est un nom collectif, l'auteur a choisi de mettre en valeur « fouillis », la conjugaison de « gésir » est à la 3e personne du singulier.
- Les pastels plaintifs et les pâles Boucher respirent : sujet = deux groupes nominaux au pluriel, coordonnés « *les pastels plaintifs et les pâles Boucher* ». Le verbe « respirer » est conjugué à la 3e personne du pluriel.

Tous les verbes sont au présent de l'indicatif.

2.

tout est : sujet = pronom indéfini « *tout* », conjugaison de « être » à la 3e personne du singulier.

Resplendit... La froide majesté de la femme stérile : sujet inversé et éloigné « *La froide majesté de la femme stérile* » = groupe nominal avec un CDN de « majesté », séparé du verbe par un adverbe et une comparaison. Le verbe « resplendir » est conjugué à la 3e personne du singulier.

Tous les verbes sont au présent de l'indicatif.

3.

- Le tonnerre et la pluie ont fait : sujet double = deux noms communs coordonnés « *tonnerre* » « *pluie* ». Le verbe « faire » est conjugué au passé composé, 3e personne du pluriel.
- il reste : verbe impersonnel, sujet « *il* » = pronom impersonnel. Le verbe « rester » est conjugué à 3e personne du singulier, présent de l'indicatif.
- qui sait : sujet = pronom interrogatif « *qui* ». Le verbe « savoir » est conjugué à la 3e personne du singulier, présent de l'indicatif.
- je rêve : sujet = pronom personnel « *je* ». Le verbe « rêver » est conjugué à la 1re personne du singulier, présent de l'indicatif.
- les fleurs nouvelles ....trouveront : le sujet « *les fleurs nouvelles* » = groupe nominal séparé du verbe par une subordonnée relative « que je rêve ». Le verbe « trouver » est conjugué à la 3e personne du pluriel, futur de l'indicatif.
- qui ferait : sujet = pronom relatif « *qui* ». Antécédent : le groupe nominal « Le mystique élément ». Le verbe « faire » est conjugué au présent du conditionnel à la 3e personne du singulier.

Fiche 43. Lecture linéaire d'un extrait de *Les Pâques à New York* de Cendrars

Introduction

Le poème est publié en 1912 sous le titre *Les Pâques* puis en 1919 il est titré *Les Pâques à New York*. À la veille de la première guerre mondiale, la classe populaire s'entasse dans les villes, vit difficilement. Blaise Cendrars part à New York en avril aux moments des fêtes pascales. Cet extrait décrit un quartier pauvre, le Vendredi Saint, au gré d'une promenade nocturne du poète. Après cet extrait, le poème se poursuit vers les quartiers plus lumineux et riches des banques et des salles de spectacle. Tout le poème est une longue promenade dans New York proche de celle d'Apollinaire dans Paris, in *Zone*. Le texte est une redécouverte de la passion christique à l'aune de l'ère moderne.

Unité du texte

Le poème est scandé par des distiques irréguliers à la métrique variable malgré la présence de quelques alexandrins classiques. La forme rappelle certains versets bibliques.

Importance du texte et problématique

Entre poème et prière, l'extrait de ce poème écrit entre le 6 et le 8 avril 1912 s'appuie sur le message évangélique tourné vers les plus pauvres, les plus déshérités. Entre bienveillance touchante et insolence, le poète provoque Dieu, interpelle sa générosité. Le ton du poème permet de poser la problématique suivante : ***Dans cet extrait comment le poète parvient-il à interroger tradition et modernité ?*** s'inscrivant ainsi dans le parcours « Modernité poétique ? »

Mouvement du texte

- Confrontation entre les bas-fonds de la ville moderne et le Christ en sa passion.
- Voyage métaphysique du poète fusionnel avec le Christ à ses côtés.

Lecture Linéaire

- **Confrontation entre les bas-fonds de la ville moderne et le Christ en sa passion.** Le texte est au présent pour présenter la promenade en situation. L'extrait n'est pas exempt d'une certaine ironie insolente.

Seigneur, **je suis** dans le quartier des bons voleurs, Des vagabonds, des va-nu-pieds, des recéleurs.	Interpellation directe et d'emblée signifiant la présence du Christ dans l'esprit du poète en ce Vendredi Saint = **anaphore** de « Seigneur » reprise régulièrement dans l'extrait. **Allitération en « v » renforçant l'impression de grand nombre de miséreux.** Le poète assume complètement sa présence dans ce quartier : il est, il pense, il sait. Rare distique complètement en alexandrin avec des rimes riches.
Je pense aux deux larrons qui étaient avec vous à la Potence,	*Allusion à l'Evangile où les deux larrons sont crucifiés en même temps que Jésus-Christ (Luc 23, 29-43.*
Je sais que vous daignez sourire à leur malchance.	Humour ? Ironie d'un Christ qui, en souffrance trouve encore la force de sourire des misères partagées : « malchance » de se retrouver ce jour-là, à ses côtés.
Seigneur, l'un voudrait une corde avec un noeud au bout, Mais **ça n›est pas gratis, la corde, ça coûte vingt sous.**	**Langage parlé, quelque peu relâché = partage de la condition des malheureux. « Vingt sous » est une misère qu'il ne peut même pas se payer pour abréger son supplice.**

– **Voyage métaphysique du poète fusionnel avec le Christ à ses côtés.** Le texte reste au présent alors que le poète s'enfonce dans les rues.

Je pense aussi aux musiciens des rues, **Au violoniste aveugle, au manchot qui tourne l'orgue de Barbarie,**	Distique complètement asymétrique : un décasyllabe suivi de 18 syllabes. Absence de rimes, juste une allitération en « r ». « L'orgue de Barbarie » la musique mécanique des rues. **Reprise de ces verbes qui affirment la présence assumée du poète.**
À la chanteuse au chapeau de paille avec des roses de papier ; **Je sais** que **ce sont eux qui chantent durant l'éternité.**	**Enumération des musiciens dans un parallélisme syntaxique : ils sont bénis et « chantent pour l'éternité ».**
Seigneur, *faites-leur l'aumône,* autre que de la lueur des becs de gaz, Seigneur, *faites-leur l'aumône* de gros sous ici-bas.	Anaphore-interpellation de « Seigneur » *suivie d'une anaphore impérative : « faites-leur l'aumône ».* Langue familière « gros sous » en réponse aux pauvres « vingt sous » du 3e distique. Ironie du poète qui interpelle Dieu sur des détails matériels (réalité). Rime en assonance approximative et 18 syllabes suivies d'un alexandrin.
Seigneur, **quand vous mourûtes, le rideau se fendit,** Ce qu'on vit derrière, personne ne l'a dit. [...]	**Nouvelle référence biblique : « Le rideau du temple se déchira en deux, du haut en bas » (Mathieu 27, 51-52).** ***Allusion au temple de Jérusalem où le Christ a chassé les marchands de cette « maison de prière » pour qu'elle cesse d'être un « repaire de brigands » : renversement de la situation, les bannis bannissent à leur tour. Le monde s'égare.***
Ceux que vous avez chassés du temple avec votre fouet, ***Flagellent les passants d'une poignée de méfaits.***	***Métonymie : « méfaits » remplace « lanières » appuyant dans un rapport logique l'impression de douleurs engendrés.***

Conclusion

- **Évolution du texte :** Le poète traverse ce quartier misérable sans aucune peur ni dégoût. Le lien entre la passion du Christ et les constats du poète au cœur de la ville moderne relèvent de la même souffrance. Le texte part de la Croix où le Christ est entouré des larrons (les « va-nu-pieds ») pour traverser les rues vers lesquelles sont chassés les pauvres, les bannis, par ceux que le Christ a lui-même chassés du temple. Mais les pauvres « chante[ront] pour l'éternité ». Le ton est toutefois familier teinté d'ironie insolente.
- **Projet de lecture :** Blaise Cendrars réfléchit au bien et au mal, à l'espérance de bonheur ici-bas et pour l'éternité. Il pose le rapport entre le « je » et le « Seigneur » dans un voyage métaphysique à travers le temps, l'espace et l'imaginaire qu'il explore avec sensibilité. En cela il s'inscrit à la fois dans la tradition ici évangélique (le poème tout entier propose une forte intertextualité avec des allusions bibliques mais aussi artistiques) et l'attraction vers la nouveauté, la modernité. Ses vers libres témoignent de cette audace.

Fiche 44. Figures de style

Exercice 1

- **Deux comparaisons :**
  - « *La Banque illuminée* ***comme un coffre-fort*** » (un comparé = la banque ; un comparant = le coffre-fort ; un terme comparatif = comme ; un sujet de comparaison = illuminée) rapprochement entre la « ville » et la « religion ». Ce qui est le plus précieux est enfermé et protégé : pour la banque « des trésors » ; pour la religion « le sang du Christ ».
  - « *Je chancelle* ***comme un homme ivre*** » (un comparé = je ; un comparant = un homme ivre ; un terme comparatif = comme ; un sujet de comparaison = chancelle). La nuit fait peur, effraie, perturbe et la peur fait perdre ses moyens.

- **Une métonymie :**

« *le Sang de votre* ***mort*** » : le mot « *Mort* » remplace « le *cadavre* » avec lequel il a un rapport logique et donne une image moins dure.

- **Une personnification :**

« *Les rues* ***se font*** désertes » : le verbe « faire » montre une action effectuée par les rues sur elles-mêmes.

- **Une anaphore :**

« *J'ai peur* » répété à trois reprises pour montrer la terreur qui monte dans la nuit.

- **Un parallélisme syntaxique à repérer :**

« *J'ai peur. Quelqu'un me suit. Je n'ose tourner la tête* »

[...]

« *J'ai peur. J'ai le vertige. Et je m'arrête exprès* »

Rythme binaire identique : 2/4/6 (avec une liberté pour le « e » de « ose » non compté) = gradation.

Exercice 2

- **Une Allégorie doublée d'une anaphore, triplée d'une métaphore :**

« <u>***Mon âme*** *est* ***une veuve*** *en deuil*</u> au pied de votre Croix ;

<u>***Mon âme*** *est* ***une veuve*** *en noir*</u>, – c'est votre mère »

  - **Allégorie** : »L'âme » est une abstraction représentée concrètement par une femme : « *une veuve en deuil* » « *une veuve en noir* ».
  - **l'anaphore** insiste sur cette allégorie.
  - une **métaphore** : « *c'est votre mère* » montre l'association entre « *l'âme/la veuve/la mère* », la mère en douleur au pied de la Croix.

- **Une comparaison :**

« *Mon âme est une veuve en noir, –c'est votre mère*

Sans larme et sans espoir, **comme l'a peinte Carrière** »

Un comparé « *votre mère* », un comparant « *comme l'a peinte Carrière* » un terme comparatif « *comme* » un sujet de comparaison « *sans larme et sans espoir* ». Le poète passe de l'allégorie à une œuvre d'art. Le lien s'effectue par la métaphore de la « *mère* » souffrante.

– **Une métonymie :**

« *Je connais tous* **les Christs** *qui pendent dans les musées;* «

Les « *Christs* » (avec un « s » ôtant ainsi une présence christique) remplace « les tableaux de... », proposant un rapport logique et effectuant un raccourci.

Glossaire

Acmé : Point le plus élevé atteint dans un domaine ou pour une personne = apogée.

Agonistique : Ce qui concerne la lutte, les conflits, les comportements agressifs.

Allégorie : Représentation d'une idée par une image. Ex : *« Marianne » représente la République.*

Anacoluthe : figure qui consiste à opérer une rupture syntaxique entre deux phrases pour mettre en valeur l'une des deux.

Anagramme : mot formé à partir des lettres d'un autre mot. Ex : *Trace/carte*

Analepse : Dans la narration, il s'agit de tous les procédés de retour en arrière.

Anaphore : Répétition d'un mot en début de phrase, de vers ou de proposition.

Antiphrase : Expression d'une idée par son contraire, le plus souvent volonté ironique.

Antithèse : Figure de style consistant à rapprocher dans le même énoncé, des termes évoquant des réalités opposées. Ex : *Être ou ne pas être, voilà la question.*

Antithétique : Qui s'opposent.

Anthropomorphe : Qui a la forme et les apparences humaines.

Apologue : Court récit à intention moralisatrice.

Apostrophe : Interpeller une ou des personnes.

Ascétisme : Discipline du corps et de l'esprit pour tendre à la perfection morale et spirituelle.

Assonance : Répétition de la dernière voyelle sonore.

Catharsis : La tragédie suscite la terreur et la pitié du spectateur qui, ainsi, purifie son âme délivrée de ses passions, selon *La Poétique* d'Aristote.

Comparaison : Rapprochement de deux objets avec un comparant, un comparé, un terme comparatif et un point de comparaison. Ex : *Il est bête comme un âne.*

Délibératif : Qui se pose des questions.

Déréliction : Sentiment d'abandon et de solitude morale.

Diégèse : Fait de narrer dans un univers spatio-temporel, une histoire. Elle s'oppose à la « mimesis », le fait de montrer.

Diégétique : Fait d'expliquer.

Diérèse : Prononciation de deux voyelles consécutives en deux syllabes. Ex : *No/ël*

Dilemme : Nécessité de choisir entre deux positions contradictoires et également insatisfaisantes.

Discursif : Ce qui a trait au raisonnement, au discours.

Drame : Genre littéraire entre la comédie et la tragédie.

Eglogue : Poème naïf pastoral, bucolique où des bergers louent la nature.

Élégie : Petit poème tendre et triste.

Ellipse : Période du récit qui n'est pas racontée mais suggérée.

Epanorthose : Reprise de ce qui vient d'être dit pour le modifier, le renforcer ou l'atténuer.

Epicurisme : Doctrine du philosophe grec Epicure qui prônait le plaisir sensuel.

Epidictique : Discours qui loue (laudatif) ou qui blâme.

Eponyme : Qui donne son nom à un titre.

Ethos : Style de l'orateur, image qu'il donne ou veut donner de lui-même.

Euphémisme : Mot choisi pour atténuer un autre trop fort qui pourrait choquer.

Exorde : Première partie d'un discours ou d'un exposé, préambule.

Gradation : Les termes sont énoncés en suivant une progression croissante (effet de dramatisation).

Hétérométrique : Qui qualifie des longueurs de vers différentes dans un poème, une fable.

Hyperbate : Figure de style qui consiste à prolonger une phrase alors qu'on pouvait l'envisager terminée.

Hyperbole : Amplification de termes pour exagérer une idée ou un objet.

Hypocoristique : Acte de langage qui exprime l'affection.

Hypotypose : Effectuer une description tellement précise que l'on peut la croire vraie

Idiolecte : Langage particulier d'un personnage avec ses variantes personnelles, ses habitudes verbales propres.

Inchoatif : Aspect d'un verbe marquant le début d'une action.

Isochronie (ou isochronisme) : Phrase rédigée en séquences de même durée.

Isotopie : Répétition, redondance de termes dans un récit pour accentuer un point.

Injonction : Ordre indiscutable.

Lai : Court récit, en vers, du Moyen Âge (mot d'origine celtique).

Laisses : Strophes.

Lazzi : Jeux de scène dans la Commedia dell'arte : grimaces, cabrioles, improvisation.

Litote : Dire moins pour faire entendre plus. Ex : *Il n'est pas petit (il est grand).*

Maïeutique : Art d'accoucher. En philosophie (Socrate) : faire accoucher les esprits.

Métadiégétique : Terme de narratologie qui signifie « récit dans le récit »

Métaphore : Il s'agit d'une comparaison implicite. Ex : *La vie est un long fleuve tranquille.*

Métalinguistique (fonction selon Jakobson) : Le code devient lui-même objet du message.

Métonymie : Remplacer un mot par un autre, désignant des réalités reliées par un rapport logique. Ex : *Boire un verre.*

Mimèsis : Création artistique comme imitation du monde. Notion philosophique introduite par Platon dans *La République.* Selon Aristoste, une imitation du vrai.

Mimétisme : Reproduction involontaire des gestes, attitudes et sentiments d'autrui.

Monomanie : Trouble mental qui consiste à ne penser obsessionnellement qu'à une seule chose, souci, préoccupation.

Mystificateur : Personne qui abuse de la crédulité, qui trompe.

Nihilisme : Négation des valeurs, refus d'un idéal commun à un groupe social.

Oxymore : Figure de style consistant à employer ensemble des mots contradictoires. Ex : *Un éloquent silence.*

Panthéisme : Ce qui identifie Dieu et le monde (système religieux et philosophique).

Pantomime (ou mime) : Genre théâtral basé sur des attitudes et une expression gestuelle, sans recours à la parole.

Paradoxe : Affirmation contraire à la logique ou à la raison.

Parastase : Accumulation de phrases qui reprennent la même idée, la même pensée.

Paronyme : Mots de forme très proche mais de sens différent. Ex : *désert/dessert.*

Pathétique : Qui bouleverse, affecte.

Pathos : Charge émotionnelle du discours pour atteindre le public.

Périphrase : Figure de style qui consiste à remplacer un mot par une expression de sens équivalent (évite une répétition tout en apportant une petite nuance).

Péroraison : Conclusion d'un discours ou d'un exposé souvent pour faire appel aux sentiments.

Personnification : Attribuer à un animal ou une chose des caractéristiques ou actions de l'homme. Ex : *Le lierre « grimpe » sur le mur.*

Phatique (fonction selon Jakobson) : En linguistique, cette fonction signale une interaction sociale entre les locuteurs, hors du contenu du message.

Picaresque : Œuvre littéraire où le héros traverse des aventures qui lui permettent de mettre en cause l'ordre social.

Plaidoyer : Propos, arguments, prononcés pour défendre une cause.

Polyptote : Figure qui consiste à employer plusieurs formes grammaticales d'un même mot.

Prétérition : Action de passer sous silence une information en annonçant son intention ne pas en parler.

Prolepse : Dans la narration, il s'agit de tous les procédés de projection en avant.

Prosodie : La forme d'un poème, ses formes de versification.

Prosopopée : Faire parler ou parler à une personne absente voire un être inanimé.

Question rhétorique : Question qui n'attend pas de réponse.

Rhétorique : Art de bien parler (ensemble des procédés).

Scolastique : Enseignement philosophique et théologique propre au Moyen Âge, prônant la tradition aristotélicienne (la logique formelle).

Sophisme : Raisonnement apparemment logique mais qui induit en erreur.

Stichomythie : Dans le théâtre tragique, dialogue où les personnages se répondent vers pour vers.

Synérèse : prononciation de deux voyelles qui se suivent en une seule syllabe. Ex : *duel.*

Synesthésie : Approche différente du monde en raison d'un trouble de la perception des sensations qui associe deux ou plusieurs sens à partir d'un même stimulus.

Tautologie : Répétition d'une même idée sous une autre forme.

Thaumaturgie : Pouvoir de faire des prodiges, des miracles.

Titan : Personne dans la mythologie douée d'une force exceptionnelle.

Topique : Qui se rapporte directement au sujet dont on parle (son thème).

Tropisme : force obscure qui pousse à prendre une certaine orientation (sens figuré).

Visée : Finalité d'un texte. Pourquoi a-t-il été écrit ? Raconter, expliquer, décrire, argumenter, convaincre ? etc.

Table des matières

Chapitre 1

L'épreuve et sa méthodologie

Fiche 1 L'oral de l'EAF : Que disent les textes ? 4
Fiche 2 Le déroulement de l'épreuve : 1re partie 6
Fiche 3 Le déroulement de l'épreuve : 2e partie 17
Corrigés 20

Chapitre 2

Les différentes époques du Moyen Âge au XXIe siècle

Fiche 4 Rappel de cours : Le Moyen Âge 22
Fiche 5 Rappel de cours : Le XVIe siècle 25
Fiche 6 Rappel de cours : Le XVIIe 27
Fiche 7 Rappel de cours : Le XVIIIe 32
Fiche 8 Rappel de cours : Le XIXe 36
Fiche 9 Rappel de cours : Le XXe et le XXIe siècle 40

Chapitre 3

Le Roman et le récit du Moyen Âge au XXIe siècle

Fiche 10 Rappel de cours : Le Roman 48
Fiche 11 Des outils pour étudier le Roman 51
Fiche 12 Un exemple de lecture linéaire (Moyen Âge) 60
Fiche 13 Question de grammaire : la voix passive 69
Fiche 14 Un exemple de lecture linéaire (XVIe) 72

Fiche 15 Question de grammaire : Les pronoms ... 80

Fiche 16 Un exemple de lecture linéaire (XVIIe) ... 83

Fiche 17 Question de grammaire : analyse syntaxique de la phrase ... 89

Fiche 18 Un exemple de lecture linéaire (XVIIIe) ... 93

Fiche 19 Question de grammaire : la négation ... 100

Fiche 20 Un exemple de lecture linéaire (XIXe) ... 103

Fiche 21 Question de grammaire : la proposition subordonnée conjonctive circonstancielle ... 110

Fiche 22 Un exemple de lecture linéaire (XXe) ... 113

Fiche 23 Question de grammaire : les propositions relatives ... 119

Corrigés ... 122

Chapitre 4

La littérature d'idées du XVIe au XVIIIe siècle

Fiche 24 Rappel de cours : outils pour étudier La littérature d'idées ... 146

Fiche 25 Un exemple de lecture linéaire (XVIe) ... 152

Fiche 26 Question de grammaire : le groupe nominal ... 158

Fiche 27 Un exemple de lecture linéaire (XVIIe) ... 164

Fiche 28 Question de grammaire : les discours (direct/indirect/indirect libre/narrativisé) ... 173

Fiche 29 Un exemple de lecture linéaire (XVIIIe) ... 179

Fiche 30 Grammaire : Subjonctif et concordance des temps ... 185

Corrigés ... 190

Chapitre 5

Le Théâtre du XVIIe au XXIe siècle

Fiche 31 Rappel de cours : outils pour étudier le théâtre ... 204

Fiche 32 Un exemple de lecture linéaire (XVIIe siècle) ... 211

Fiche 33 Question de grammaire : les notions lexicales ... 221

Fiche 34 Un exemple de lecture linéaire (XVIIIe siècle) ... 228

Fiche 35 Question de grammaire : les valeurs du présent 236
Fiche 36 Un exemple de lecture (XIXe siècle) 242
Fiche 37 Grammaire : les verbes et la règle d'accord des participes passés 251
Fiche 38 Un exemple de lecture linéaire (XXe siècle) 259
Fiche 39 Grammaire : L'adverbe, rôle et construction 266
Corrigés 274

Chapitre 6

La poésie du XIXe au XXIe siècle

Fiche 40 Rappel de cours : outils pour étudier la poésie 292
Fiche 41 Un exemple de lecture linéaire (XIXe siècle) 299
Fiche 42 Grammaire : L'accord sujet/verbe 309
Fiche 43 Un exemple de lecture linéaire (XXe siècle) 317
Fiche 44 Les figures de style 325
Corrigés 334
Glossaire 345

Imprimé en Italie par «La Tipografica Varese Srl» Varese